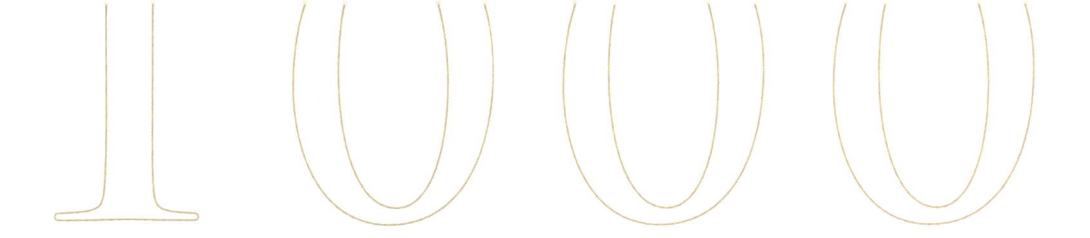

CIVILIZATION

文明

1000年—1029年

罗振宇 著

中国地图出版社
·北京·

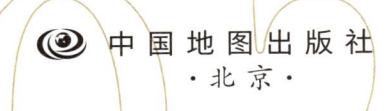

图书在版编目（CIP）数据

文明：1000年—1029年 = CIVILIZATION：1000—1029 / 罗振宇著. -- 北京：中国地图出版社，2024.11. -- ISBN 978-7-5204-4498-9

Ⅰ．K209

中国国家版本馆CIP数据核字第2024VU6471号

文明：1000年—1029年
CIVILIZATION：1000—1029

出版发行	中国地图出版社
社　　址	北京市白纸坊西街3号
邮政编码	100054
电　　话	010-83543926
网　　址	www.sinomaps.com
印　　刷	北京华联印刷有限公司
经　　销	新华书店

开　　本	185mm×260mm	印　　张	31.25
字　　数	492千字		
版　　次	2024年11月第1版	印　　次	2025年1月第2次印刷
定　　价	258.00元		

书　　号	ISBN 978-7-5204-4498-9
审 图 号	GS（2024）4420号

如有印装质量问题，请与我社发行部联系

序言
文明是一条河，我们同在现场

文明是一条河。

从今天开始，你可以试着把脚踏进这条河里，顺流而下。

我会带你穿越回文明生发的现场，跟在古人身后，不断追问：

每一年，最惊心动魄的事件是什么？

每一年，历史的主角是谁？他内心的怕和爱是什么？

每一年，有没有什么被当时的人所忽略，但是之后大放异彩的东西？

每一年，有没有什么新的解决方案？这个解决方案是怎么演化而来的？后来又经历了怎样的反思、迭代和演化？

每一年，文明的演进又发展出什么新的变化？

每一年，中华文明对现代人类作出了怎样的贡献？

在《文明：1000 年—1029 年》这本书里，我们要穿越回 11 世纪的前 30 个年头，你会看到：

1000 年，大宋[1]的皇权到底在害怕什么？

1001 年，建设大一统的秩序究竟有多难？

1002 年，莘莘学子如何获得对个人命运的掌控感？

1003 年，保守主义者的视线如何穿透过去、现在和未来？

1004 年，统治者如何权衡国家发展的目标？

1005 年，如何用经济视角来衡量战争与和平？

1006 年，农业文明包裹下的工业火种是如何长明不灭的？

1007 年，文明的融合还有什么新解法？

1.本书对于我国古代王朝宋和辽，根据各章节内容、情境不同，分别采用了宋朝、辽朝、北宋、大宋、宋、辽等称谓，未做刻意统一，特此说明。

1008 年，为什么谎言会失控？

1009 年，系统的车轮滚动起来后，个人为何身不由己？

1010 年，文明是如何"散成星"又"聚成火"的？

1011 年，为什么需求不可怕，欲望却很恐怖？

1012 年，文明的"火种罐"是如何星火燎原的？

1013 年，权力如何打破信息茧房的挑战？

1014 年，我们还需不需要"逝去的文化"？

1015 年，个人真的可以永远不向系统低头吗？

1016 年，规则的夹缝中有何做事之道？

1017 年，古人的处世心法给今天的我们哪些启发？

1018 年，制度是如何容纳人类欲望的？

1019 年，被时代的游戏限定，是怎样的一种悲剧？

1020 年，历史如何选择性地遗忘，又选择性地记忆？

1021 年，天才是如何沦为"奸邪"的？

1022 年，皇帝的品格与能力，究竟哪个更重要？

1023 年，为什么历史永远是一个无限游戏？

1024 年，创新究竟需要哪些条件？

1025 年，从世家到宗族，文明又发生了什么新的演进？

1026 年，外部因素如何影响人类文明的运转？

1027 年，多样性是如何赋予文明生存力的？

1028 年，活出方向感有多重要？

1029 年，我们为什么要成为"多维生存者"？

你会发现，历史不是供后人评判对错的答卷，历史是关于挑战和解决方案的最大的课题库。

是为序。

罗振宇

2024 年 10 月 8 日于北京

楔子
1000 年—1029 年的世界

在 1000 年到 1029 年的这 30 年间，日升月落，地球上每一个角落的人都在为自己文明的生存而努力。

在欧洲南部，拜占庭帝国马其顿王朝的第九位皇帝巴西尔二世，如战神般稳坐在战马之上，挥剑指向保加利亚，要将那片土地纳入囊中。

在欧洲北部，维京人踏上向西探险的征程，在波涛汹涌的大西洋上漂泊了无数个日夜，最终踏上了北美洲的海岸。

在日本京都，紫式部被送入后宫做女官。为了吸引一条天皇的注意，她写下了一本约有 400 个人物的长篇小说——《源氏物语》。

在亚洲南部，伽色尼王朝的苏丹马哈茂德率领骑兵来袭。闯入索姆纳特神庙后，他的第一个命令是捣毁巨大的湿婆神像，把碎片运回去，放在伽色尼的大清真寺门口。

在开罗，法蒂玛王朝的哈里发哈基姆命人创办科学馆，设置了讲经堂、图书馆和天文台，延聘著名学者进行学术研究。

在大不列颠岛，英格兰的王冠第一次被戴到丹麦统治者的头上，权力在这片土地上离奇地易了主。

在中国南方山区的小城景德镇，众多工匠正在依山而建、绵延曲折的龙窑中精心烧制瓶、罐、碗、碟，制造着 11 世纪的高科技产品。

在波斯，医学家伊本·西拿白天从事政治活动，晚上进行科学研究，完成了《医典》。

这一切离当下已经非常遥远，却仍然影响着我们现在的生活。
我们当下努力应对的挑战，也和当时的人面对的挑战相似。
千年前的世界，那么远，又那么近。

9—11世纪的拜占庭帝国示意图

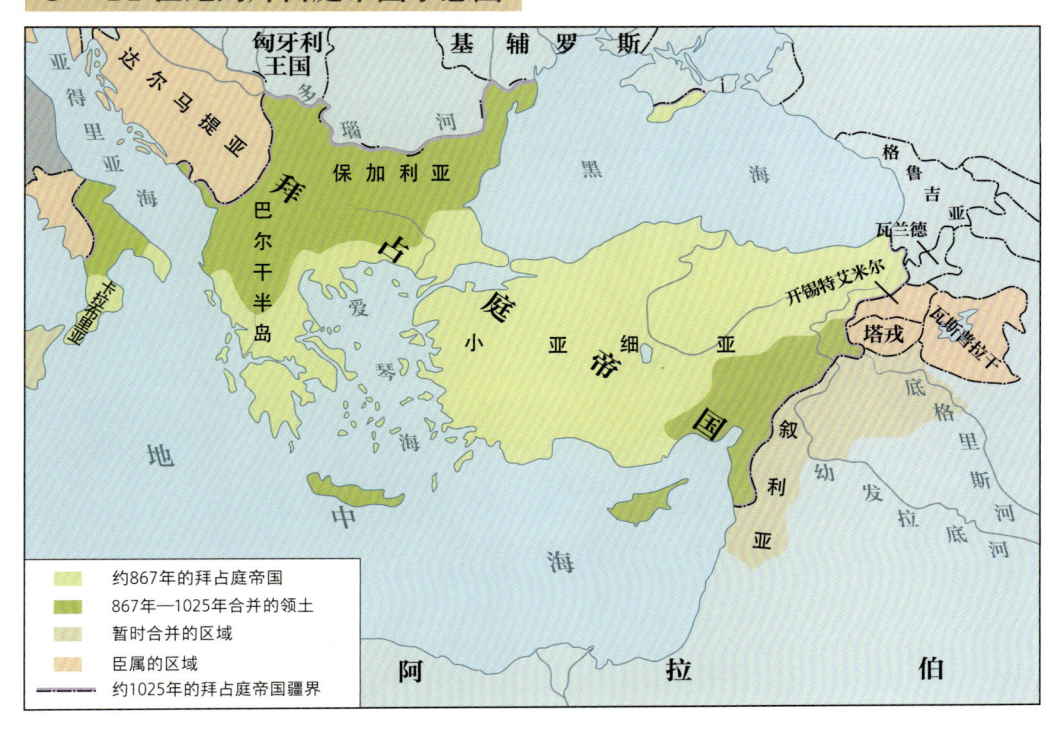

图例：
- 约867年的拜占庭帝国
- 867年—1025年合并的领土
- 暂时合并的区域
- 臣属的区域
- 约1025年的拜占庭帝国疆界

地名标注：匈牙利王国、基辅罗斯、达尔马提亚、保加利亚、巴尔干半岛、拜占庭帝国、小亚细亚、爱琴海、黑海、格鲁吉亚、瓦兰德、开锡特艾米尔、塔戎、瓦斯普拉干、叙利亚、底格里斯河、幼发拉底河、地中海、阿拉伯、亚得里亚海

10—11世纪的基辅罗斯示意图

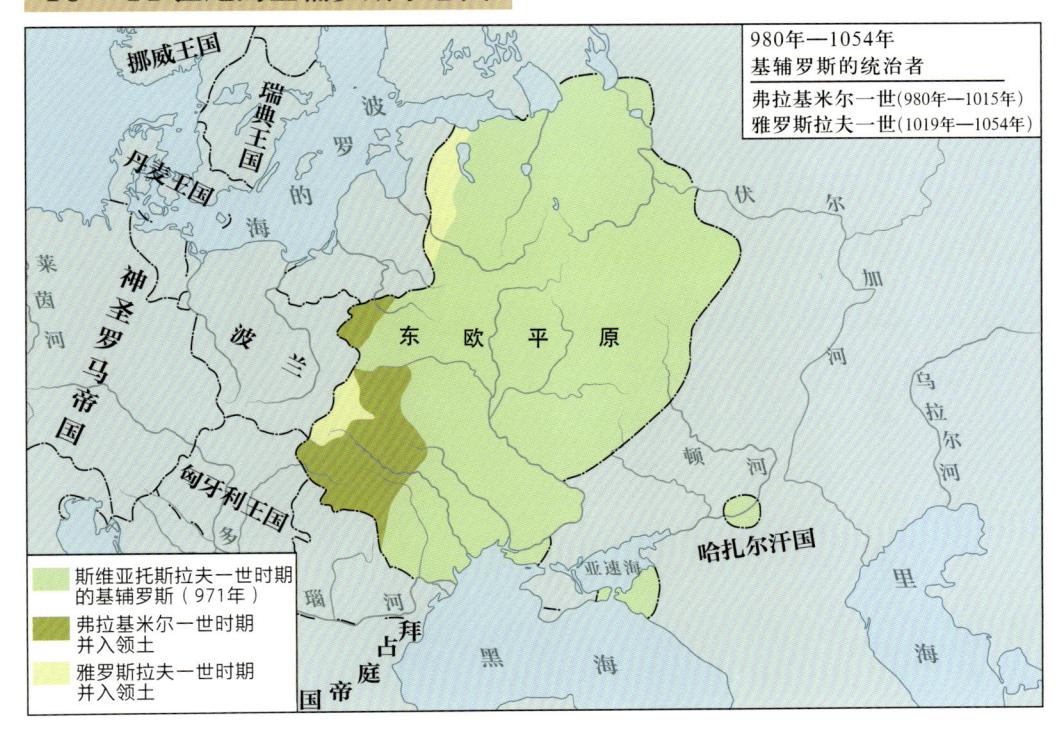

980年—1054年基辅罗斯的统治者
弗拉基米尔一世（980年—1015年）
雅罗斯拉夫一世（1019年—1054年）

图例：
- 斯维亚托斯拉夫一世时期的基辅罗斯（971年）
- 弗拉基米尔一世时期并入领土
- 雅罗斯拉夫一世时期并入领土

地名标注：挪威王国、瑞典王国、丹麦王国、神圣罗马帝国、波兰、匈牙利王国、莱茵河、波罗的海、东欧平原、伏尔加河、顿河、乌拉尔河、多瑙河、拜占庭帝国、黑海、亚速海、里海、哈扎尔汗国

1000年的亚欧大陆形势图

西罗马帝国已经崩溃了500多年,欧洲正处于所谓"黑暗的中世纪"

西欧

伊比利亚半岛

阿尔卑斯山脉

拜占庭帝国

小亚细亚半岛

大高加索山脉

黑汗

阿特拉斯山脉

阿拉伯帝国

伊朗高原

撒 哈 拉 沙 漠

阿拉伯高原

阿拉伯半岛

印度半

一度很强大的阿拉伯帝国在8世纪后半期至9世纪陷入了分裂

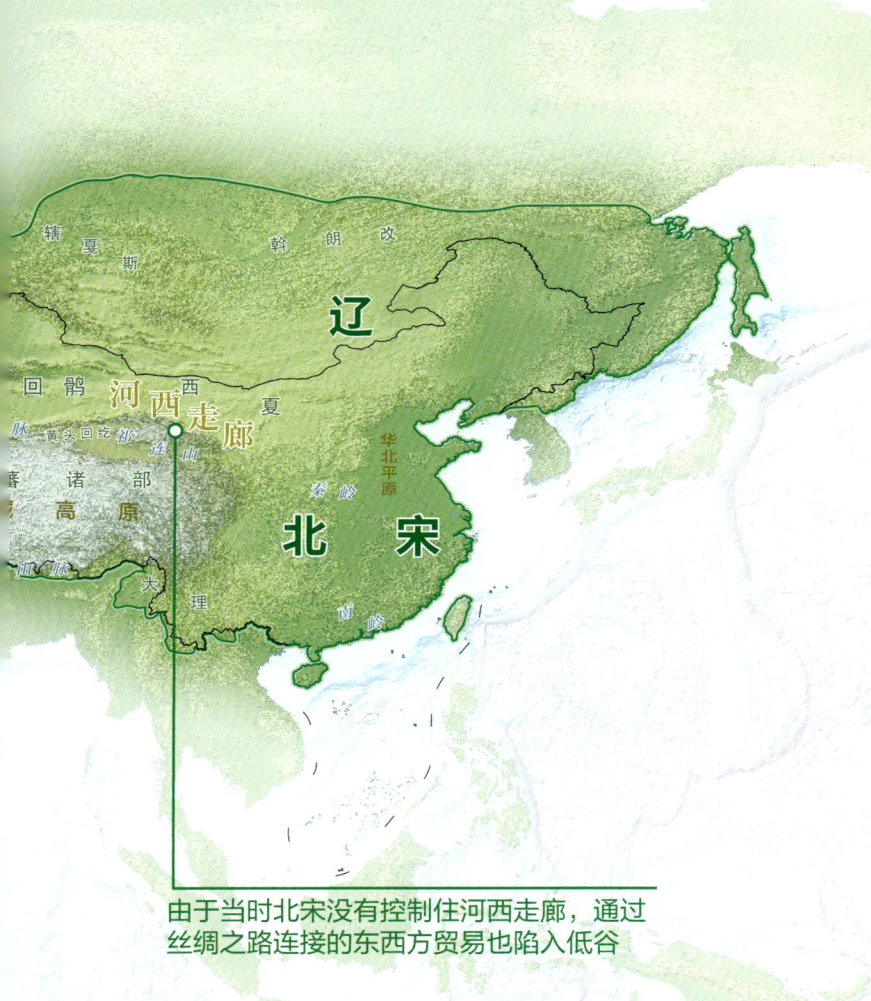

由于当时北宋没有控制住河西走廊，通过丝绸之路连接的东西方贸易也陷入低谷

— 北宋、辽时期中国政权部族界
— 750年的阿拉伯帝国疆界
— 约1025年的拜占庭帝国疆界
— 今中国国界

目 录

1000年
1000年的世界 | 002
1000年的中国 | 004

历史底色如何影响个人决策
006

1001年
1001年的世界 | 020
1001年的中国 | 022

四川为什么叫四川
024

1002年
1002年的世界 | 042
1002年的中国 | 044

科举为什么发生"基因突变"
046

1003年
1003年的世界 | 062
1003年的中国 | 063

为什么"不听建议"也是一种好策略
064

1004年
1004年的世界 | 078
1004年的中国 | 080

"基建狂魔"北宋如何打防御战
082

1005年
1005年的世界 | 096
1005年的中国 | 098

澶渊之盟背后的经济账
100

1006年

1006年的世界 | 114
1006年的中国 | 116

瓷都景德镇凭什么千年不衰

118

1007年

1007年的世界 | 132
1007年的中国 | 134

辽帝为什么建五座京城

136

1008年

1008年的世界 | 152
1008年的中国 | 154

天书封禅只是迷信闹剧吗

156

1009年

1009年的世界 | 168
1009年的中国 | 170

大建道观为什么停不下来

172

1010年

1010年的世界 | 186
1010年的中国 | 187

辽为什么打不服高丽

188

1011年

1011年的世界 | 202
1011年的中国 | 204

古人为什么会乱花钱

206

1012年

1012年的世界 | 218
1012年的中国 | 219

大宋为什么歧视南方人

220

1013年

1013年的世界 | 234
1013年的中国 | 235

明知宦官里有小人，为何非用不可

236

1014年

1014年的世界 | 248
1014年的中国 | 250

杨家将传说到底有几分真

252

1015年

1015年的世界 | 264
1015年的中国 | 266

寇准一生为何大起大落

268

1016年

1016年的世界 | 280
1016年的中国 | 282

宋代宰相官名为什么这么怪

284

1017年

1017年的世界 | 296
1017年的中国 | 298

宰相的顶级处事心法是什么

300

1018年

1018年的世界 | 312
1018年的中国 | 313

科举到底是一种怎样的全民游戏

314

1019年

1019年的世界 | 326
1019年的中国 | 327

文坛宗师杨亿是怎么掉队的

328

1020年

1020年的世界 | 340
1020年的中国 | 341

寇准做对了什么关键选择

342

1021年

1021年的世界 | 354
1021年的中国 | 356

解决问题的高手丁谓为何背负骂名

358

1022年

1022年的世界 | 370
1022年的中国 | 372

宋真宗，品格比能力更可贵

374

1023年

1023年的世界 | 388
1023年的中国 | 389

独掌大权的刘太后为何没变成"武则天"

390

1024年

1024年的世界 | 402
1024年的中国 | 403

纸币为何诞生在中国宋代

404

1025年

1025年的世界 | 416
1025年的中国 | 417

世家为什么不愿意跟皇家联姻

418

1026年

1026年的世界 | 428
1026年的中国 | 429

茶叶是如何成为大宋印钞机的

430

1027年

1027年的世界 | 442
1027年的中国 | 443

游牧文明真的比农耕文明落后吗

444

1028年

1028年的世界 | 456
1028年的中国 | 457

做隐士真的是躺平吗

458

1029年

1029年的世界 | 472
1029年的中国 | 473

为什么不能做单维生存者

474

1000 年

经历过，解决过

1000年的世界

▲ 拜占庭军队战胜保加利亚军队

01 巴西尔二世开始征服保加利亚
● 南欧

拜占庭帝国马其顿王朝第九位皇帝巴西尔二世开始了征服保加利亚的军事行动。

巴西尔二世（958年—1025年）在位期间，拜占庭帝国达到了第二次黄金时期。
由于残忍地对待保加利亚人，所以他有"保加利亚屠夫"的称号。

02 伊什特万一世加冕为匈牙利国王
● 中欧

1000年12月25日，伊什特万一世加冕为匈牙利第一任国王。

伊什特万一世（约975年—1038年）于997年继承匈牙利大公的爵位。他在继位后皈依天主教，在匈牙利推行天主教信仰。

作为匈牙利的第一位国王，伊什特万一世被视为匈牙利王国的建立者，被称为"圣伊什特万"。

▲ 受加冕的伊什特万一世

03 挪威于斯伏尔德岛之战战败
● 北欧

丹麦国王斯汶一世联合瑞典，在波罗的海上的斯伏尔德岛进攻挪威国王奥拉夫一世的舰队。挪威兵败，奥拉夫一世投海自杀，挪威被丹麦和瑞典瓜分。

▼ ［挪威］奥托·辛丁《斯伏尔德岛之战》

▲ 冰岛阿尔庭议会大楼标志

05 冰岛确立基督教信仰
● 北欧

1000年前后，冰岛议会"阿尔庭议会"正式确立了冰岛的基督教信仰。这一事件被历史学家称为"基督教传播历史上真正奇怪的事件之一"，因为这一时期的冰岛内部既没有规模庞大的传教士群体，外部又没有面临严峻的军事威胁。

04 莱夫·埃里克松到达美洲
● 北美

据传，1000年左右，维京的探险者们在莱夫·埃里克松的带领下，穿越大西洋，到达加拿大东北海岸，建立了一个叫"文兰（Vinland）"的聚居地。

▲ ［挪威］克里斯蒂安·克罗格《莱夫·埃里克松发现美洲》

1000年的中国

01 王均兵变

戍守益州（今四川成都）的神卫军指挥使王均所部于年初发动兵变，占领益州。王均称帝建元，国号大蜀。

叛乱并未持续多久就被平定，但这对四川来说是一场深重的灾难。

02 瀛州之战

宋、辽之间发生瀛州之战，这对之后澶渊之盟的缔结产生了深远影响。

03 李继迁劫北宋粮饷

北宋知灵州、陇州刺史李守恩及陕西转运使、度支郎中陈纬转运粮草过瀚海（在今宁夏灵武西南一带），被李继迁拦劫，李守恩、陈纬均战亡。此时，李继迁已经叛乱，劫持的是北宋备战用的粮草。

李继迁家谱

高祖父	曾祖父	祖父	父亲	李继迁
李思忠	→ 李仁颜	→ 李彝景	→ 李光俨	妻
	后唐为官	后晋为官	后周为官	罔氏 正妻 ／ 野利氏 后追封为顺成懿孝皇后 ／ 耶律汀 辽义成公主

04 杨徽之去世

杨徽之（921年—1000年），字仲猷，建州浦城（今福建浦城）人。五代至北宋时期藏书家、诗人。

《宋史》称："徽之纯厚清介，守规矩，尚名教。尤嫉非道以干进者。善谈论，多识典故，唐室以来，士族人物悉能详记。酷好吟咏，每对客论诗，终日忘倦。"

杨徽之曾奉诏参与编修《文苑英华》，该书为"宋四大书"之一。

李继迁，银州（今陕西榆林南）人，与明末农民军领袖李自成同乡。李继迁祖先为拓跋氏，唐时因参与镇压黄巢起义，被赐姓为李。李继迁的后人李元昊为西夏政权的创立者。

高平之战

时　间：954年
地　点：高平
参战方：后周、北汉、辽

后周胜

指挥官与领导者

北汉、辽	后周
中军—刘旻	中军—柴荣（周世宗）
左军—张元徽	左军—李重进
右军—耶律敌禄	右军—樊爱能

太行山脉

高平 ◎

儿子
- 李德明 长子
- 李德昭 次子

孙子
- 李元昊 长子（西夏政权创立者）
- 李成遇 次子
- 李成嵬 三子

05

张永德去世

张永德（928年—1000年），字抱一，并州阳曲（今山西太原阳曲）人，五代至北宋初年名将。后周开国功臣，在高平之战中发挥了重要作用。

宋四大书

《太平广记》
官修小说总集，共500卷，宋太宗太平兴国年间，由李昉等人将野史、传记、故事、小说等编集而成。它保存了宋以前大量的文言小说，被《四库全书总目》称为"小说家之渊海也"。

《太平御览》
广泛收集了宋以前经史百家各种古籍中的资料，由宋太宗命李昉等人编纂而成。共1000卷，分为55部，今已失传。

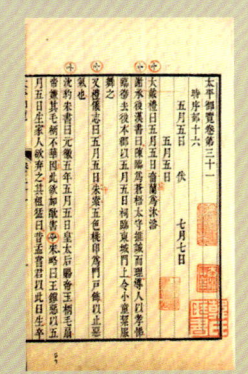

《文苑英华》
古代诗文总集，由宋太宗命李昉等人编纂而成。全书收录了上起南朝萧梁、下至晚唐五代的诸家诗文歌赋，选录作家近2200人，文章近20000篇，其中收录的唐代作品最多。

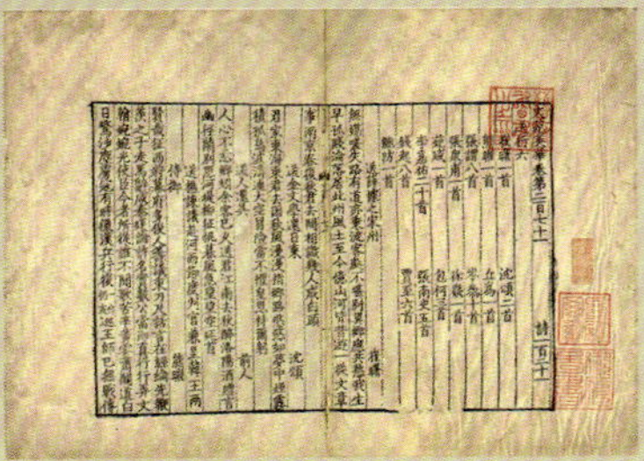

《册府元龟》
百科全书性质的史学类书，由宋真宗命王钦若、杨亿等人编撰而成。共1000卷，分31部，1104门。对宋以前史籍的辑佚和校勘工作较有价值。

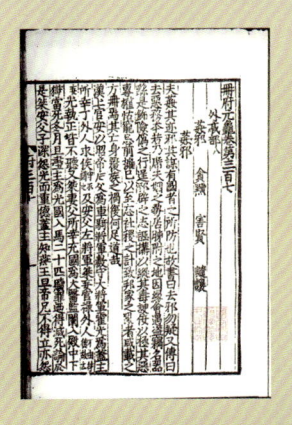

历史底色如何影响个人决策

这本书，会从 1000 年开始讲起。不过，对于这一年，我想带你关注的不是大宋的 GDP（国内生产总值）有多高、人口有多少，也不是在位的宋真宗施行了什么政策，而是一件小到不能再小的事情——这一年的 5 月 9 日，当朝老宰相吕端去世了。

放眼整个中国历史，吕端并不算什么大人物。但是，吕端身上有一个具有时代标志性的故事。通过这个故事，我想传达的是：每一代人不仅生活在自己的时代里，还生活在上一个时代的阴影里。

吕端官位时间轴

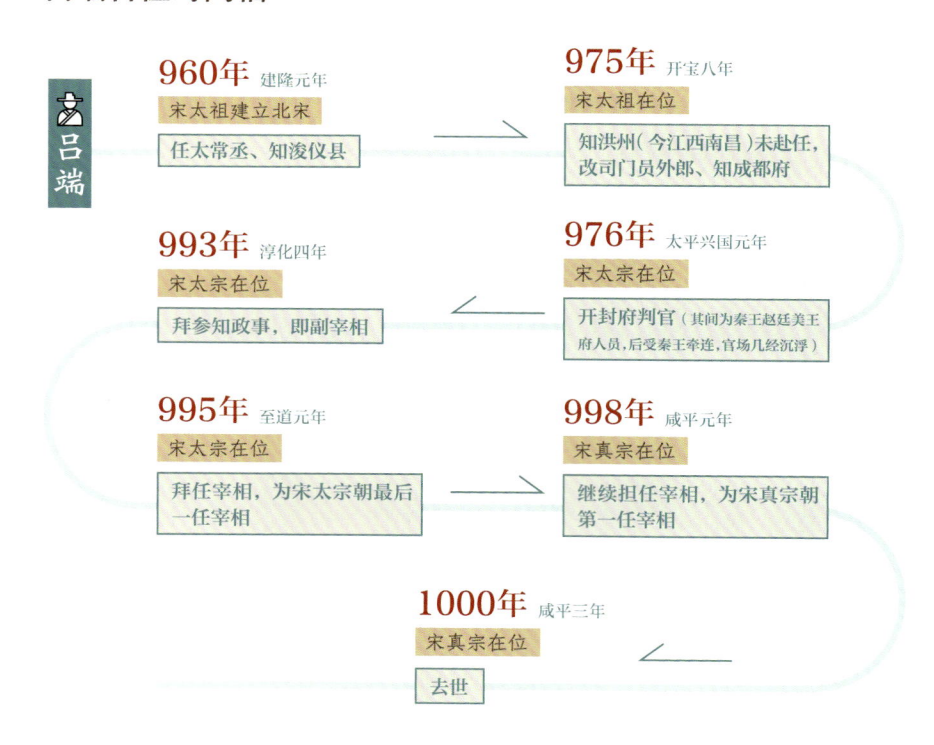

吕端

960 年 建隆元年
宋太祖建立北宋
任太常丞、知浚仪县

975 年 开宝八年
宋太祖在位
知洪州（今江西南昌）未赴任，改司门员外郎、知成都府

993 年 淳化四年
宋太宗在位
拜参知政事，即副宰相

976 年 太平兴国元年
宋太宗在位
开封府判官（其间为秦王赵廷美王府人员，后受秦王牵连，官场几经沉浮）

995 年 至道元年
宋太宗在位
拜任宰相，为宋太宗朝最后一任宰相

998 年 咸平元年
宋真宗在位
继续担任宰相，为宋真宗朝第一任宰相

1000 年 咸平三年
宋真宗在位
去世

◆ 到底谁要换皇帝

故事要从 997 年讲起。这一年的 5 月 8 日，宋太宗赵光义驾崩。按说皇帝驾崩，太子继位，照章执行就是了。可偏偏此时出现了一个变数——有人要搞政变，想另立太子赵恒的大哥赵元佐当皇帝。

是谁要这么干呢？第一个关键人物是宋太宗的皇后李皇后，这时已经是李太后了；第二个关键人物是宋太宗时代最有权势的宦官王继恩；此外还有参知政事李昌龄和知制诰胡旦。

要知道，宋太宗一死，能够左右朝局的人基本都在这个名单里。李太后是皇家代表，相当于《红楼梦》里的贾母、老祖宗；李昌龄负责中央政府的日常政务；胡旦是政事堂的一等秘书，刚好可以起草先帝遗诏。先帝遗诏，太后可以假称，知制诰可以起草，再加上内廷的大宦官王继恩沟通内外。此外，李太后背后隐隐地还有一支力量——她娘家哥哥李继隆可是当时的禁军统帅。

这出戏，生旦净末丑各路角色已经配备齐整，就差当朝宰相吕端点个头了。

5 月 8 日，宋太宗刚刚驾崩，这些人就派大宦官王继恩去中书省请吕端。要是吕端真来了，几个人围住他把换皇上的决定一讲，有的威胁、有的利诱，他怕是很难扛得住。但是，宋太宗曾盛赞吕端"大事不糊涂"，他不糊涂就不糊涂在，没让事情发展到那一步。

王继恩一到中书省，吕端就感到一丝不对劲，于是说："我跟你去，但是有一份重要的文件在后面的档案库里，你帮我找出来，咱们带着一块去。"结果，王继恩前脚刚进档案库，吕端后脚就把库房给上了锁，然后招呼左右："没有我的命令，谁也不许放他出来。"接着，他三步并作两步去找李太后了。

这时，吕端面对的局面就相对简单了，只有李太后一个人。面对缺少政治经验，又心情悲恸的李太后，吕端只讲了两个道理："一，先帝为什么要立太子？不就是为了今天这个局面吗？不用再争论了，事先都已经定好了。二，先帝刚刚去世，咱们好意思违背他的意愿吗？"

> 端曰："先帝立太子，正为今日。今始弃天下，岂可遽违先帝之命，更有异议？"乃迎太子立之。　　——《涑水记闻》

这两个道理一摆，李太后就不说话了。正好太子赵恒也赶到了，吕端马上张罗，现在就举行登基仪式。

按说，赵恒只要把衣服一换，往当中一坐，宰相带着大臣们磕一个头，喊一声万岁，这君臣的名分就定了。但吕端还是多留了一个心眼儿：万一刚才换衣服的时候，顺便把人也换了呢？于是吕端走上台阶，掀开帘子，看了看坐在御座上的人果然是赵恒，这才退下来，开始正式走流程。

因此，宋真宗和吕端之间还有一种非常特殊的君臣感情——没有吕端他老人家，就没有宋真宗的这个皇位。在皇权时代，一个大臣能立下的最大功劳莫过于"定策之功"，即拥立皇帝的功劳，而吕端有的就是这种功劳。

◆ 皇帝为什么要立年纪大的

看完这个故事，你有没有觉得有些奇怪？他们为什么要换太子、换皇帝？他们到底图什么？

一般来说，搞政变，要么是两派斗得激烈，有你没我，一派要先下手为强，比如唐朝的"玄武门之变"；要么是某些人要获取巨大的利益，要拿到拥立之功、泼天富贵，比如明朝的"夺门之变"。而这场政变好像不符合任何一种情况。

要说争斗激烈，当时的几个皇子都谈不上属于什么阵营。赵恒被正式册封为太子已经两年多了，朝野上下对此没有任何争议。

要说获取巨大利益，也谈不上。政变集团里地位最高的是李太后，可无论赵恒还是赵元佐，都不是她的亲生儿子，她又何必拼死一搏呢？王继恩伺候过宋太祖、宋太宗，已经是后宫里最受宠信、地位最高的宦官了，拥立了新皇帝，他不还是个宦官吗？李昌龄前一年刚被提拔为副宰相，就算拥立新皇帝，顶多就是进步半格，当个正宰相。不走这步险棋，熬一熬，应该也有机会。一个文臣，冒着抄家灭门的风险掺和这种事干吗？

不仅如此，在皇权时代，臣下合谋换皇帝无论如何都是大逆不道的罪过。

玄武门之变与夺门之变

唐

626年7月2日

玄武门之变

● 长安太极宫玄武门

👤 秦王李世民
VS
皇太子李建成、齐王李元吉

● 结果
政变成功，李世民成为皇太子，同年登基，为唐太宗

明

1457年2月10日

夺门之变

● 北京紫禁城

👤 朱祁钰
VS
朱祁镇

● 结果
政变成功，朱祁镇复辟为明英宗，皇帝朱祁钰被废黜，复封为郕王

收益这么小、风险这么大的政变，在中国历史上很是罕见。他们为什么非要这么干呢？

我们看看李太后是怎么说的："太宗已经去世了，立皇帝就应该立岁数大的，这比较合乎常情。你看这事儿该怎么办？"

> 太后谓曰："宫车已晏驾，立嗣以长，顺也。今将何如？" ——《涑水记闻》

只是因为太子岁数小一些，就能把朝廷正式册封的太子推翻，还能说服那么多人一起参与政变，这件事儿怎么更奇怪了？

要回答这个问题，我们就不能只看这一年，甚至不能只看宋朝初年，而要把视野拉到上百年的尺度上，才能理解那个时候的人为什么会这么想、为什么要这么做。

北宋之前是哪个朝代？是中国历史上著名的乱世——五代十国。从907年到960年一共才53年，仅北方中原地带就换了5个朝代——梁、唐、晋、汉、周,历史上称之为"后梁、后唐、后晋、后汉、后周"。其中,最长的朝代是后梁,存在了16年;最短的是后汉,只有3年。更惊人的数字是:仅仅53年就换了14位皇帝。其中,在皇位上正常死亡的皇帝只有5位;剩下的,要么被废,要么死于非命。仅仅把这些数字列出来,你就能闻到那个时代的血腥味了。

这场政变里的主要角色都是那个时代的过来人。他们的政治观念,是在那个时代形成的;他们的行为方式,也是在那个时代学到的;他们对损失的恐惧、对危险的感知,也受到那个时代的深刻影响。他们虽然生活在宋朝建国之后的40年,但本质上,他们仍是生活在五代十国阴影下的一拨人。

他们现在身处哪个朝代?当然是宋朝。但如果继续追问,是哪个宋朝呢?是我们这些后人讲的"唐宋元明清"的宋朝吗?不是。在这群人的感受中,这是五代之后的"第六代",是"梁唐晋汉周宋"的"宋"。

整个五代时期的14位皇帝里,正常父死子继的只有3位:后唐闵帝李从厚,后汉隐帝刘承祐,后周恭帝柴宗训。前两位皇帝都是20岁左右被人杀死

五代政权存续时间与唐对比

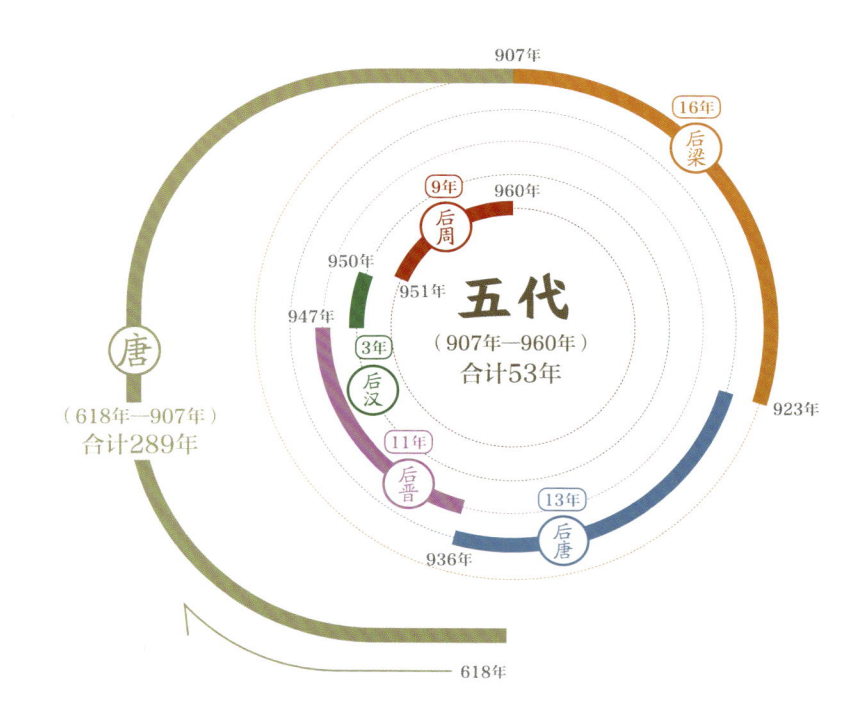

的。最后一位是7岁当的皇帝，但很快就被宋太祖赵匡胤夺了江山。巧的是，他也死于20岁。

这么看，传位给没有武力的亲儿子，虽然符合法理、符合人情，但是可惜，就是不符合现实。这正是五代十国时期留下的最重要的政治经验——不能把权力交给一个年轻的、没有带过兵打过仗、在军队中没有基本班底的接班人。

生活在五代十国阴影下的宋朝初年那一代人，他们怕的是大宋万一有个闪失，历史再度重演！

宋史上还有一桩公案，叫"金匮之盟"。宋太祖、宋太宗的生母杜太后在临终前问赵匡胤："你知道你的天下是怎么得的吗？"赵匡胤说："当然是祖宗积德。"杜太后说："是因为你欺负人家孤儿寡母。如果周世宗的继承人是个年长的人，你哪有今天？所以，你死后要把皇位传给你弟弟，你答应不答应？你若答应，就写个字据，放金柜子里存着。"

> 太后曰："汝自知所以得天下乎？"太祖曰："此皆祖考与太后之余庆也。"太后笑曰："不然，正由柴氏使幼儿主天下耳。"因敕戒太祖曰："汝万岁后，当以次传之二弟，则并汝之子亦获安耳。"太祖顿首泣曰："敢不如母教！"太后因诏赵普于榻前，约为誓书，普于纸尾自署名云："臣普书。"藏之金匮，命谨密宫人掌之。　　——《涑水记闻》

后来，宋太宗赵光义继位的时候，有传说是他害死了哥哥，自己篡的位，所谓"烛影斧声"指的就是这件事。这个传说虽然难辨真假，但是宋太祖去世时，他的两个儿子分别才25岁和17岁，是让这两个毫无政治、军事经验的儿子继位，还是让当时既有军队班底、又有政治经验的赵光义继位呢？按照五代的政治逻辑，恐怕后者才是理性选择。

理解了这些时代背景，我们才能理解李太后的那句"立嗣以长，顺也"。立一个年纪大些的、更有经验的、更镇得住场子的新君主，更能保证朝代的延续。

在中国历史上，权力继承通常有两种模式——"父死子继"和"兄终弟及"。它们各自适用于什么情况呢？

施展老师在《枢纽》里有一个分析：长城以南的中原王朝通常都是父死子继，因为中原王朝的统治主要是靠官僚体系完成的。君主的能力排第二位，更

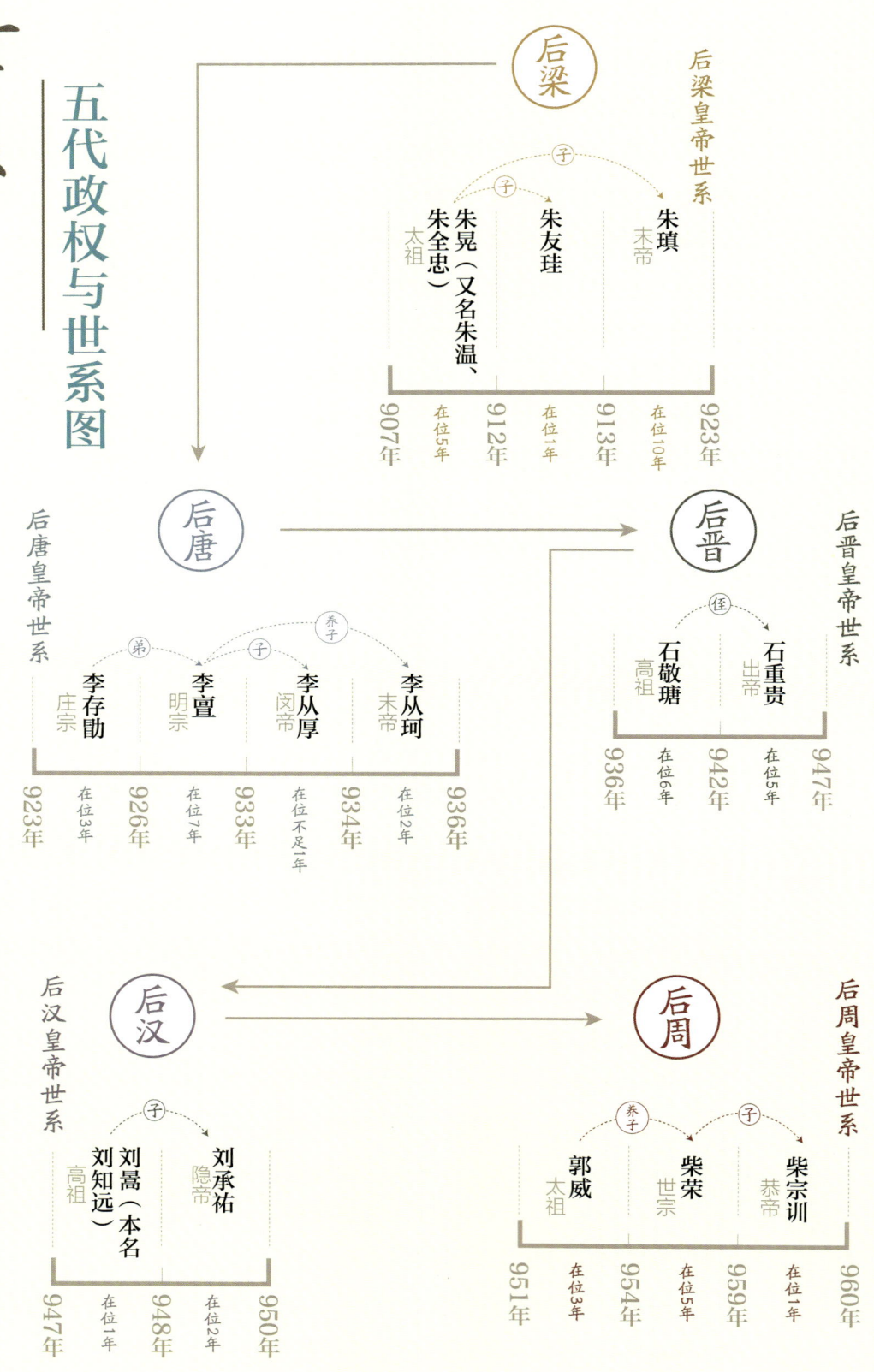

世系

五代政权与世系图

后梁皇帝世系

- 朱晃（又名朱温、朱全忠）太祖 — 907年 在位5年
- 朱友珪（子） — 912年 在位1年
- 朱瑱 末帝（子） — 913年 在位10年
- 923年

后唐皇帝世系

- 李存勖 庄宗 — 923年 在位3年
- 李亶 明宗（弟） — 926年 在位7年
- 李从厚 闵帝（子） — 933年 在位不足1年
- 李从珂 末帝（养子） — 934年 在位2年
- 936年

后晋皇帝世系

- 石敬瑭 高祖 — 936年 在位6年
- 石重贵 出帝（侄） — 942年 在位5年
- 947年

后汉皇帝世系

- 刘暠（本名刘知远）高祖 — 947年 在位1年
- 刘承祐 隐帝（子） — 948年 在位2年
- 950年

后周皇帝世系

- 郭威 太祖 — 951年 在位3年
- 柴荣 世宗（养子） — 954年 在位5年
- 柴宗训 恭帝（子） — 959年 在位1年
- 960年

关键的是要合法,也就是上上下下有共识。这种情况下,嫡长子继承制更能保持王朝秩序的稳定性。

但是,长城北边草原政权的逻辑完全不同。如果大汗和他的儿子相差20岁以上,就不能保证儿子在父亲死时已是一个成熟的军队统帅。原先跟着大汗在草原上南征北战的往往是他的兄弟,最受信任的将领也是这些兄弟。所以,兄终弟及才是草原政权的继承逻辑。

因此,权力继承的时候,关键不是看继承者的身份是什么,而是权力的合法性到底来自哪里。如果权力的合法性来自整个体系的共识,那么"父死子继"就更合理;如果权力的合法性来自武力,那么"兄终弟及"就更合理。

带着这个背景知识,我们再来理解吕端碰到的这个政变小插曲,是不是对那一代人的想法和做法有了更多的"理解之同情"呢?

◆ 政变怎能这么儿戏

虽然理解了这帮人政变的理由,但这场政变还有一个奇怪之处:它为何如此草率呢?政变可是"不成功就死人"的买卖,但这出戏里唯一的暴力举动,竟然是吕端这个60多岁的老头拿一把锁锁住了王继恩。然后,他找太后讲了几句道理,整个阴谋就破产了。政变怎能这么儿戏呢?

我自己反复看这个故事,有一种强烈的感觉:所有当事人都没觉得这是多大的事,甚至只把它当作普通的政策建议。

为什么会有这么奇怪的政治氛围呢?答案也要回到时代背景里去找。我先把答案亮出来,再分析,答案就是:五代时期的皇权其实不是完整的皇权。

中国古代的皇帝制度是一种非常独特的君主制度。虽然皇权以暴力为基础,但是一个皇帝要想坐稳皇位,还必须具备方方面面的合法性。比如,皇帝要有悠久的历史传统,要能给当下的百姓带来福祉,要能向未来许诺和平的愿景,要让内部的精英阶层都服气,让周围的蛮夷也服气,还要有苍天大地的祝福,皇帝还得是个如圣贤一般的道德标杆。说白了,人间的王,天上的神,精神世界中的圣人,必须集为一身,才是中国的皇帝。如果做不到,装也要装出来。

如果把皇权比喻成一艘大海上的船,上面这些条件是什么呢?它们就是一根根缆绳,是钩住海底的锚,锚越多,合法性就越完整,皇权就越稳固。而五代时期的那些皇帝手中只有武力,表面上的威风当然有,但实际上,皇权就像是在暗夜中、在大海上、在12级台风里随波浮沉的一艘巨轮,只有武力这一根锚,危险得很。

五代时期的王朝为什么那么短命呢?就是因为社会上的各种力量都像围观街头流氓打架一样,谁武力强,把前一个流氓砍了,谁就可以接着在这条街上收保护费。但是,这些力量只交钱看戏,并不上前帮忙,免得溅自己一身血。"流氓打架,跟我有什么关系?"

《宋史》里有一句话叫"事君犹佣者",意思是,臣子对待皇帝就像用人对待雇主一样:皇帝是地主,我是长工,皇家内部怎么闹矛盾、打打杀杀,都跟我没关系,我是来打工挣钱的。

> 五季为国,不四,三传辄易姓,其臣子视事君犹佣者焉,主易则他役,习以为常。　　——《宋史》

这套道德标准眼熟不眼熟?这正是当代股份公司里职业经理人的道德标准:作为被聘请来的CEO(首席执行官),就算董事会乱成一锅粥,我也不去管,只要能产生合法的董事会决议,只要照样付我年薪,我就把自己的职责履行好——照顾好客户、员工,同时管理好自己的声望和品牌。这家公司要是真倒闭了,不耽误我换个公司接着干。

宋朝初年的时候,大家的心态也差不多。虽然"烛影斧声"暗示了宋太宗继任皇位这件事很可疑,而且,宋太宗即位之后,宋太祖的两个儿子——赵德昭和赵德芳死得也非常蹊跷,有人也怀疑是宋太宗干的。但是,面对这样的人伦惨剧,满朝文武没有一个人站出来说话。

几百年后,明末清初的大思想家王夫之在《宋论》里愤怒地指责:"你们这一个个大臣,有的号称刚直,有的号称敢言,有的号称方正……怎么都哑巴啦?你们把头低着,把嘴巴闭着,任凭宋太宗为了自己的私利做出残忍的事,你们也不念念开国皇帝赵匡胤对你们的好。"

立其廷者，以刚直称，则寇俶、姚坦；以昌言称，则田锡、张齐贤；以方正称，则李昉、吕端；皆所谓贤臣也。而俯首结舌，听其安忍戕性以行私，无敢一念开国之先皇者。　　——《宋论》

今天，我们没有王夫之的愤怒了，可以平心静气地推测那些士大夫的想法：宫廷里的刀光剑影，红墙绿瓦黑阴沟，都是皇家董事会的事，我们职业经理人做好自己的事就行。这是不是和五代时期士大夫的心态差不多？

现在，我们再来看宋真宗继位时的政变闹剧，就知道为什么它会搞得跟儿戏一样草率了：太后和宦官觉得这是自己家里的事，文臣、士大夫觉得这是别人家里的事。

我们不妨把大宋朝廷想象成古时候乡下的一个大户人家：老主人还在的时候，自然他说了算，他临终时发话让小儿子当家，夫人和老奴当然听话。可是，老主人一死，他的话还要不要听，就得看情况了。毕竟，家族要存续，日子要过下去，活人不能被死人的话绑架。所以，宋太宗一死，他的夫人，即此时的太后，便按照自己对国家局面的理解，想换个接班人。再加上伺候过两代老主人、还立过大功的大宦官王继恩也附和太后的想法——要知道，他在家里说话可是很有分量的，太后更觉得自己这么做有理了。

再来看卷入政变阴谋的士大夫。从史料的记载来看，李昌龄是一个性格懦弱、不怎么说话的人。胡旦是状元出身，性格非常文人气，一直在朝廷里当秘书写文章，更是没什么政治经验。他们这种性格的人为什么要参与政变呢？按照情理推测，很可能是太后和王继恩私下找他俩征求意见："我们俩有这么个换皇帝的想法，你们觉得怎么样？"

他们跟五代时期的士大夫心态一样，并不觉得自己对国家、对天下有什么责任感——老夫人和老管家都商量好的事，还给我这个打工的面子，跟我商量，我反对什么？只能表态：一切听老太太的。李昌龄和胡旦大概就是这么上的"贼船"。

而这从此次政变的事后处理也看得出来。大宦官王继恩被贬了一个闲职，安置在均州（今湖北丹江口），后来死在这个地方。参知政事李昌龄也只是被贬官，兜兜转转，后来居然在中央、地方当过好几任其他的官。一等秘书胡旦也被贬官，后来因为身体不好，居然正常退休了。至于李太后，什么事都没有，还是当她的皇太后，宋真宗对她还是尊敬得很。

这是通常对政变大案、谋逆大案的处理结果吗？如果把这种事放在汉唐或明清，换皇帝的企图一旦失败，一定是杀得"人头滚滚"。有人认为这显示了宋真宗的宽宏大量，这当然是事情的一个方面。但在当时，这件事在道德上肯定也没有那么骇人听闻，才有高高拿起、轻轻放下的可能性。在宋真宗的宽宏大量背后，其实有皇权破碎的深深无奈。

宋已经建立40年了，对皇权也已经缝缝补补40年了。但是，皇权身上的裂缝还是清晰可见。

◆ 吕端为什么挺身而出

体察了这场政变中每个角色的心态，你就能理解，吕端这个时候挺身而出是多么了不起，多么具有标志性意义了。

吕端锁住王继恩、拦住太后、把宋真宗送上皇位，这一系列动作其实是代表整个士大夫阶层宣布：100多年了，宋真宗是第一个被正式册封的太子，是真正的具备完整合法性的皇帝。

所谓完整的合法性，事关政治规则，事关中华道统，事关苍生福祉，事关开国40年的大宋——包括皇帝、士大夫和所有百姓在内的天下共同体的兴亡。吕端作为宰相，作为一名士大夫，他该管，也必须管。

吕端为什么能站出来？仅仅是因为他特别刚直吗？非也。这并不是一个吕端单枪匹马力挽狂澜的故事。宋朝已经建国40年了，这40年间，士大夫集体的责任意识在成长，中央的政治结构在优化，武将的地位在衰落，支撑皇权平稳交接的条件已经成熟了。

吕端敢站出来，是这40年社会演化的结果。他站出来只是一个标志，标志着御座上的那个皇帝角色的本质发生了变化。皇帝不再只是一个武装力量的首领，而是社会精英阶层根据法统和规则共同认可的最高权力的代表。五代乱世的政治逻辑和历史阴影终于褪去，一个新的时代开始了。

帮助这个转变完成的宰相吕端在这一年的 5 月去世了。他的死在历史中不过就是一行小字，但这行小字后面是历史的静水深流。

其实，我们这些置身事外的后人和身在其中的古人，看问题的视角是不一样的。我们后人的视角当然更全面，能看到前因后果、格局演化，但这个视角其实有种缺陷，就是容易忽略当事人的感受。比如，我们不知道当时的人在怕什么，不知道当时的人有什么历史包袱，尤其是精神包袱，不知道他们对未来有什么过分的期待，不知道他们在决策关头为什么举棋不定。就像前面所讲的，宋朝开国都 40 年了，但五代的历史阴影还是重重地压在大宋君臣的心头。看不到这些，其实我们就没有真的看懂历史，更没有看懂历史里的人。

我很喜欢的一位美国学者托马斯·索维尔曾说："理解人类的局限性，是智慧的开端。"

我希望"文明"这一系列书能够挨着历史的年份，一年一年地跟在古人身后，亦步亦趋，就像跟在自己孩子身后。他们的很多怕和爱，他们的犹豫和纠结，虽然我们帮不上忙，但是，我们可以用"理解之同情"，用置身事内的姿态，来感受他们的这些挑战、难题和局限。只有如此，我们才能更深地理解人性，理解中国。

参考文献

［宋］李焘，《续资治通鉴长编》，中华书局，1995年。
［元］脱脱等，《宋史》，中华书局，1985年。
［后晋］刘昫等，《旧唐书》，中华书局，1975年。
［宋］薛居正，《旧五代史》，中华书局，1976年。
［宋］欧阳修，《新五代史》，中华书局，1974年。
［宋］司马光，《资治通鉴》，中华书局，2011年。
［宋］司马光，《涑水记闻》，中华书局，2017年。
邓小南，《祖宗之法：北宋前期政治述略》，生活·读书·新知三联书店，2006年。
施展，《枢纽》，广西师范大学出版社，2018年。
［英］崔瑞德、［美］史乐民编，宋燕鹏等译，《剑桥中国宋代史（上卷）：907—1279年》，中国社会科学出版社，2020年。
王育济，《"金匮之盟"真伪考——对一桩学术定案的重新甄别》，《山东大学学报（哲社版）》，1993年第1期。
何冠环，《"金匮之盟"真伪新考》，《暨南学报（哲学社会科学）》，1993年第3期。
孔学，《"金匮之盟"真伪辨》，《史学月刊》，1994年第3期。
王育济，《论"杯酒释兵权"》，《中国史研究》，1996年第3期。
燕永成，《〈宋太祖实录〉探微》，《史学史研究》，2008年第4期。

1001 年

经 历 过 ， 解 决 过

1001年的世界

01

巴西尔二世颁布"代缴法"
● 南欧

"代缴法"规定:"富强者"须在缴纳赋税方面为"贫弱者"负责;若"贫弱者"无力缴付,则由"富强者"代缴。

自此,地主不得不为自己的农奴的赋税负责。此举保证了国家的赋税收入,虽然遭到大封建主们的强烈反对,但巴西尔二世在位时期仍将其坚持贯彻下去。

▲ 巴西尔二世

02

马哈茂德大胜白沙瓦之战
● 中亚

伽色尼王朝苏丹马哈茂德率领军队在白沙瓦战胜三倍于己的印度军队,俘虏了沙希亚王朝的贾帕尔一世,将白沙瓦并入伽色尼王朝。

伽色尼王朝,阿富汗封建王朝,以都城伽色尼得名。12世纪时为古尔王朝所灭。

▲ 马哈茂德身着长袍

"三迹"书法作品

03 藤原行成始任参议，为七殿五舍题字

● 东亚

藤原行成（972年—约1028年）是日本平安时代朝臣和著名书法家。此次题字是关于藤原行成书法活动的最初记录。

藤原行成的墨迹被称为"权迹"，与小野道风的"野迹"、藤原佐理的"佐迹"并称"三迹"。

藤原行成融合小野道风与王羲之的书法风格，创立了日本风格的书道世尊寺流，是日本书法的集大成者。代表作有《白乐天诗卷》。

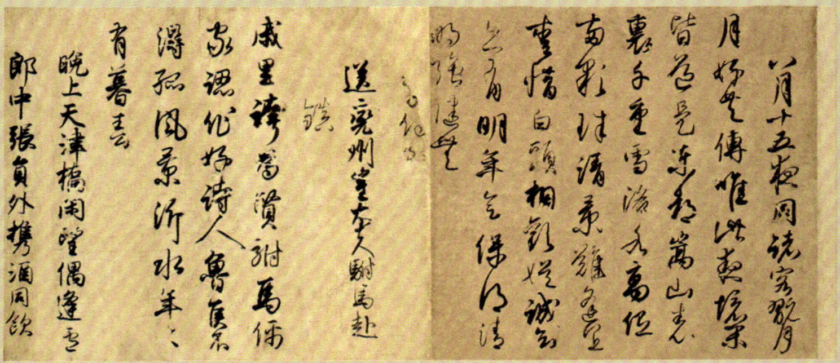

▲《白乐天诗卷》（局部） 藤原行成
完成于1018年，书写的是白居易的8首诗。

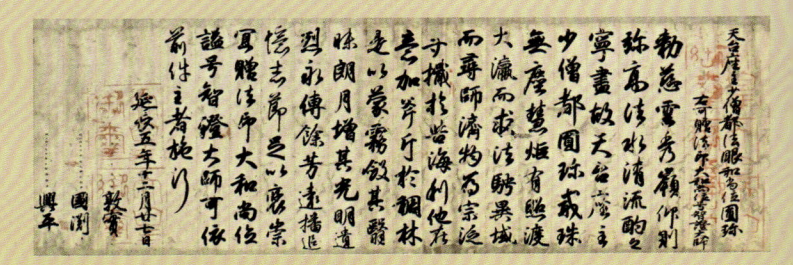

▲《智证大师谥号敕书》（局部） 小野道风
醍醐天皇御令诏书，为智证大师圆珍追加谥号。

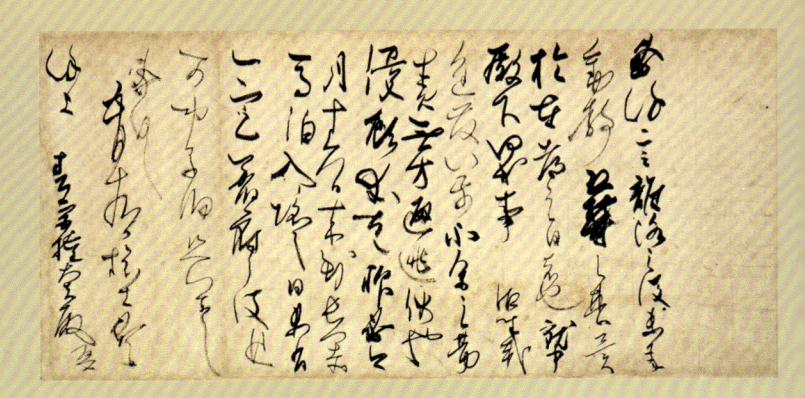

▲《离洛帖》 藤原佐理
藤原佐理于赴任途中匆忙书写的给摄政大臣藤原道隆的书信。

1001年的中国

01 威虏军会战，宋军大胜辽军

1001年11月4日至11月16日，宋军和辽军在威虏军（今河北保定徐水）爆发了一系列战斗，其中以11月4日双方骑兵大会战为主要战事。

最终，宋军以伏击战击败辽军，斩首辽军两万，阵前击杀辽军统帅铁林相公及其麾下将领十五员，辽军精锐"铁林军"几乎全军覆没。

▲ 杨业　　▲ 杨延昭　　▲ 杨文广

参与了伏击战的宋军将领杨延昭，人称"杨六郎"。与其父杨业、子杨文广三代并称名将，号为"杨家将"。

02 开元寺塔开建

宋真宗为了供奉开元寺僧令能从古印度取回的佛经、舍利，于1001年下诏建开元寺塔，该塔最终于1055年建成。

▲ 开元寺塔

开元寺塔，又名"料敌塔""开元宝塔"，位于河北定州，是世界上现存最高的砖木结构古塔之一、中国现存最高的砖塔，共11层，高84米。

03 北宋诗人王禹偁去世

王禹偁(954年—1001年),字元之,济州巨野(今山东菏泽巨野)人,北宋诗人、散文家。

北宋诗文革新运动先驱,以变革文风为己任。苏轼曾称誉他"以雄文直道独立当世"。唯一传世的词作是《点绛唇·感兴》。

点绛唇·感兴

王禹偁

雨恨云愁,江南依旧称佳丽。
水村渔市,一缕孤烟细。
天际征鸿,遥认行如缀。
平生事,此时凝睇,谁会凭栏意。

书王元之画像侧

欧阳修

偶然来继前贤迹,信矣皆如昔日言。
诸县丰登少公事,一家饱暖荷君恩。
想公风采常如在,顾我文章不足论。
名姓已光青史上,壁间容貌任尘昏。

▲ 王禹偁像

◀ 开元寺塔内壁画

04 李继迁率部攻占清远军

李继迁攻占了清远军(今宁夏同心)。

四川为什么叫四川

1001年,我们来关注一场发生在四川的行政区分拆。

很多人以为,四川得名"四川",顾名思义,是因为境内有四条大河——大渡河、岷江、沱江、嘉陵江。其实,"四川"真正得名于这一年的行政区分拆。

4月,朝廷下诏,把西川路和峡西路这两个省级行政区分拆成益州、梓州、利州、夔州四个路——这四个路叫"川峡四路",合称为"四川"。

朝廷为什么要这样分拆呢?通常来说,合并行政区是为了降低行政成本。这背后还有一层意思,就是这个地方麻烦少,合并之后还管得过来。反过来,分拆行政区大概率是因为这块地方出了大麻烦,而且是可能长期存在的大麻烦,需要加强管控。

那宋朝初年的四川,到底出了什么麻烦呢?造反,不断地造反。

宋太祖赵匡胤征服四川(即后蜀)的过程异常顺利。964年年末发兵,66天后,后蜀皇帝孟昶就投降了。但是,搞定皇帝不代表麻烦结束了。

四川共45个州,当年就有17个州发生了叛乱,朝廷花了近两年时间才镇压住。过了不到30年,宋太宗在位期间,四川又乱了。993年的王小波、李顺起义规模很大,人数在20万以上,朝廷又花了一年时间才镇压下去。宋真宗刚继位的997年,四川就爆发了"刘旰之变"。1000年,则爆发了"王均之乱"。这应该就是朝廷要把蜀中一分为四的重要原因。

◆ 四川为什么乱了又乱

为什么四川总造反?是四川老百姓不安分吗?当然不是。

唐朝时有个说法叫"扬一益二",天下要比富庶,第一是扬州,第二就是成都所在的益州。在富有的地方,谁不想安居乐业?谁爱去打仗?

1111年"川峡四路"示意图

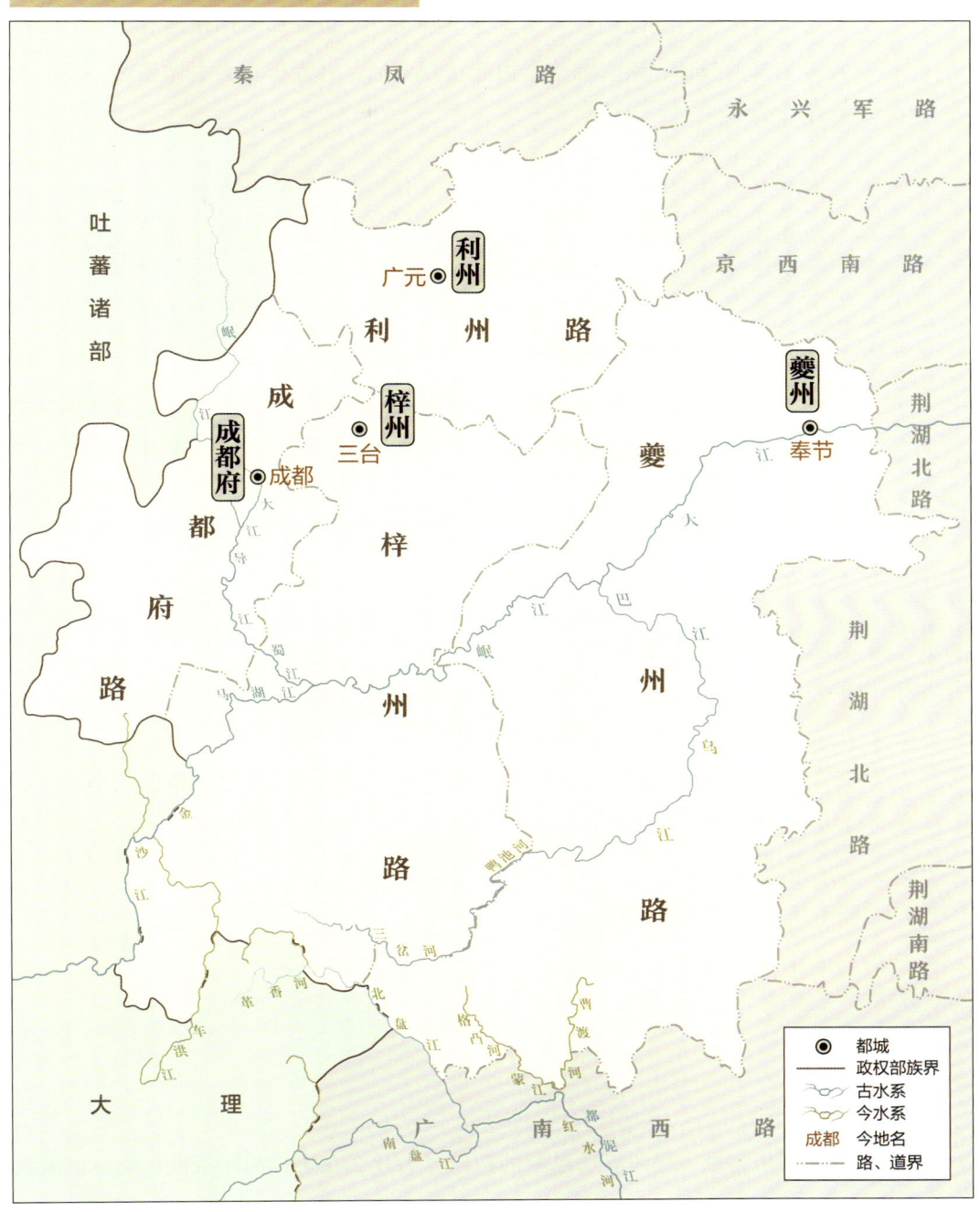

注 1059年，益州路更名为成都府路。

南北朝时有一位叫罗研的四川官员说过："如果百姓家里都有五只母鸡、一头母猪，床上有简陋的被褥，蒸笼里有几升麦饭，那么即便前有苏秦、张仪巧舌如簧的鼓动，后有韩信、白起按剑威逼，百姓都不会去做盗贼，更何况是作乱？"

> 若令家畜五母之鸡，一母之豕，床上有百钱布被，甑中有数升麦饭，虽苏、张巧说于前，韩、白按剑于后，将不能使一夫为盗，况贪乱乎？ ——《南史》

而且，四川人的性格更倾向于图个安逸。

历史上，蜀人是很少抵抗中原政权的进攻的。东汉刘秀，不足2年就拿下蜀地；刘备入川，也是花了不足2年时间；东晋桓温伐蜀，只用了4个月；五代后唐灭前蜀，仅75天；赵匡胤灭后蜀，更是只用了66天。

历史上平定蜀地耗时

东汉	三国	东晋	五代	北宋
不足2年	不足2年	4个月	75天	66天
刘秀	刘备	桓温	后唐	赵匡胤

经济富庶、民风安逸温厚的四川，为什么在宋代初年叛乱不断、血流成河？解释当然有很多种。最明显的理由是，宋朝在征服四川之后有滥杀无辜的行为。但是，这只能解释第一场叛乱，后面持续多年的动乱还有更深层次的原因。

有人认为，原因在于朝廷对四川财富的掠夺。

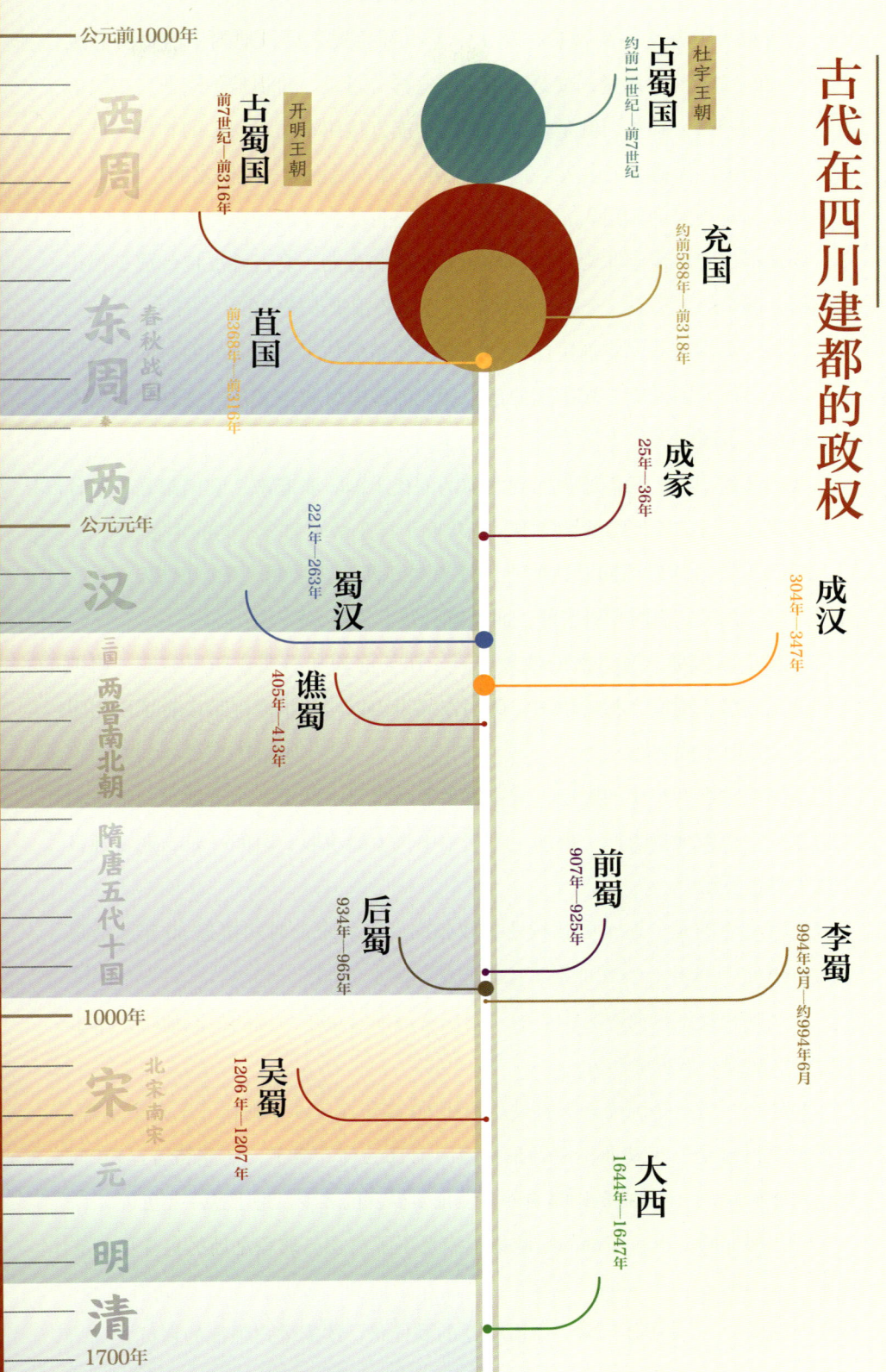

建都

古代在四川建都的政权

- 公元前1000年
- 西周
- 古蜀国 杜宇王朝 约前11世纪—前7世纪
- 古蜀国 开明王朝 前7世纪—前316年
- 东周 春秋战国 秦
- 苴国 前368年—前316年
- 充国 约前588年—前318年
- 两汉 公元元年
- 成家 25年—36年
- 蜀汉 221年—263年
- 三国 两晋南北朝
- 谯蜀 405年—413年
- 成汉 304年—347年
- 隋唐五代十国
- 前蜀 907年—925年
- 后蜀 934年—965年
- 李蜀 994年3月—约994年6月
- 1000年
- 宋 北宋 南宋
- 吴蜀 1206年—1207年
- 元
- 大西 1644年—1647年
- 明
- 清
- 1700年

据唐宋八大家之一的曾巩记载，宋朝灭掉后蜀之后，把蜀中的财富分成"重货"和"轻货"：重货，就是像铜、布这样分量重、价值低的东西，用船沿着长江运回开封；轻货，就是金银丝绸这类能直接用车马运回去的物品。这样水陆并用地搬，你猜花了多久运完？十几年。那得是多大一笔财富啊！

如果你是当时的四川人，会是什么感受？自己家乡的好东西眼睁睁地被连车带船地运走了，肯定非常气愤。再加上厚税和盘剥，老百姓反抗就成了很正常的事。著名的王小波、李顺起义就是在这样的背景下爆发的。

但是，只停留在"官逼民反"这一层，还是低估了当时宋朝面对的复杂局面。宋初要面对的难题，真正难的是心理上的地方分离主义——这种倾向更隐蔽，但恐怕更顽固。

要理解这一点，我们还得回到之前的五代十国。看起来，它们都是一些分裂的小政权；可细看地图就会发现，五代和十国是两个完全不同的生态。

跟四川地区的后蜀同时代的十国还有吴、南唐、吴越、楚、前蜀、南汉、南平、闽、北汉，当时相对安静，而且挺有钱。为什么？

这些小国大部分有天然的地理屏障，比如前蜀和后蜀在四川盆地，周围一圈被山环绕；南汉在梅岭以南；闽国在武夷山以东的沿海地带。有了山川阻隔，安全暂时不成问题。

小国通常没有扩张的野心，君主们很容易把自己活成一个老地主，就守着一亩三分地积极地搞生产。再加上不用给中央上缴税收，时间一长，老百姓日子过得都还不错。

更有意思的是，这十国政权还比较长命，平均统治时间接近40年，最短命的前蜀也有18年，自然能攒下比较厚的家底。

五代则相反，以河南为中心的"梁唐晋汉周"位于中国的核心地带，军事实力确实超强，但也确实穷。

为什么？当然是因为天天打仗。短短50多年换了5个朝代、十几个皇帝，谁都不觉得这是万年基业，关键是打赢眼前这一仗。赢了，还能苟着；输了，就什么都没有了。对境内的财富自然是能抢多少就抢多少，过了这一关再说。

五代那样的乱世，正规的财政根本满足不了需求，战争之后的掠夺更是家常便饭。当时有一个词叫"括率"，内涵非常血腥，就是搜刮，民间有多少，朝廷强征多少。"括率使"就是拿着朝廷的委任状，挨家挨户强征的官员。

943年五代十国政权分布示意图

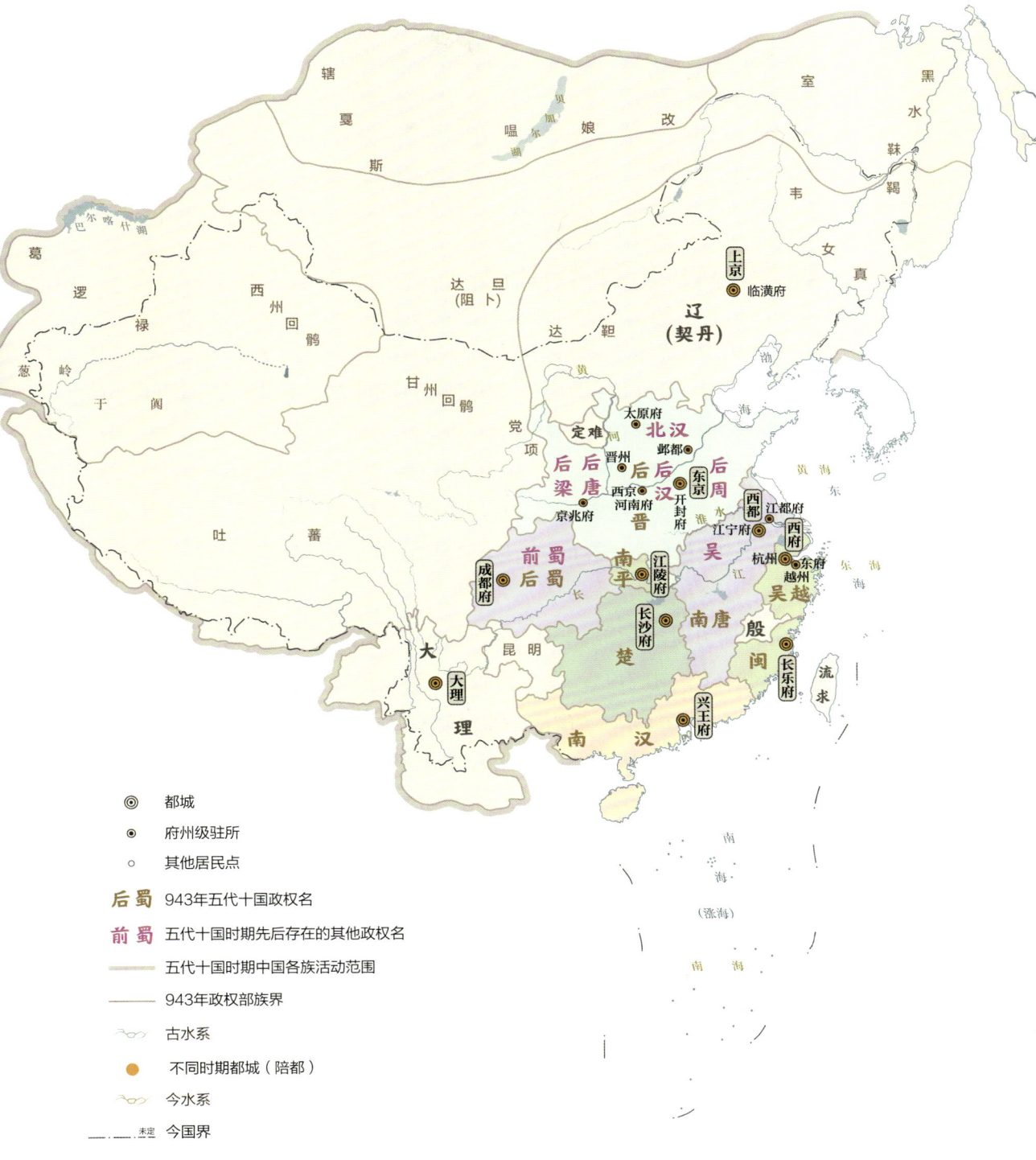

图例：
- ◉ 都城
- ⊙ 府州级驻所
- ○ 其他居民点
- **后蜀** 943年五代十国政权名
- **前蜀** 五代十国时期先后存在的其他政权名
- 五代十国时期中国各族活动范围
- 943年政权部族界
- 古水系
- ● 不同时期都城（陪都）
- 今水系
- 今国界

注：907年朱温建立后梁，占领了中国北方大部地区，此后相继出现后唐、后晋、后汉、后周政权，合称"五代"。907年开始，中国南方和山西地区先后出现吴、吴越、南唐、闽、前蜀、后蜀、南汉、楚、南平、北汉等政权，合称"十国"。该地图中，943年存在的政权采用棕色字标注，此前和此后存在的其他政权用玫红色字标注。

嫌贫爱富是人的天性，让南方十国，尤其是家底丰厚的四川心甘情愿投入中原的怀抱，其实没那么容易。这也正是宋朝初年四川地方分离主义心理倾向的一个原因。

◆ 兵变为什么身不由己

不过，除了王小波、李顺起义是典型的官逼民反，宋朝初年发生在四川的一场接一场的叛乱都有一个共性——兵变。

兵变和民变大不相同。民变是老百姓被逼急了，实在活不下去，不如赌一把。这纯粹是经济原因。兵变则通常有三个演化方向。

第一个方向是，活不下去了便聚集起来闹军饷。但是，只要钱一发，肚子吃饱了，就偃旗息鼓。

第二个方向是，变成土匪。因为有组织、有武装，这些兵对抗朝廷虽不足，但欺负老百姓绰绰有余，于是转头去抢老百姓。鲁迅不是说过："勇者愤怒，抽刃向更强者；怯者愤怒，却抽刃向更弱者。"

第三个方向是，兵变闹成了造反，正式跟朝廷对着干。因为他们看到了干成一件大事、实现一种野心的可能性——要么当皇帝，要么搞割据。

大宋已经建立几十年了，当皇帝的机会可能是没有了，但是历史的想象空间并没有关闭。四川凭借山川险要，关门落锁，搞政权割据，混上几十年，还是有可能的。

不过，造反毕竟是掉脑袋的买卖。此时大宋这个中央王朝已经非常强大了，为什么还有人敢做这样的事呢？这正是我们理解四川造反原因的重点：地方割据有时并不简单是一个军阀野心爆发的结果，它背后通常有一套非常隐秘的动力机制，当事人往往身不由己。

清代历史学家赵翼提出了一个词——"权反在下"，描述的是五代十国时期藩镇蔑视朝廷，士兵挟制主帅的情况。

这个词有点反常识。我们一般熟悉的权力样式都是自上而下的，军长比师长大,师长比旅长大。但在实际的社会运行中,我们会观察到一个相反的现象,就是在某个权力位置上的人其实也受到周围和下面人的制约,甚至被胁迫。

这就像我们现在一样。老板一定在公司里说一不二吗?未必。公司里有很多角色是老板都不敢得罪的,比如业务骨干、销售冠军、专业人士。意见有分歧时,老板没准还要委屈巴巴地听他们的。这就是权力被自下而上授权的部分。

这个现象如果发生在武装集团里面,就更严重了。

假设你是一个山寨的老大,手下的兄弟都服你的管,看起来你的权力很稳固。但是你心里非常清楚,兄弟们服你是因为你能带着他们抢到金银财宝,能带着他们大碗喝酒、大块吃肉、大秤分金——这才是你真实的权力来源。什么时候你做不到这一点了,兄弟们就不服管了。你不仅保不住"老大"的位置,甚至连性命都有危险。本质上,你的权力也是被自下而上授权的。

如果没有绝对的把握,如果有的选,你还真愿意做这个老大吗?至少在晚唐、五代这样的乱世里,很多人是不愿意当老大的。

801年,邠宁节度使死了。按说朝廷应该派一个新的节度使,但是藩镇的士兵不干,一定要自己拥立。

士兵先找了一个叫刘南金的人,被拒绝了,士兵就把他杀了。后来又找到一个叫高固的。高固刚开始躲了起来,但还是被找出来了。刀架脖子上了,他不想干也不行,朝廷也只好正式任命高固当这个节度使。

翻开晚唐五代的历史书,这样的事不胜枚举。有学者统计了唐朝末年的藩镇动乱,80%都是以下犯上。这就是所谓"权反在下,阴谋拥戴"的模式。

宋太祖赵匡胤在陈桥兵变、黄袍加身时,说了一句话:"你们这些人,贪图富贵,让我当天子,是把我架在火上烤啊!你们听我的话,我才干;否则,我不干。"

> "汝等自贪富贵,立我为天子,能从我命则可,不然,我不能为若主矣。"
> ——《续资治通鉴长编》

这可不是赵匡胤在惺惺作态,如果你就站在赵匡胤身边,而且知道过去这200年血腥的历史,你就会明白,赵匡胤说的可不是假话。

陈桥兵变的真正动力当然有赵匡胤半推半就想当皇帝的野心,但是也有下

叛乱 — 宋初四川叛乱概况

全师雄之乱（兵变）

965年

- **领头人**：全师雄
- **成员构成**：后蜀降宋的军队
- **起因**：宋军将领王全斌负责押送后蜀降军回京，却擅自削减蜀军路费，引发愤怨，途中爆发兵变。
- **结果**：全师雄病死，部众散降，蜀地始定。
- **影响**：激起兵变的主要将领王全斌等人被剥夺军权、降职闲居，但川蜀地区与朝廷的矛盾并未因此缓和。

王小波、李顺起义（民变）

993年

- **领头人**：王小波、李顺
- **成员构成**：当地农民
- **起因**：赋税沉重；茶叶贸易实行政府专卖，导致茶商破产失业；993年蜀地大旱，饥荒严重。农民在天灾人祸的双重胁迫下，发起武装起义。
- **结果**：王小波后来在战斗中中箭身亡，李顺继续领导起义，于994年控制了四川大部分地区。后宋朝派重兵镇压，攻陷成都，起义于995年宣告失败。
- **影响**：打击了当地的地主阶级，推动政府对专卖政策的反思。此外，王小波提出"均贫富"口号，是中国农民战争史上首次明确提出这一主张。

997年 刘旴之变 〔兵变〕

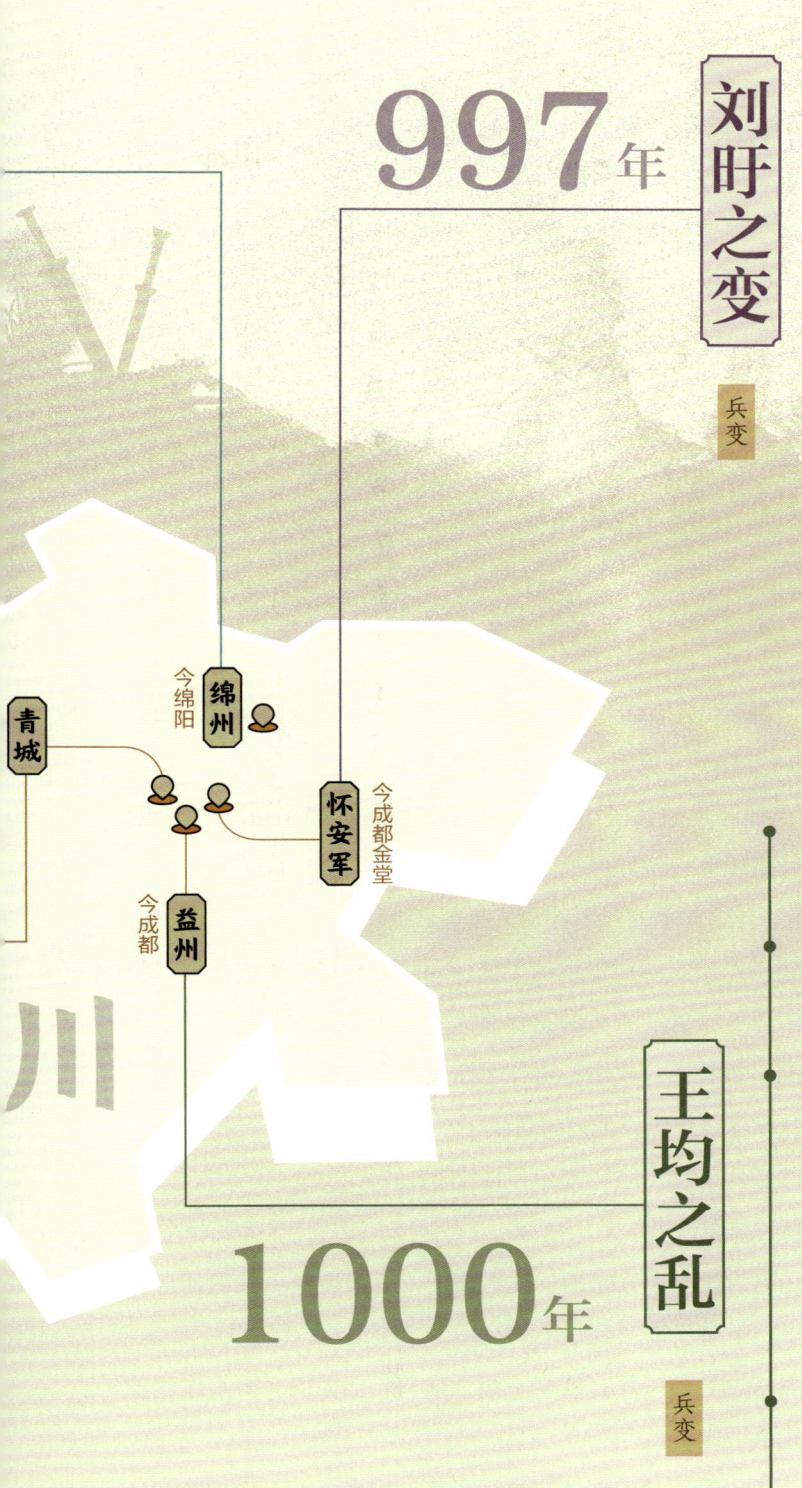

- **领头人**
  刘旴

- **成员构成**
  驻军士兵

- **起因**
  刘旴本欲胁迫其主帅韩景佑称帝，未成，便与几位兄弟作乱。

- **结果**
  叛乱10天就被镇压。

- **影响**
  宋真宗听说起义之事后，主张不在川蜀地区修建高大城池，避免再出现"权反在下"的阴谋拥戴。

1000年 王均之乱 〔兵变〕

- **领头人**
  王均

- **成员构成**
  禁军

- **起因**
  阅兵时，王均所带部队因装备、待遇不如神卫军，军中士兵赵延顺等8人制造混乱、杀死官员。王均原本奉命平叛，被赵延顺等人奉为首领，在成都建号"大蜀"。

- **结果**
  王均被宋军杀死，兵变失败。

- **影响**
  川蜀地区复归平静，宋对川蜀的统治相对稳定下来。

地图上地名：青城、今绵阳 绵州、怀安军 今成都金堂、今成都 益州

注：地图为今四川轮廓。

面将士想当开国元勋的贪欲。赵匡胤在披上黄袍的那一刻,心里既有欲望又有恐惧,说不清哪样更多。

理解了这个历史背景,我们再来看宋朝初年四川的几次兵变,就会发现,它们几乎就是一个模子里刻出来的,还是晚唐五代的这套剧本。

◆ 传统"像梦魇一样纠缠着活人的头脑"

先来看"全师雄之乱"。全师雄本是后蜀武人出身的官员,后来作为降官,带着家眷前往京师。路上碰到了兵乱,他怕被拥戴成叛军主帅,便丢弃家人,自己躲了起来。但后来他还是被找了出来,被迫上了贼船,当了叛军的头领。于是,全师雄的名字就跟叛乱一起留在了历史上。

再来看"王均之乱",这件事的起因特别无厘头。

叛乱的军队是哪里的?不是四川本地的军队,而是朝廷最精锐的禁军。叛乱的首发阵容有多大?就8个人。领头的是什么人?一个小兵,叫赵延顺。为什么叛乱?因为大年初一搞检阅仪式时,这支军队发现自己的待遇不如别的军队好。为了争一口气,没什么预谋,他们就造反了。

那"王均之乱"的王均是谁?他是怎么上的贼船呢?

王均就是这支军队原来的头儿。

8个小兵本来只是因为没吃上好吃的,就上头了,杀人造反。意识到自己闯了祸,他们也傻眼了,下一步该怎么办呢?

于是就出现了非常戏剧性的一幕:谁来平叛,他们就上去说,要不你领着我们造反吧!不答应就杀了你。

这一连杀了好几个人,最后他们部队的主管军官王均来了。王均一看,自己的兵闯下这么大的祸,自己也脱不了干系。再说了,要是不答应,前车之鉴的尸体还躺在那儿呢!于是心一横,就一起造反了。

10个月之后，朝廷付出了惨重的代价，才将这场叛乱平定。

这个过程简直就是五代乱世那些故事的翻版，同样的"权反在下"，同样的"阴谋拥戴"。领头人也有着同样的万般无奈，同样的半推半就，同样的骑虎难下，同样的鱼死网破。

这场"王均之乱"唯一的特殊性就在于，这事不是发生在晚唐、五代、宋初，而是发生在大宋已经建国40多年的宋真宗时代。这说明什么？说明此前那个乱世带来的社会结构、行为逻辑还没有被彻底消除。一个军头啸聚起来能割据一方的历史的想象空间，至少在1000年前后还没有彻底关闭。

马克思说过，人们在"既定的、从过去继承下来的条件下"创造自己的历史，但"一切已死的先辈们的传统，像梦魇一样纠缠着活人的头脑"。

宋朝建国，是在五代十国的历史条件之上创造自己的历史。宋朝建国40多年了，前代军阀的故事和传统还是像梦魇一样纠缠着很多活人的头脑。

◆ "瓦解"为什么比"土崩"更难重建

到此，你可能会发出一声感叹：为什么统一秩序的建设这么难呢？是宋朝太弱了吗？并不是。宋朝面对的，是一款"地狱难度"的游戏。

我们现在会用"土崩瓦解"来形容一个庞然大物的解体状态。但汉朝时有人把这个词拆了，"土崩"和"瓦解"代表的是两种完全不一样的秩序溃散的状态。

什么是"土崩"？社会秩序彻底解体。就像一堵土墙日晒雨淋，最后只要用手指头一捅，土墙轰隆一声就碎成了渣。一个社会到了这个地步，人心所向就是赶紧搞出一个新统治者，搞出一个新秩序，毕竟再糟糕的秩序也好过没有秩序。秦朝末年的刘邦、元朝末年的朱元璋面对的就是这种局面，他们建立新秩序的难度就相对小一些。

"瓦解"就不一样了，原来的统一秩序像瓦片一样，碎成了一片一片的。但若细看每一片瓦的内部，仍然是秩序井然。原来的财富分布、权力结构、精英阶层都还在，甚至内部的向心力还很强。

晋朝和唐朝崩溃之后，分别留下的两个大分裂时代——南北朝和五代十国，就是这个状态。这个时候，要把它们整合起来，难度就大得多了。

打个不太恰当的比方：土崩，就像面对一堆沙子，掺上水泥就能凝固成一个整体；瓦解，则像是面对一个打碎了的瓷碗，要把碎片粘起来，既要牢固，还要不留痕迹，那就太难了。

而这正是宋初的皇帝们面对的挑战，他们要把从唐代藩镇割据到五代十国这堆碎了200多年的瓷片拼起来，建立一个统一秩序，难度可以说是"地狱级别"的。

其实，把视野放大，这个问题不仅对大宋的赵家天子，对中国，甚至对整个世界来说，都算一个超级难题。

包刚升教授在《抵达》这本书里，开了一个脑洞：文明社会的第一块基石是什么？

法国思想家卢梭肯定认为是私有制："谁第一个把一块土地圈起来并想到说：这是我的，而且找到一些头脑十分简单的人居然相信了他的话，谁就是文明社会的真正奠基者。"但是包刚升教授给了另一个回答："实际上，谁第一个对众人说'我要统治你们，你们应当服从我，我是你们的王'，而且找到了一些居然服从他的人，谁才是文明社会的真正奠基者。"

我们仔细想想，不难理解。一个我可能都不认识的人，突然说他是我的王，我得服从他，还得遵守他制定的法律规则，你不觉得，这才是一件更奇妙的事情吗？能做到这一点，才是人类文明的一次惊险的跃进啊！

带着这个视角再回到1001年的大宋，我们就能体察，在那么大的疆域内，在经历了200多年的"瓦解"之后，还要重建一套新秩序，确实不容易。

而当年的四川人的心理感受是什么？是远在千里之外的一个姓赵的年轻人，抓走了自己熟悉的皇帝，调走了当地的精兵，连船带车地拿走了家乡的钱财。他们能心甘情愿地投入大宋的怀抱吗？

这种艰难的秩序建设，只靠武力解决不了，需要的是一代又一代人的逐步推进。

虽然五代十国看起来是"你方唱罢我登场"的一笔烂账，但是深入到历史的细节里，我们仍然可以看到中央的权威在一点点地强化。

晚唐时，中央搞不定藩镇，甚至皇帝都被撵得到处跑。到了后梁，朱温彻底解决了河南地区的藩镇问题。整个五代时期，河南地区藩镇叛乱，一次都没有成功过。后唐又建立了一套侍卫亲军制度，皇帝有了"私人军队"。后汉时，中国北部地区的藩镇都被大大削弱了，没有任何一个能够挑战中央的权威。到了五代后期，能造反成功的就不再是地方军阀，而是禁军的统领——原来皇帝身边的人。再到宋，老赵家开始加强中央对地方的控制。

从秩序演化的角度看，虽然还是乱世，但"进步"确实在一点一点地、坚定地发生着。文明进程就是这样，即使方向明确、为人心所向，也急不得，需要一代又一代人的努力，功到自然成。

1001年，随着四川王均之乱的平定，折磨中国200多年的地方分离主义倾向基本结束了。自此之后，中国历史上再也没有出现过长期的、大规模的地方割据。

在这个基础上，怎么建设更好的文明和秩序，就变成了下一个挑战。

集权 | 宋初对地方控制的加强

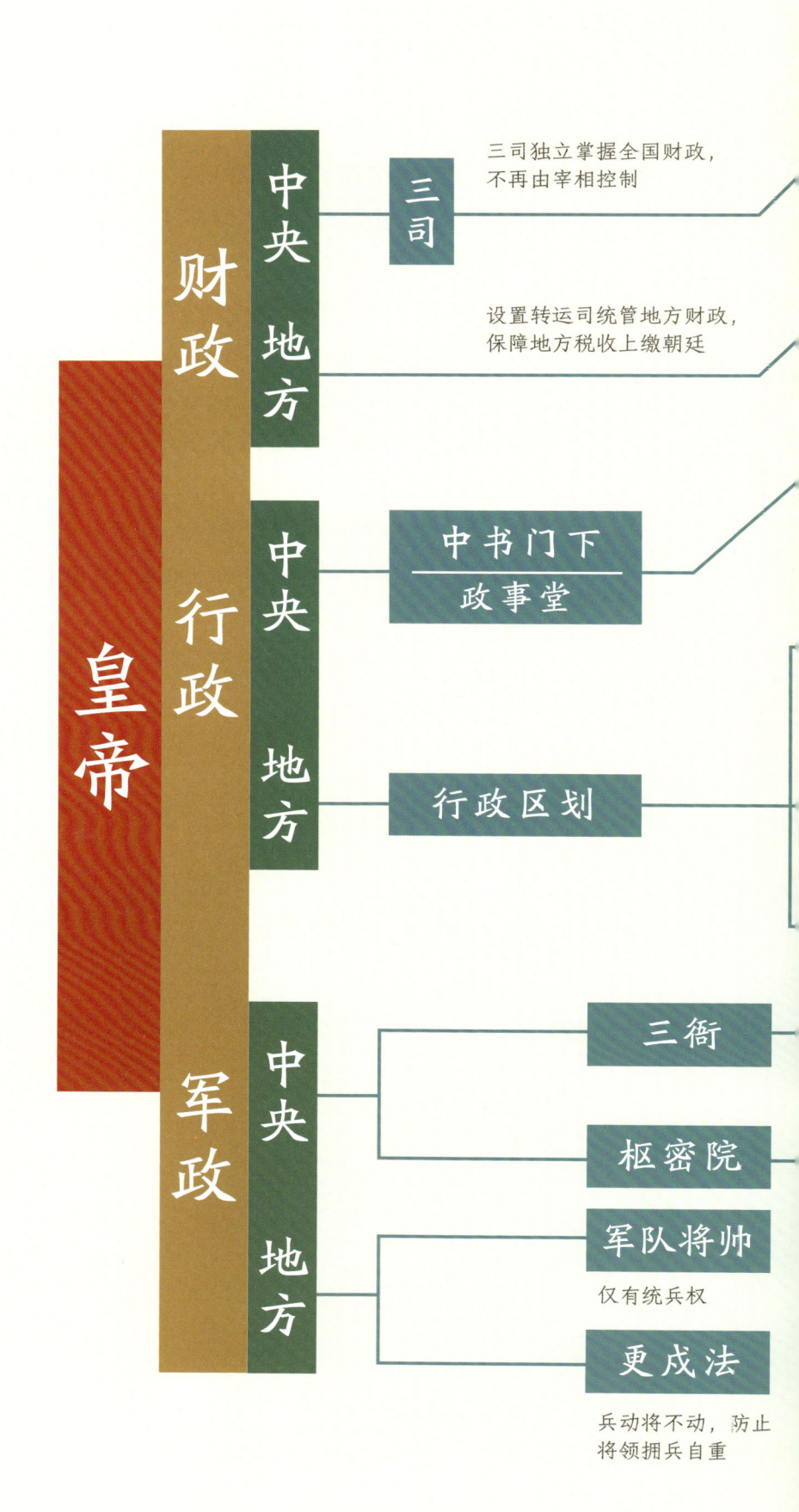

皇帝

- **财政**
  - 中央 — 三司：三司独立掌握全国财政，不再由宰相控制
  - 地方：设置转运司统管地方财政，保障地方税收上缴朝廷
- **行政**
  - 中央 — 中书门下 政事堂
  - 地方 — 行政区划
- **军政**
  - 中央
    - 三衙
    - 枢密院
  - 地方
    - 军队将帅：仅有统兵权
    - 更戍法：兵动将不动，防止将领拥兵自重

度支　户部　盐铁

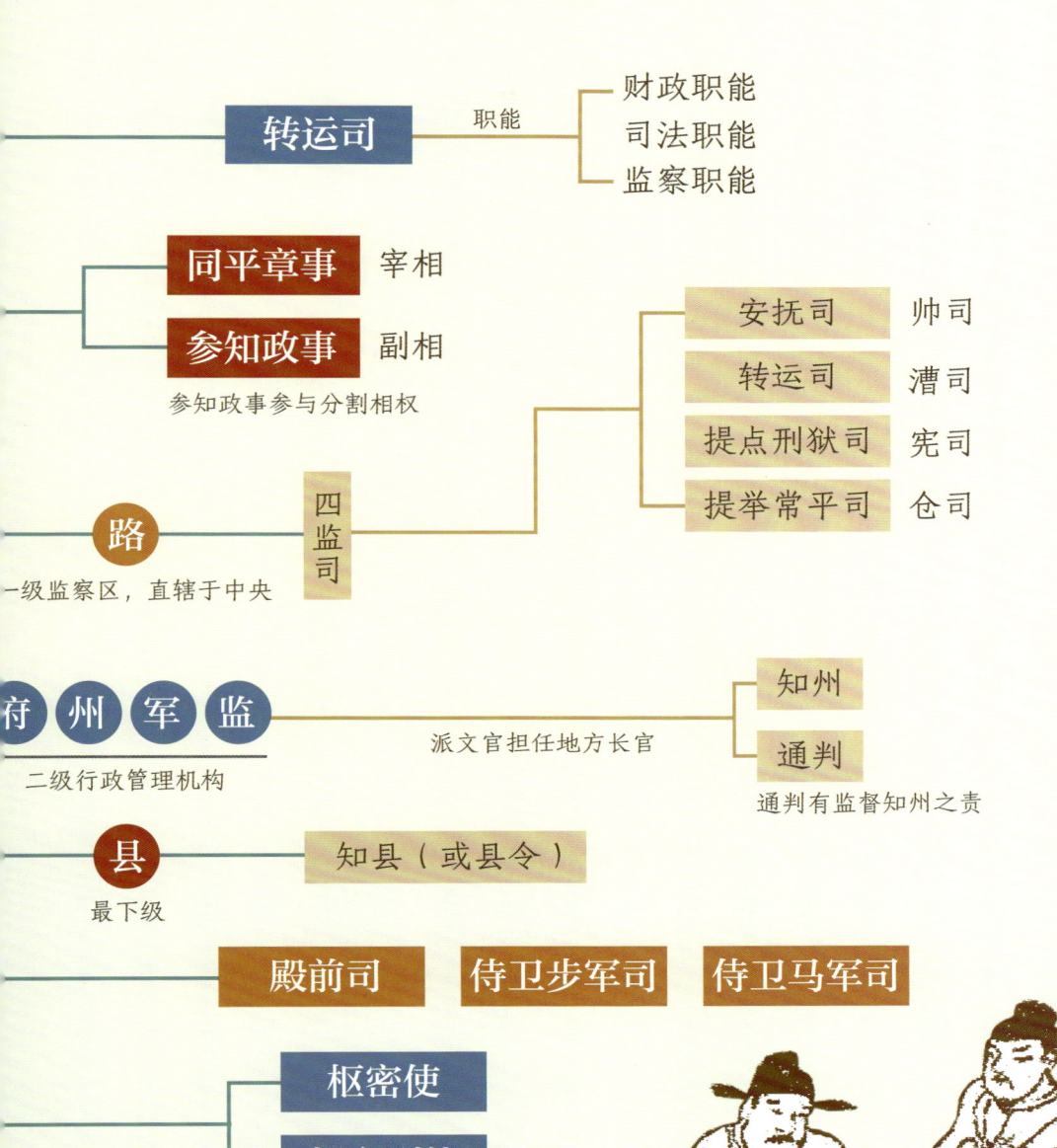

转运司 ——职能—— 财政职能
　　　　　　　　 司法职能
　　　　　　　　 监察职能

同平章事　宰相
参知政事　副相
参知政事参与分割相权

　　　　　　　　　　　　安抚司　帅司
　　　　　　　　　　　　转运司　漕司
　　　　　　　　　　　　提点刑狱司　宪司
　　　　　　　　　　　　提举常平司　仓司

路 —— 四监司
一级监察区，直辖于中央

府　州　军　监 —— 派文官担任地方长官 —— 知州
二级行政管理机构　　　　　　　　　　　　　 通判
　　　　　　　　　　　　　　　　　　通判有监督知州之责

县 —— 知县（或县令）
最下级

殿前司　侍卫步军司　侍卫马军司

枢密使
枢密副使

参考文献

［宋］李焘，《续资治通鉴长编》，中华书局，1995年。
［元］脱脱等，《宋史》，中华书局，1985年。
［汉］司马迁，《史记》，中华书局，1982年。
［汉］班固，《汉书》，中华书局，1962年。
［晋］陈寿，《三国志》，中华书局，2011年。
［唐］李延寿，《南史》，中华书局，1975年。
［宋］薛居正，《旧五代史》，中华书局，1976年。
［宋］欧阳修、宋祁，《新唐书》，中华书局，1975年。
［宋］司马光，《资治通鉴》，中华书局，2011年。
［宋］曾巩，王瑞来校证，《隆平集校证》，中华书局，2012年。
［宋］张唐英，黄纯艳整理，《蜀梼杌》，收录于上海师范大学古籍整理研究所编《全宋笔记》第一编第八册，大象出版社，2020年。
［宋］吕祖谦，《吕祖谦全集》，浙江古籍出版社，2008年。
［宋］叶适，《叶适集·水心别集》，中华书局，2010年。
［宋］叶梦得，《石林奏议》，汲古阁影钞宋刻本。
［清］赵翼，《廿二史札记校注》，中华书局，2013年。
王赓武，《五代时期北方中国的权力结构》，中西书局，2014年。
张国刚，《唐代藩镇研究》，中国人民大学出版社，2010年。
包刚升，《抵达》，上海三联书店，2023年。
张荫麟，《宋初四川王小波李顺之乱（一失败之均产运动）》，《清华大学学报》，1937年第2期。
何灿浩，《吴越国方镇体制的解体与集权政治》，《历史研究》，2004年第3期。
陈明光，《论五代时期的军费》，《厦门大学学报（哲学社会科学版）》，2011年第1期。
王瑞来，《〈隆平集〉王小波、李顺、王均传记笺证考释》，《宋代文化研究》，2020年第1辑。
余蔚，《宋代地方行政制度研究》，复旦大学博士论文，2003年。

1002 年

经 历 过 ， 解 决 过

1002年的世界

01 奥托三世去世

● 西欧、中欧、南欧

奥托三世（980年—1002年）3岁时就加冕为德意志国王，16岁时又继承了意大利国王和神圣罗马帝国皇帝的头衔。他的突然离世，加之没有明确的继承人，令神圣罗马帝国陷入政治危机。

▲ 奥托三世

02 "圣布里斯节大屠杀"

● 西欧

英格兰国王埃塞尔雷德二世（约968年—1016年）宣称英格兰的丹麦人试图刺杀自己、侵占王国，下令在圣布里斯节屠杀所有在英格兰居住的丹麦人。嫁入英格兰的丹麦圭尼达公主（斯汶一世的妹妹）举家遇害。这引发了次年斯汶一世的报复。

埃塞尔雷德二世 ▶

03 波希米亚公国成为神圣罗马帝国诸侯国
● 中欧

波希米亚最早得名于波伊人（早期凯尔特人中的一支）。950年，德意志国王奥托一世东征波希米亚，称其为"公国"，便有了"波希米亚公国"的说法。1002年，波希米亚公国成为神圣罗马帝国的诸侯国。

> 普热米斯尔王朝从9世纪至1306年统治波希米亚公国。

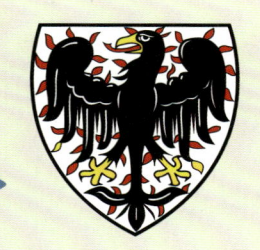

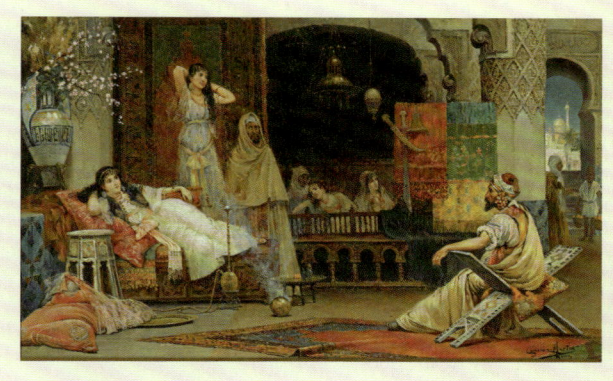

▶ 普热米斯尔王朝徽章

▲ 穆罕默德·伊本·阿布·阿米尔与王位继承人的母亲结成联盟

05 曼苏尔侍卫长去世
● 南欧

穆罕默德·伊本·阿布·阿米尔（938年—1002年），科尔多瓦哈里发国家的侍卫长，通称"曼苏尔侍卫长"，是当时伊比利亚半岛的实际统治者。

> 科尔多瓦哈里发国家，又称"西萨拉森帝国"，为中世纪时期伊比利亚半岛国家，首都为科尔多瓦。

04 柬埔寨吴哥王朝国王优陀耶迭多跋摩一世去世
● 东南亚

优陀耶迭多跋摩一世与前任国王阇耶跋摩五世并无血缘关系，在统治王国数月后就被杀，此后吴哥爆发了长达9年的内战。

▲ 吴哥窟

1002年的中国

01 向敏中罢相
向敏中于1001年正式拜相，但1002年就被罢免，出为知永兴军。

03 北宋始置经略使
张齐贤（943年—1014年）出任邠、宁、环、庆、泾、原、仪、渭、镇戎等州军经略使，节度环庆、泾原路及永兴军驻泊兵马，以抗击西夏。北宋专设经略使自此始。

02 李继迁攻陷灵州
李继迁和北宋发生著名的灵州之战。宋军由于粮道被李继迁截断，孤军无援，最终灵州（今宁夏灵武）陷落。

灵州（今宁夏灵武）地理位置示意图

灵州地区的生态环境优越，水草丰沛，具有重要的战略地位，因此被李继迁建为都城，作为攻宋的基地。

张齐贤及其后代

主要政绩

- **政治**
  - 两次拜相
  - 改变刑狱审理制度

- **经济**
  - 任江南西路转运副使期间，改革铸钱法，每年铸钱五十万贯
  - 在宋初建立屯田制

- **军事**
  - 提出「联蕃制夏」政策，提议扶持吐蕃六谷部首领潘罗支势力来遏制西夏

张齐贤

儿子的成就

- 张宗约 —— 官至太子中舍
- 张宗简 —— 官至阁门祗候
- 张宗亮 —— 官至殿中丞
- 张宗礼 —— 官至大理寺丞
- 张宗诲 —— 官至永兴铃辖兼知邠州
- 张宗信 —— 官至内殿崇班

○ 延庆寺塔建成

04

▲ 松阳延庆寺塔

延庆寺塔位于浙江松阳西屏，999年动工兴建，于1002年建成。

延庆寺塔结构为砖身木檐楼阁式建筑，结构为六角七层。每层设有平座回廊，可登顶至七层。该塔延续了中晚唐五代吴越国时期砖身木檐的基本特征，是江南地区保存较为完整的北宋原物。

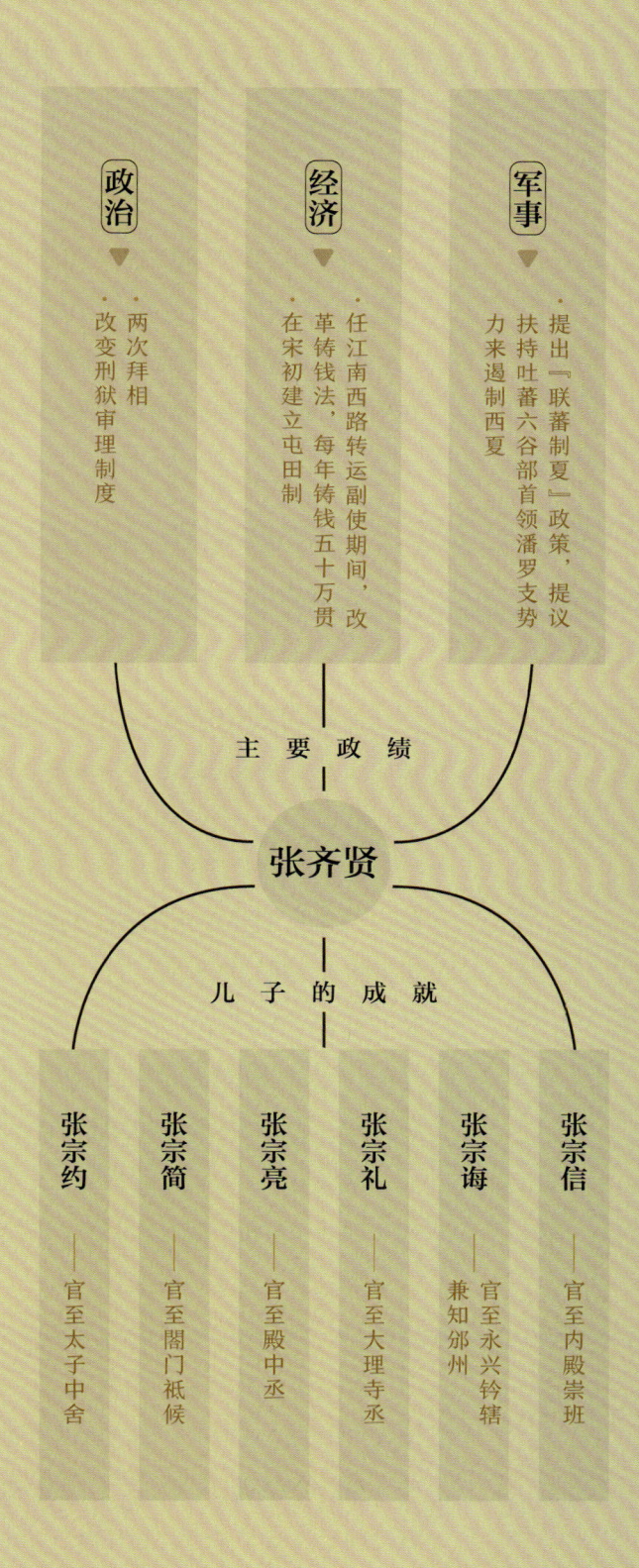

科举为什么发生"基因突变"

1002 年，我们来关注一件小事：宋真宗举行了一次殿试，亲自当主考官，录取了一个名叫王曾的状元。

王曾是非常难得的"连中三元"，就是解试、省试以及殿试都拿了第一名。在中国 1000 多年的科举历史中，"连中三元"的一共就 15 个人。

> 王曾，字孝先，青州益都人。少孤，鞠于仲父宗元，从学于里人张震，善为文辞。咸平中，由乡贡试礼部、廷对皆第一。杨亿见其赋，叹曰："王佐器也。"以将作监丞通判济州。代还，当召试学士院，宰相寇准奇之，特试政事堂，授秘书省著作郎、直史馆、三司户部判官。——《宋史》

王曾"连中三元"，有个人可能比王曾本人更高兴，那就是主持这次礼部考试的主考官陈恕。这是为什么呢？是因为皇上信任他，所以选了他认可的人才吗？不是。

此时的殿试已经采用了一种新的技术手段，叫"糊名"（也叫"弥封"）。每张试卷上考生名字的部分是被密封上的，等试卷的成绩、名次排出来之后，再拆封看是哪位考生的。

有了"糊名"，王曾殿试还得了状元，这说明什么？说明王曾是有真才实学的。陈恕高兴的是，自己和皇帝一样能慧眼识人，这也间接证明了他没有徇私舞弊，是个德才兼备的好干部。

这件事虽小，但它背后有一个非常有意思的技术细节，并且折射出一个时代大背景：宋朝初期这几十年，围绕科举制正在发生大量密集的制度创新。

第一个创新是"殿试"。"殿试"作为一项正式制度，是由宋太祖赵匡胤建立的。

第二个创新就是"糊名"。这一年还只有殿试采用糊名制，等到 1007 年，宋朝科举的全过程——无论解试、省试还是殿试，考生的名字一律被密封上。

第三个创新是"锁院"。这是宋太宗时期固化下来的一种制度。简单地说，就是朝廷发布了主考官的任命后，主考官会被直接送到贡院，一直到考试结果

古代科举"连中三元"十五人

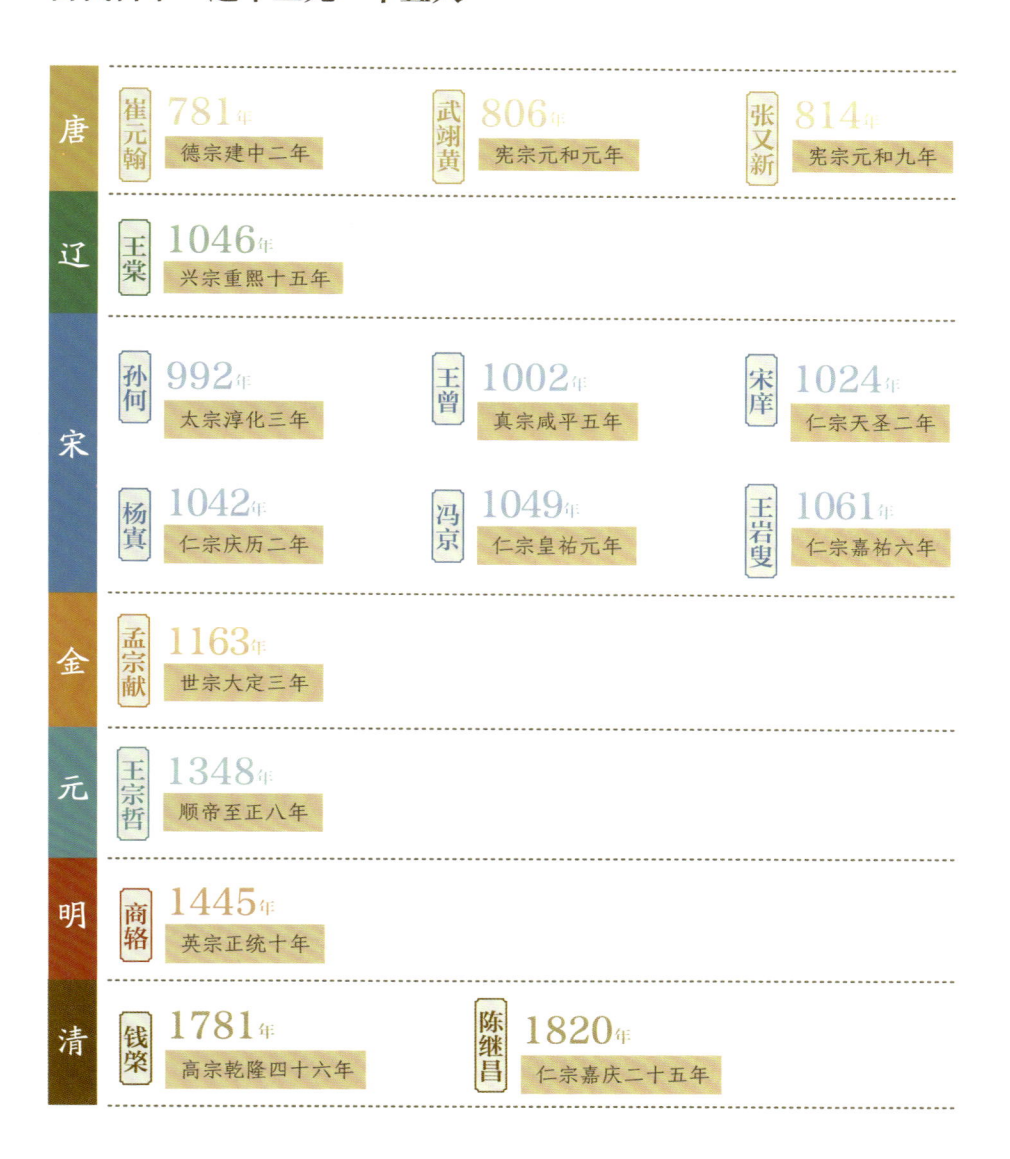

唐	崔元翰	781年	德宗建中二年
唐	武翊黄	806年	宪宗元和元年
唐	张又新	814年	宪宗元和九年
辽	王棠	1046年	兴宗重熙十五年
宋	孙何	992年	太宗淳化三年
宋	王曾	1002年	真宗咸平五年
宋	宋庠	1024年	仁宗天圣二年
宋	杨寊	1042年	仁宗庆历二年
宋	冯京	1049年	仁宗皇祐元年
宋	王岩叟	1061年	仁宗嘉祐六年
金	孟宗献	1163年	世宗大定三年
元	王宗哲	1348年	顺帝至正八年
明	商辂	1445年	英宗正统十年
清	钱棨	1781年	高宗乾隆四十六年
清	陈继昌	1820年	仁宗嘉庆二十五年

公布,主考官才能出来,为的是防止有人托关系走后门。

第四个创新是"誊录"。虽然考生姓名被挡住了,但试卷上还有笔迹可辨。万一考官和考生串通好了,根据笔迹或试卷上的某个记号进行作弊,怎么办呢?干脆上"人肉复印机",组织人手重抄试卷,杜绝作弊的可能性。这项制度也是在宋真宗这一朝实行起来的。

有了这几项防作弊的"黑科技",科举制度就非常严密、成熟了。

看起来这些举措保证了考试的公平性,但是细琢磨起来,还是有奇怪之处。

首先,科举制度早在隋朝就创立了,这400多年间,隋唐的皇帝为什么不完善基本的防作弊措施呢?又不是真有什么跨不过去的技术门槛。

偏偏到了宋朝,从宋太祖于973年搞第一次殿试开始,到宋真宗采用"誊录制",前后不过30多年,科举制突然搞出了这么多防作弊的办法。而且这些办法一经发明,再也没有退场,一直延续到废除科举制的1905年。

存续了1000多年的科举制度,在短短30多年内突然发生如此多的创新,好比生物演化中的寒武纪大爆发,难道是外部环境发生了什么变化?

其次,宋朝搞这些防作弊的手段,真的对人才选拔有利吗?

我们来做一个思想实验。假设你是一名负责招聘的HR(人力资源专员),公司规定在正式发聘书之前,你无权知道应聘者是谁,公司担心你跟应聘者串通作弊,不允许面试,只能凭应聘者在书面试卷上的作答决定录不录用。那你还能做好招聘工作吗?

现在,你能明白"糊名"和"誊录"的本质了吧!朝廷只能通过卷面文字这一个因素来判断人,而不允许通过人来判断人。

其实,"糊名制"不是在宋朝才有的,武则天早就把这个方法用在官员的升级考试中。初衷当然是为了公平,但是没过几年,她就亲自下旨废除了,理由是:这不是委任和考核官员的靠谱方法。

已经验证过不合适的做法,为什么又被宋真宗捡起来了呢?这项有利也有弊的制度,为什么宋朝就只取它的利,不看它选才片面的弊呢?

要理解这两点,就要到中国科举制度的整体演化过程里去找答案。

◆ 皇帝面临怎样的人才难题

为什么要搞科举制?归根结底,它是为了解决大一统国家的人才难题。

秦汉之前是分封制,诸侯们各看各的门、各管各的人。秦始皇统一六国后要搞中央集权的郡县制,这道难题就冒出来了。治理这么大的国家,不仅需要大量官员，这些官员还得至少符合两个条件：一、得有起码的能力；二、能让皇帝放心。

可这两个条件很难凑齐。你想想，如果你开一家公司，用有能力的陌生人，你可能不太放心；用自己的亲戚、同学，虽然放心，但他们可能不够有能力。

汉代初年还可以任用开国功臣，他们的能力和信任感都经过战争的考验。等这一代人都去世了，还能任用他们的子弟，比如陶舍之子陶青、周勃之子周亚夫。但到了汉武帝时，功臣子弟都没的用了。毕竟就那么几个家族，总不能每代都出人才啊！

那怎么办呢？皇帝干脆自己培养。大臣、地方官凡家里有将来想当官、条件还不错的子弟，就会先送到皇帝身边当几年侍卫，也就是"郎官"。皇帝跟他们抬头不见低头见的，容易建立信任；有时候派他们执行个小任务，对其能力也会有基本判断。有了这些基础，将来就可以派出去当官了。

其实，"郎官"制度就是那个时代的"管培生计划"。不过，它的缺点很明显，就是人才产量太低了。

人类学有个概念叫"邓巴数"，指的是一个人能维持紧密关系的人数上限只有150个左右，且无法突破。皇帝能认识几个"郎官"？而这又哪里够治理那么大的国家！

于是，汉代又推出了"察举制"，类似于现在企业里的"内推"。各地官员不仅有举荐人才的权力，还有发现人才的责任，而且有考核指标：在人口数为20万左右的郡，每年要推举出一个人才，以此类推。

可这套制度运行时间一长，又有新问题了。

地方官都是朝廷派下来的。如果有原来朝廷里的领导、同事给他递条子，说我有个老熟人的外甥在你们郡，多关照一下，你说他买不买账？当然买！因为他将来还要升官回京城去。搞到最后，当官的机会还是围绕中央朝廷的一个小圈子打转，地方上的人才还是选不上来。

怎么办？有没有可能任用土生土长的当地人，专门负责那里的人才发展？

曹魏时就设了一个"中正"的职位，专门负责给当地人才打分，给国家推荐人才。这就是"九品中正制"。"中正"两个字凸显了朝廷的期待，希望这帮人能把良心搁在中间，公正地推荐人才。但是没想到，问题更大了。

科举

宋代科举制度

殿试

皇帝
选定试题、临轩策士、视察督促试卷考校、审定状元等上十名的名次,以及临轩唱名赐第等

宋仁宗时期开始实行殿试不黜落制度

省试

又称『春闱』

尚书省礼部主持,对解试合格者的复试

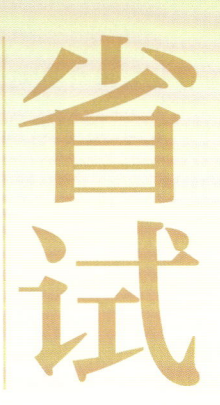

省试合格的举人称"正奏名"

解试

诸路州府军监解试
- 考试对象:拥有各州府军监本地籍贯的举人
- 解率:据1064年欧阳修所上《论逐路取人札子》记载,东南诸路较低,约1%,西北诸路较高,可达10%

转运司解试
- 考试对象:官僚的子弟、亲戚或门客
- 解率:北宋中期到南宋初期达15%,南宋中期后缩减至5%,宋理宗时期下调为2%

- 东南诸路 1%
- 西北诸路 10%
- 北宋中期到南宋初期 15%
- 南宋中期后 5%
- 宋理宗时期 2%

殿试

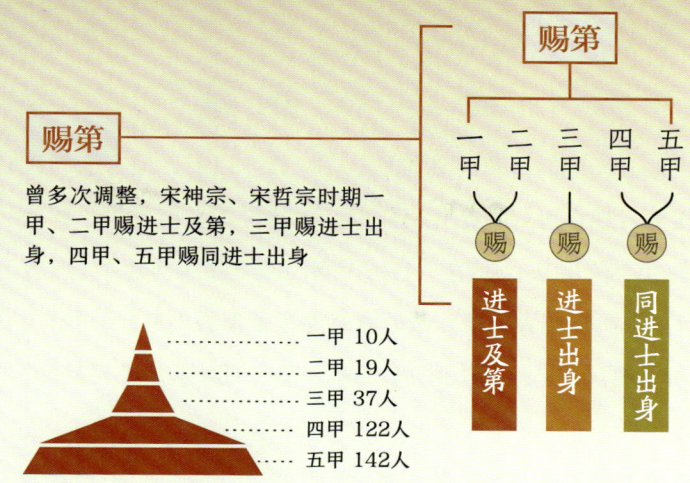

又称"廷试"，北宋首创，皇帝亲自主持的对奏名举人的复试

赐第

- 一甲 ┐
- 二甲 ┘ 赐 进士及第
- 三甲 — 赐 进士出身
- 四甲 ┐
- 五甲 ┘ 赐 同进士出身

赐第

曾多次调整，宋神宗、宋哲宗时期一甲、二甲赐进士及第，三甲赐进士出身，四甲、五甲赐同进士出身

高宗绍兴十八年各甲人数

- 一甲 10人
- 二甲 19人
- 三甲 37人
- 四甲 122人
- 五甲 142人

省试录取率

北宋前期
比例较高，1027年"又诏进士奏名勿过五百人，诸科勿过千人"，其比例大约是"十取其二"，录取率接近20%

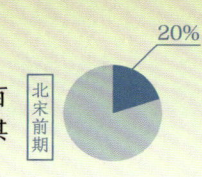

北宋前期 20%

北宋中后期
宋英宗时期至北宋灭亡，录取率约10%

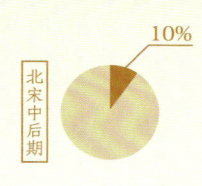

北宋中后期 10%

解试

又称"秋闱"，初级考试，取得解送礼部参加省试的资格

- 开封府解试
- 国子监解试
- 转运司解试
- 诸路州府军监解试

国子监解试（又称胄试）

考试对象
国子监在读的国子生、太学生，主要是京朝官的亲属，因为录取率高，每到考试季，就有人蜂拥入监，为此仁宗时甚至规定"听读满五百日，方许解荐"

解率
宋仁宗时达到15%，南宋时接近25%

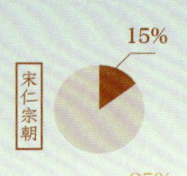

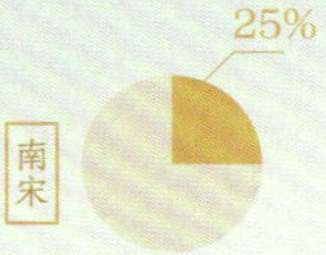

宋仁宗朝 15%
南宋 25%

开封府解试

考试对象
1. 宋仁宗时开封府户籍7年以上不居他处者
2. 无户籍，察访证实不占名他州，有京朝官二人作保的

解率
1018年时达到15%，此后解率逐渐下降

因为"中正"是当地人，他们举荐的必然是地方豪族。以前，地方豪族只是有钱，并没有政治权力。现在可好了，几百年间，人才推荐来推荐去，竟然积累出一个豪门士族的社会阶层来。所谓"上品无寒门，下品无势族"，形容的就是这种情况。而且这个阶层尾大不掉，最后竟然连皇帝都看不起。

这就逼得皇帝必须绝地反击。尤其是隋唐时期，统一了国家，皇权复振，必须解决这个问题。

中国广土众民，要创设制度太难了。为了解决一个问题，就得想出一套办法；但这套办法一定会带来新的问题，于是又要创立新的办法。这是一个没完没了的过程。

到了隋唐，有了科举制，问题终结了吗？当然没有。

隋唐时期，整个社会的精英阶层几乎都来自世家大族，才能、声望、关系等社会资源几乎都控制在他们手里。想绕开他们，用考试的方法到民间选拔官员，哪有那么简单呢？当时印刷术还没有普及，书籍还特别贵，底层老百姓就没有几个认字的，能有多少人才？就算底层的人才当上了官，他们没有社会声望，没有关系网络，也很难开展工作。

皇帝就一个人，是一座孤岛；豪门大族那可是汪洋大海啊，几百年的根基早就树大根深、盘根错节。要想解决豪族的问题，等不得，但也急不得。科举制就是隋唐皇帝"小火慢炖"解决这个问题的办法。

隋唐科举制的重点不在"举"，而在"科"字上。

"科"是分门别类的意思。唐代科举的考试科目各色各样，考中了都有官儿当。既有规律举行的考试，比如秀才、进士、明经、明法、明字、明算等科目，这些叫"常科"；还有皇帝心血来潮、随时举办的考试，叫"制科"，有史料记载的"制科"就有200多种。

唐代皇帝为什么要搞这么多"科目"呢？为的是把人才标准的制定权从世家大族手里抢过来。

按照九品中正制，"中正"官不仅有权力把人分成三六九等，还能用国家的名义来给这些世家大族的子弟做信用背书。相当于一个地方官拿着国家的许可，随心所欲地给人发文凭。这怎么行？

有了科举制，什么叫人才，皇帝说了算；谁是人才，考试成绩说了算。即使考试制度本身不完备，即使人还是那些人，没关系，至少衡量官员的那把

"尺子"、做信用背书的那个"戳儿",被皇帝拿过来了。这样一来,皇帝的权威就大大地增加了。

因此,隋唐实行科举制最根本的目的不是从民间选拔新人才,而是皇帝希望把桌面上已有的牌按照自己定的标准重新组合。

那为什么到宋朝,科举制又变了呢?当然是因为社会条件又发生了重大变化,皇帝又面临了新的挑战。要解决这些新挑战,皇帝就不得不对科举制度做进一步的改造了。

◆ 谁是大宋皇帝的新对手

随着唐朝末年发生的那场动乱,世家大族死的死、散的散,困扰皇权几百年的豪族问题突然消失了。

可是,只要舞台还在,戏就不会停歇,新对手很快就上场了。是谁呢?就是能够左右科举考试结果的官僚集团。毕竟,科举考试要面对成千上万名考生,皇上一个人可干不了,得委派官员具体操办。这些主考官就通过出题、阅卷、选优,获得了一种新的权力。

打个不尽恰当的比方:世家大族之于皇权,像是蹲在门口的野兽,动不动就要暴起伤人;而官僚集团之于皇权,更像是屋子里偷东西的老鼠——虽然威胁没那么大,但是鼠窃狗偷的也非常烦人。

站在皇帝的角度看,以前是世家大族劫持了人事权,现在是主考官们对国家人事权进行截流。

真实情况严重到什么程度呢?举个例子。唐朝有个宰相叫崔群,他曾经主持过科举。罢官之后,他的夫人劝他买些庄园土地,给子孙留点家业。崔群说:"我有30所好庄田,遍布天下,你有什么好担心的呢?"夫人疑惑:"我怎么不知道?"崔群说:"我前年主持科举,录取了30个人,这不都是好庄田吗?"言下之意是,他的子孙靠这些门生的照顾,比自家有田产还靠谱。

（群）笑答曰："余有三十所美庄良田，遍在天下，夫人何忧？"夫人曰："不闻君有此业。"群曰："吾前年放春榜三十人，岂非良田耶？"
——《独异志》

这就是唐朝的风气，考官与考生之间逐渐形成"座主"和"门生"的关系。

白居易有一首《重题》，最后四句是："胸中壮气犹须遣，身外浮荣何足论。还有一条遗恨事，高家门馆未酬恩。"高家门馆指的就是当年录取白居易的"座主"——高郢。全诗大意是：我白居易已看破红尘，想要告别官场，唯一放不下的就是没能报答座主的恩情。要知道，这首诗可是白居易晚年时写的，都过了三四十年，这恩情还忘不掉。

这种"座主—门生"的关系渐渐形成了一种政治肿瘤——"朋党"，在朝廷中勾结，在政治上共进退。

在皇帝看来，官位是我设的，俸禄是我出的，凭什么这些官僚只是当过一次考官，就能收获这个考生一辈子的感激涕零？

所以，宋代的皇帝从一开始就严防死守这个问题。宋太祖即位第三年就颁布诏令，严禁科举考官与考生结为"座主—门生"的关系：你们能当官是朝廷的恩典，凭什么跑到那些考官的家里去千恩万谢呢？

国家悬科取士，为官择人，既擢第于公朝，宁谢恩于私室？ ——《宋会要辑稿》

这就是宋代皇帝面临的新挑战：必须在用人问题上防止官僚集团当中间商、赚差价。这个问题既然是科举制造成的，那就要通过修正科举制把这个漏洞给堵上。

现在，我们就能得出前面两个疑问的答案了。

第一个问题，为什么偏偏在宋初这30多年间，科举制度一下子搞出这么多防作弊的制度创新？

我们这代人的经验是，防作弊肯定是冲考生来的，但科举制度中的防作弊措施是冲官僚集团来的。"殿试"的潜台词是：凡是中进士的，皆是"天子门生"，你们的"恩师"就是皇帝我本人，不许任何官员"赚差价"。至于"锁院""糊名""誊录"这几项措施的本质，就是尽可能剔除考试过程中"人"的因素。所有考官低头看卷子就好，不用抬头看"人"。

想想看，这是一件多么奇妙的事情，皇帝一个人就能面对全天下的读书人：读书人从这头输入文字，皇帝从那头输出名次，庞大的官僚系统居然拿不到什么居间的红利——真是不可思议的制度发明啊！

第二个问题，只靠卷面文字来选人当官肯定不是最好的方法，宋朝的皇帝为什么还要坚定地这么做？这就要回到科举制度的本质了。

日本学者宫崎市定在《科举史》里提出了一个很有洞见的观点：其他选才制度都是"他荐制"，而科举制度是"自荐制"。

"他荐制"的意思是，我是不是人才，自己说了不算，需要有他人来推荐、背书。"察举制""九品中正制"都是这种"他荐制"。而"自荐制"是，我只要觉得自己是人才，就可以站出来毛遂自荐，只要通过测试流程，不管你们对我这个人是什么观感、评价，我就是人才。

科举制和此前的人才制度相比，最本质的区别就在这里——选择的过程不一样。

这一点可以用一个我们现在的场景来理解。假设公司规定，员工能否被提拔涨薪只由领导说了算，那你作为底层员工，如果运气不好，可能得受尽盘剥和屈辱才有机会出头，或者这辈子压根就没有机会。但如果公司出了新的制度：任何人都可以参加公开的升职考试，分数排在前面的人就有机会升职加薪。请问，你对这个考试有什么期待？当然是希望中间不掺杂任何人的因素，至于考什么反而没那么重要，抽签都行。

影响科举考试结果的除了自己努力读书，其他都是玄学，没什么"人"的因素在里面掺和，这才是"自荐制"发展的终局。

"自荐制"的本质决定了，科举制度从诞生的那天起就有一种内在倾向——剔除中间环节的人为因素。它的最终使命不是把人才选择出来，而是让所有参与这个游戏的人有对自我命运的掌控感。

我们再抽身出来，看看"他荐制"和"自荐制"的利弊。

"他荐制"至今还在被普遍使用，道理很简单：人是万物的尺度，能衡量人的也只有人。所以，选拔人才少不了人对人的推荐和背书。比如，公司选择应聘者，当然要考虑前一家公司对这个人的看法。再比如，西方很多学校录取学生，可不是只看分数，社会名流的推荐信是非常有用的。从微观来看，我们

选官

夏商周至魏晋南北朝官吏选拔制度

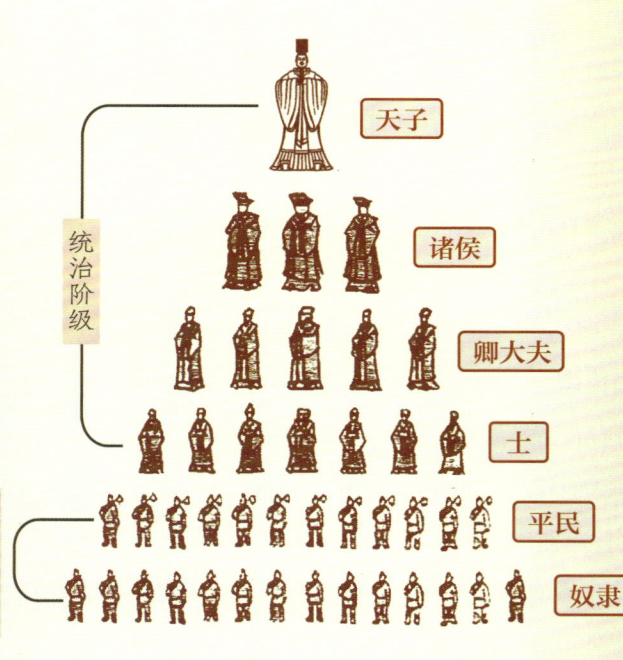

夏商周

世卿世禄制

形成于夏、商，鼎盛于西周

统治阶级：天子、诸侯、卿大夫、士

被统治阶级：平民、奴隶

秦及汉初

军功爵制

秦商鞅设立『二十等爵』，汉初沿用

军功爵位制度等级（高→低）：

二十级	彻侯
十九级	关内侯
十八级	大庶长
十七级	驷车庶长
十六级	大上造
十五级	少上造
十四级	右更
十三级	中更
十二级	左更
十一级	右庶长
十级	左庶长
九级	五大夫
八级	公乘
七级	公大夫
六级	官大夫
五级	大夫
四级	不更
三级	簪袅
二级	上造
一级	公士

两汉

察举制
- 岁科
  - 孝廉
  - 茂才
  - 察廉
  - 光禄四行
- 特科
  - 贤良方正
  - 贤良文学
  - 孝悌力田
  - 明经
  - 明法
  - 明阴阳灾异
  - 勇猛知兵法

察举制、征辟制

汉武帝元光元年（公元前一三四年）确立『察举制』察举科目

征辟制
- 征聘
  - 皇帝征召
- 辟除
  - 官府征召
    - 中央部署辟除
      - 公府辟除
      - 九卿辟除
    - 地方州郡辟除
      - 郡守辟除
      - 州刺史辟除
      - 县令（长）辟除

魏晋南北朝

九品中正制

始于曹魏，西晋完备，南北朝衰落

官品	中正品第（乡品）
一品 二品 三品	一品
四品 五品	二品
六品 七品	三品
	四品
	五品
八品	六品
九品	七品
	八品
	九品

● 高门（上品）
○ 寒门（下品）

需要快速地筛选人才，"他荐制"有优势。

但是，"自荐制"也不差，因为人还有另一个本质：人没有确定的样子，人是可以发展的。

我上大学时，我们班上的同学有从大城市来的，有从农村来的。农村同学的高考分数不低，但是要论气质、谈吐，比城里的同学要差一大截。但是过几年再看，农村同学会经历一个飞速"城市化"的过程，气质、谈吐、自信很快就上来了。再拉长时间尺度来看，农村同学的人生成就其实一点也不差。

今天的高考，本质上也是"自荐制"。它用一把尺子来衡量所有人，好像失之偏颇。但是从另外一面看，它也为人的发展留下了巨大的空间。

我想，所谓现代文明应该就包括这样的因素——不管你们怎么看我，总该有一个机会，让我自己站出来说"我愿意接受命运的裁判，而且，我相信我的未来发展有无限的可能"。

科举制度的设立初衷可能只是为了应对当时的挑战，也没有什么笃定的总体规划。但是制度曲曲折折往前演化，一路经过人心、公道这些抽象原则的筛选，最终的结果如果符合文明发展的方向，那么它就会有强大的生命力。

你看，科举制度存在了1000多年，甚至"糊名""锁院""誊录"那些技术，还在以各种形式出现在我们今天的各种考试里。

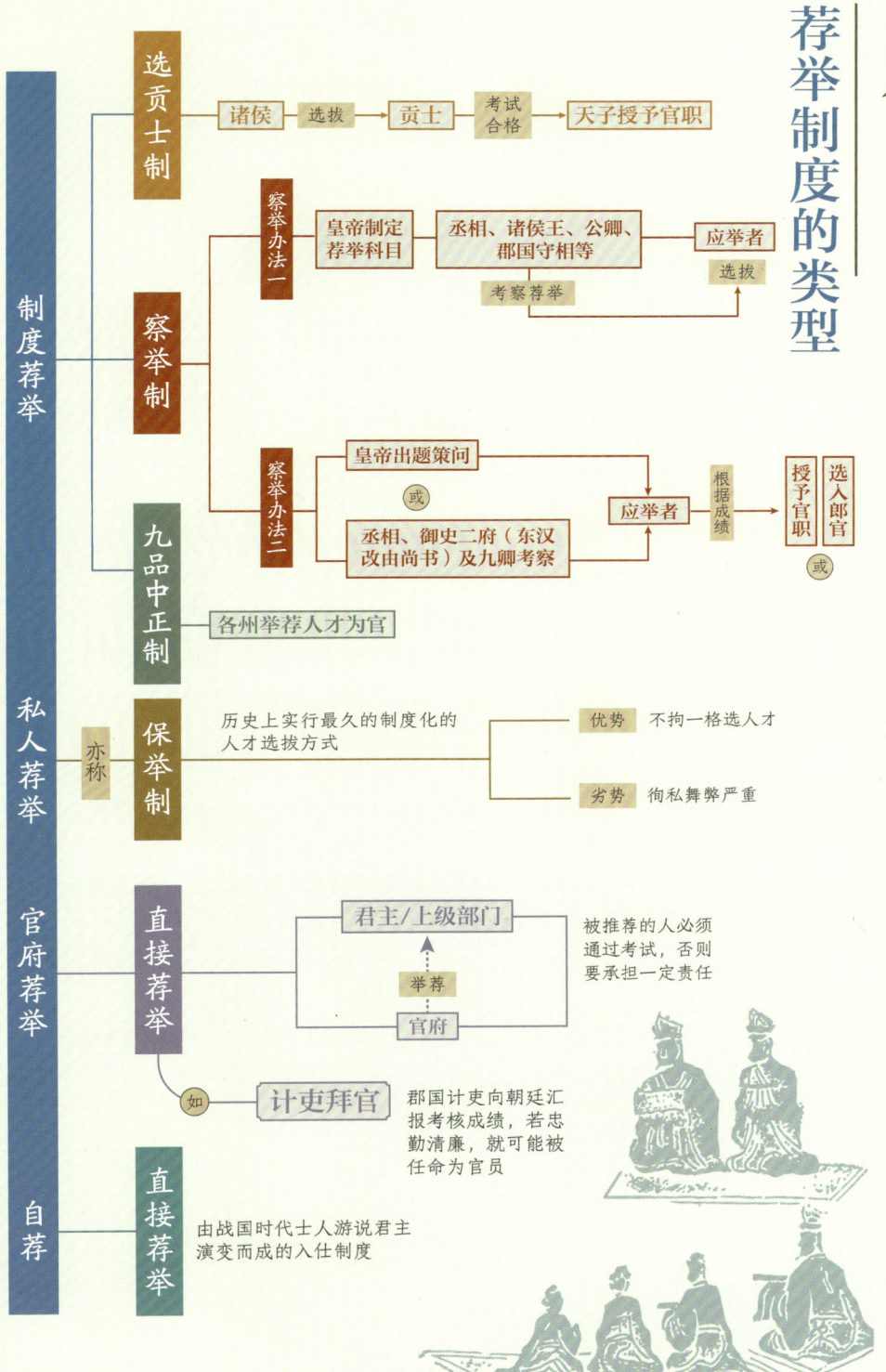

荐举

荐举制度的类型

- **制度荐举**
  - **选贡士制**: 诸侯 →选拔→ 贡士 →考试合格→ 天子授予官职
  - **察举制**
    - 察举办法一: 皇帝制定荐举科目 → 丞相、诸侯王、公卿、郡国守相等 →考察荐举→ 应举者 →选拔→
    - 察举办法二: 皇帝出题策问 或 丞相、御史二府（东汉改由尚书）及九卿考察 → 应举者 →根据成绩→ 授予官职 / 选入郎官
  - **九品中正制**: 各州举荐人才为官

- **私人荐举**
  - **保举制**（亦称）: 历史上实行最久的制度化的人才选拔方式
    - 优势: 不拘一格选人才
    - 劣势: 徇私舞弊严重

- **官府荐举**
  - **直接荐举**: 官府 →举荐→ 君主/上级部门；被推荐的人必须通过考试，否则要承担一定责任
    - 如: **计吏拜官** — 郡国计吏向朝廷汇报考核成绩，若忠勤清廉，就可能被任命为官员

- **自荐**
  - **直接荐举**: 由战国时代士人游说君主演变而成的入仕制度

参考文献

［宋］李焘，《续资治通鉴长编》，中华书局，1995年。
［元］脱脱等，《宋史》，中华书局，1985年。
［汉］司马迁，《史记》，中华书局，1982年。
［唐］房玄龄，《晋书》，中华书局，1996年。
［唐］白居易，《白居易诗集校注》，中华书局，2006年。
［唐］李亢，《独异志校证》，中华书局，2022年。
［宋］李昉等，《太平广记》，中华书局，1961年。
［宋］沈括，《梦溪笔谈》，中华书局，2022年。
［宋］江少虞，《宋朝事实类苑》，上海古籍出版社，1981年。
［清］董诰等，《全唐文》，中华书局，1983年。
金滢坤，《中国科举制度通史·隋唐五代卷》，上海人民出版社，2017年。
张希清，《中国科举制度通史·宋代卷》，上海人民出版社，2017年。
〔美〕姜士彬，范兆飞、秦伊译，《中古中国的寡头政治》，中西书局，2016年。
〔日〕宫崎市定，马云超译，《科举史》，大象出版社，2020年。
〔美〕柏文莉，刘云军译，《权力关系：宋代中国的家族、地位与国家》，江苏人民出版社，2023年。
张希清等，《论宋代科举取士之多与冗官问题》，《北京大学学报（哲学社会科学版）》，1987年第5期。
刘海峰，《唐代考试糊名起始时间再析》，《学术月刊》，1991年第11期。
何忠礼，《科举制度与宋代文化》，《历史研究》，1990年第5期。
祝尚书，《"举子事业"与"君子事业"——论宋代科举考试与文学发展的关系》，《厦门大学学报（哲学社会科学版）》，2004年第4期。
祝尚书，《论宋代科举时文的程式化》，《厦门大学学报（哲学社会科学版）》，2005年第5期。
成祖明，《郎官制度与汉代儒学》，《史学集刊》，2009年第3期。
柳立言，《科举、人际关系网络与家族兴衰以宋代明州为例》，《中国社会历史评论》，2010年第11卷第1期。
何忠礼，《贫富无定势：宋代科举制度下的社会流动》，《学术月刊》，2012年第44卷第1期。
田建平，《书价革命：宋代书籍价格新考》，《河北大学学报（哲学社会科学版）》，2013年第38卷第5期。

1003 年

经 历 过 ， 解 决 过

1003年的世界

01

斯汶一世入侵英格兰
● 北欧

丹麦国王斯汶一世为了替妹妹报仇，进军英格兰。

▲ 斯汶一世

斯汶一世（960年—1014年），又称"八字胡王"，后来成为第一个统治英格兰的丹麦国王。

03

伊什特万一世入侵特兰西瓦尼亚
● 中欧

匈牙利国王伊什特万一世击败了特兰西瓦尼亚的统治者古拉。

特兰西瓦尼亚，历史地名，位于欧洲东南部东喀尔巴阡山以西、多瑙河支流蒂萨河流域的罗马尼亚中西部地区，包括今罗马尼亚中部和西北部的16个县的范围。

▲ 印刷在匈牙利纸币上的伊什特万一世头像

02

教皇西尔维斯特二世去世
● 南欧

西尔维斯特二世（约945年—1003年），著名的学者和教育家，有"魔术师"的雅号，是第一位法国籍教皇。著有《几何学》一书。

在西尔维斯特二世的推动下，算盘、浑天仪、水风琴等已经在欧洲失传的技术被重新引入。

▲ 《几何学》副本中的一页

1003年的中国

01 望都之战
宋、辽在望都（今河北保定西南）爆发了一场战争，宋军战败。宋军将领王继忠据传战死，实际上被辽军俘虏。

03 李继迁建都西平府
李继迁攻陷灵州后，因其本人受辽册封为西平王，将灵州改名为西平府。他于1003年在此处正式建都。

02 西夏开国君主李元昊出生
李元昊（1003年—1048年），西夏建立者，西夏太宗李德明之子。

▲ 李元昊像

李元昊于1032年嗣位，废除唐、宋所赐姓氏，改为嵬名氏，自称兀卒（吾祖）。于1038年称帝，国号大夏，史称西夏，定都兴庆府（今宁夏银川）。立官制，制礼仪，造文字，建蕃学，设左右厢十二监军司，辖有22州。对宋、辽作战屡获胜，形成宋、辽、西夏鼎立局面。

为什么"不听建议"
也是一种好策略

1003年，我们来关注一个人——李沆，他在历史上被誉为"圣相"。

在中国历史上，能被以"圣"字称呼的人，在本行里的成就必然是登峰造极的。可对于"圣相"李沆，如果不是专业研究者或宋史爱好者，很多人可能连他的名字都没有听过。中国古代的名相那么多，怎么轮得到他来当这个"圣相"呢？

第一个给出这个名号的人叫王旦。他做过李沆的副手，后来自己做了十多年宰相。作为前同事，王旦一开始对李沆的政治见解很不以为然，但是时间越久，他越能发现李沆的高明之处，于是慨叹"李沆真是一个圣人（李文靖真圣人也）"，朝廷内外也就开始尊称李沆为"圣相"了。

可是，如果看史料，你会发现，李沆做的不过是些为政清廉、直言敢谏之类的事。拿着儒家的道德原则，跟自己过不去，跟皇帝不见外。比如，宋真宗想封后宫刘氏为贵妃，于是在一个晚上派人拿着自己的手诏去找李沆，希望得到他的支持，但李沆直接当着使者的面把手诏给烧了，一边烧还一边让使者给皇帝带话："就说我李沆不同意。"不过，这种事在中国历史里所在多有，和前朝的魏征比，跟同时代的寇准比，跟稍晚些的范仲淹比，李沆并没有什么独特之处。靠此，他是绝对担不起"圣相"这二字的。

我通盘看下来，感觉真正特别的，只有李沆的一条言论："我担任宰相这个重要职位，没有什么大不了的功劳，唯一值得一提的贡献是，朝廷内外大大小小的官员提的所有关于兴利除害的建议，我一概置之不理。"

> 沆又尝言："居重位实无补，惟中外所陈利害，一切报罢之，此少以报国尔。" ——《宋史》

作为宰相，李沆怎么能不知道"兼听则明，偏听则暗"这个道理呢？他为什么还会这么说？

圣人

历史上的圣人

称号	人物	简介
大圣	老子	中国古代伟大的思想家、哲学家、文学家和史学家，道家学派的创始人。
文圣	孔子	中国古代伟大的思想家、教育家，儒家学派创始人，他的儒家思想对中国和世界有很深的影响。
元圣	周公	周文王姬昌第四子，西周初期杰出的政治家、军事家、思想家、教育家，被尊为"元圣"，也是儒学先驱。
兵圣	孙武	春秋时期著名的军事家、政治家，其《孙子兵法》被誉为"兵学圣典"。孙武被誉为"百世兵家之师""东方兵学的鼻祖"。
医圣	张仲景	东汉末年著名医学家，著有《伤寒杂病论》，在方剂学方面作出了巨大贡献。
诗圣	杜甫	唐代伟大的现实主义诗人，与李白合称"李杜"，被后人称为"诗圣"。
书圣	王羲之	东晋时期著名书法家，其代表作《兰亭序》被誉为"天下第一行书"。
画圣	吴道子	唐代著名画家，擅佛道、神鬼、人物、山水、鸟兽、草木、楼阁等，尤精于佛道、人物，长于壁画创作。
茶圣	陆羽	唐代著名的茶学家，被誉为"茶仙"，尊为"茶圣"，祀为"茶神"，著写了世界上第一部茶叶专著《茶经》。

清·佚名《历代圣贤半身像·老子》（局部）

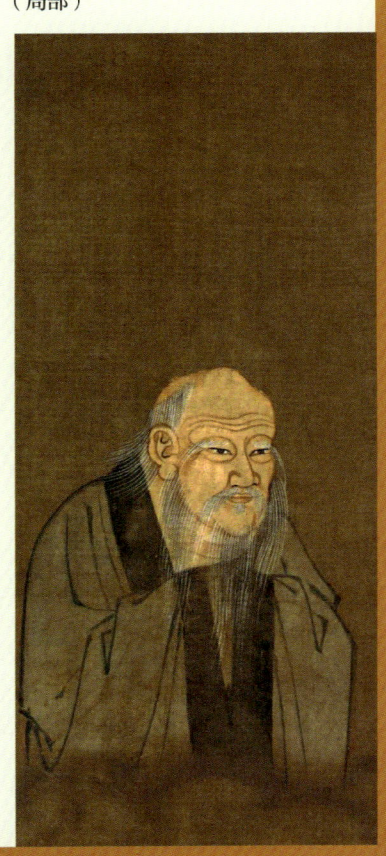

名相

中国古代十大名相

秦

李斯
？—前208年

秦时政治家、文学家、书法家。佐秦统一六国，并参与主持议定皇帝名号以及相关礼仪制度。坚持以郡县制取代分封制，并制定了法律，统一车轨、文字和度量衡制度，建议禁私学、焚诗书，制定相应法令。代表作有《谏逐客书》。

三国

诸葛亮
181年—234年

三国时期蜀汉丞相，政治家、军事家、发明家、文学家。促成孙刘联盟，协助刘备登上汉中王的宝座。刘备建立蜀国后，诸葛亮担任丞相职务。在刘备死后，以攻为守，不断北伐，在有生之年保持天下三分的局势。

春秋

管仲
？—前645年

春秋初期政治家。

被齐桓公任命为卿，尊称"仲父"。在齐进行改革，将国都划为十五士乡与六工商乡，并把偏远的地方划分为五个行政区域，设立各级官吏进行管理；确立选拔人才制度；利用官府力量发展盐铁业；铸造和管理货币，调剂物价。

西汉

陈平
？—前178年

西汉开国重臣、谋士，著名政治家。六出奇计，协助刘邦统一天下。与周勃平定诸吕，迎立刘恒为帝。

萧何
？—前193年

西汉开国功臣、政治家，汉初三杰之一。

楚汉之争时，对刘邦战胜项羽、建立汉朝起了重要作用。于西汉建立后担任相国，史称"萧相国"。采摭秦朝六法，制定实施《九章律》。后世评价他"三代以下名相，自汉以后无有能及者"。

北宋

寇准
961年—1023年

北宋政治家。
1004年，辽南下犯宋，寇准力排众议，促使宋真宗亲往澶州督战，使宋辽双方订立"澶渊之盟"。1053年，宋仁宗下诏为其立神道碑，并亲于碑首撰"旌忠"二字，复爵莱国公，追赠中书令，谥号"忠愍"，故后人多称"寇忠愍"或"寇莱公"。他与白居易、张仁愿并称"渭南三贤"。

王安石
1021年—1086年

北宋政治家、文学家、思想家、改革家。
担任参知政事时主持变法，陆续制定了均输法、青苗法、农田水利法、免役法、市易法、方田均税法、保甲法、保马法、将兵法等。拜相后大力推行改革，并积极促成熙河开边。后因保守派得势，新法皆废，王安石郁然病逝于钟山，世称"王文公"。

房玄龄
579年—648年

唐代政治家、史学家。
参与制定典章制度《贞观律》；监修国史，主编二十四史之《晋书》；调整政府机构，其省并中央官员之举，为贞观善政之首。和杜如晦并称为"房谋杜断"。唐太宗曾称赞其有"筹谋帷幄，定社稷之功"。

魏征
580年—643年

唐代政治家、思想家、文学家和史学家。
曾提出"兼听则明，偏听则暗""居安思危，戒奢以俭"的观点。主张"薄赋敛""轻租税""息末敦本""宽仁治天下"等，对唐太宗的行动及施政观念产生了极有益的影响，辅佐唐太宗共创"贞观之治"。

明

张居正
1525年—1582年

明代政治家、改革家。
辅佐明神宗进行"万历新政"，史称"张居正改革"。推行"一条鞭法"的赋税及徭役制度，既简化税制，又能增加财政收入。著有《张文忠公全集》。

唐

其实，这句话之所以骇人听闻，更重要的原因在于，它触及了中国传统政治制度设计的一项关键原则：有权力的人，必须要听取意见、建议，尤其是批评性建议。背后的道理很简单：你有权力，就有可能胡作非为，那么，来自四面八方的建议就是权力的刹车片和解毒剂。

《邹忌讽齐王纳谏》的故事，我们中学时就学过，可以说是深入人心。邹忌跟徐公比美，最后总结了一个心得：夸我的，都是有求于我的，都是假的；骂我的，才是真对我好的。然后，他把这个心得告诉齐王，齐王认为非常有道理，就下令："能当面指出我的过失的，受上赏；能书面讲的，受中赏；在外面当众批评我，被我听到的，也有赏！"

中国古代政治就按照这个道德原则，设计了一个"谏官"制度，即专门设立一个给君主提意见的职位。这个制度从周朝开始就有，后来一直不断演化。这背后是有一套假设的：只要有人狠狠地看住有权者，就一定能换来政治上月白风清的结果。

谏官制度发展史

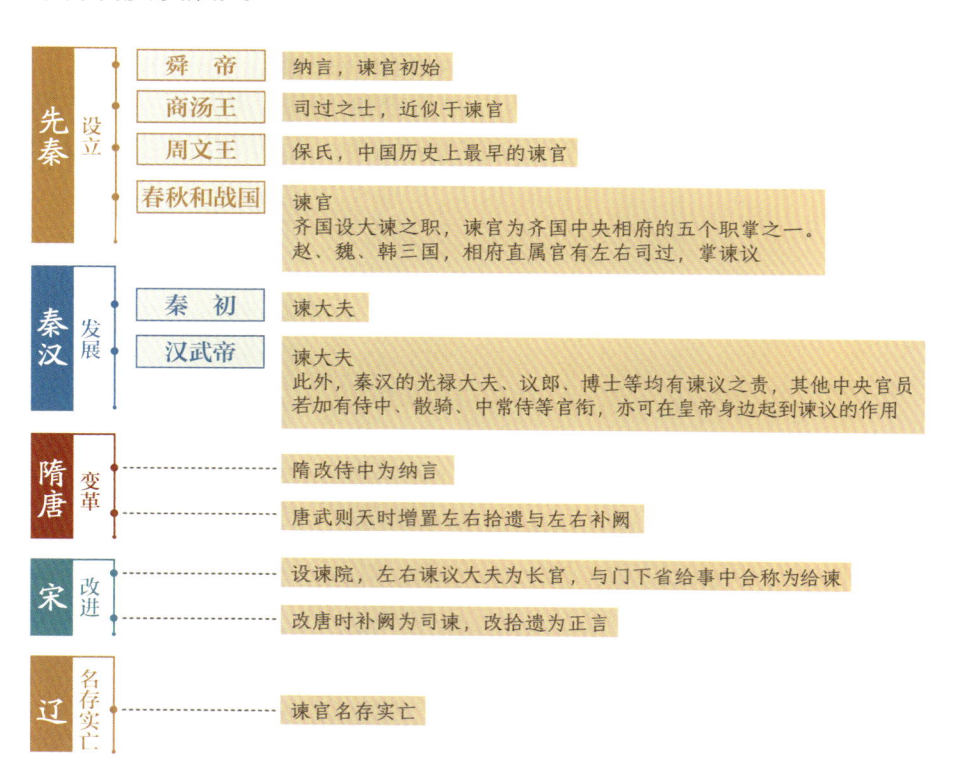

时期	阶段	代表	说明
先秦	设立	舜帝	纳言，谏官初始
		商汤王	司过之士，近似于谏官
		周文王	保氏，中国历史上最早的谏官
		春秋和战国	谏官 齐国设大谏之职，谏官为齐国中央相府的五个职掌之一。 赵、魏、韩三国，相府直属官有左右司过，掌谏议
秦汉	发展	秦初	谏大夫
		汉武帝	谏大夫 此外，秦汉的光禄大夫、议郎、博士等均有谏议之责，其他中央官员若加有侍中、散骑、中常侍等官衔，亦可在皇帝身边起到谏议的作用
隋唐	变革		隋改侍中为纳言
			唐武则天时增置左右拾遗与左右补阙
宋	改进		设谏院，左右谏议大夫为长官，与门下省给事中合称为给谏
			改唐时补阙为司谏，改拾遗为正言
辽	名存实亡		谏官名存实亡

唐太宗和魏征，更是靠这套假设的逻辑合演了一幕政治大戏。一个直言敢谏，一个虚心纳谏，一个千古名臣，一个千古名君，造就了一段相互成就的政治佳话。所以，敢听意见和敢接受意见，成为中国朝堂上的"政治正确"。

但是，这套假设对吗？历史上很少有人怀疑过，直到李沆突然冷不丁来了一句："不要给我提建议，提了我也不听。"关键是，他还把这一点当成自己做宰相、报效国家的唯一功劳，看起来就更匪夷所思了。

我们要解开的正是这个谜：李沆这么有名的一位宰相，为什么会这么说？背后的道理又是什么？

◆ 为什么不要听"建议"

为什么不要听建议呢？李沆有两个理由。

一是提建议的人能力不行："那些刚刚考上进士的人，连怎么坐、怎么站、怎么行礼都做不好，只会大谈自己的功劳、理想，希望我提拔他们。如果我听信他们的吹嘘，那就是笼络人心，老夫做不到。"

> 自余通籍之子，坐起拜揖，尚周章失次，即席必自论功最，以希宠奖，此有何策而与之接语哉？苟屈意妄言，即世所谓笼罩。笼罩之事，仆病未能也。　　——《宋史》

二是现状很好："国家的制度已经创建好了，我若是按照他人的意见、想法做事，就会损害很多人的利益。尤其是一些小人为了往上爬，胡乱提意见，根本没考虑到会残害老百姓。"

> 朝廷防制，纤悉备具，或徇所陈请，施行一事，即所伤多矣。陆象先生曰庸人扰之是已。恷人苟一时之进，岂念厉民耶？　　——《宋史》

这两个理由看起来似乎有些傲慢、霸道，但是，600多年后的王夫之在《宋论》里花了非常大的篇幅给李沆做补充。他分类归纳了7种提意见的情况，得出的结论是：凡是给当政者提意见的，没有一句话值得听。

上书陈利害者，无一言之足听者也。　　——《宋论》

如果抽身出来冷静想想，这十分符合我们的常识——对一个有权力的人提建议，背后往往都有自己的盘算和目的。

末代皇帝溥仪在《我的前半生》里讲过，他退位以后，表面上身边所有人都在关心他，今天一个主意、明天一个奏折地给他提建议，但是，每个人都有自己的小算盘。比如，前内务府大臣绍英主张一切照旧，那他就还可以担任"总管内务府"，这里头多少是有油水的。还有人主张留洋、出国，只是建议的去向不太一样，去过日本的罗振玉主张他去日本，当过驻欧洲公使的黄诰主张他去欧洲。但在溥仪看来，他们的小心思跟明镜似的——把中国的前任皇帝掐在自己手里，囤积居奇。

甚至连一些小喽啰也在打类似的主意。溥仪的六叔载洵有个门客叫吴锡宝，这个人写了好多折子，一直劝溥仪重用法学家，称这样做如何符合时代潮流。最后溥仪打听到，这个人自己就是律师，其实是在"王婆卖瓜、自卖自夸"呢！

此时的溥仪已经不是皇帝了，仅仅剩了些权力的光环，下面的人都要处心积虑包装自己的利益来算计，当权者能不小心吗？下面的人赤裸裸地拍马屁，固然要警惕，但动机毕竟摆在台面上。反过来，如果是提建议，甚至是有点忠言逆耳式的建议，那就更要小心，因为那往往是利益经过精心包装之后的样子。

有人可能会质疑：提建议的人不见得个个都如此不堪吧？总有些忠臣义士完全没有私心吧？或者，即使有私心，建议本身还是好的吧？

那我们就来设想一种极端情况：有人对我们提建议，他的动机绝对善意，建议也绝对正确，那请问有没有用呢？

比如，有人对我说："罗胖，为了你好，建议你每天跑步10千米；别熬夜，早休息；别刷视频、打游戏，而是多读书；你还得少吃腥和主食，多吃蔬菜。"这固然是好意，说得也都对，但是，那又怎么样呢？

辩论高手黄执中讲过一句话："你眼里的问题，其实是别人的解决方案。"比如，一个小孩因为打游戏耽误了学习，大人给出的建议通常是他以后别玩了，但是只要深究一层，我们就能想到：他打游戏可能是因为在现实生活中充满了挫败感，只有在游戏里才能找到尊严感。所以，直接劝告小孩别打游戏，这不是解决了他的问题，这是拿掉了他的问题的解决方案。

中国古代政治也是一样。如果一个基层官员看见了大量不合理现象，只要要求皇帝消除这些现象就行了吗？假设你穿越到明代，觉得太监出宫替皇上到处敛财不合理，锦衣卫不合理，东厂、西厂不合理，但即便你喊破了喉咙，皇帝也不会取消这些机构。道理很简单，皇帝有自己要解决的问题。在问题没有找到替代的解决方案之前，我们认为不合理的这些现象不会消失。

身在局中的人都知道，世界是一个网络，牵一发而动全身，靠改动一两个点是无法优化整个网络的。更进一步地说，胡乱地改动现状，带来的可能是更悲剧的结果。

李沆那段话的意思就是：不在我局中的人，不要给我提建议，因为没有价值。即使出于好心，即使说得都对，我也只能回以礼貌一笑。

◆ 王夫之有什么解决方案

如果什么建议都不听，掌权的人怎么决策呢？一个国家的治理还怎么优化，怎么变革，怎么进步呢？对此，王夫之给出了一套解决方案。

> 创制听之前王，修举听之百执，斟酌听之长吏，从违听之编氓，而天下各就其纪。　　——《宋论》

第一句，"创制听之前王"，就是制度框架一定要听开国之君的。先祖创业时，面对的情况是最复杂的，解决问题的条件是最充分的，这些人的能力也是过硬的，所以，他们当时制定的制度框架有非常大的合理性，不要去动。

第二句，"修举听之百执"，政策要不要调整、项目要不要推行，都得听"百执"的。"百执"指的是各个垂直领域的专业干部，言下之意是千万不要听外行的。

第三句，"斟酌听之长吏"，就是执行政策的具体分寸要听地方长官和部门首脑的。毕竟，中央制定的大政方针往下传达时只是几行字，但基层执行时碰到的情况是千差万别的，如果不给基层官员这种斟酌的弹性，他们什么都干不成。

第四句，"从违听之编氓"，如果政策不合理，老百姓总会有办法钻空子、找漏洞、非暴力不合作，或者干脆走人，这个政策终究搞不下去。

有了这四句话，王夫之勾勒了一个完整的政策调整逻辑：一，大的制度框架，听开国之君的；二，政策该修该补，项目该干该停，听专业官员的；三，分寸该多该少，力度该松该紧，听地方干部的；四，配合还是不配合，愿意还是不愿意，看老百姓的反应。

王夫之设计的这套方案有点像某种机械结构，先有一个稳定的框架，再有一些粗调的旋钮，还有一些精细调节的旋钮，一层一层地，让整个社会治理体系既有稳定性，也能随机应变。

这套方案的核心逻辑是：特定的人，以特定的方式，主持特定环节的运行和变革。这里面包含了一句潜台词：没有一个人能脱离自己的本位，操别人的心。专门给别人提建议的人，提的建议没有价值。

对这四句话，我们现代人最看不惯的可能是第一句：创制听之前王。开国之君可能都去世好几百年了，凭什么还把他的话当金科玉律，这不是用死人绑架活人吗？要知道，在古代，社会环境的变化是非常缓慢的，开国之君创制的制度框架确实有很强的适应性。

对于这个问题，我们只从一个小点入手：当最高权力只在一个家族内部传承的时候，一代不如一代是大概率现象。达尔文的表弟高尔顿发现：父亲的身高如果大于平均值，儿子的身高大概率会比父亲矮；反之，儿子的身高大概率会比父亲高。像智商、精力、体能这些人体指标，都会回归平均。这在遗传学中被称为"均值回归"。第一代创业君主在各个方面的能力上都远超常人，但是，后代的能力回归平均也是必然，这是硬约束。

宋太祖、宋太宗可都不是一般人。宋太祖就不说了，宋太宗仅仅勤奋这一条，后代子孙就望尘莫及。

唐朝时，皇帝本来是五天一上朝。安史之乱后，因为国家事务繁忙，皇帝做一休一。而宋太宗可是一天都不休息，在位21年，天天如此。一直到去世当天，他还召见大臣议事。对于开封府的案子，他留下的记录是一天判好几百件。有臣子劝他："您也太辛苦了。"宋太宗说："我一点也不觉得累，就是在那儿坐一会儿，就把活干了啊！"

朕录囚徒，殊不觉劳，但坐少时耳。　　——《宋会要辑稿》

到了宋真宗的时候，刚开始他还能坚持每天上朝，后来渐渐就不行了，隔三岔五地给自己放假。这真不是懒，就是精力不济，身体受不了。

成语"萧规曹随"形容的也是这个道理。汉代初年的丞相，先是萧何，后是曹参。汉惠帝觉得曹参天天只会喝酒，不思进取，希望他能改进一些。曹参就反问他："您的能力比得过您爹刘邦吗？比不过。那我曹参比得过萧何吗？比不过。咱们比不过，还瞎折腾什么，老老实实'循规蹈矩'，按照开国制度办事不就完了！"

所以，古人动不动就讲"祖宗之法""遵祖制"，可不是保守反动，而是一种非常现实的、可行的政治策略。

李沆的那段话，最值得玩味的就是这种观念：不要听不相干的人的建议，动不动就兴利除弊；先王创立的制度挺好的，能不动就千万别动。

这是一套什么样的观念呢？放在全世界的思想谱系里，我们知道，这就是所谓的"保守主义"。要知道，即使在中国古代，能像李沆和王夫之这样，把这套观念表达得如此明确、完整的人，其实也很少。我们要抓住电光石火的瞬间，捕捉中国思想史上这难得的只言片语。

◆ 保守主义到底在说什么

保守主义的出发点是什么？是抱着传统、现状和老祖宗的话不撒手吗？是老古董吗？不是。保守主义的根本出发点只有三个字——不信任，对人类理性能力的根深蒂固的不信任。

学习思想史时，我有一个小窍门：先别看一个思想家主张什么，而是先看他厌恶什么，包括他反对什么、恐惧什么。只有找到主张的反面，再猛回头，看到他那一脸的气愤、恐惧和厌恶，你才能豁然开朗，理解他为什么有那些主张。

理解保守主义也可以用这个方法。保守主义认为，一个人运用纯粹的理性思考和概念推演就能得出改造世界的方案，可太狂妄了，这样得出的结论一定是个乌托邦。人类社会并非机器，哪儿坏了修哪儿就行。人类社会是一个极度复杂的有机体，没有任何人的智慧可以洞察它运行的全部规律。局外人，看得到一项变革带来的好处，但是往往看不到隐藏的代价。

中国有一句老话，"利不百，不变法"，意思是说，没有100倍的好处，不要尝试进行变革。我们做任何事情，都要对人类理性的缺陷做充分的估计，仅有1倍的好处可不够，还要留下99倍的好处来对冲那些不可知的、潜在的风险和代价。这就是保守主义的根本出发点：不相信人类理性。

这才是李沆不听那些兴利除弊的政策建议的根本原因。这和西方的保守主义传统是一样的。英美保守主义的奠基者埃德蒙·伯克反对法国大革命，乍一看很难理解，实际上，他反对的不是"自由、平等、博爱"的口号，而是不相信举着这些口号的人能改造出一个更好的社会。

那保守主义者就完全不允许变革了吗？未必，他们对变革的要求是——谨慎。怎么个谨慎法？怎么衡量是否足够谨慎呢？

保守主义者提出了一整套脑洞大开的思路：把所有变革利益相关者都请到会议室里来，大家投票决定。但重点在于，谁是利益相关者？可不只是我们这些活着的人。保守主义者认为，在我们这代人之前，世界就已经有了，在我们这代人之后，世界还要继续存在，子孙还得继续存活。那这个世界什么样，当然就不能只由我们活着的人说了算。死去的人，未来的人，包括我们，人人都有份，都要进会议室，都要进谈判桌，都要发言。这就是埃德蒙·伯克在《评法国革命》里说的："国家是什么？国家不仅是活着的人之间的合伙关系，而且也是活着的人、已死的人和将出生的人之间的合伙关系。"

政治保守主义者就是我们祖先的代言人，不管我们想干什么，他们在牌桌上都会喊："别光看见好处，要多考虑一点代价。"财政保守主义者就是我们子孙的代言人，不管我们想干什么，他们在牌桌上都会喊："不许吃干扒净，要给子孙留一点。"

英国保守主义思想家吉尔伯特·切斯特顿有一句话讲得更透彻："传统就是亡者的民主。"尊重传统本质上不是不变革，而是让死去的亡者能够参与到我们的民主决策过程中。只有把方方面面的利益相关者都请进来，才是思虑周全的决策过程。这种决策过程推导出的行动，才是负责任的、谨慎的变革行动。

可死了的祖先又不会说话,他们怎么参与决策呢?他们不用说话。举个简单的例子,你自己一个人在房间里和父母在旁边时,做事方式会一样吗?即使父母什么都不说,他们在旁边,你就会表现得正经得多,对吧?只要我们意识到祖先在这间会议室里,他们即使什么都不说,也在实际参与决策。

宋代史学家范祖禹对宋哲宗说过:"一言一动如祖宗临之在上,质之在旁,则可以长享天下之奉而不失矣。"只要皇上做每件事时都想着祖先就坐在旁边,会问问他做这件事的理由,天下就坏不到哪里去。明白了这个道理,我们就能更深刻地理解古人为什么要不厌其烦地讲"遵祖制"了。

无论你是否认同保守主义,你至少能理解:保守主义者并不狭隘,不是只看得见过去。保守主义者其实穿透了过去、现在和未来,提供了一种更广阔的视野,他们在会议室里的参与更丰富。

如果你还觉得李沆的那句"惟中外所陈利害,一切报罢之"有些刺眼,我再借用金纲先生在《和平的壮举》这本书里的一个解释。

他认为,理解"惟中外所陈利害,一切报罢之"这句话,需要三样东西。

第一,"需要有一点对大宋创始人太祖、太宗,在五代以来经验形态下点滴立法的温情体认"。开国君主创建制度的深意,我们真的全盘了解了吗?

第二,"还需要有一点对士大夫阶层好大喜功、躁竞求名弱点的审视"。急着提意见、搞改革的人,他们真的想好了吗?还是只为了一己私利?

第三,"更需要有一点对史上'无为而治'之圣贤理念和现代保守主义政治哲学的思想领悟力"。中国古代圣贤和西方保守主义者的逆耳忠言,会不会也有一些道理呢?

参考文献

［宋］李焘，《续资治通鉴长编》，中华书局，1995年。
［元］脱脱等，《宋史》，中华书局，1985年。
［汉］司马迁，《史记》，中华书局，1982年。
［汉］班固，《汉书》，中华书局，1962年。
［后晋］刘昫等，《旧唐书》，中华书局，1975年。
［宋］欧阳修、宋祁，《新唐书》，中华书局，1975年。
［唐］白居易，《白居易集》，中华书局，1979年。
［清］王夫之，《宋论》，中华书局，1964年。
［清］徐松，《宋会要辑稿》，中华书局，1957年。
［清］张英、张廷玉，《父子宰相家训：聪训斋语、澄怀园语》，团结出版社，2019年。
朱师辙，《商君书解诂定本》，古籍出版社，1956年。
郭人民，《战国策校注系年补正》，中州古籍出版社，2020年。
爱新觉罗·溥仪，《我的前半生》，群众出版社，1964年。
王瑞来，《宰相故事》，中华书局，2010年。
黄继伟，《华为工作法》，中国华侨出版社，2016年。
［英］埃德蒙·伯克，林镶华导读，任建国注释，《评法国革命》，上海译文出版社，2021年。
［英］埃伦·桑德勒，洪帆译，《美剧编剧入行手册》，中国友谊出版公司，2023年。
林鹄，《变法、党争与士大夫政治——王夫之的政治理论》，《湖北社会科学》，2023年第8期。

1004年

经 历 过 ， 解 决 过

1004年的世界

01 亨利二世加冕为意大利国王
● 南欧

由于奥托三世于1002年去世，意大利国王之位落入贵族阿尔杜因之手。新登基的德意志国王亨利二世远征意大利，击败了阿尔杜因。亨利二世最终于1004年被意大利主教加冕为意大利国王。

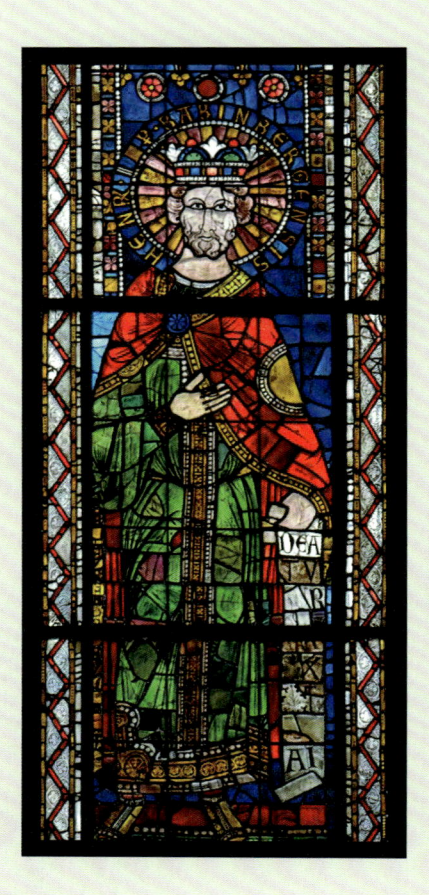

▶ 斯特拉斯堡大教堂彩色玻璃上的亨利二世像

▲ 斯科普里战役中拜占庭人战胜保加利亚人

02 斯科普里战役
● 南欧

拜占庭帝国皇帝巴西尔二世攻破保加利亚第一王国的临时首都斯科普里。

3 桑乔三世继承纳瓦拉王国
● 南欧

桑乔三世（992年—1035年）以未成年的身份继承了纳瓦拉王国，后来他自称为"西班牙之王"，史称桑乔大帝。

> 纳瓦拉王国，中世纪伊比利亚半岛北部的国家，首都为潘普洛纳。

◀ 桑乔三世

▲ 哈基姆画像

基姆迫害基督徒
西亚

蒂玛王朝哈里发（国家元首）哈基开始逮捕并处死基督徒，关闭耶路令的教堂，将其改为清真寺。

> 哈基姆（985年—1021年），全名艾布·阿里·曼苏尔·哈基姆，法蒂玛王朝第六代哈里发。他因在位期间对基督徒的迫害，被称为"暴戾哈里发"。

法蒂玛王朝历代哈里发及在位时间

909年—934年	阿布达拉·马赫迪（王朝建立者）
934年—946年	卡伊姆
946年—952年	曼苏尔
952年—975年	穆伊兹（任内征服埃及）
975年—996年	阿齐兹
996年—1021年	哈基姆
1021年—1035年	扎希尔
1035年—1094年	穆斯坦西尔（伊斯兰历史上在位时间最长的哈里发）
1094年—1101年	穆斯塔里
1101年—1130年	阿米尔
1130年—1149年	哈菲兹
1149年—1154年	扎菲尔
1154年—1160年	法伊兹
1160年—1171年	阿迪德

1004年的中国

▲ 宋·大理张胜温《大理国梵像卷》（局部）
该画卷是大理国时期佛教兴盛的直观反映，对于西南边陲的历史、政治、经济、文化、宗教、习俗等有重要价值。

01 地震频发
据《中国救荒史》研究，这一年是历史上记载地震最多的年份。汴京、冀州、益州、黎州、雅州等多地爆发地震。

03 段素英述《景德传灯录》
段素英当时作为大理的皇帝，宣布传述《景德传灯录》，并且将其作为应试材料之一，让有佛道背景并且研读儒家经典的举子应举。

02 宋真宗改年号为"景德"
"景德"年号共使用4年（1004年—1007年）。以瓷器闻名的景德镇就是用这个年号命名的。

04 李继迁去世，李德明继位
李继迁在同吐蕃六谷部首领潘罗支作战时身中流矢，伤重死去。其子李德明继位，奉行"依辽和宋"政策。

西夏泰陵（3号陵昊王坟）平面示意图

墙上角阙

门阙

墙上角阙
方锥截顶体，黄土夯筑，台上原建有阙楼。

陵塔
平面呈八角形，高五层或七层，由下而上逐层收分，每层均有砖瓦堆积。据研究，在未破坏前，陵塔为密檐式的八角七层实心塔，这在中国陵园建筑中是极特殊的。

路

门阙

内城
呈长方形，四面环神墙，墙为黄土夯筑，底宽上窄，外部贴有残砖，并以石灰抹面，涂以朱色。

外神墙

内神墙

献殿

外神墙

内　城

墙上角阙

门阙

墙上角阙

月城
呈长方形，南墙正中辟门，门道两侧墙身较厚。东、西两墙与内城南墙相接，月城内御道两侧原置二列或三列石像生。

门

碑亭
各陵碑亭有二座、三座不等。凡两座者，东、西各一座；三座者，两座位于东面，一座位于西面。

碑亭台基略呈正方形，其建筑面积与形制各不相同，碑亭的台基上铺方砖，曾立有石碑（今已残碎），碑文以西夏文和汉文两种文字镌刻。

碑亭
方锥截顶体，黄土夯筑，台上原建有阙楼。

鹊台

鹊台

北

资料来源：《银川（中国国家人文地理）》，中国地图出版社，2024年。

《景德传灯录》又称《佛□同参集》，简称《传灯□》，佛教禅宗史书。"灯□"是按僧人的传承世系□排的、以记录僧人言语□主的文体。禅宗把禅法□传承比喻为灯火相续，□而把记载禅法传承历史□典籍名为"传灯录"。□因此书修成于北宋真宗□德元年，故得此名。

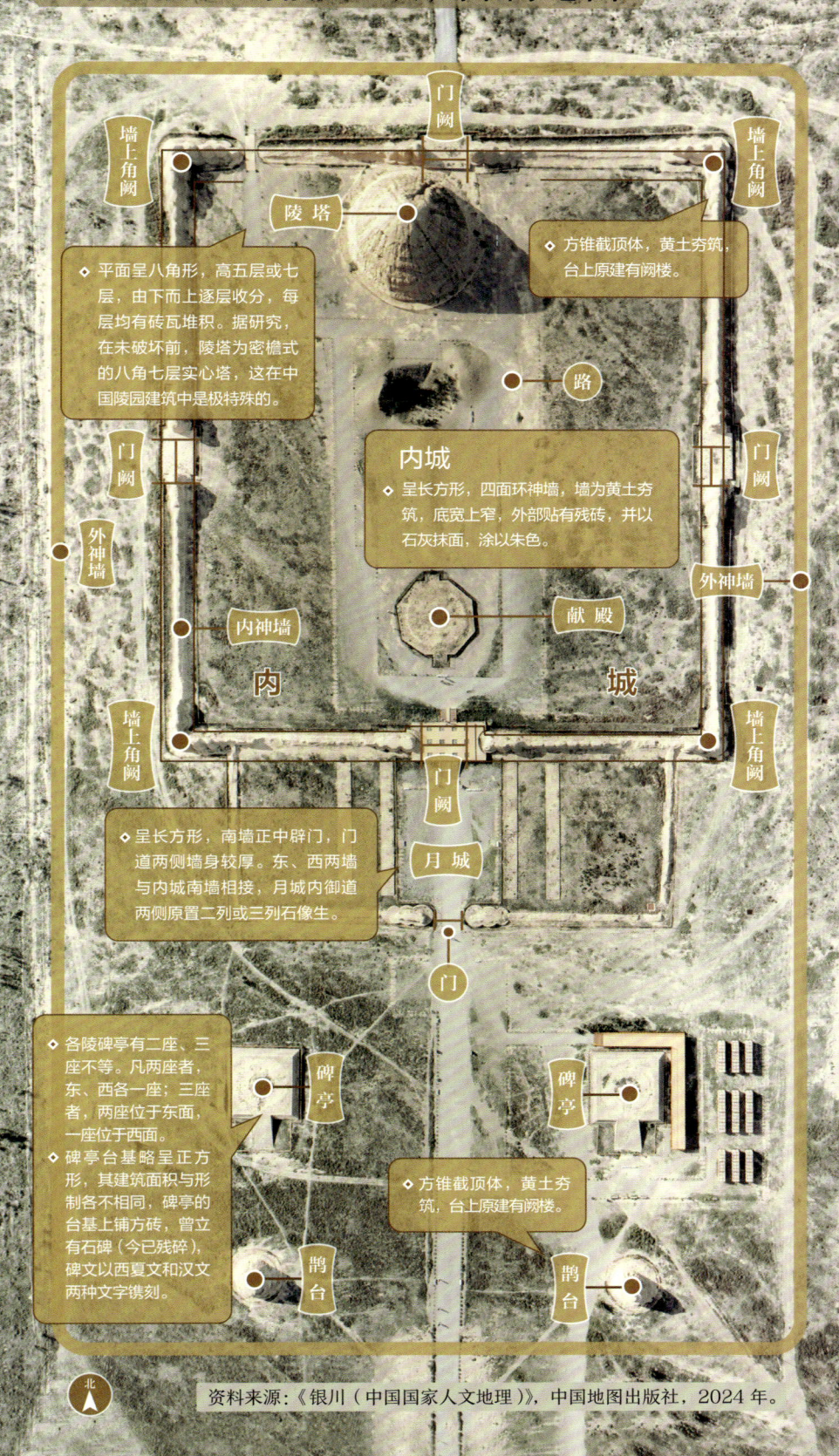

"基建狂魔"北宋
如何打防御战

宋、辽之间的战争，从1000年开始，已经断断续续地进行了5年。每个人都知道，迟早会有一场大决战。但是，当它真的像洪水一样卷过来，滔天的历史洪流还是让人惊恐不已。身在其中的人都明白，稍有不慎，就会粉身碎骨。

这一年，北宋朝堂上的气氛非常凝重。战争打到第五年，除了备战边疆，朝廷决策中枢的人事安排也要围绕最后的大决战来进行。由于老宰相李沆在7月去世了，宋真宗提拔了两个人：一位是德高望重的毕士安，一位是著名的寇准。

其实，寇准的性格本不适合当宰相。宋太宗曾评价他不通人情，连鼠、雀都不如。但大战在即，宰相不能是只会按部就班处理行政事务的官僚，得是能在关键时刻拿"大主意"的人。毕士安就给了寇准四字评价："能断大事。"

> "准天资忠义，能断大事，臣所不如。" ——《续资治通鉴长编》

寇准拜相，已经不是一次普通的官员任命，而是带有一点组建战时政府的意思了。

新的宰相班子就位不久，宋真宗特别指示："军事本应归枢密院管，但是，前方若有重大军情奏报，我拿到会先给你们俩看，你们若有意见一定要提出来。不能因为枢密院的分工就事不关己，高高挂起。"

> 上每得边奏，必先送中书，谓毕士安、寇准曰："军旅之事，虽属枢密院，然中书总文武大政，号令所从出。乡者李沆或有所见，往往别具机宜。卿等当详阅边奏，共参利害，勿以事干枢密院而有所隐也。"
> ——《续资治通鉴长编》

按说，文武分权制衡可是北宋立国的基本国策啊！但是现在顾不上那么多了，必须群策群力。

✦ 为什么必须御驾亲征

不过,即便做了这么多准备,到了 1004 年 10 月 24 日,辽举全国之力发 20 万人马南征的时候,北宋朝野上下受到的心理冲击还是非常大的。具体的战况你可以从下图中了解。

1004 年 10 月至 11 月辽军攻打北宋示意图

- 10 月 31 日,宋朝接报河北唐县遭到 20 余万辽军攻击。
- 11 月 13 日,接报山西岢岚军也出现了敌情。
- 11 月 7 日,接报辽军合攻河北定州。
- 11 月 1 日到 3 日,接报河北威虏军、顺安军、北平寨、保州相继遭到辽军攻击。
- 辽军攻打威虏军、顺安军、北平寨、保州、定州,相继受挫,最终选定瀛州作为攻打目标。

图例:
- ◉ 路、道级驻所
- ○ 府、州级驻所
- --- 政权部族界
- ➤ 辽军攻打方向
- ○ 围攻地点

战事一起,各种信息纷至沓来,像黑雾腾空,真假难辨。一时间,北到河北廊坊、东到山东潍坊、南到河南濮阳,流民四起,哀鸿遍野。

有一天晚上,来了五封紧急军报,按理应该立刻呈报给皇帝,但是寇准给按了下来。第二天,宋真宗早朝时听说了这件事,急得直跺脚。

寇准说:"怕什么?只要皇上御驾亲征,就能把事儿给平了。"

宋真宗一听，连忙闪躲："这么大的事，让我到后宫里认真想想。"

寇准没等宋真宗退缩就一把扯住了他的袖子："陛下若是进了后宫，肯定就打退堂鼓了，您不御驾亲征，就大势已去了。"

> 准曰："陛下欲了此，不过五日尔。"……帝难之，欲还内，准曰："陛下入，则臣不得见，大事去矣，请毋还而行。"
> ——《宋史》

由此可见，前一晚寇准的举动不是不着急，而是情况已经发展到再一份份地分析军情、做处置都来不及的地步了。在寇准看来，现在连给皇帝仔细思考的时间都没有了，宋真宗必须御驾亲征。

不过，这个时候，朝堂上出现了主张皇帝跑的声音。跑到哪里呢？意见并不统一。参知政事王钦若主张皇帝去金陵（今江苏南京），枢密院的副长官陈尧叟主张皇帝去成都。

以前，我们会把王钦若和陈尧叟看作胆小鬼般的反面人物，为的是衬托寇准的正面形象——故事都是这么讲的嘛！但是，我们回到1004年的历史现场仔细感受一下：如果这二人的建议是认真的，他们心里到底在想什么？

中国历史有意思的地方就在这里：每一个中国人都是漫长的、不间断的历史的一部分。所以，每一个中国读书人看着眼前的事实，脑子里都能闪现出一些历史的原型。眼前的选择，往往是历史上出现过的选择的翻版。

去金陵的原型是什么？是东晋路线。差不多700年前，北方五胡乱华，东晋司马睿不得已迁都南京，这才站稳了脚跟。

去成都的原型呢？是唐玄宗路线。安禄山造反也是"渔阳鼙鼓动地来"，皇帝跑到四川才躲过一劫。

所以，皇帝跑还是不跑、往哪里跑，代表的是对当前形势和未来前景的判断。不管走哪个路线，都是在承认：这次肯定打不赢北方强敌了，能够像晋朝、唐朝那样找个地方站住脚跟，已经是最好的结果了。

我们作为事后诸葛亮，当然可以嘲笑这些悲观主义者错误估计了形势。但是，跑，一定就是错的吗？未必。100多年后的宋徽宗、宋钦宗不就是没能及时跑掉，断送了大好河山吗？600多年后的崇祯皇帝如果能及时迁都南京，没准儿结果要好得多。历史的是非对错，难说得很啊！

◆ 北宋究竟有几成胜算

如果我也生活在 1004 年的北宋,如果我对这个朝代有很深的了解,如果非要让我对这次宋、辽决战的结果做预测,那我在这一年的 10 月,可能也是非常悲观的。

首先,北宋朝廷的军事劣势太明显。

比起汉唐盛世,北宋的疆域少了西边和北边各一大块。这意味着,北宋缺失了两项最重要的战略资源。西边的河套地区丢掉了,中原王朝就缺了养马的马场。在冷兵器时代,马就是坦克,既能提升火力,也能提升机动性。而北边疆域的缺失,后果就更严重了。缺的哪里呢?缺的是著名的"幽云十六州"。

我们把中原想象成一个四合院,幽云十六州就是北边的那道院墙。自从幽云十六州在五代时期被辽占领之后,中原王朝就失去了北边的天险。辽什么时候想打仗,骑兵一旦踏过幽州边境,面前就是一片大平原,一冲到底,几天工

后晋时期幽云十六州示意图

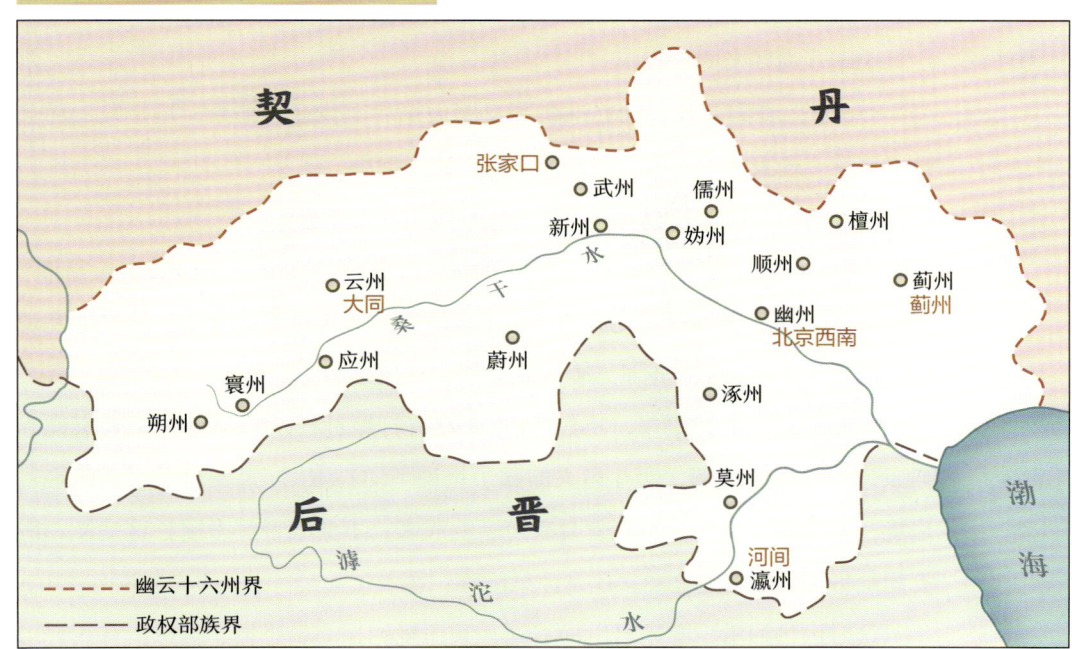

夫就能打到黄河岸边。过了黄河，就是北宋的都城汴梁。北宋的地缘环境，可见有多险恶。

也就是说，北宋和辽打仗，要战，无马可战，要守，无险可守。

其次，打仗除了靠硬实力，还要有软实力，也就是士气。保家卫国的反侵略战争通常会有一种士气加持：你来抢我的，我跟你拼了，一寸河山一寸血。那这场大决战，北宋有没有这个加持呢？有。但要命的是，对面的辽也有。

我把自己代入辽人的角色，做一番假想：第一，幽云十六州不是我们偷来、抢来的，而是我们帮石敬瑭当上了后晋皇帝，他分给我们的酬劳，这是我们流血流汗换来的；第二，我们是938年拿到的幽云十六州，那个时候，连你北宋篡位的后周都还没有呢；第三，这次要的只是后周从我们手里抢走的瀛州（今河北河间一带）和莫州（今河北任丘一带），当年用武力夺走的，今天用武力夺回来，没毛病吧；第四，你们北宋侵略了我们两次，结果都输了，这次换我们主动打你，你能赢得了吗？

当时的谈判桌上，即使没有出现过这样的说法，也一定会有这样的想法。打仗重在师出有名，如果真要讲道理，辽军民上下也有一番道理和底气。

可北宋这边的"士气"就有些微妙了。

979年，北宋灭北汉，想顺手牵羊拿下幽云十六州，失败了。高梁河（今北京西直门外）一战，不仅大军溃散，连宋太宗的腿都中了两箭，最后是坐了一辆驴车才逃回来的。

986年，雍熙北伐，精心准备了三路大军北上伐辽。结果，还是败，而且败得更惨。杨家将的杨老令公杨业就死在这一战中。

再往前看，中原政权和辽交手的成绩单也非常难看。

947年的上半年，在后晋灭亡、后汉还没有建立之时，中原的主人是谁？那可是辽。辽太宗耶律德光灭掉了后晋，短暂地成为过中原皇帝。后来他发现自己治理不了中原，撤走了。但无论如何，这就是历史上的一个先例。

在北宋君臣的记忆里，不仅20年来没有打赢过辽，50年前还被人家彻底征服过——这些先例，会在后人的脑子里种下"心魔"。只要辽军的铁蹄一过边境，人们心里的某个角落就会有声音响起来：不会吧，又来了！这是又一次五胡乱华，还是安史之乱，还是汴梁陷落？

这时候再回看，北宋君臣面对辽大兵压境的担心、恐惧、疑虑，有人冒出要暂避锋芒、远走金陵或成都的建议，是不是都可以理解了？

后来，宋真宗在寇准等人的一路护送下，当然也可能是连拖带拽地，来到了宋、辽战争的前线。宋真宗不仅御驾亲征，还到了前线澶州，渡过了黄河，到达了澶州北城。当皇帝的旗帜出现在城楼上的时候，所有宋军大呼万岁，声音震动几十里，军队的士气达到顶点。在那个刹那，我相信很多人是热泪盈眶的。

但是，如果不理解宋军的那些弱势、那些难处、那些内心的恐惧，我们就既会低估宋真宗的勇气，也无从理解那几十万宋军士兵兴奋的呐喊到底是因为什么。

◆ 北宋凭什么扛住了

一边是宋真宗御驾亲征，一边是 20 万辽军精锐蓄势待发，怎么结局竟然是双方握手言和呢？那北宋这一次算赢了还是输了呢？如果要给澶渊之战下一个评判，我认为可以总结成 12 个字：双方平分秋色，北宋略占上风。

北宋怎么会略占上风呢？澶渊之盟的条件看起来可有点屈辱呀！北宋一年要付给辽 30 万岁币呢！

我们来做一个假想：我跟你争议一片领土的归属权，你说这是你的，我说这是我的，闹到兵戎相见，而博弈的结果是，只要你给我点儿钱，我走人，地还归你。那么请问，谁赢了？当然是你赢了。

可这样一分析，好像更奇怪了，前面列举了宋军那么多劣势，怎么北宋不仅扛住了，最后还占了上风呢？

原因有很多，其中一个观察角度是：1004 年的北宋已经进化成了另一个国家物种，和强盛的汉、唐不一样，和此前的五代也不一样。

汉唐盛世什么样？只从军事这一个维度上看，当然是有非常强悍的边防军队，"明犯强汉者，虽远必诛"。但是北宋立国的国策决定了这个国家不会出现强悍的边防军队。

赵冬梅教授在《法度与人心》里有个很形象的比喻：北宋的边防军不仅是"铁打的营盘"和"流水的兵"，"流水的兵"之上还有"流水的官"，更要命的是，这"流水的兵"跟"流水的官"还不是一条河里的水，他们永远分流。这样的边防军固然不会对中央构成威胁，但也大大削弱了抵御外部强敌的战斗力。

可面对辽这样的强敌，边防安全不能放松呀！这种压力就活活地把北宋的军力建设逼到了另一条道路上：拼命强化防守能力。

进攻和防守，表面上看是打仗的两种策略，但背后是两种完全不同的战略文化。曾瑞龙先生的《经略幽燕》就分析了北宋初年这种战略文化的大转型。

五代时期的将领什么样？必须武艺高强、好勇斗狠，才能在军人群体中获得拥护和声望。但是，北宋建立之后，将领的风格就变了。比如北宋的开国元勋曹彬，他不仅参与了北宋立国之后的几场重大战役，灭南唐的那一战还被任命为主帅。但他在历史上留下来的事迹，都在强调这个人清廉、宽厚、仁爱、守法，活脱脱一个士大夫。

更重要的是，战争的风格也在变。

五代时期的战争讲究来去如风、速战速决，这其实是无奈之举。当时的战争没有很好的经济基础，政权的合法性又薄弱，军队的士气波动还非常大，不以快制快，根本撑不了多久。但是澶渊之战中的宋军，完全变成了另外一种路数，有一种非常厚重的防守风格。

这两种风格的背后是战争需要的资源结构不一样。进攻战，除了兵力和武器之外，天才的将领更是决定性因素。战场上的要素组合千变万化，战机稍纵即逝。进攻战的胜利，本质上就是把将领的智力资源转化为战斗力。但防守战就不一样了，除了将领，国家的经济资源、技术资源也都能转化为战斗力。

为了弥补幽云十六州的缺失，从993年开始，北宋竟然在华北大平原的宋、辽边境上将河流和湖泊连成了长约600里的人工淀泊带（"塘泺"），从今天的保定一带一直延伸到海边，宽的地方有100多里，窄的地方也有8～10里。

平原挖沟，山区则种树。用榆树建成的要塞被称为"榆塞"，也可以用来抵挡北方来的骑兵。

北宋的人口优势、经济优势，就这么转化成了战斗力。

此外，还有技术优势。北宋人发明了用打井守城的方法。冬天，宋军可以把井水浇在城墙上,结冰之后,城墙就很难爬上去了。999年的遂城之战,著名的杨家将"杨六郎"(杨延昭)就用过这个方法。到了1004年,北宋人在沧州之战中还琢磨出了新法子——用水井的水制造的冰块替代石头来攻击敌人。

北宋人更关键的技术优势体现在弩机上。要知道,弩机和弓箭不一样。想要用好弓箭,需要有非常好的体能,还得经过长期训练。而弩机有一个扳机,可以先用腿部或腰部的力量上弦,力气小的人也很容易掌握。最大的弩机需要上百人同时操作才能使用——北宋的人口优势也能发挥了。

而且,弩机是事先上弦的,只要有技术研发能力,它的力量可以不断突破上限。到了976年,北宋已经把床子弩的射程提升到了1580米——这已经达到现代狙击步枪的射程了。

回顾1004年的澶渊之战,辽大军之所以愿意谈判,就是上述这些因素综合作用的结果。

10月底战争爆发之后,辽军的先锋部队先是攻打威虏军、顺安军,打不下来;去打北平寨,继续受挫;绕道攻保州、定州,还是拿不下来。先锋部队出师不利,那能不能派出主力拿下个大据点,好提升一下士气呢?辽军选定的目标是瀛州。辽的萧太后和辽圣宗亲自举着鼓槌,在瀛州城下击鼓助威,但是没用。辽军死了3万人,还是没能拿下。

过去,我们往往只注意到辽军一路冲到了澶州城下,过了黄河就是开封汴梁。但是,在辽军身后的河北平原上,北宋丢掉的城池其实并不多。辽军越深入,后路的风险累积得就越高。双方在澶州对峙时,城里的宋真宗君臣,内心肯定是惴惴不安的,但城外的辽皇帝和太后又能好到哪里去呢?

而最后击溃辽军心防的,应该就是弩机。在这场战争中,发生了整个中国古代战争史上最著名的一次射击。

有一天,澶州城头的宋军影影绰绰看到几百米外城下,有辽军军官来巡视前线,便发射了一次床子弩。就这么巧,直接命中了辽军统帅萧挞凛的额头,人抬回去,当晚就死了。仗还没怎么打,主帅先死了,这对辽军的士气打击太大了。

攻城不下,辽军孤军深入;主帅身死,辽军军心崩溃。这两件事,是澶渊之战最重要的两个转折点,也是辽愿意回到谈判桌上的两个决定性因素。而这两个因素,一个来自北宋经济优势转化成的战斗力,一个来自北宋技术优势转化成的战斗力。

澶渊之战示意图

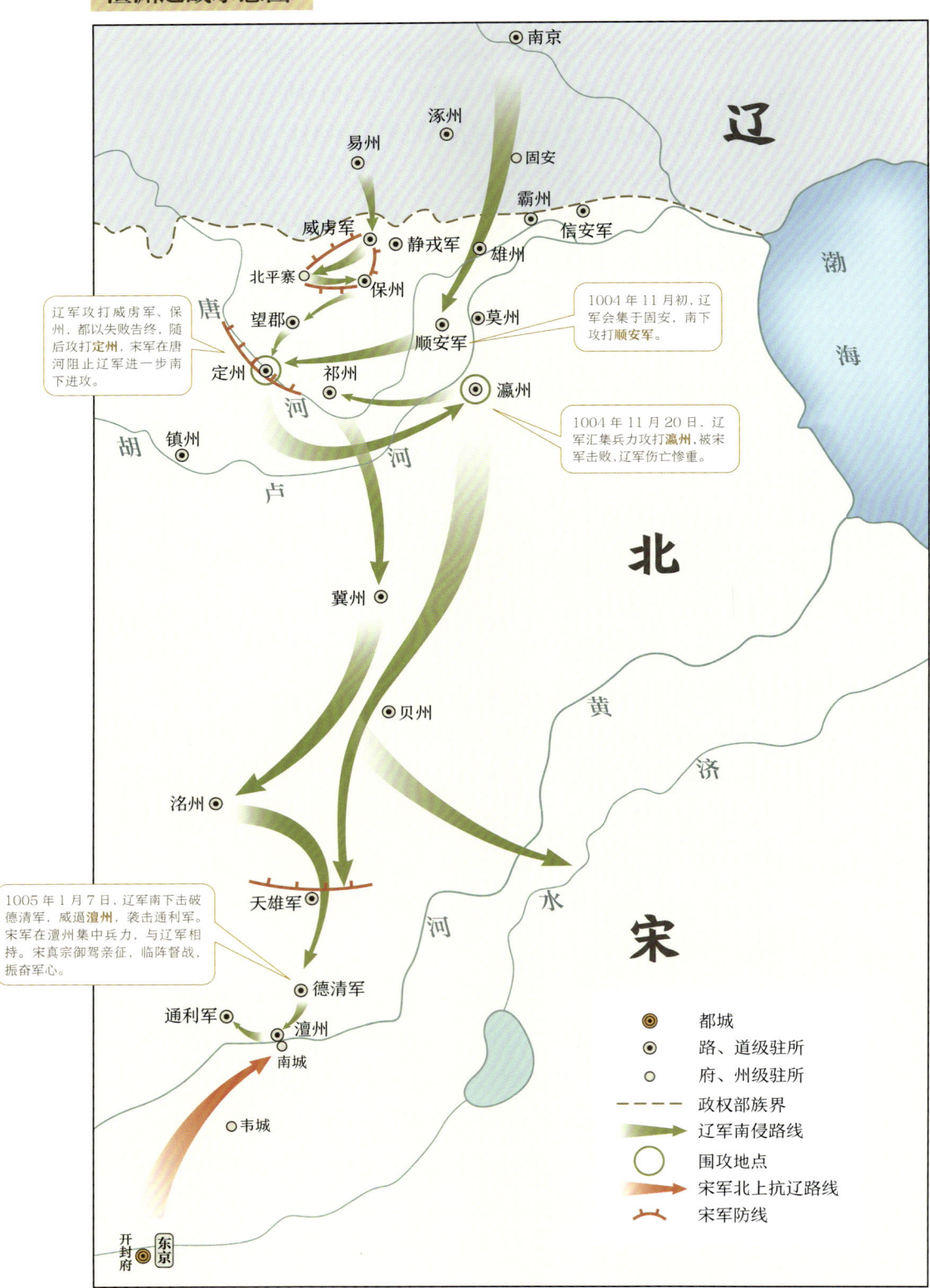

- 辽军攻打威虏军、保州，都以失败告终，随后攻打定州，宋军在唐河阻止辽军进一步南下进攻。

- 1004年11月初，辽军会集于固安，南下攻打顺安军。

- 1004年11月20日，辽军汇集兵力攻打瀛州，被宋军击败，辽军伤亡惨重。

- 1005年1月7日，辽军南下击破德清军，威逼澶州，袭击通利军。宋军在澶州集中兵力，与辽军相持。宋真宗御驾亲征，临阵督战，振奋军心。

图例：
- ◉ 都城
- ⊙ 路、道级驻所
- ○ 府、州级驻所
- --- 政权部族界
- → 辽军南侵路线
- ○ 围攻地点
- → 宋军北上抗辽路线
- ⌒ 宋军防线

地名：南京、涿州、易州、固安、霸州、信安军、威虏军、北平寨、静戎军、保州、雄州、望都、定州、祁州、莫州、顺安军、瀛州、镇州、冀州、贝州、洺州、天雄军、德清军、通利军、澶州、南城、韦城、东京、开封府

河流：胡卢河、唐河、黄河、济水

渤海
辽
北
宋

我们再去看北宋这架战争机器，它在建立后的几十年里渐渐演化成了另一副样子：从一把匕首变成了一面盾牌，从牙尖齿利的猎豹变成了岿然不动的大象。

◆ "第二次回归"

不过，这和我们通常想象中的中央王朝的样子太不一样了。一个中央王朝，不应该有霍去病那样的猛将吗？不应该有灭匈奴那样的战功吗？北宋这样深挖沟、高筑墙，把敌人熬得没脾气，然后给几个钱让对方撤走，算什么胜利？

站在慕强的立场上，我们当然会期待祖先获得更辉煌的胜利，把中央王朝的疆界推到幽云十六州，推到草原，推到大漠。但是，如果我们真的是生活在1004年的一名普通老百姓，我们是更希望把侵略者赶出家园，然后继续过安稳的生活，还是更希望利剑出鞘，满足皇帝开疆拓土的雄心呢？当然是前者。

这两种不同的视角折射出的问题是：国家的目标到底是什么？

历史学者林鹄老师在一次接受采访的时候，说了一段话："中国历史表现为两度回归。"

春秋战国时期，法家把君主的欲望当作国家的终极目标，其他人都是工具。这样的乱世持续了几百年，汉武帝时，实现了第一次回归：国家治理的目标重新回到了"天命观下"的道德政治。天子只是天的代表、自然秩序的维护人，政治的主要任务是培养人的圣贤道德，实现社会的良善秩序。

东汉末年，又开启了一次大乱世，国家的道德目标再一次迷失。

直到几百年后的北宋，你会发现，北宋初年的几代君主在自觉地推动国家道德目标的第二次回归。

在1004年纷飞的战火里，你看到的，更多是北宋的无奈之举和权宜之计，还是一个国家的主动转向和文明演进？

武器

《武经总要》中描绘的北宋床子弩

北宋时期使用的弩类型众多，有马黄弩、神臂弓、跳镫弩、床子弩、独辕弩、寸札弩等。击中萧挞凛的为床子弩，《武经总要》中记载了共六种。

小合蝉弩

次三弓弩

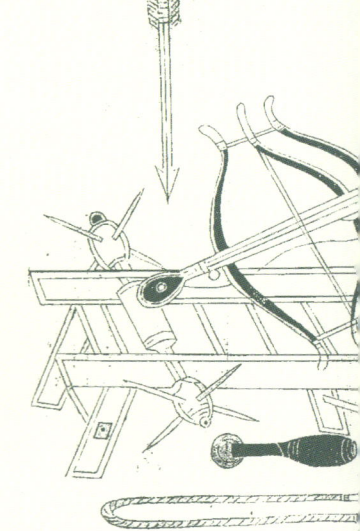

- 所施弓数　三
- 张发人数　以三十人张
- 射程　"发踏撅箭，射及二百步"

三弓斗子弩

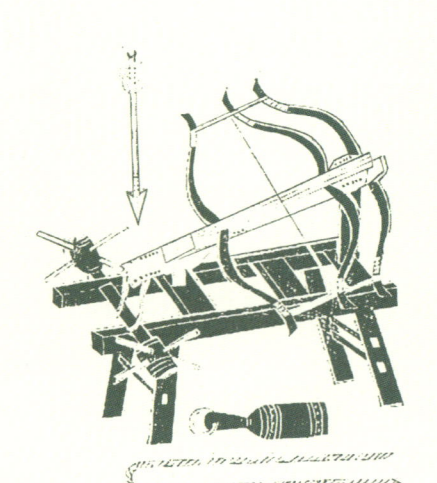

- 所施弓数　三
- 张发人数　以七十人张
- 射程　发斗子箭，"三弩并射及二百大步"

大合蝉弩

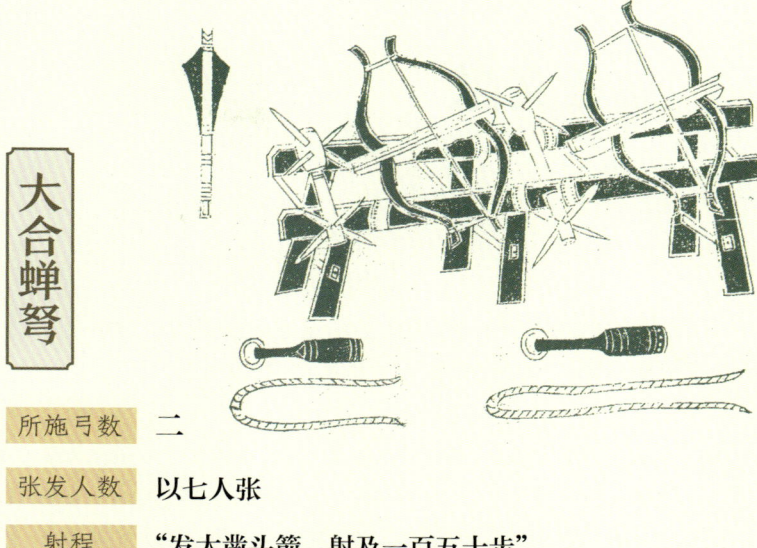

所施弓数	二
张发人数	以七人张
射程	"发大凿头箭,射及一百五十步"

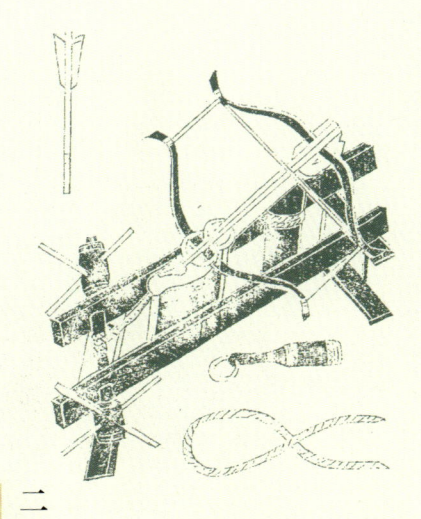

斗子弩

所施弓数	二
张发人数	以四人张
射程	"发小凿头箭,射及一百五十步"

手射弩

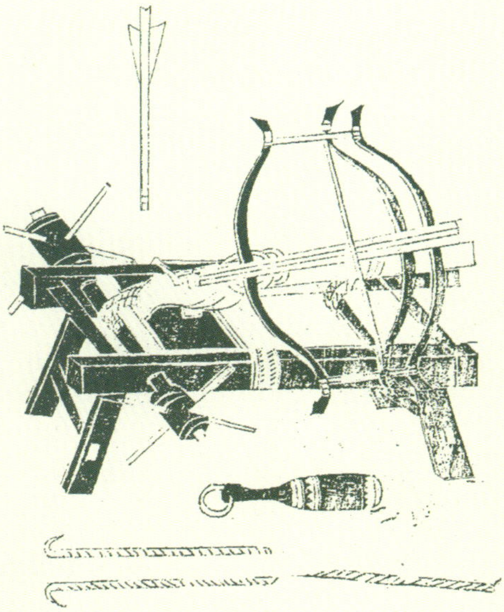

所施弓数	三
张发人数	以二十人张
射程	"发踏橛箭,射及二百五十步"

参考文献

[宋]李焘,《续资治通鉴长编》,中华书局,1995年。
[元]脱脱等,《宋史》,中华书局,1985年。
[晋]陈寿,《三国志》,中华书局,2011年。
[唐]温大雅,《大唐创业起居注》,上海古籍出版社,1983年。
[清]毕沅,《续资治通鉴》,中华书局,1999年。
邓云特,《中国救荒史》,商务印书馆,2011年。
曾瑞龙,《经略幽燕:宋辽战争军事灾难的战略分析》,北京大学出版社,2013年。
赵冬梅,《法度与人心:帝制时代人与制度的互动》,中信出版集团,2021年。
李合群,《北宋"守内虚外"国策质疑》,《史学月刊》,2009年第12期。
程龙,《北宋华北战区军政区域规划与粮食补给》,《中国历史地理论丛》,2012年第27卷第3期。
丛密林,《契丹骑兵的界定及分类考》,《北方论丛》,2016年第2期。
曹兴华,《宋军御辽战术体系研究》,西北大学博士论文,2022年。
王轶英,《北宋河北边防建设研究》,河北大学硕士论文,2007年。
夏亚飞,《论宋朝骑兵的若干问题》,河南大学历史文化学院,2015年第3期。

1005 年

经 历 过 ， 解 决 过

1005年的世界

01 英格兰发生大饥荒
● 西欧

《盎格鲁—撒克逊编年史》中记载："今年发生了前所未有的大饥荒，没人经历过比这一次更糟糕的。"

◀ 《盎格鲁—撒克逊编年史》手稿

03 哈基姆在开罗创设科学馆
● 北非

为传播什叶派的伊斯玛仪派教义，法蒂玛王朝哈里发哈基姆在埃及开罗创设科学馆，内设讲经堂、研究机构和图书馆，附天文台，开设伊斯兰教、天文学和医学课程。

▲ 被俘的印度王公被带至伽色尼王朝苏丹马哈茂德处

02 马哈茂德第四次远征印度
● 南亚

马哈茂德于1005年年末开始第四次远征印度，目的是占领木尔坦（今巴基斯坦东部）。1006年，木尔坦统治者求和，改宗伊斯兰教逊尼派，承认伽色尼王朝的宗主权。

在1000年—1024年这25年里，马哈茂德一共远征印度17次，远达恒河的卡瑙季，摧毁了印度西北部的封建王朝，吞并了以拉合尔为中心的旁遮普。

▶ 安倍晴明像

05 阴阳师安倍晴明去世
● 东亚

安倍晴明（921年—1005年），日本平安时代著名的阴阳师，为阴阳寮（日本古代政府机构）土御门家的始祖。

04 黎桓死，诸子争立
● 东南亚

越南前黎朝开国君主黎桓（941年—1005年）去世。由于他在位时派遣他的儿子们镇守全国各地，使得诸子有了争权夺势的资本。黎桓逝世后，诸子忙于争夺皇位，没有为其上谥号，后世便以"大行皇帝"的临时称呼，称其为"黎大行"。

黎桓诸子封王情况

长子	黎龙锧	擎天大王
	（原皇太子，1000年早逝）	
次子	黎龙锡	东城王
	（也作黎龙银、黎银锡）	
三子	黎龙钺	南封王
	（于1004年被立为皇太子）	
四子	黎龙钉	御蛮王
五子	黎龙铤	开明王
	（后夺取皇位，为黎卧朝皇帝）	
六子	黎龙钘	御北王
七子	黎龙钋	定藩王
	（也作黎明昶）	
八子	黎龙锵	副王
九子	黎龙镜	中国王
十子	黎龙铿	南国王
十一子	黎龙锃	行军王
	（也作黎明提）	

1005年的中国

宋·佚名《景德四图·契丹使朝聘》

▼ 宋、辽贸易示意图（内蒙古博物院"中国古代蒙古民族"草原天骄展厅场景）

01

宋、辽置榷场开展贸易

北宋于雄州（今河北雄县）、霸州（今河北霸州）和安肃军（今河北保定徐水）、广信军（今河北徐水西）置榷场，史称"河北四榷场"。辽则重置振武军（今内蒙古和林格尔北）榷场。宋、辽边境贸易正常化。

03

宋、辽互遣生辰使

宋真宗任命孙仅为契丹国母生辰使，祝贺辽朝萧太后生辰。之后，萧太后派遣太尉阿里、太傅杨六，祝贺宋真宗生辰。

02

宋真宗下令安抚河北战区

- **1月23日**
  免去商人贩卖耕牛的税

- **1月25日**
  赦免河北死罪以下全部囚犯

- **2月10日**
  下罪己诏，令河北百姓休养生息

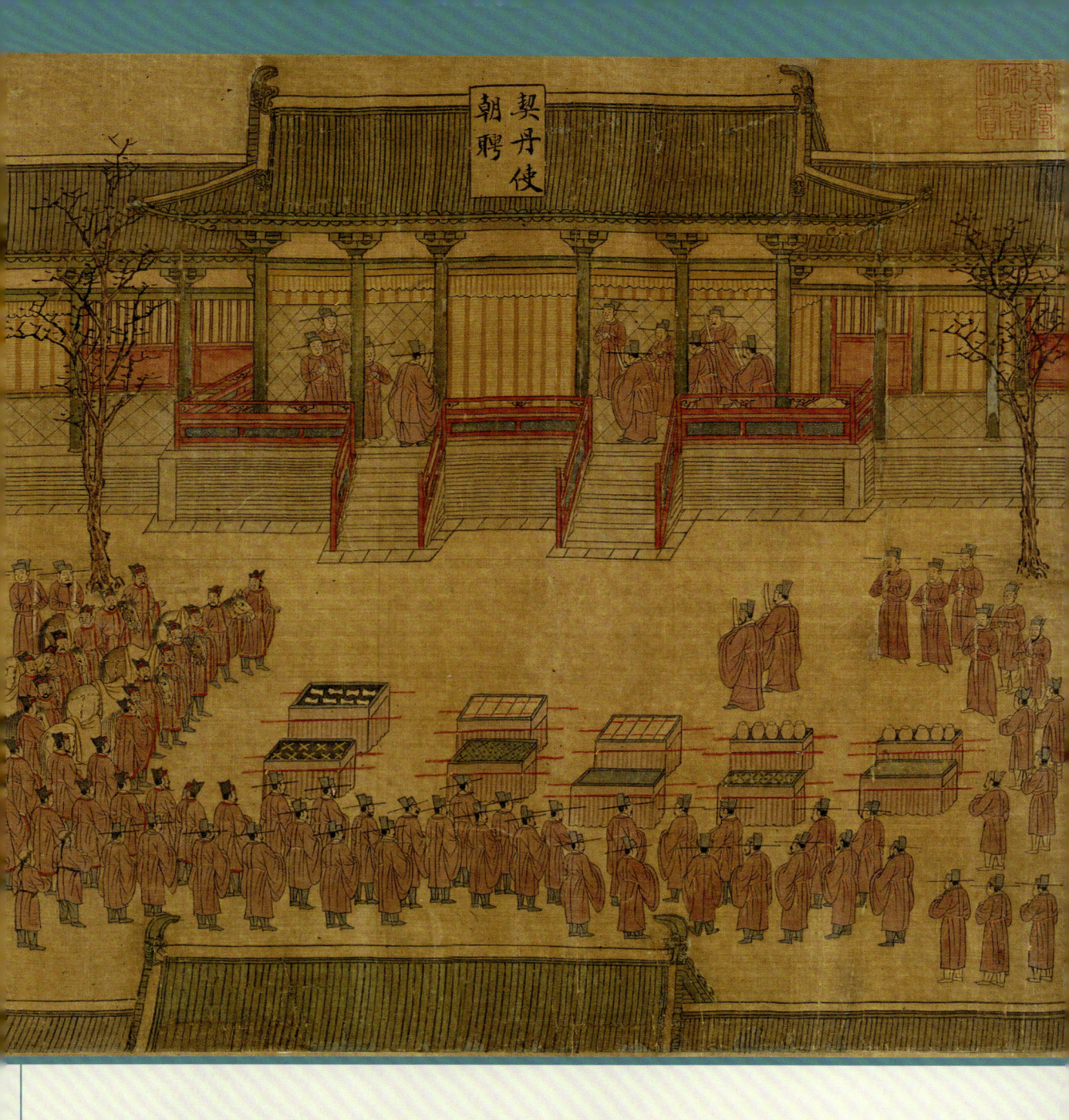

宋真宗下令编撰《册府元龟》

宋真宗下诏，命王钦若、杨亿等人编修一部有关历代君臣事迹的书。1013年，书成，宋真宗亲自题名为《册府元龟》。

澶渊之盟背后的经济账

1005年1月，宋、辽签订了澶渊之盟。持续了多年的战争终于结束，一时间云开雾散。

不过，宋真宗面前出现了一道新的难题：朝野上下、内外，甚至后世，会怎么评价这份刚刚签订的澶渊之盟呢？

刚好，回汴梁的日子是一位皇太后的忌日，宋真宗可以借机探测一下各方面的反应。他专门派人跑去问杜镐："为了尊重皇太后，要不我回城的仪式一切从简？"

杜镐是谁？他有个外号叫"杜万卷"，是朝廷公认的、学识非常渊博的一位官员。杜镐给出的回复是："当年周武王伐纣，一路上还前歌后舞呢。现在皇帝凯旋，举办欢庆仪式没有任何问题，完全符合礼仪。"把澶渊之盟比作武王伐纣，可见，杜镐认为应是无可置疑的凯旋。

回銮碑

回銮碑，亦曰"契丹出境碑"，位于河南濮阳御井街西侧。宋、辽签订澶渊之盟后，宋真宗在班师回京之前，赋《回銮》诗（又称《契丹出境》诗）以志这次亲征胜辽之事，相传碑文为寇准书丹。

不过，宋真宗还是不放心，又问官员们的意见。官员们也坚持，这么大的喜事，一定要庆祝。

> 镐曰："武王载木主伐纣，前歌后舞。春秋不以家事辞王事，凯旋用乐，于礼无嫌也。"上复诏辅臣共议，皆固以请，乃从之。 ——《续资治通鉴长编》

试探结果让皇帝很满意。但是，澶渊之盟究竟是一场胜利还是屈辱的城下之盟，这个问题并没有得到解答，它不仅困扰着当年的宋真宗，也在后世引起了巨大争议。

◆ 从战争到和平

1005 年签订的澶渊之盟有着非常完整的谈判记录，谈判的过程、各方的心态、最后的文书等，史料十分丰富。其中最为后世所关注的，当数北宋给辽的那笔 30 万岁币。

人们对岁币犯嘀咕的原因主要有三个方面。第一，辽军打到面前才谈成的和约，这不是城下之盟吗？第二，每年都要付钱，这不是称臣纳贡吗？第三，用钱来买和平，这不是丧权辱国吗？

实际上，澶渊之盟签订不久，朝廷里就出现了这样的声音。

首先，我们要澄清一点：这肯定不是城下之盟。城下之盟是什么？是敌人已经把我们围得水泄不通、眼看就要破城了，我方没有选择，只能答应屈辱性的条件。但这一次宋、辽大战很明显不属于这种情况。前文分析过，澶渊城下的辽军几乎没能攻克什么大的据点，主帅阵亡，又孤军深入。而宋军这边，打还是谈，是可以做选择的，这就掌握了战场的主动权。

其次，每年给辽 30 万岁币也不能算称臣纳贡。最终的协议文本里，字句写得是很讲究的。一开始就强调，给的可不只是钱，还有我们的土特产，即 20 万匹绢。给这些土特产也不是"上贡"，而是我们两家和好之后，我资助给你的军款。而且，我是不会派使臣把钱送过去的，只会让我的财政部门派人把钱搬到雄州边界，你们自己来拿。

澶渊誓书

宋真宗誓书：

维景德元年，岁次甲辰，十二月庚辰朔、七日丙戌，大宋皇帝谨致誓书于大契丹皇帝阙下：共遵诚信，虔奉欢盟。以风土之宜，助军旅之费，每岁以绢二十万匹、银一十万两，更不差使臣专往北朝，只令三司差人搬送至雄州交割。沿边州军，各守疆界，两地人户，不得交侵。或有盗贼逋逃，彼此无令停匿。至于陇亩稼穑，南北勿纵惊骚。所有两朝城池，并可依旧存守，淘濠完葺，一切如常，即不得创筑城隍，开拨河道。誓书之外，各无所求。必务协同，庶存悠久。自此保安黎献，慎守封陲，质于天地神祇，告于宗庙社稷，子孙共守，传之无穷，有渝此盟，不克享国。昭昭天监，当共殛之。远具披陈，专俟报复。不宣，谨白。

契丹圣宗誓书：

维统和二十二年，岁次甲辰，十二月庚辰朔、十二日辛卯，大契丹皇帝谨致誓书于大宋皇帝阙下：共议戢兵，复论通好，兼承惠顾，特示誓书，云"以风土之宜，助军旅之费，每岁以绢二十万匹、银一十万两，更不差使臣专往北朝，只令三司差人般送至雄州交割。沿边州军，各守疆界，两地人户，不得交侵。或有盗贼逋逃，彼此无令停匿。至于陇亩稼穑，南北勿纵惊骚。所有两朝城池，并可依旧存守，淘濠完葺，一切如常，即不得创筑城隍，开拨河道。誓书之外，各无所求，必务协同，庶存悠久。自此保安黎献，慎守封陲，质于天地神祇，告于宗庙社稷，子孙共守，传之无穷，有渝此盟，不克享国。昭昭天监，当共殛之。"孤虽不才，敢遵此约，谨当告于天地，誓之子孙，苟渝此盟，神明是殛。专具谘述，不宣，谨白。

现在，只剩最后一个，也是最为关键的问题了：用钱买和平，这是丧权辱国吗？

这个问题太难回答了，因为它事关"价值判断"。"和平"是来了，但是要评价这个"和平"好不好，不同时代、不同处境的人给出的答案会不一样。毫无疑问的是，澶渊之盟肯定谈不上是胜利，更谈不上多光彩，它就是两种力量在长期对峙和激烈碰撞之后达成的理性的、平衡的安排。

好在我们可以抽身出来，相对客观地思考：为什么会形成这样的安排？对于中国历史进程来说，这样的安排有新意吗？如果有，新在哪里？

为什么会形成这样的安排？如果回到历史现场，其实那一代人已经作出了一个判断：大宋和大辽，谁也彻底摧毁不了谁。双方心里都清楚，最后的结局应该就是和谈。

999年夏，宋真宗去看望大宋当时资格最老的大将曹彬时，就问过他："辽可能又要入侵，我们该如何应对呢？"曹彬给了一个大方向上的意见："我预料，北边的这个草原王朝最终会与我们大宋和好，恢复太祖时代的和平。"

而宋真宗的态度是："我愿意为了天下苍生自我委屈，与契丹和好。但是必须坚持三点：第一，我们的纲领法度不能变；第二，国家的体面不能丢；第三，要追求国家的长远利益。"

> "此事朕当屈节为天下苍生，然须执纲纪，存大体，即久远之利也。"
> ——《续资治通鉴长编》

由此可见，宋真宗在大决战前线的那些决策，早在6年前就已经有了基本的底层逻辑的雏形：寸土不能让，体面不能丢，自己可以受点委屈，但要站在长远利益的角度来算账。

而辽这边渴望和平的意图就更明显了：提出双方要谈判的，是辽；写出第一封求和信的，也是辽；谈判中主动让步的，还是辽。

说白了，辽看起来气势汹汹，发动了主力兵马南下，但只设定了一个有限的战争目标：打得好，就把幽云十六州中的关南二州（即莫州、瀛州）拿回去；打得不好，要试探出双方的平衡点到底在哪里。

为什么会这样呢？因为辽此时掌权的萧太后到了要考虑后事的阶段。年过半百对当时草原上的女人来说，已经算高龄了。她必须考虑怎样才能给儿子留

萧太后像

萧绰（953年—1009年），辽政治家、军事家、改革家。辽景宗耶律贤的皇后，辽圣宗耶律隆绪之母。

下一个不太复杂的局面。由此可见，萧太后这次大举南征，是带有强烈的以打促谈、以战促和的意味的。

因此，虽然澶渊之战双方架势拉得都很足，又是主力全发，又是御驾亲征，但双方都存了一个要坐下来谈判的心思。最后演化成那样的历史结局，也就不奇怪了。

接下来，我们要分析的是：和谈的结果，两边的利弊究竟如何？

◆ 和平的账本

战争有两种。一种是为大义而战，比如我们国家的抗日战争。军事理论家蒋百里先生说得好，"胜也罢，败也罢，就是不要同他讲和"。一个民族的成长过程中可能会有这样的战争——要么生，要么死；要么存，要么亡。还有一种战争处理的是没那么极端的矛盾，说白了，就是可以算账的战争。

从结果看，宋、辽这场大决战应该属于后者。那我们就来认真理一理战争硝烟背后的那些理性逻辑。

辽这边很简单，一场仗打下来，每年可以拿30万岁币，旱涝保收，太划算了。

那北宋这边呢？赵冬梅教授在《千秋是非话寇准》一书里，算了这么几笔账。

第一笔账：岁币到底多不多？按照澶渊之盟签订时的兑换率，1匹绢大约可以兑换成1.2缗钱，1两银大约可以兑换成1缗钱。也就是说，30万岁币大约等于34万缗钱。这34万缗钱在北宋一年的财政收入中的占比是多少呢？0.4%左右，也就是基本不构成负担。

但谁的钱也不是大风刮来的，还要算算第二笔账：这钱给得划不划算？如果北宋的北部疆界没有和平，需要养兵驻守，每年要花1500万缗钱。而34万只占1500万的2%左右，这还不算真要打仗时花出去的军费。

还有第三笔账：北宋为什么要和辽打仗？当然是为了幽云十六州。那北宋为什么要夺回幽云十六州？为的是北方边境有险可守。现在，付出30万岁币就能换来辽约束自己的军队和人民不南下抢劫，甚至还能为北宋挡住更靠北方的游牧民族的入侵，你觉得值不值？

还有人算了第四笔账：北宋实际上没有掏这30万岁币。这是怎么回事？和平了，双方就可以在边境的"榷场"做生意。北宋每年在榷场交易中挣的利润远不止这些，所谓的岁币，本质上不过是把挣到的钱还回去一部分而已。

宋朝5次和议的岁币数量及构成

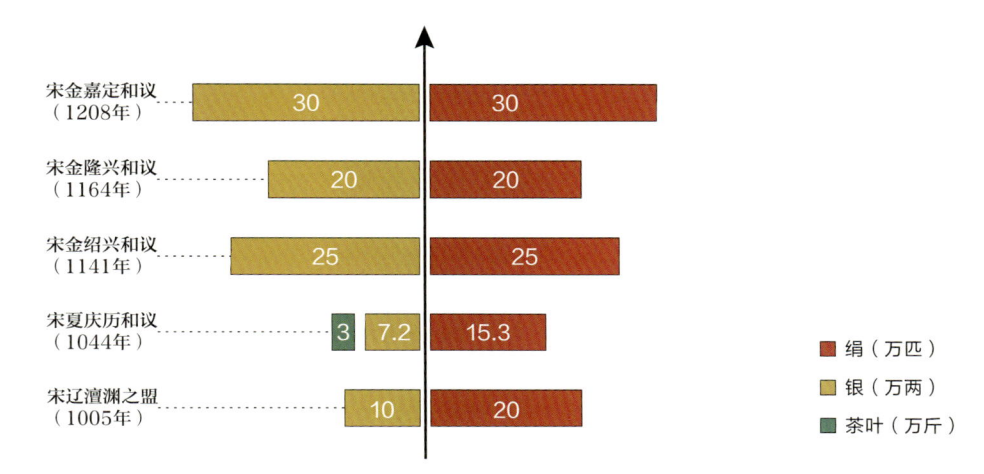

和议	银（万两）	绢（万匹）	茶叶（万斤）
宋金嘉定和议（1208年）	30	30	
宋金隆兴和议（1164年）	20	20	
宋金绍兴和议（1141年）	25	25	
宋夏庆历和议（1044年）	7.2	15.3	3
宋辽澶渊之盟（1005年）	10	20	

这四笔账算下来，怎么感觉北宋还赚了呢？这有点不符合我们的直觉。

其实，这就是澶渊之盟给中国历史演化带来的一点新意：原来不能算账的事，现在可以变成摊在桌上的账本；而且，不仅可以一次性地算，还可以年年这么算。这给宋、辽双方的政治博弈带来了新的变量、新的可能性。

第一个新的可能性是，宋、辽双方都有了更精细地调整双方关系的战略工具——可以通过多给岁币或少给岁币进行微调。

现在北宋是每年花这些钱请辽走人，将来双方的实力平衡打破了，不见得非要战火再起，在这个数字上变动一下就行。辽若是实力强了，北宋为了买平安可以加岁币；反过来，北宋可以主动减岁币，甚至找辽要岁币。

事实上，后来真就发生了这么一件事。1042年，辽觉得自己实力更强了，要求涨岁币，增加10万两白银和10万匹绢。北宋的回复是，可以涨，但不能白涨，你得帮我对付西夏。最后这笔买卖谈成了。

站在北宋的角度看，这不就是每年花点钱，让大辽铁骑做雇佣军，解决大宋的西北大患吗？这可太值了。

使出战争手段，要么大赢，要么大输。但是变成扒拉算盘，讨价还价，就可以精细地调整双方关系。国家战略工具箱里面多了一样好使的工具。

澶渊之盟带来的第二个新的可能性是，宋、辽双方有了更多牵绊。

在澶渊之盟之前，中原政权打不过草原政权，花钱消灾，这种事并不罕见。比如，公元前200年，汉高祖刘邦被匈奴围困在白登山（今山西大同附近），最后花钱贿赂匈奴单于的老婆才解决了问题。再如，626年，唐太宗李世民刚刚当上皇帝，龙椅还没有坐热，突厥大军就打到了长安城下、渭水桥边，最后也是破财免灾的。

但这两笔钱都是一次性给的，买到的就只是对方"撤军"这个行动，没有其他作用。等中原政权缓过来，马上就开始报复。汉高祖的仇要等到汉武帝时才报——对匈奴进行了犁庭扫穴式的报复。而唐太宗更狠，只等了3年就翻脸灭掉了东突厥。

在这两个案例里，中原政权并不承认草原政权有和自己共存的权利：给这笔钱只是权宜之计，我不用你承诺什么，撤走就行，而我还保留将来报复的权利。

但是1005年的澶渊之盟不同。30万岁币并不是一次性支付的，而是每年

外交

北宋和辽使者外交举要

政权	事由	年份	出使国	使者
北宋	庆祝萧太后生辰	1005年	辽	孙仅
辽	庆祝宋真宗生辰	1005年	北宋	太傅杨六、太尉阿里
辽	吊慰宋真宗丧	1022年	北宋	姚居信、耶律宁
辽	谈判岁币等	1042年	北宋	刘六符、耶律仁先
北宋	贺辽道宗登基	1055年	辽	欧阳修
北宋	商定国界	1075年	辽	沈括
北宋	贺辽道宗生辰	1089年	辽	苏辙
辽	宋夏调停	1105年	北宋	萧得里底、牛温舒

资料来源：华林甫主编，《中华文明地图》，中国地图出版社，2018年。

都要给，这就不仅在法理上承认了双方共存的权利，还约定了双方的权利义务关系。北宋可不是一次性地付出、一次性地承受损失，而是通过每年付岁币拿到了一个很宝贵的机会——对对方行为模式进行长期塑造。

北宋花钱，买的不是你这次撤走，而是你长期符合我期待的行为模式。

还有人这么算账：北宋给辽的30万岁币本质上是什么钱？是北宋在辽内部培养出一批"亲宋派"的钱。这笔钱对北宋不算多，对辽可不算少。只要不打仗，辽每年都能拿到它，旱涝保收。如果将来辽内部有人跳出来主张跟北宋再打一仗，自然也会有人跳出来反对。比如，管财政的官员就会说："别打！不打每年白来30万岁币，打了不仅这30万岁币没了，还不见得能赢。"这不就等于用这笔钱在辽内部培养了一批为和平说话的人吗？这不是让和平条约更有约束力了吗？

◆ 战争理性权衡的一面

不过，我要强调一点：并非所有战争都可以算账。我只是希望借着澶渊之盟，跟你一起看看战争中理性权衡的那一面。

斯坦福大学的政治学教授詹姆斯·费伦写过一篇名为《战争的理性主义解释》的文章，他在其中不仅解释了当代战争背后的逻辑，还从政治学的角度出发，回顾了人类历史上的许多次战争。

简单总结，费伦就探讨了两个问题：第一，战争为什么会爆发？第二，怎样才能避免战争爆发？

战争爆发的原因可太多了——可能是个人野心，可能是利益格局，也可能压根就是误会。每场战争都不一样，怎么做学理上的分析呢？费伦的高明之处在于，他把这个问题翻过来，换了种问法：战争之前的谈判为什么会破裂？

谁都知道打仗成本高、风险大，如果能在谈判桌上拿到自己想要的结果，为什么还要打仗呢？是因为坐在谈判桌上的某个人在理性计算之后，觉得自己会赢，才让谈判破裂的。

站在谈判桌的角度来看，战争不是因为冲动，而是因为理性。比如，就算我觉得自己有理，但是一算账，你有 100 个人，我有 50 个人，那我还打什么？直接认栽吧！但是，如果你的 100 个人是徒手，我这 50 个人带枪，那你还打什么？再比如，假设大家要打仗争一万块钱，我一算，即使打赢了，这一万块都不够给兄弟们付医药费的，那我肯定不会打。

这样看，哪里还用打仗，谈判桌上所有人把所有力量都摆出来，数一数不就知道谁会赢了吗？

由此可以推导出一个精彩的结论：如果谈判破裂，战争爆发，只有一个原因，那就是——一定有人算错了，肯定是谈判桌上的人都觉得自己的胜算大过对方。但事实上，赢家只能有一个呀！所以，要么是有一方低估或高估了某个因素，要么就是漏算了某个重要变量。

分析到这里，"怎么避免战争"这个问题的答案也就呼之欲出了。要想减少战争的爆发，努力的方向之一就是推动信息共享、战略透明，谈判桌上尽可能不要有任何一方的错算和漏算。

感谢 1005 年的宋、辽双方，他们其实都是现代中国人的祖先。当时的人要感谢他们放下恩怨，争取到了 120 年的和平；而我们这些后人，则要感谢他们从"打仗"到"算账"，探索出了一种新的冲突解决模式。

◆ 宋真宗真的是胆小鬼吗

最后，我想透过澶渊之盟，跟你一起探讨下宋真宗在整个过程中的角色。

说实话，很多史料的记载会给人一种印象：宋真宗是个胆小鬼。比如，御驾亲征，是寇准逼着他上路的；在路上，他一度犹豫，还动了跑路去南方的心，结果是老将军高琼给他做了一番分析，才让他下定决心上前线；等到了前线，又靠高琼出马，连拖带拽地让宋真宗过了黄河。

看起来，所有决策都是旁人"逼"宋真宗做的。可是，我们想一下，真实的历史场景怎么可能是这样的呢？

宋真宗像

有社会经验的人都知道，在做重大决策的时候，决策者可能会听各方面的意见，也会把各种选择摆在桌面上让大家辩论，但是，最后的决定一定是他自己做的，不大可能是周围人逼的。

道理很简单，决策者的本事不见得是最大的，但负的责任一定是最多的。寇准本事再大，真正需要负责的只有他的性命；而宋真宗本事再小，要负责的可是整个江山。责任不同，做决策时要考虑的维度当然就不一样。对这些判断，我们不能只看过程，更要看结果。

不管宋真宗在过程中有什么样的表现，犹豫也好，胆怯也罢，他最后是不是上了前线？是不是出现在了黄河以北？是不是在指挥全国的兵马调度？

我并不是要为宋真宗做翻案文章，而是因为这代表了这本书的观察视角：我们必须假设自己是当时的人，就在历史的现场，我们才更有机会，也更有责任去理解每一个历史当事人的弱点和优点，去体察他们的怕和爱。

宋真宗作为历史现场的主角，他看到的问题、要考虑的因素，非常多、非常微妙、非常隐晦，甚至不足为外人道。

举个例子。宋、辽双方在澶州城下对峙时，辽军心里是很怕的：孤军深入上千里，背后全是宋军的据点和生力军。比如定州的大将王超，手里握着至少十万河北军精锐，万一包抄上来，辽军搞不好就会被前后夹击。

这是摆在明面上的局势，但真实情况是怎样的呢？真实情况是，北宋更担心这个王超。宋真宗11月29日就已经下令让王超带队伍靠过来，但是到了次年1月，他都没有来。这背后的可能性很多，而有一种可能是无法排除的，那就是王超要拥兵自重——如果宋军败了，他手里的十几万河北军就是他投靠辽的筹码。

为了避免把王超逼得铤而走险，朝廷对这件事讳莫如深。等到澶渊之盟达成后，朝廷还是要把王超召回，但一路上小心翼翼，既不能让他觉得朝廷已经起了疑心，又要一点点地剥夺他的军权。

如此巨大的战场变量，当时却不能明说，因为怕它真的实现，事后也不方便做处分。毕竟，既没有证据证明王超真的要造反，也不能让北宋的武将们觉得皇帝随意猜忌，更不能让辽觉得北宋内部军心不稳。所以，宋真宗只能忍了。

这还只是澶渊之战中的一件小事。作为一把手的宋真宗在做每一个决定时，要面对多少凶险的、晦暗不明的、只可意会不能言传的隐藏变量？说实话，只有他自己知道。作为后人，我们如果非要期待他像电视剧里的英雄一样，带领手下拿下一场痛快的胜利，太为难他了。

年轻时我爱听京剧，梅兰芳先生的《穆桂英挂帅》里有段唱词："桃花马上威风凛凛，敌血飞溅石榴裙。有生之日责当尽，寸土怎能够属于他人？番王小丑何足论，我一剑能挡百万兵。"戏里听，可真痛快！而1005年的澶渊之盟，是中国历史上一次虽然不痛快、但是有新意的和平。

和平并不总是对的，但和平毕竟是好的。即便不得不诉诸战争，我们想要的最终结果，也一定是和平。

参考文献

［宋］李焘，《续资治通鉴长编》，中华书局，1995年。
［元］脱脱等，《宋史》，中华书局，1985年。
［汉］伏生，《尚书大传》，商务印书馆，1937年。
［宋］司马光，《资治通鉴》，中华书局，2011年。
［元］脱脱等，《辽史》，中华书局，1974年。
［宋］马端临，《文献通考》，中华书局，2006年。
赵冬梅，《千秋是非话寇准》，电子工业出版社，2012年。
金刚，《大宋帝国三百年6》，江苏凤凰文艺出版社，2016年。
［英］史怀梅，曹流译，《忠贞不贰？：辽代的越境之举》，江苏人民出版社，2015年。
［瑞士］谭凯，殷守甫译，《肇造区夏》，社会科学文献出版社，2020年。
［美］龙沛，康海源译，《重归一统：宋初的战与和》，九州出版社，2021年。
［美］霍华德·史蒂文·弗里德曼，方宇译，《人命如何定价》，上海书店出版社，2023年。
［美］詹姆斯·费伦，《战争的理性主义解释》，《国际组织》，1995年第49卷第3期。
张其凡，《雍熙北征到澶渊之盟——真宗朝政治研究之一》，《史学月刊》，1988年第1期。
王靖宇，《论幽云地区在辽朝的重要地位和作用》，吉林大学硕士论文，2007年。

1006 年

经 历 过 ， 解 决 过

1006年的世界

01

阿卜杜勒·马利克入侵纳瓦拉王国
● 南欧

999年，科尔多瓦哈里发国家的曼苏尔侍卫长针对纳瓦拉王国发起过一场毁灭性的袭击。1006年，曼苏尔侍卫长之子阿卜杜勒·马利克再次入侵纳瓦拉王国，进攻阿拉贡山谷，占领了邻近比利牛斯山脉中部的部分基督教伯国。

03

罗贝尔二世赢取勃艮第
● 西欧

1002年，奥托·威廉被指定为勃艮第公国的继承人，但是法国卡佩王朝国王罗贝尔二世向其发起挑战。后者于1006年获得成功，勃艮第被纳入罗贝尔二世的直接统治之下。

02

基辅罗斯公国与保加尔人达成贸易协定
● 东欧

该协定允许基辅罗斯商人与伏尔加河、奥卡河沿岸的保加尔人进行贸易。

基辅罗斯公国，东斯拉夫人早期封建国家，疆域大体北起芬兰湾和拉多加湖，南至第聂伯河中下游一带。

▲ 基辅罗斯大公弗拉基米尔一世（980年—1015年在位）

05　印度尼西亚的默拉皮火山爆发
● 东南亚

默拉皮火山位于中爪哇日惹东北32千米处，海拔2911米，是今印度尼西亚的一座活火山。1006年的大喷发令火山灰弥漫了几乎整个爪哇中部，直接导致马塔拉姆王国毁灭，并掩埋和损毁了世界七大奇观之一——婆罗浮屠佛塔。

◀ 默拉皮火山

04　发现超新星 SN 1006
● 世界各地

SN 1006于1006年出现在豺狼座，亮度峰值达到金星的16倍以上，中国、日本、埃及和欧洲等地均对其有所记录。

《宋会要辑稿》记载："四月二日夜初更，见大星，色黄，出库楼东，骑官西，渐渐光明，测在氐三度。"

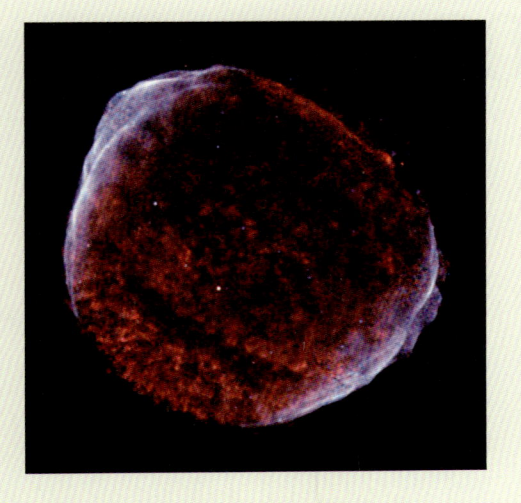

▲ 钱德拉 X 射线望远镜拍摄的 SN 1006 图像

1006年的中国

01　北宋与西夏李德明议和

一方面，北宋朝廷任命李德明为定难军节度使，封其为西平王，岁赐党项金帛缗钱4万、茶2万斤，还给李德明发放内地节度使的俸禄；另一方面，西夏保证不再扩张地盘，并送还俘获的北宋官吏和军民等。

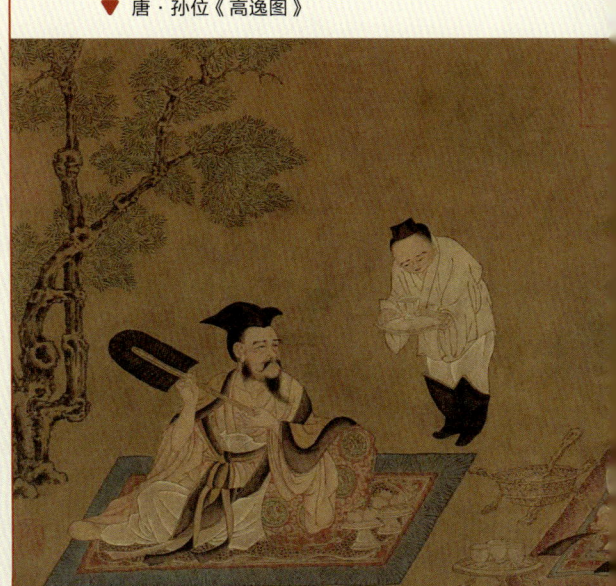

02　北宋设置常平仓

北宋朝廷下诏，除沿边州郡外，于京东、京西、河北、河东、陕西、江南、淮南、两浙等路设置常平仓，以平准粮价。诏令详细规定了常平仓的性质功能、管理人员、籴粜办法、每州的储量以及以新易陈的办法等。

▶ 位于河北张家口蔚县的一处常平仓（复原景观）

03　《益州名画录》成书

《益州名画录》，又名《成都名画记》，北宋黄休复编撰。因书前有李畋于1006年所作序，可知成书约在此时。

▼ 唐·孙位《高逸图》

《益州名画录》收录了自唐乾元初期至北宋乾德年间益州58位画家的画作，分"逸、神、妙、能"四格，各立小传，评述作品。

黄休复推崇逸格，认为它是四格之首："画之逸格，最难其俦。拙规矩于方圆，鄙精研于彩绘，笔简形具，得之自然，莫可楷模，出于意表，故目之曰逸格尔"，并将孙位单列为"逸格一人"。

04 寇准罢相

王钦若向宋真宗进谗言，称澶渊之盟是城下之盟，又说寇准把宋真宗当作孤注置于危境。此后，宋真宗对寇准的态度冷淡下来。1006年春，宋真宗罢去寇准相位，使其出知陕州（今河南三门峡陕州一带），任命王旦为宰相。

一日会朝，准先退，帝目送之。钦若因进曰："陛下敬寇准，为其有社稷功邪？"帝曰："然。"钦若曰："澶渊之役，陛下不以为耻，而谓准有社稷功，何也？"帝愕然曰："何故？"钦若曰："城下之盟，《春秋》耻之。澶渊之举，是城下之盟也。以万乘之贵而为城下之盟，其何耻如之！"帝愀然为之不悦。钦若曰："陛下闻博乎？博者输钱欲尽，乃罄所有出之，谓之孤注。陛下，寇准之孤注也，斯亦危矣！" ——《宋史》

瓷都景德镇凭什么千年不衰

过去的 20 多年里，北宋的头等大事一直是对辽战争。兵荒马乱了一代人，现在和平终于来了。到了 1006 年，我们不妨把视线从朝廷移开，关注一个朝堂外的地点——景德镇。

其实，宋真宗在 1004 年就改年号为"景德"了。不过，这个年号总共就用了 4 年，它在历史中很快就要过去了。但是它点燃了一个地方，这个地方的辉煌才刚刚开始，这就是大名鼎鼎的"瓷都"景德镇。

北宋初年，景德镇还没有今天这样的地位。单从价格上看，现代拍卖价格前五的宋瓷都出自五大官窑——汝、官、哥、钧、定，景德镇根本排不上号。

可是，宋代五大官窑的传承很快就断了，而在北宋时期瓷器质量不算上乘的景德镇反而延续成为今天的"瓷都"，这是为什么呢？更进一步思考，景德镇的陶瓷业作为工业文明的一颗小火种，是怎样在农耕文明的包围下长明不灭的呢？

◆ 景德镇是怎么活下来的

如果我是生活在 1006 年的农民，刚到景德镇会吓一跳，因为满眼都是密集的炉火和烟囱。

1712 年，法国传教士殷弘绪给朋友写了一封信，信里是这样描述景德镇的："景德镇拥有一万八千户人家，大部分是瓷业商人，他们的住宅占地很大，雇用的工人多得惊人。按一般的说法，此镇有一百万人口，每日消耗一万多担米和一千多头猪……从隘口进港时首先看到这样的景色：从各处袅袅上升的火焰和烟气构成了景德镇的轮廓。到了夜晚，它好像是被火焰包围的一座巨城，像一座有许多烟囱的巨大火炉……"

瓷器

宋五大官窑瓷器

定窑 — 宋定窑白瓷划花莲花纹碗

汝窑 — 宋汝窑青瓷胆瓶

官窑 — 宋官窑青瓷葵花式杯

哥窑 — 宋哥窑月白釉贯耳弦纹壶

钧窑 — 宋钧窑天蓝釉瓷盘

虽然这段材料出现在清康熙年间，但窑炉烧造瓷器的工艺在宋代肯定也是这样的。所以，1006年的景德镇，规模可能没这么大，但是作为一个社会景观，应该也是这样充满了火焰、烟囱，昼夜不停地工作。

如果再住上几天，仔细一了解，更要吓一大跳：这个地方的人居然不是按照寒来暑往的大自然节奏工作的，居然不是按照自然的血缘关系聚族而居的，居然划分出精细的工种，而且彼此充分合作，他们人生发展的各个阶段居然不是按部就班的，可能因为拿到一笔订单、研发出一个新品而发财，也可能一炉窑烧坏了，明天就衣食不保。

为什么景德镇会有这样奇妙的景象？我们先来看下它的地理情况。

景德镇在江西。江西的地缘条件跟山西有点像，依靠山河险阻，地理分界线非常清晰：北边是长江，东边是武夷山脉，南边是大庾岭，西边是罗霄山。江西被包围在内，自成一体。

其中主要的富庶地带集中在一个个河谷平原上。从北往南数：鄱阳湖平原北有九江，南有南昌，然后顺着抚河往东是抚州，古代叫临川，一个出才子的地方；顺着赣江往南，是吉安，古代叫庐陵，也是出才子的地方；再往南，就是赣州山区了。在农耕时代，河谷平原是人口聚集、物产丰富的好地方。

那景德镇在哪儿呢？它没在这些好地方，而是躲在江西东北部的山区，和今天皖南山区的徽州连成了一片。从农业视角来看，这种山区因土地贫瘠、坡度大，又经常发洪水，不太适合种地，一般都很贫穷。但如果换成工业视角，换成造瓷器的视角，你会发现，景德镇的资源反而很好。

山地坡度大，正好可以建龙窑。龙窑可以长几十米，沿着山坡向上修筑，像一条巨型蜈蚣。这种窑炉升温快、产量高。今天景德镇还有一座长64米的"天宝龙窑"在烧造瓷器。

丛林密布为烧造瓷器提供了燃料，而且，此地盛产耐烧的松木。当时的其他几个名窑在北方的中原地带，森林资源并不多，燃料的可持续性堪忧。

降水多，还能给烧造瓷器提供动力来源。瓷器的主要原料是瓷石，靠什么把瓷石打成粉末？古代没有蒸汽机、发电机，稳定又廉价的动力来源恐怕只有水力。

但以上都不是重点，景德镇最神奇的是千年长盛不衰。这背后最重要的原因，恰恰是它身处山区。

江西地形图

景德镇

南昌 洪州（古）
九江 江州（古）

长江

九岭山

鄱阳湖

鄱阳湖平原

赣江

抚河

罗霄山

武夷山

零山山脉区

大庾岭

赣州 虔州（古）

抚州 临川（古）

吉安 庐陵（古）

北

景德镇地理位置示意图

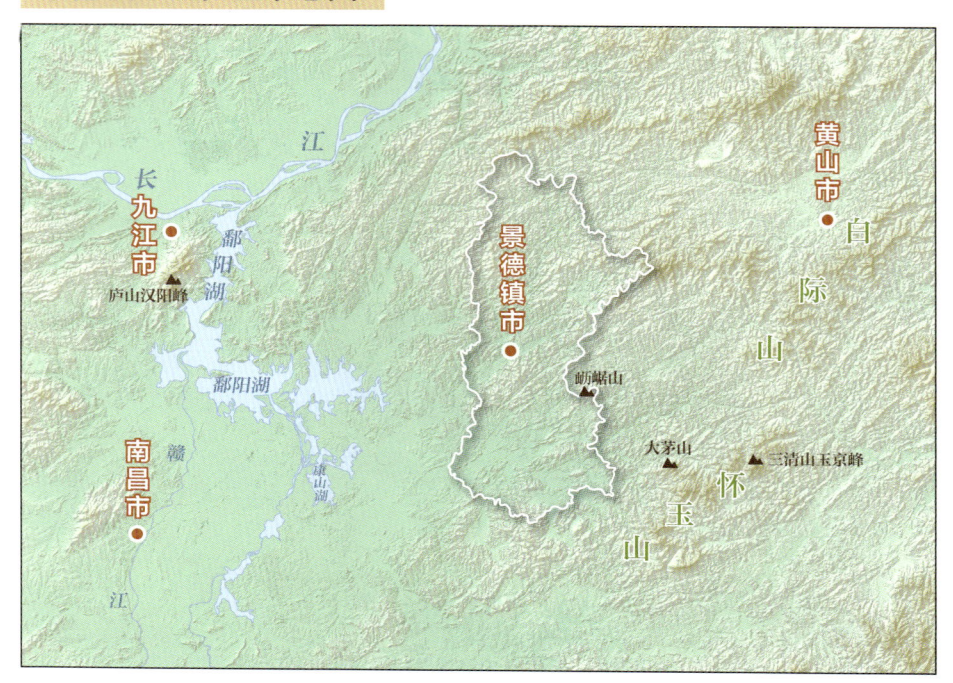

1000年是一个超长的时间尺度,什么都有可能发生。比如战乱,大兵一过,管你什么精湛工艺、师徒传承,全都会化为齑粉。北方的很多名窑都是因为战乱而停止了生产,可躲在山区的生产基地就有机会逃过这一劫。

你可能有疑问:景德镇后来声名在外、非常富有,战乱时代,军队、匪帮为什么不来抢占景德镇呢?这就牵涉到工业经济和农耕经济的一个本质区别。

农耕经济主要看自然禀赋。只要光、热、水、土四大条件充足,多少都能有些产出。而农民的劳动、技术不属于稀缺资源,对于提高土地产出的作用也很有限。工业经济就不一样了。自然资源虽重要,可更重要的生产要素是人的知识和技术。而且,知识和技术带来的产出增加没有上限、没有天花板。

因此,农耕时代,占有土地就等于占有财富,暴力手段是有用的。可对于工业经济来说,有知识、有技术的人跑了,即便占了地方也是一场空。

我们可以做一个思想实验:假设你是一个城市开发区的主任,有一片空地,你是搞农业还是搞工业?大概率是工业,因为工业产值高。但如果这片空地存在于1006年的北宋,你会怎么做?我估计你会选择搞农业,因为只要土地在，多少都会有收成。但如果你想复制景德镇的奇迹，产品、技术、人才、组织、销路、制度保障，每一个环节都是问题，一旦出错，就会血本无归。

从这个视角反观景德镇，你会发现，出现在农耕社会的工业是一朵娇嫩的花，需要一点运气，需要一点保护。而景德镇所在的山区，就为它提供了这样的保护。

但工业又不能和农业一样，躲进桃花源里，自产自销。一个工业基地的存续，本质上是一个庞大的市场网络的存续，是和千里之外的对手竞争胜利的结果。这一点，景德镇又是怎么做到的呢？

◆ 景德镇是怎么赢得竞争的

景德镇虽然是农耕时代的工业奇迹，但它毕竟活在传统社会里，充其量只是农耕文明土壤里的一个"工业文明"的盆景。

景德镇面对的对手，可不像今天的陶瓷产业基地，满脑子想新工艺、新材料、新产品、新营销就行了。在传统社会里，景德镇旁边的所有力量都在对它虎视眈眈：你这么有钱，我怎么分一杯羹呢？

景德年间，景德镇开始有了监镇官。这些官员的职责除了维护当地治安，还要负责收税。宋真宗时期还好，朝廷财政还很宽裕；到了宋神宗时期，朝廷缺钱了，景德镇的税变得越来越重。宋神宗熙宁年间，景德镇贡献的商税已经到了3000多贯——要知道，它只是一个镇，比它大得多的浮梁县，商税才5000多贯。即便这样，朝廷还不满足。到了元丰年间，朝廷给景德镇专门定制了一个机构，全国仅此一家，不仅管理瓷器买卖，还要盯着收税。

景德镇真正的考题就出来了：朝廷把税负压过来，你还能不能活？

国家收税，除了要收得多，还得保证这个税好收。亚当·斯密当年就提出过税收的四原则——平等、确定、便利、经济。平等，就是税负公平；确定，就是交税的人要能算出来自己将来需要交多少税；便利，就是指交税要方便；经济，则意味着收税的成本得低。

北宋的衙门也是一样，景德镇的税总不能一件件地数盘子、数碗地收吧？于是，当时的税官想出了一个办法：按窑的大小来收。

一个窑造好了，容积大小就固定了，每一窑的产量不会有太大波动，每一年能烧多少次也不会有太大波动——这就符合收税的经济原则。

可是，税重了，景德镇的这些民窑怎么办呢？当然是想办法合理地避税。既然是按窑的容积大小来收税，那就想办法减少残次品，一年多烧几窑，更重要的是，每一窑里要尽可能多地生产产品。你发现没有，初心是为了避税，引发的结果全是技术创新。

举个例子：每一窑怎么能烧出更多的产品呢？有一个很重要的思路是，碗原本是一个一个地烧，现在改成倒扣着摞起来烧。有学者专门研究过，这么一摞，同等容积的窑炉能堆叠4到5倍的量。平均下来，每只碗的税负不就降低了吗？

当然，这个方法会导致一个副作用，就是倒扣着的碗口上不了釉。这类碗口在北宋被称为"芒口"，意思就是粗糙的碗口。

看起来，这个举动颇有些靠粗制滥造来避税的意思，但我们站在景德镇的立场上想一下：美观、高质量当然可以是努力的目标，价格低也是啊！景德镇的目标用户又不是皇家贵族，而是平民老百姓，低价、量大才是王道，这才是景德镇的最大市场。"芒口"有什么不可以的？

再举个例子，来感受一下景德镇创新方向的多元化。

景德镇刚刚兴起的时候，瓷器讲究"南青北白"，南方爱青瓷，北方爱白瓷。这其实不是审美偏好，很大程度上是因为原料的化学成分不一样。南方瓷石的含铁量高，所以烧出来偏青色；北方瓷石的含铁量低，所以烧出来是白色。安史之乱以后，北方陷入动乱，大量北方人口南迁，给南方带去了北方的审美习惯——很显然，这是一个市场机会。

那么，景德镇作为后起之秀，应该怎么办？坚持烧青瓷，比不过南方当时的第一大窑——浙江龙泉窑。向北方学习做白瓷？要去除瓷石里面的杂质（即铁元素）是需要花费成本的。景德镇的选择是：做白瓷，但是没有必要白得那么地道，有一点青就有一点青。于是，景德镇成了中国最早生产青白瓷的两处民窑之一。

但是，这青白瓷两边审美都不靠，是不是"下等货"的代表呢？

宋代的白瓷、青瓷和青白瓷

白瓷 宋定窑白瓷洗

青瓷 宋耀州窑青瓷划花牡丹纹碗

青白瓷 宋景德镇窑系青白瓷碗

这就是大市场的奇妙之处了,谁都想不到哪块云彩会有雨。北宋时,突然出现了一个机会——由于辽和党项的阻隔,丝绸之路被切断。这意味着,喜欢玉石的中国人很难从西域弄到玉石,而介于青瓷和白瓷之间的青白瓷便被民间捧作"假玉"。景德镇的第一桶金就这么来了。

你发现没有?在工业经济里面,没有确定的创新方向,任何方向的突围都有可能成功。后来,令景德镇大放异彩的元青花,也是脱胎于这种创新突围。

经济学家约瑟夫·熊彼特在1942年的著作《资本主义、社会主义与民主》里面提出了一个概念,叫"创造性破坏"(也叫"破坏式创新")。这个词,道出了工业经济和农耕经济最本质的不同。

农耕经济的创新是持续积累的,而工业经济的创新往往体现为破坏,而且可能是对产品形式、技术路线、企业组织、市场制度、经济结构的全面破坏。就像我们这代人亲眼所见的,新能源汽车的革命不是在原来汽油车技术上做迭代,而是把技术、产品、品牌、市场,甚至把人、车、路的关系都重组了,破坏得非常彻底。

从 11 世纪初景德镇的故事里,我们已经可以看出这种"创造性破坏"的力量了。

◆ 工业文明在大宋

我想借着景德镇的故事,跟你一起探究下农耕文明和现代工业文明还有哪些不同之处。

农耕文明有一种不自觉的趋势,会按照固定方向去堆叠它内在的复杂性。比如,一只碗,光能用还不够,它还得好看;好看也不行,还得有讲究;有了讲究也不够,还得有名人背书。汝窑的天青色,不就是因为皇帝说了句"雨过天青云破处,这般颜色做将来"嘛!

北宋的瓷器有"北宋玩工,南宋玩釉"的说法。"玩工"就是玩命地雕出更繁复的造型,"玩釉"就是多层涂釉。南宋龙泉窑的瓷器釉最多涂了 7 层。总之,农耕文明的手工艺往往就是往精工细作、堆叠元素这条路子上走。可惜的是,走这种道路的五大官窑都没景德镇命长。欧洲的巴洛克艺术风格也是这样衰落的。

现代工业文明则反其道行之,它向下探索,怎么能更方便、更易得、更便宜,工业文明就怎么努力。

现代工业文明最牛的地方不是让女王能穿更多的丝袜,而是让每一个普通女工都能穿丝袜;不是让饮料变成窖藏几十年的稀世珍酿,而是让乞丐和富豪能喝一样的可乐,而且不管你多有钱,你都不能喝上更好的可乐。

为了做到这一点,工业文明拼命地深化分工,拼命地扩展网络,拼命地增加产量，拼命地技术创新。最后的目的，就是拼命地抵达普通人。就像古希腊神话里的巨人安泰俄斯，虽然力大无比，但力量都来自大地母亲。工业文明和安泰俄斯一样，一生的方向就是向下、向下，回到大地母亲的怀抱。

当然，工业文明也有它的问题。但我们这一代中国人刚刚完成了国家的工业化，刚刚品尝到工业文明第一杯甘甜的美酒，今天回看景德镇这个深藏在中华文明内部的工业文明的火种，怎么歌颂它都不过分。

当然，你可能会质疑：景德镇是个火种，但它一直只是个火种，又没能在中国引发工业革命，哪有那么大意义？

当然有意义。文明的进步不是刷视频，手指一划，就能切到下一个画面。文明的进步有时候就是靠小火种、小局部的长期存在，等时机一到，再蔓延开来。

我在看景德镇的史料时，注意到一个细节。大文学家王世贞的弟弟王世懋写过一段话，大意是：景德镇的百姓很富有，很多小孩子都能上学，但这么多年一个中举人的都没有，这恐怕是因为这帮人天天挖、天天挖，把风水搞坏了。

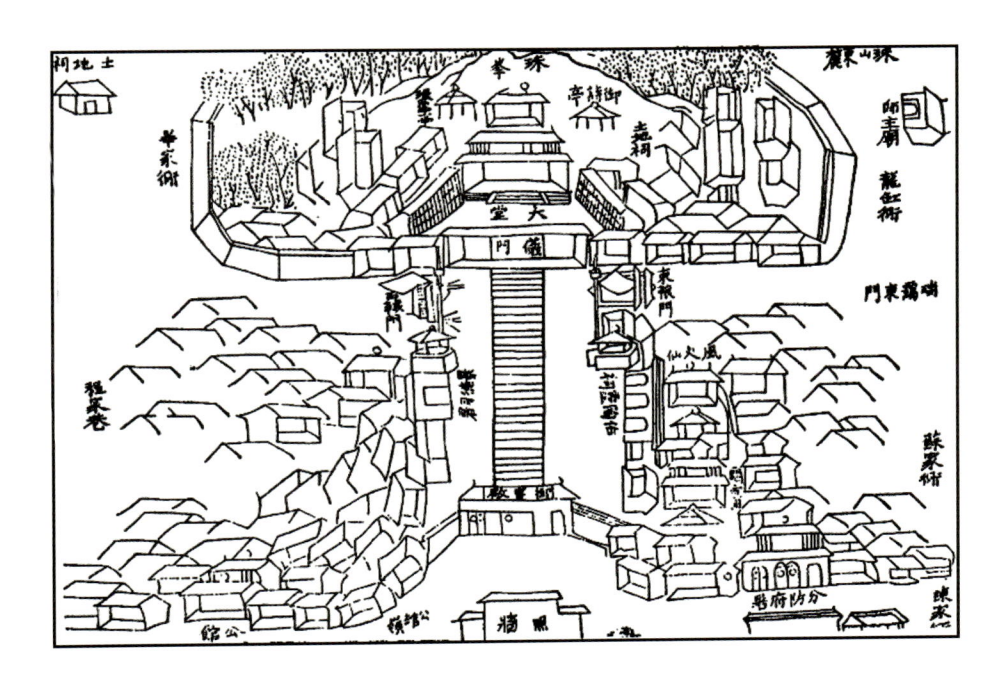

《御窑厂图》

清代景德镇人氏蓝浦所著《景德镇陶录》一书有一幅《御窑厂图》，该图呈现了景德镇御窑厂的位置、建筑，列举了陶务作坊、厂内外神祠和御窑厂的供应等。

瓷业

景德镇部分窑址和窑系更替时间示意图

时间	朝代	丽阳镇	景德镇镇区	南河流域	小南河流域	西河流域	东河流域
900年 / 907年	五代						
960年		丽阳（五代—明）	珠山御窑厂（元、明、清）	湖田（五代—明万历年间）	灵珠、柳家湾（五代到宋中晚期）	二亭下（宋、元）	绕南（南宋后到明中期）／瑶里、长明村（明早中期）
1000年	北宋						
1100年 / 1127年							
1200年	南宋						
1279年							
1300年	元						
1368年							
1400年	明						
1500年							
1600年 / 1644年							
1700年	清						
1800年							
1900年 / 1912年							

资源来源：贺鼎，《景德镇：世界瓷业中心的城市与遗产》，清华大学出版社，2020年。

民既富，子弟多入学校，然为窑利所夺，绝无登第者。击撼穿凿地脉，安得不损？　　——《二酉委谈摘录》

我从中看到的不是景德镇缺人才，而是景德镇的大人小孩分明都看到了一条新的人生发展之路，一条跟传统社会所谓"正道"不一样的人生发展之路，那同样是一条可以发家立业、可以安放理想的路。

我在"知乎"上看到过一篇讲铁路的帖子。铁路曾经是中国大地上一个非常神奇的存在，它有自己的领地，自己的人口，自己的供暖供电、闭路电视、电话系统，甚至有自己的公安和法院。我小时候就认识在铁路学校上学的孩子，他们管我们这些孩子叫"地方上的"。那种自豪感，藏都藏不住。

为什么呢？因为在当时的中国，铁路是一个遍及全国的、罕见的工业化社会产物。铁路是外来的，是精细分工的，是充满了知识的，是充分合作的，是高水平的。

我们只看一个数字：20世纪80年代，铁路上的人识字率超过90%。当时，很多城市的铁路小学、铁路中学的排名都很靠前。倒不是因为生源好或师资强，而是因为家长更配合老师的工作。学生们打架，老师一个电话直接把双方家长全部"摇"过来，摊开来讲清楚，什么工作都好做。这就把"地方上的社会"比下去了。这样的工业社会和"地方上的社会"，既格格不入，又遥遥领先。

那为什么20世纪90年代之后，铁路好像就没有那么风光了呢？原因很简单：中国普遍进入了工业社会，"地方上的"发展水平追上了铁路。铁路作为一个工业系统，没有必要再保持自己的孤立了。所以，铁路不是没落了，而是被工业化的中国融化了。

至此，你有没有觉得，千年前的景德镇在中国文明中的角色，有一点像是近100年来铁路在中国扮演的角色呢？它在传统社会的底色中提供了另一种文明的样式，提供了另一种生存和发展的可能，直到有机会把小小的火种变成燎原的大火。

其实每个时代都是这样，未来时代的样子就在身边的某个角落里，已经完整呈现，只不过并非主流。就像科幻小说家威廉·吉布森说的："未来已来，只是分布尚不均匀。"

参考文献

［宋］李焘，《续资治通鉴长编》，中华书局，1995年。

［宋］苏轼，《东坡志林》，中华书局，1981年。

［宋］李昉等，《太平广记》，中华书局，1961年。

贺鼎，《景德镇：世界瓷业中心的城市与遗产》，清华大学出版社，2020年。

李思逸，《铁路现代性：晚清至民国的时空体验与文化想象》，上海三联书店，2023年。

江华明，《景德镇传：瓷器之都》，新星出版社，2022年。

余勇、邓和清，《宋代景德镇陶瓷窑业状况：蒋祈〈陶记〉研究》，江西美术出版社，2012年。

〔德〕雷德侯，张总、钟晓青、陈芳等校，《万物：中国艺术中的模件化和规模化生产》，生活·读书·新知三联书店，2012年。

〔英〕亚当·斯密，郭大力、王亚南译，《国富论》，商务印书馆，2015年。

郭慧敏，《宋至清代前中期景德镇瓷业与社会变迁》，南昌大学硕士论文，2023年。

陈蓓，《宋代青白瓷发展源流探究》，《鞋类工艺与设计》，2022年第2卷第20期。

冯冕，《早期青白瓷的工艺演进及其原因——以景德镇窑为中心探讨青白瓷起源问题》，《考古与文物》，2022年第5期。

刘永红，《宋代经济因素对青白瓷装饰工艺的影响》，《景德镇陶瓷》，2022年第3期。

周婧景，《刍议南宋中后期景德镇青白瓷瓷业衰落之原因》，《中国陶瓷》，2011年第47卷第6期。

1007 年

经历过，解决过

1007年的世界

01 班贝格主教区建立
● 中欧

自10世纪起,神圣罗马帝国皇帝和天主教会致力于向中欧扩展天主教的势力范围。汉堡—不来梅大主教建立了诸多新的主教区,这些主教区被当作传教的桥头堡和新的教会中心。

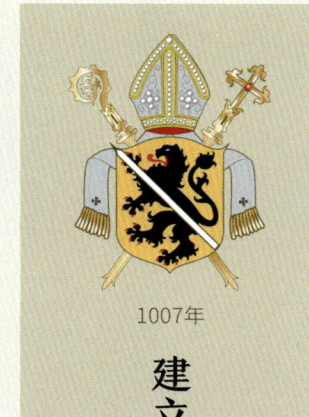

968年	968年	973年	999年	1007年
建立马格德堡主教区	→ 建立波森主教区	→ 建立布拉格主教区	→ 建立格纳森主教区	建立班贝格主教区

班贝格主教区牧徽

02 于格二世出生
● 西欧

于格二世(1007年—1025年),法国卡佩王朝第三位国王。他的父亲是罗贝尔二世,祖父为于格一世。

卡佩王朝的开创者于格一世

03

莱昂、卡斯蒂利亚、纳瓦拉结为联盟
● 南欧

莱昂、卡斯蒂利亚和纳瓦拉这三个王国结成了一个新联盟，以对抗阿拉伯人的进攻。

> 莱昂王国，10世纪至13世纪，伊比利亚半岛西北部的一个王国。
> 卡斯蒂利亚王国，伊比利亚半岛中部的封建王国。15世纪时，它与阿拉贡王国合并为西班牙王国。

▲ 莱昂国王阿方索五世（999年—1028年在位）

04

亨利二世第二次进攻波兰
● 中欧

亨利二世于1002年成为德意志国王后，与波兰统治者波列斯瓦夫一世交恶。从1003年到1018年，德意志与波兰之间先后爆发了三次战争。

第一次战争
1003年—1005年

第二次战争
1007年—1013年

第三次战争
1015年—1018年

▶ 波列斯瓦夫一世

1007年的中国

01 欧阳修出生

欧阳修（1007年—1072年），字永叔，自号醉翁，晚年号六一居士。北宋政治家、史学家、文学家，名列"唐宋八大家"之一，与韩愈、柳宗元、苏轼合称为"千古文章四大家"。

欧阳修代表性成就和影响

政治
——积极参与庆历新政，推行改革

史学
——编写《新五代史》，参与编修《新唐书》

文学
——领导北宋诗文革新运动
——继承并发展了韩愈的古文理论
——一生创作了五百余篇散文
——代表作有《醉翁亭记》《秋声赋》《朋党论》等

02 辽建中京

辽（907年—1125年）是由契丹族建立的政权，与北宋、西夏并立。

辽 辽建国于907年，国号契丹，916年始建年号，938年（一说947年）改国号为辽，983年复称契丹，1066年仍称辽。

太祖 耶律阿保机	太宗 耶律德光	世宗 耶律阮	穆宗 耶律璟	景宗 耶律贤	圣宗 耶律隆绪	兴宗 耶律宗真	道宗 耶律洪基	天祚帝 耶律延禧
907	927	947	951	969	982	1031	1055	1101　1125（年）

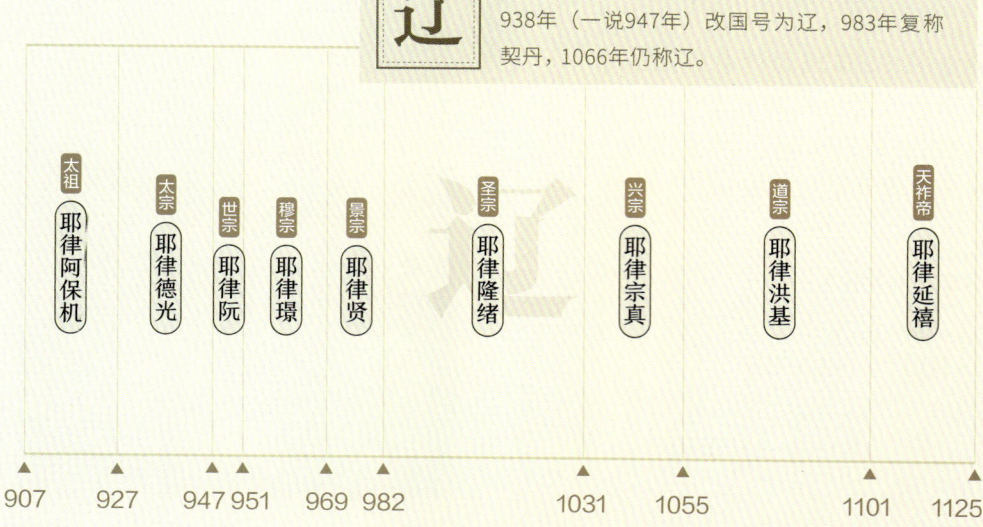

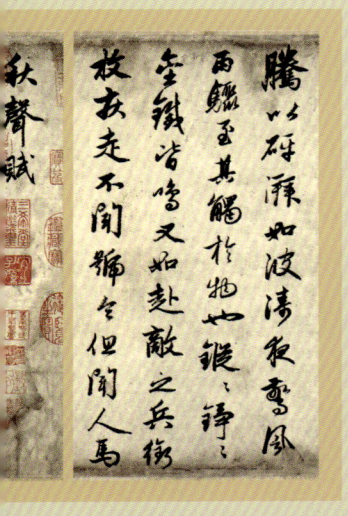

▲ 赵孟頫行书《欧阳修秋声赋卷》（局部）

▲ 明·唐寅《醉翁亭雅集图》
该图根据欧阳修《醉翁亭记》创作。

▲ 清·华喦《秋声赋意图》
该图展现的是欧阳修名篇《秋声赋》中的意境。

辽代三大寺院

以来普遍兴起的佛教在辽代大为盛行。

◀ 独乐寺
位于天津蓟州武定街41号，始建于隋唐时期，重建于984年。

▲ 华严寺
位于山西大同平城下寺坡街459号，始建于1062年。

◀ 奉国寺
位于辽宁锦州义县东街18号，始建于1020年。

辽帝为什么建五座京城

前面的年份，我们都是从北宋的角度来看问题的，1007年，我们切换一下视角，关注一件发生在辽的事情：辽修建了新的都城中京（故址即今内蒙古赤峰宁城大明城）。

要知道，这已经是辽修建的第四个都城了，此后还会有第五个。辽为什么要建这么多都城呢？我们一个个来看。

第一个都城建于918年，也就是后梁贞明四年建成的上京，故址在今内蒙古赤峰巴林左旗。对于这个位置你可能没什么概念，我解释一下你就知道这个地方的重要性了。

请问燕山山脉在哪里？你肯定知道，就在今天北京的北边。那么大兴安岭在哪里？你可能觉得，那不是远在黑龙江嘛！但事实上，大兴安岭自北向南绵延1400多千米，从黑龙江、吉林、辽宁一直跨到内蒙古赤峰，紧贴着燕山山脉。也就是说，大兴安岭和燕山挨得非常近。

在大兴安岭和燕山山脉中间夹着的是一个走廊地带，在这片区域内的西拉木伦河流域是契丹人的发源地，而上京就在这里——上京标志着契丹人的精神故乡。

除此之外，上京还有更深厚的文化内涵。大兴安岭是什么？是蒙古大草原和东北大平原的分水岭。燕山山脉是什么？是草原和中原的分割线。上京身处大兴安岭和燕山的夹缝里，这意味着辽的文明同时受到游牧、渔猎、农耕三种生活方式的滋养，那是何其多元和丰富啊！

再来看929年建造的东京（故址在今辽宁辽阳），位于辽河平原上。在这个地方建都城，很明显是为了经略东北平原。938年建成的南京直接南下到了今天的北京，这是石敬瑭把幽云十六州割让给辽的一笔大礼。从此，辽向南经略中原又有了一个前进基地。再加上1007年建成的中京和1044年建成的西京（今山西大同），这"五京"就集齐了东西南北中。

不过，从地图上看，上京和中京相距并不远，甚至两处今天同属于内蒙古自治区的一个地级市——赤峰。

辽"五京"地理位置示意图

- 上京临潢府（内蒙古赤峰巴林左旗南）
- 中京大定府（内蒙古赤峰宁城）
- 东京辽阳府（辽宁辽阳）
- 西京大同府（山西大同）
- 南京析津府（北京西南一带）

大兴安岭　千山　燕山　泰山　太行山

为什么离得这么近，还要再建一个都城？辽帝在这个京城里，又是怎么生活、怎么统治他的疆域的呢？你不妨深吸一口气，假设自己是一个契丹人，跟我一起穿越回1007年的大辽。

◆ 究竟为什么要建中京

虽然中京与上京都处于大兴安岭和燕山山脉之间的走廊地带，都是向东可以一步跨进东北大平原，向西就是天苍苍野茫茫的蒙古大草原，但是，上京在走廊的北边，中京在走廊的南边。这意味着两地和中原的关系不一样——中京更靠近南边的燕山山脉。

自古以来，穿越燕山山脉有四条核心通道，从东向西分别是：山海关、喜峰口、古北口和居庸关。其中经喜峰口、古北口，穿越燕山，都会经过一个地方，就是当时的中京。

现在，你知道建立中京的原因了吧！就是为了更好地连接辽的四个地理板块：是老家也是发祥地的西拉木伦河谷、蒙古大草原、东北的森林和平原，以及华北平原北部的农耕地带。由此可见，辽不仅有经略四方之心，还有联络四方、融合四方之志。

那为什么选择这个时候建中京呢？当然是因为澶渊之盟使得北宋赔付了30万岁币给辽，让辽有钱搞建设了呀！而且，澶渊之盟之后，辽南部的边界基本定了型，辽可以更深入地考虑怎么完成国土各个板块之间的深度融合。建中京就能更方便地达成这个目的。

《杀死一只知更鸟》里有一句名言："你永远也不可能真正了解一个人，除非你穿上他的鞋子走来走去，站在他的角度考虑问题。"要理解辽，只把它当作一个客观的研究对象是不行的，有时候我们得穿上它的鞋子，站在它的角度考虑问题，才能真正了解它。所以我才在开篇提了，我们要假设自己是一个契丹人。

可能有人会纳闷：我又不是学者，我为什么非得了解辽呢？

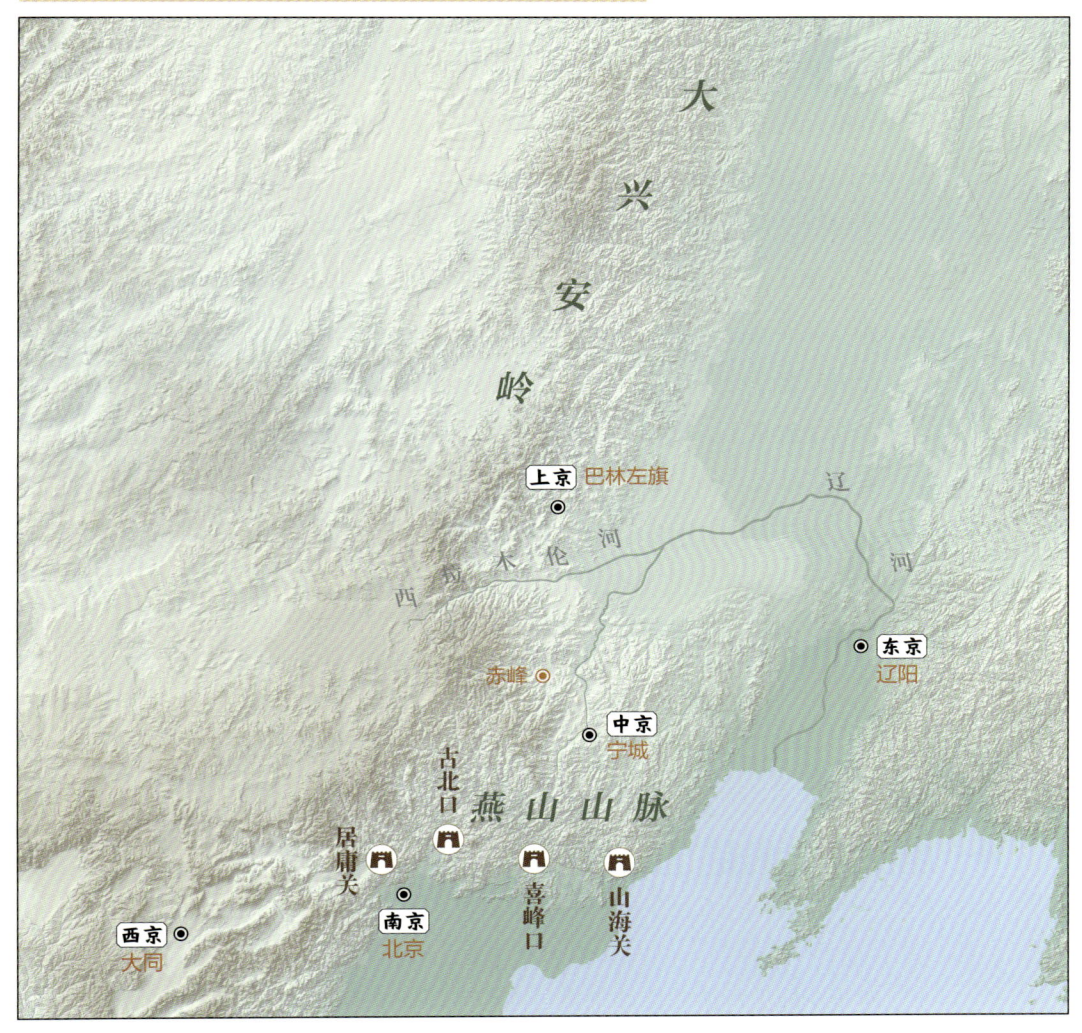

辽"五京"及其周围主要地理要素示意图

古代中原地区的汉族人这么想,还情有可原;但在今天,在现代中国,如果还有人这么想,那可就太低估草原民族对整个中华文明的影响了。

这个问题非常复杂,我在此只提示一个角度,供你琢磨。南方和北方,中原和草原,农耕和游牧,这是中华文明自古以来就要处理的一对矛盾,而且这对矛盾是不可能通过单方面的胜出来解决的。汉武帝把匈奴打垮了又怎么样呢?草原的风是旷古的风,草原上的牧马人也是野火烧不尽,春风吹又生。反过来,元朝就算彻底征服了南方又怎么样呢？想要稳定统治南方，总不能真的在南方的丘陵和水田里面放牛牧马吧？还是得想出一套适合农耕社会的方法。

我们只要抽身出来，不站在南方、北方，中原、草原，或农耕、游牧任何一个单一的立场，就能马上看明白一件事：中华民族自古以来就面对一种考验——完成这两种生存方式的融合。

不融合，两败俱伤。因为分家单过，谁也过不好。融合了，仗不用打了，长城不用修了，南方的农耕社会提供财富补贴，北方的游牧社会提供安全保障，和气又美满。所以，民族大融合、大团结，自古以来就是中华民族想要持续生存的最重要的命题之一。

考卷摆出来了，谁来答题呢？中原人和草原人都可以做，也都在做。无论是出身中原的汉、唐、明，还是出身北方的北魏、元、清，都在不断探索自己的民族大融合方案。这就好比同学们在同样的卷子上各凭本事拿分数。

我们现在不妨跳到草原人游牧民族的那一边，站在北方同学的角度看看，他们是怎么做这张卷子的。

◆ 融合方案是怎么迭代的

对于草原上的游牧民族来说，民族大融合这道题目尤其难。别说整合草原和中原了，整合草原自己都很难。

要知道，游牧民族的重点在"游"字上，持续地移动才是他们生活的底色。

从本质上看，人类要生存，得靠植物把太阳能转化成化学能。中原农耕区光照充足，地上长出来的就是粮食。于是，农耕民族就守在一个地方耕作，安土重迁。可游牧民族生活的地区往往纬度高、光照少、能量低，土地长出来的是草，草必须经过牲畜的二次转化，变成肉蛋奶，才能给人类供应能量。这一转化，资源就损耗掉一大部分。

在农耕地区，几亩地就可以养活一家人；而在游牧地区，要想养活一家人，需要上千亩草场。所以，不"游"不行。

人不断流动，会带来一个麻烦：没法统治。小规模的部落还好，大规模的统治必须靠可持续地、低成本地收税，才维持得下去。可统治者怎么向流动的牧民收税呢？

因此，草原王朝的政治逻辑和中原王朝完全相反：不靠收税，而靠收买。统治者不仅不向各个部落伸手要钱，反而要分给部落钱。钱从哪儿来？当然是从长城南边的农耕民族那里抢啊！

秦汉时期的匈奴就用这种方式整合起了草原：部落提供军队，单于带领打仗，打了胜仗之后，单于负责公平地分配战利品。这就是1.0版本的草原王朝的样子。

这样的草原王朝和中原王朝能和平共处吗？可以。既然要的是战利品，中原王朝就直接给呗！汉初的和亲政策本质就是如此。中原王朝给钱，再嫁一个皇室公主过去，双方里子、面子就都有了。不过，这种做法留有一个隐患：虽然单于不会组织对中原的大规模进攻，但是边境部落对中原的小规模骚扰还是经常发生。没办法，单于对手下部落的约束能力是有限的，管不了那么多。这才逼得汉武帝不得不和匈奴全面开战。

既然1.0版本不完美，那就一定会有2.0版本。这个2.0版本是什么样子呢？《木兰辞》里提供了一个样本。你肯定还记得，要木兰她爹去当兵的是可汗，"昨夜见军帖，可汗大点兵"；但是等木兰替父从军打了胜仗，"归来见天子，天子坐明堂"。

也就是说，一个统治者想要融合游牧和农耕，建立一个"二元王朝"，他自己得当个"双黄蛋"：既是中原的"天子"，也是草原的"可汗"。这就是魏晋南北朝到隋唐的故事。

不过，在当时的人看来，"二元王朝"的皇帝本身可以有不同的身份，但统治总得有一个统一的逻辑：要么用草原部落传统，要么用中原的汉人传统。

南北朝的几百年里，这道单选题是反复做、反复错。两个选项都有人选，但是从结果看都不对。其中最著名的就是北魏孝文帝，他选择了后者——彻底汉化。比如，禁止官员穿鲜卑族的衣服，禁止年轻官员在朝堂上说鲜卑族语言，甚至整个皇室都改汉姓。但是很可惜，北魏孝文帝改革50多年后，北方六镇起义就开始了。朝廷搞汉化改革，北部边境上的老兄弟们被冷落、歧视了，就不干了。结果北魏迅速崩溃。所以，草原王朝的2.0版本失败了。

草原上的风吹啊吹，寒来暑往又过去了好几百年，现在轮到辽来答题了。

辽面对的考题不仅没变——王朝内部既有草原上的游牧民族，也有幽云十六州里的农耕民族——还更复杂一些。辽后期的人口分布大致是这样的：契丹人 75 万，汉人 240 万；不仅如此，还有搞渔猎经济的渤海人，大概 45 万；此外，还有各种各样的小部落人口 20 万。

这么复杂的局面，请问辽该如何治理？难道还做单选题吗？当然不能。

辽搞出来的 3.0 版本就是弄两套治理逻辑，也就是南北两面官制度。南面官用儒家的方式来治理汉人，管理的地方主要就是幽云十六州；北面官则以草原的方式来治理契丹人。

正确答案就这么简单吗？设两套班子就能解决这么复杂的内部矛盾，此前的人还需要在黑暗中摸索好几百年吗？

正好，借着辽建中都，我们有了一个具体的窗口，能够看到辽到底是怎么搞定这种内部复杂性的。

◆ 辽帝为什么四处跑

北宋有个叫路振的官员，奉命出使辽，来到了新落成的中京。他发现，中京的格局是按照中原都城的样子修的，外城里面有内城，内城里面有宫城。但是，有一点很奇怪：中京的内城里只有两个大殿，至于皇帝本应该居住的宫城，竟是一片空地。辽帝怎么连个住处都没有呢？

当地老百姓告诉他：皇帝就是来了，也不住城里，就在城外扎帐篷。

在北宋的官员看来，蛮夷就是蛮夷，天子也没有什么威仪，不体面。但我们代入辽人的视角就会知道，真相可不是这样。

辽帝住在帐篷里四处溜达，是一个很重要的制度，叫"四时捺钵"。"捺钵"是契丹语里"行宫""行营"的意思。"四时捺钵"就是说，辽帝在春夏秋冬四季要去到不同的地方扎帐篷、搞野营活动。如果说皇帝所在之处就是朝廷，那辽就是一个"马背上的朝廷"。

人口

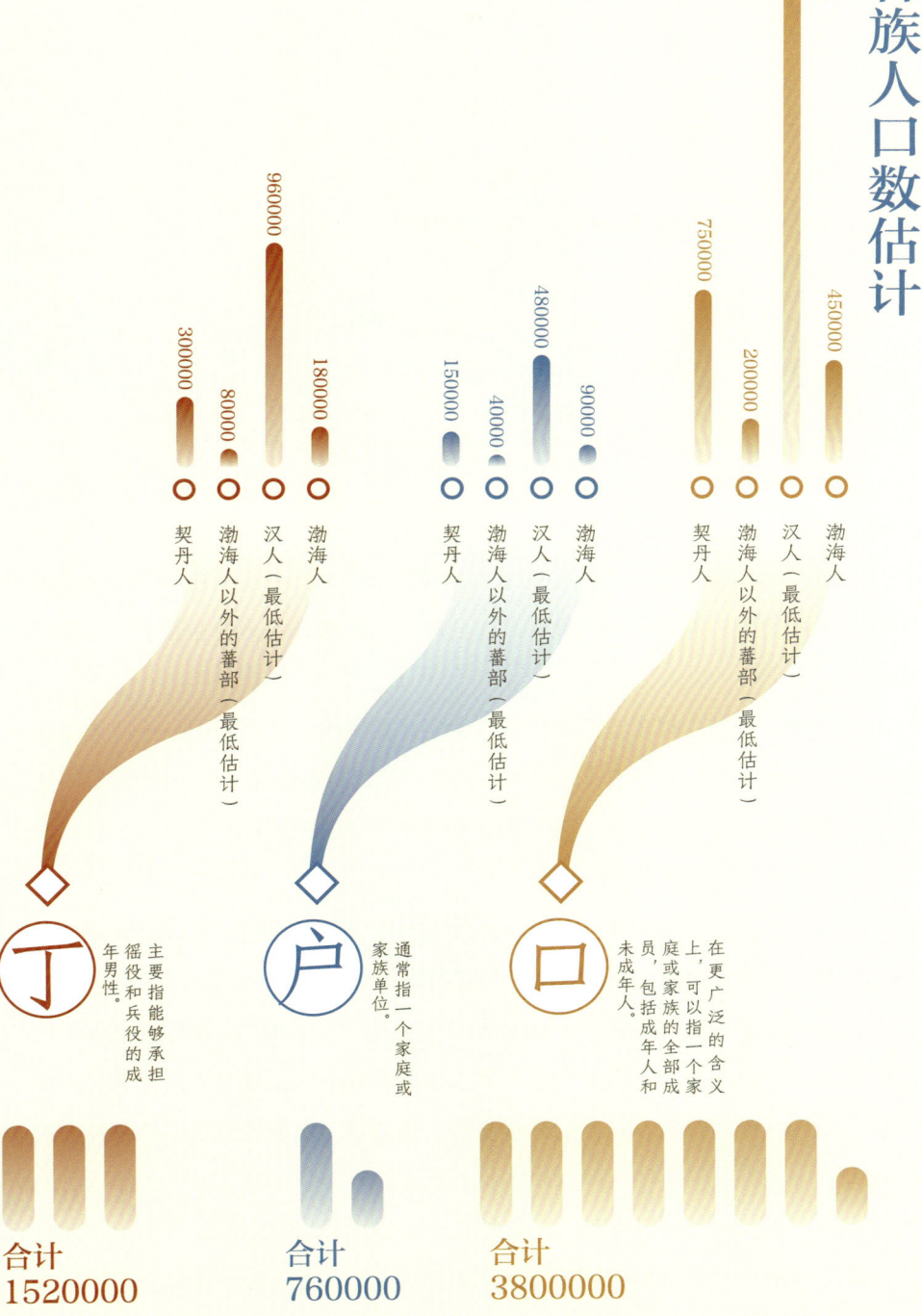

辽各族人口数估计

口
- 渤海人 450000
- 渤海人以外的蕃部（最低估计）200000
- 汉人（最低估计）750000
- 契丹人 2400000

在更广泛的含义上，可以指一个家庭或家族的全部成员，包括成年人和未成年人。

合计 3800000

户
- 渤海人 90000
- 渤海人以外的蕃部（最低估计）40000
- 汉人（最低估计）150000
- 契丹人 480000

通常指一个家庭或家族单位。

合计 760000

丁
- 渤海人 180000
- 渤海人以外的蕃部（最低估计）80000
- 汉人（最低估计）300000
- 契丹人 960000

主要指能够承担徭役和兵役的成年男性。

合计 1520000

资料来源：〔美〕卡尔·魏特夫、冯家昇，《辽代社会史（907—1125年）》，《美国哲学学会会刊》，1949年。

辽中京大定府示意图

```
皇      城
 文化殿  武功殿
   内    城
     阳德门
外            城
长乐门  朱夏门  中和门
```

而且,"四时捺钵"是有固定的地点和时间节奏的。春夏秋冬什么时候该去哪里,都有定数。那个时代可没有高速公路,一年四季都奔波在路上,辽帝很辛苦啊!

皇帝这么辛苦,付出这么大代价,肯定是要解决一个大问题——跟国家版图内不同文化区域的人的沟通问题。说白了,就是皇帝的现场办公问题。

虽然史料上没有特别具体的记载,但我们可以发挥想象力,适当"脑补"一下辽帝在不同季节里都干什么。

春天去哪儿?一般去鸭子河泺(大致位于今吉林白城),辽帝要看望森林里的女真等部落,询问一下他们这一年过得怎么样。

辽末代皇帝天祚帝有一年跟这些东北老乡吃"头鱼宴",发现有个人不仅没礼貌,还很有本事,就想杀掉他,只是没成功。果然,这个人后来就起兵反辽了,他叫完颜阿骨打,是金的开国皇帝。从这里,你就能看出"捺钵"的政治意义。

此外,"捺钵"还有经济意义。在古代,东北的主要产出是毛皮。女真部落打了一冬天的毛皮,总得换点钱和物资吧?这不,皇帝和百官春天就来现场交易了。

夏天去哪儿?北边的草原,接见一些当地的部落。因为夏天、秋天草长马肥,是这些游牧部落每年力量最强大的时候。皇帝这时候过去,是要看看他们是否忠心,有没有内部问题。另外,游牧部落的马牛羊也要换粮食、铁锅等,朝廷就趁这个时候去解决。

秋天去哪儿?草原西边,因为鞑靼、党项那些部落也需要抚慰。

那冬天呢?去南方。南方不仅暖和,更关键的是,南方是农耕地区,秋天的粮食征收上来,得等皇帝去做年度预算:把粮食分一分,再用从森林、草原带回来的毛皮、马牛羊跟北宋换点东西。

这种当皇帝的方式,在我们今天的人看来很奇怪。但是跳出来想想,在自然界,一头雄狮怎么控制领地?就是在领地上四处巡视。

其实,中国自古以来就有帝王巡幸制度。比如,秦始皇统一六国后,在位的 11 年间就出巡了 5 次。最长的一次,在外面跑了将近一年时间。这和辽帝的"四时捺钵",是不是也差不多?

秦始皇为什么出巡得这么勤?当然是为了政治目的。灭了六国,建立起这么大的国家,秦始皇怎么获得全国各地老百姓的认同?总不能把老百姓叫到咸阳来吧?皇帝只能亲自到各地走一走、转一转,让张三、李四们见识一下自己的威严。顺便祭祀一下各地神灵,表示对地方文化的尊重。再到各处立碑颂德,把自己夸一夸。虽然就这么几件事,但皇帝不亲自去还真不行。

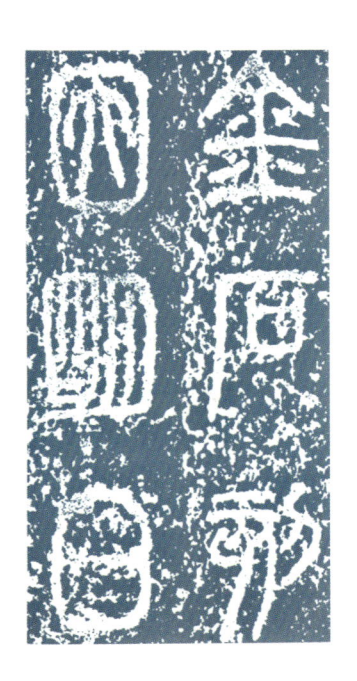

《泰山刻石》(局部)

秦始皇巡幸天下,在全国各处立碑,包括《泰山刻石》《琅玡台刻石》《芝罘刻石》《会稽刻石》等。

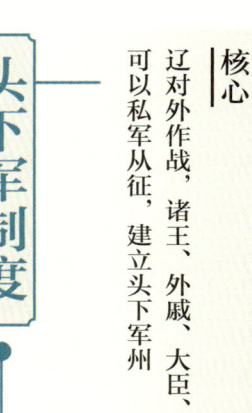

统治

辽"因俗而治"的统治策略

头下军制度

- **核心**：辽对外作战，诸王、外戚、大臣、诸部可以私军从征，建立头下军州
- **节度州**：大者称节度州，节度使由中央任命
- **刺史州**：小者称刺史州，刺史以下由头下军州领主选用

五京制度

- **核心**：以五京为中心，将辽朝统治区域分为五个一级行政区
- **留守司**：长官为各京留守，由契丹皇族或后族重臣担任
- **都总管府**：各京设一都总管府，属南面官系统

因俗而治

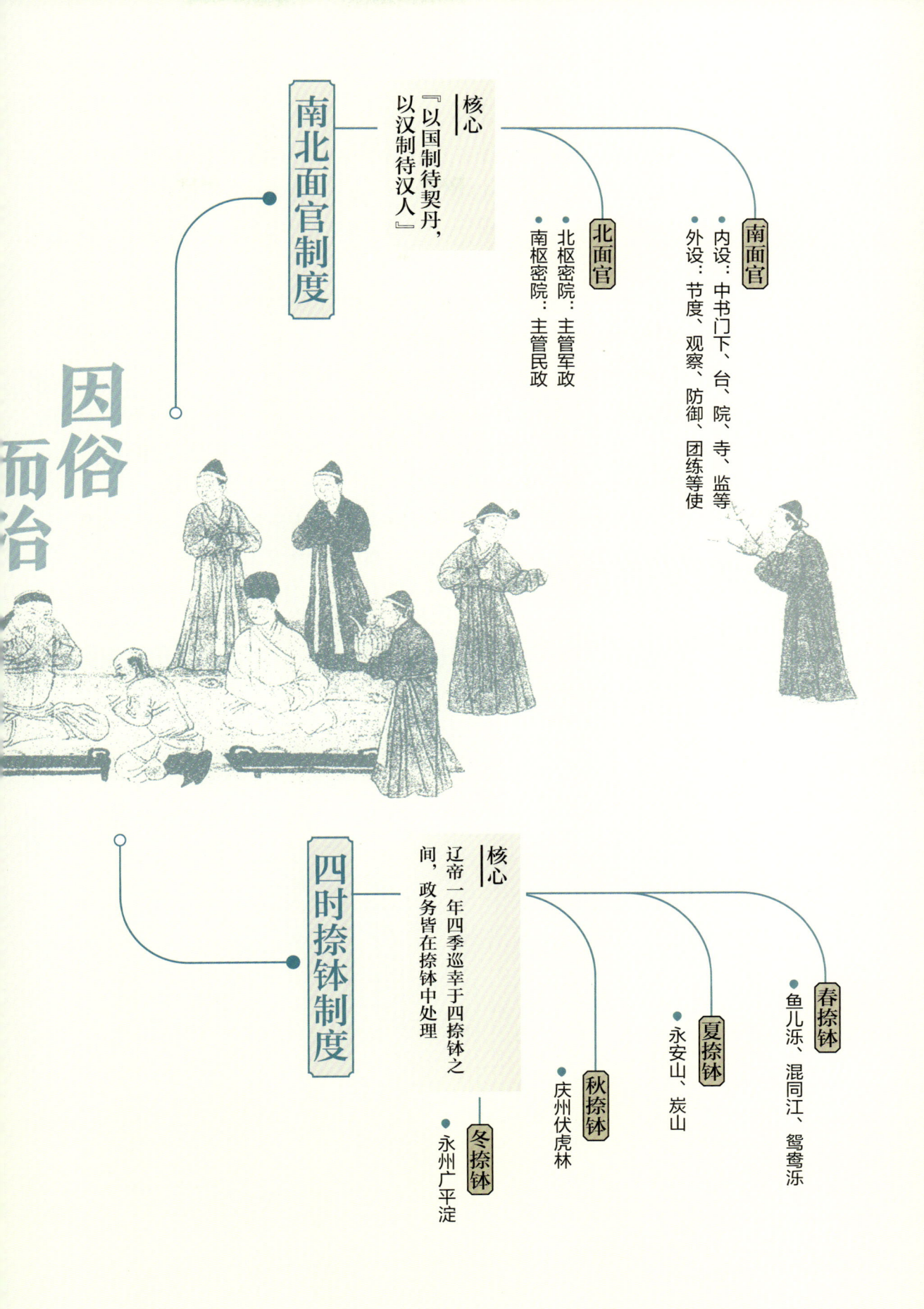

南北面官制度

核心：「以国制待契丹，以汉制待汉人」

- **南面官**
  - 内设：中书门下、台、院、寺、监等
  - 外设：节度、观察、防御、团练等使

- **北面官**
  - 北枢密院：主管军政
  - 南枢密院：主管民政

四时捺钵制度

核心：辽帝一年四季巡幸于四捺钵之间，政务皆在捺钵中处理

- **春捺钵**
  - 鱼儿泺、混同江、鸳鸯泺
- **夏捺钵**
  - 永安山、炭山
- **秋捺钵**
  - 庆州伏虎林
- **冬捺钵**
  - 永州广平淀

那为什么后来的中原皇帝不太搞巡幸了呢？因为内部的文化整合完成了，官僚体系健全了，皇帝垂拱而治就可以了！甚至，这时候的中原皇帝，上上下下就盼着他待在皇城里。否则，一出动就是大笔的财政支出，就是对地方上的骚扰。

但是1007年的辽还做不到。内部的多样性、复杂性太高了，皇帝不得不像雄狮一样巡视领地，不得不像登基之初的秦始皇一样，下乡送自己，也送政策、送温暖，让各个文化区域的人都看看皇家的威严。

由此可见，辽之所以是中国历史上第一个延续了200多年的、由游牧者建立的王朝，不是表面上分南北两套治理班子这么简单，更关键的是，最高层的统治者愿意四处奔走，愿意根据各地的实际情况实事求是地解决问题。

回到前面抛出的那个问题：自古以来，中国就有一个大命题，如何完成草原和中原的民族融合。在这道考题面前，作出独创性贡献的佼佼者，给后来者以巨大启发的优等生，就是辽。

参考文献

〔宋〕李焘，《续资治通鉴长编》，中华书局，1995年。

〔元〕脱脱等，《辽史》，中华书局，1974年。

〔汉〕司马迁，《史记》，中华书局，1982年。

〔汉〕班固，《汉书》，中华书局，1962年。

〔唐〕房玄龄，《晋书》，中华书局，1996年。

〔北齐〕魏收，《魏书》，中华书局，2017年。

〔唐〕李延寿，《北史》，中华书局，1974年。

〔唐〕魏征等，《隋书》，中华书局，2020年。

〔宋〕薛居正，《旧五代史》，中华书局，1976年。

〔宋〕路振，《乘轺录》，收录于谭其骧等编《历史地理》第四辑，上海人民出版社，1986年。

〔宋〕司马光，《资治通鉴》，中华书局，2011年。

〔汉〕贾谊，《贾谊集贾太傅新书》，岳麓书社，2010年。

〔汉〕刘熙，《释名》，中华书局，2016年。

〔清〕王闿运，《论语训·春秋公羊传笺》，岳麓书社，2009年。

〔清〕阮元校刻，《十三经注疏（清嘉庆刊本）》，中华书局，2009年。

〔清〕秦蕙田，《五礼通考》，中华书局，2020年。

陶晋生，《宋辽关系史研究》，中华书局，2008年。

王明珂，《游牧者的抉择：面对汉帝国的北亚游牧部族》，上海人民出版社，2018年。

林鹄，《南望：辽前期政治史》，生活·读书·新知三联书店，2018年。

杨若薇，《契丹王朝政治军事制度研究（修订版）》，社会科学文献出版社，2021年。

葛剑雄，《中国人口发展史》，四川人民出版社，2020年。

〔美〕狄宇宙，贺严等译，《古代中国与其强邻：东亚历史上游牧力量的兴起》，中国社会科学出版社，2010年。

〔美〕托马斯·巴菲尔德，袁剑译，《危险的边疆：游牧帝国与中国》，江苏人民出版社，2011年。

〔日〕鹤间和幸，马彪译，《始皇帝的遗产：秦汉帝国》，广西师范大学出版社，2014年。

李锡厚，《辽中期以后的捺钵及其与斡鲁朵、中京的关系》，《中国国家博物馆馆刊》，1991年第115、116期合刊。

李逸友、李宁，《辽中京为后期首都说的商榷》，《中国古都研究》，2001年第18辑上册。

武玉环,《春捺钵与辽朝政治——以长春州、鱼儿泊为视角的考察》,《北方文物》,2015年第3期。

余蔚,《辽代斡耳朵管理体制研究》,《历史研究》,2015年第1期。

葛兆光,《名实之间——有关"汉化"、"殖民"与"帝国"的争论》,《复旦学报(社会科学版)》,2016年第58卷第6期。

陈晓伟,《捺钵与行国政治中心论——辽初"四楼"问题真相发覆》,《历史研究》,2016年第6期。

张宪功,《"形式"之都与"移动"之都:辽代都城解读的一种尝试》,《中国古都研究》,2017年第33辑。

1008 年

经历过，解决过

1008年的世界

01 修士布伦到达基辅
● 东欧

布伦（974年—1009年）原为宫廷牧师，后来致力于写作布拉格主教阿达尔伯特的传记，便沿着阿达尔伯特的足迹前往各国：1003年，在匈牙利拜见了国王伊什特万一世；1008年到达基辅，受到弗拉基米尔一世的保护。在去世前，布伦完成了阿达尔伯特的第二部传记。

▲ 布拉格主教阿达尔伯特

02 奥本海姆建立市场
● 中欧

在10—11世纪，市场是连接各独立城市居住点的有力形式。对教会团体和世俗权贵来说，他们可以在市场上出售其庄园生产的农业产品。对封建领主来说，建立市场可以把散落在外围的财富聚合在一起，强化他们对其领地的领主权。1008年在奥本海姆（今德国西南部城市）建立的市场就是典型代表。

03 阿卜杜勒·马利克去世
● 南欧

阿卜杜勒·马利克（975年—1008年）生前是科尔多瓦哈里发国家的实际统治者，他的去世引发了安达卢西亚境内政治上的长期混乱和内战。

《源氏物语》成书
● 东亚

《源氏物语》是世界上最早的长篇写实小说，被誉为日本文学的灵感之源和日本古典现实主义文学的最高峰，对日本文学影响深远。一般认为《源氏物语》创作于1001年至1008年。

《源氏物语》作者紫式部是日本平安时代女作家、歌人，1005年入后宫，原名"藤式部"，后改称"紫式部"。

▲〔日〕土佐光起《源氏物语绘卷》（局部）

05 花山天皇去世
● 东亚

花山天皇（968年—1008年）是日本第65代天皇。他在位仅2年，其间分掌实权的是他的外舅藤原义怀和乳母之子藤原惟成。因皇妃藤原忯子孕期去世，花山天皇心灰意冷，便退位出家，于40岁时驾崩。

▲ 花山天皇像

1008年的中国

01 党项李德明出兵回鹘

党项李德明屡次出兵侵扰河西走廊地区的甘州回鹘,为回鹘所败。

▲ 回鹘王子列像的岩画

03 狄青出生

狄青(1008年—1057年),汉臣,北宋名将。主要军事成为在保安(今陕西西北部)大李元昊,平定侬智高叛乱等。

脱脱在《宋史》中评价狄青:为人慎密寡言,其计事必审中会而后发。行师先正部伍,明罚,与士同饥寒劳苦,虽敌狡之,无一士敢后先者,故其出有功。"

宋代科举殿试图 ▶

02 北宋科举行用座位榜

1008年,宋真宗亲试进士科举人,于崇政殿两廊设置座位,逐一标出举人姓名,又榜示座次,命举人依次入座。1011年,举人预先向贡院交纳书桌,由贡院排定座位次序,不同科目间隔而坐,省试前一天揭榜颁布。考试时依榜就座,不得改易。

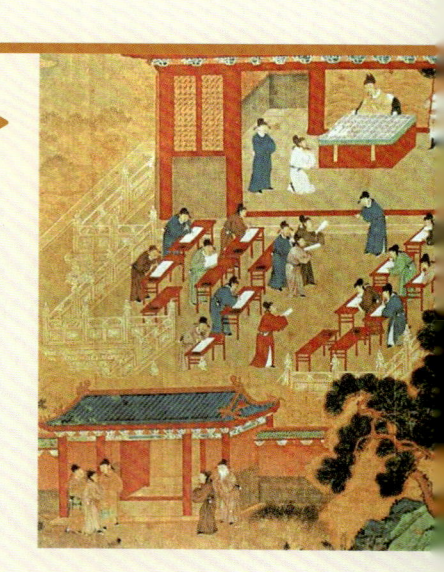

05 苏舜钦出生

苏舜钦（1008年—约1049年），字子美，北宋诗人、文学家。

苏舜钦提倡古文运动，善诗词，与宋诗"开山祖师"梅尧臣合称"苏梅"。著有《苏学士文集》《苏舜钦集》。

▲ 沧浪亭
苏舜钦买地作亭，名曰"沧浪"。亭上楹联"清风明月本无价，近水远山皆有情"，是苏舜钦所作《沧浪亭记》中的诗文。

狄青画像

04 北宋颁布《广韵》

《广韵》全称为《大宋重修广韵》，是中国历史上第一部官修性质的韵书，共5卷（上平、下平、上、去、入），计206韵。它继承了《切韵》《唐韵》的音系，是汉魏以来集大成的韵书，对研究古音有重要作用。

▲《广韵》中第一个韵目"东韵"

天书封禅只是迷信闹剧吗

从 1000 年这一路看下来,坦白说,我多少对宋真宗有了点感情。看了那么多史料,我发现他是一个宽厚、敏感、周到、有决断力的人。

举个很小的例子。有一次,宋真宗让一位翰林学士起草一份诏书。写完后,宋真宗不满意,便偷偷地找另一位翰林学士写。他还专门打招呼,千万别让前一个人知道,以免心生惭愧。这是 1005 年 2 月发生的事,当时正是处理澶渊之盟最关键的时刻,宋真宗竟然还有闲心去关照一位翰林学士的心情。你想想看,这该是多顾及下属面子啊!

可是,到了 1008 年,这位当朝天子突然性情大变,大搞迷信活动,从伪造天书到封禅泰山,再发展到在全国大建道观,一直到他 55 岁去世,前后折腾了十几年。《宋史》对这段时期的评价都是:全国上下仿佛都疯了!

一国君臣如病狂然,吁,可怪也。　　——《宋史》

看这一整段历史,有点像看一位学霸考试:前半张卷子做得几乎无可挑剔,突然中间发了疯,不仅题目全做错,而且涂涂抹抹,卷面脏得都没法看。

这究竟是怎么了?宋真宗为什么突然在这一年变成了一个既被人骗也乐于骗人、既糊涂又狂热的人?

◆ 天书究竟从何而来

这一切荒唐,都要从天书说起。

有一天,宋真宗突然喊来身边的重臣。他先烘托气氛,说自己卧室里采光不好,一早一晚都看不清东西的颜色。接着设置悬念:"去年十一月的一天半夜,屋里突然亮堂了起来,出现了一位老神仙,他告诉我,一个月后有三篇天书要交给我，让我别告诉其他人，然后就消失了。所以，从十二月开始我就在做准备，不仅吃素，还建道场。可整整一个月过去了，却没什么动静。"

这时候，大臣们估计都急死了。宋真宗接着说："就在刚刚，有人报告说，皇城一个门的角上挂了个卷轴，上面好像有字，我琢磨着，这就是老神仙说的天书了。"

此话刚落，大臣们立刻捧场："皇上英明神武啊！至于天书的内容，怕是我们外人在不方便，要不您自己看？"

宋真宗马上表态："未必。如果天书是批评咱们大宋的朝政，咱们就一起改正。如果天书只批评我一个人，那我就提高修养。怎么能怕别人知道呢？"

这一推一拉，在没有悬念的地方，硬生生又整出了一个悬念。

当然，谜底你肯定猜到了，天书是一封毫无保留的表扬信。

帛上有文，曰："赵受命，兴于宋，付于恒。居其器，守于正。世七百，九九定。" ——《续资治通鉴长编》

接下来就是群臣祝贺，告天地、告太庙、大赦天下、赏赐群臣——全员配合演出。此外，"景德"的年号换成了"大中祥符"，因为天书就叫"大中祥符"。

《续资治通鉴长编》对这件事的描述里有一处细节很值得琢磨，就是特地写下了去皇城门上取下天书的两个宦官的名字——周怀政和皇甫继明。

只是两个宦官，为什么非要记上这一笔？这就是中国传统史家的厉害之处，所谓"史笔如刀"，看起来什么都没写，但其实什么都记下了。你想想，又是写词，又是制作天书，再挂到门上，这么多事，一定得有人帮皇帝做。那是谁呢？这两个宦官的名字就另有深意了。

其实，天书从何而来，当时的人都是看破不说破，配合着表演罢了。

本来，戏演到这里就可以了。但谁都没想到，这才只是开始。这一年里，宋真宗陆续收到了三封天书。而且，收天书只是引子，真正的大戏其实是封禅泰山。1008年11月，宋真宗带着浩浩荡荡的队伍从京城汴梁出发，花了40多天时间，把封禅大典给办成了。

更令人没想到的是，封禅泰山也不是终局。后面十几年，还有更多的天书，更多的祭祀，更多的大兴土木，就这么一直折腾到宋真宗去世。

◆ 一切都是奸臣的错吗

宋真宗为什么会有这一系列荒唐的举动？有一个最简单，也最符合古代观念的解释是：既然出了昏君，必定是有奸臣。据说，奸臣就是王钦若。

本来，澶渊之盟达成，满朝文武都表示宋真宗做得好、做得对。但是，王钦若在一天朝会结束后，把憋在心里好久的话对宋真宗说了出来："您那么敬畏寇准，是真觉得他对江山社稷有功吗？"宋真宗说："那当然。"

王钦若又说："皇上，想不到您竟是这种看法。澶渊之盟明明是城下之盟，是我大宋被逼无奈签的，您怎么还不以为耻、反以为荣呢？"此话一出，宋真宗心里就有了一个巨大的阴影，自然问王钦若要解决方案。

王钦若先给了个建议——再次出兵讨伐辽，把幽云十六州收回来，一雪前耻。宋真宗给否定了。接下来，王钦若才把准备好的底牌掏了出来："您可以封禅泰山啊！这样就能让天下人心服口服了。"

不过，这个建议看起来有点"无厘头"，祭祀活动怎么就能镇服天下人呢？

要知道，在中国古代，封禅泰山是一件了不得的大事。司马迁的《史记》里专门有一篇《封禅书》，劈头第一句就是："自古受命帝王，曷尝不封禅？"

而且，别看中国历史上有那么多王朝、那么多皇帝，真正办成了封禅大典的皇帝，在宋朝之前一共只有5位，分别是秦始皇、汉武帝、汉光武帝、唐高宗和唐玄宗。这是因为封禅泰山需要集齐4个条件：天下一统，外无战事，内无天灾，还要有各种祥瑞。

本来是觉得自己有天命的帝王去封禅泰山，但时间一长，这件事的逻辑就发生了微妙的变化：能封禅泰山，就能证明这个皇帝有天命。于是，封禅成了"太平天子"或"顶级皇帝"的认证考试。因此，王钦若建议封禅泰山，相当于通过老天爷的认可，让天下人信服宋真宗的政绩。

以上是历史上对宋真宗这一系列行为的主流解释。用一副对联简单概括就是：王钦若奸臣出奸计，宋真宗昏君用昏招。

可事情真是这样吗？虽然这个解释既简单明了，又符合史料，但是很可惜，不符合人之常情。

首先，王钦若为什么用澶渊之盟来陷害寇准？澶渊之盟的主角明明是宋真宗本人，就算寇准在整个过程中很重要，他也只是配角。皇帝亲自参与、亲自决定，还引以为豪的一项决策，王若钦张嘴便说是"城下之盟"，是"国家的屈辱"。他这是要害寇准，还是要害自己呢？

其次，宋真宗怎么那么轻易地接受了王钦若的说辞呢？澶渊之盟的真实情况前文已经分析过，北宋当时握有相当大的主动权。作为事件当事人的宋真宗既了解全部情况，也不是没主见的性格，怎么会被一个完全站不住脚的说辞弄得方寸大乱呢？

最后，也是最重要的一点，为什么大臣们不仅没有反对，还大力配合呢？那个时代的士大夫对皇帝可没有那么客气。前文提过，有一次，宋真宗想提拔后宫刘氏为贵妃，给李沆写了一张条子。李沆一边把条子放在蜡烛上烧，一边说："我觉得此事不可。"封贵妃那么一件小事，士大夫都如此较真；全国大搞迷信活动，反倒没有人反对，你不觉得这十分不合情理吗？

那符合情理的解释是什么？有没有一种可能，这件事就是众望所归，人心所向呢？

◆ 封禅泰山究竟是为什么

我们要回到1008年的氛围中，才能理解这件事为什么是人心所向。

首先，和平真的来了。宋、辽之间进行了几十年的战争是真的结束了。

然后，国家真的开始富足了。1007年，全国运到京城的粮食额度曾一度达到800万石。这是什么概念？远超汉唐的400万石，连后世的明清也赶不上。这时国家的财政状况，甚至是北宋最好的一个阶段。

其次，这个阶段的大宋居然有了点儿"万国来朝"的景象。于阗、占城、甘州回鹘、大食、三佛齐、龟兹[1]都派来了使臣，有的是要交往，有的是要进贡，颇有点汉唐盛世的感觉。

---

1. 于阗，古西域国名，在今新疆和田一带；占城，占婆补罗的简称，在今越南中部；甘州回鹘，古族名，9世纪西迁回鹘的一支，其中甘州回鹘最强，故史籍称河西回鹘为甘州回鹘；大食，也译作"大石""大寔"，自唐代起，中国史籍常以此称阿拉伯帝国；三佛齐，也称"室利佛逝国"，7世纪兴起于印度尼西亚苏门答腊的古国；龟兹，古西域国名，在今新疆库车。

封禅

历代帝王封禅泰山情况

秦始皇 嬴政 — 前219年

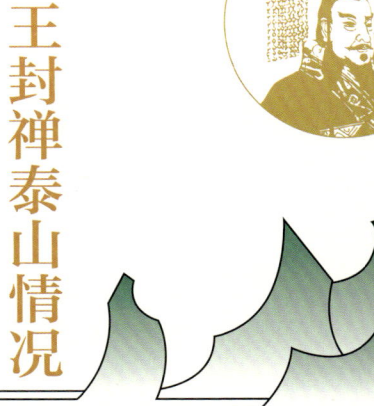

前110年

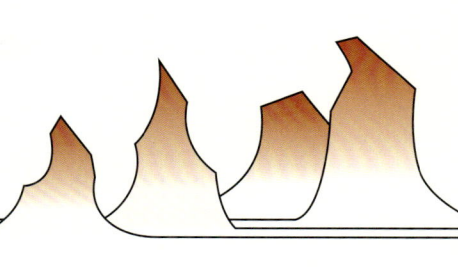

封禅流程：斋戒 → 在泰山下东南方燔柴祭天 → 岱顶行封礼 → 禅梁父山

唐高宗 李治

封禅流程：山顶筑"登封坛" → 山下南方四里处建"封祀坛"

唐玄宗 李隆基 — 726年

宋真宗 赵恒 — 1008年

封禅流程

汉武帝

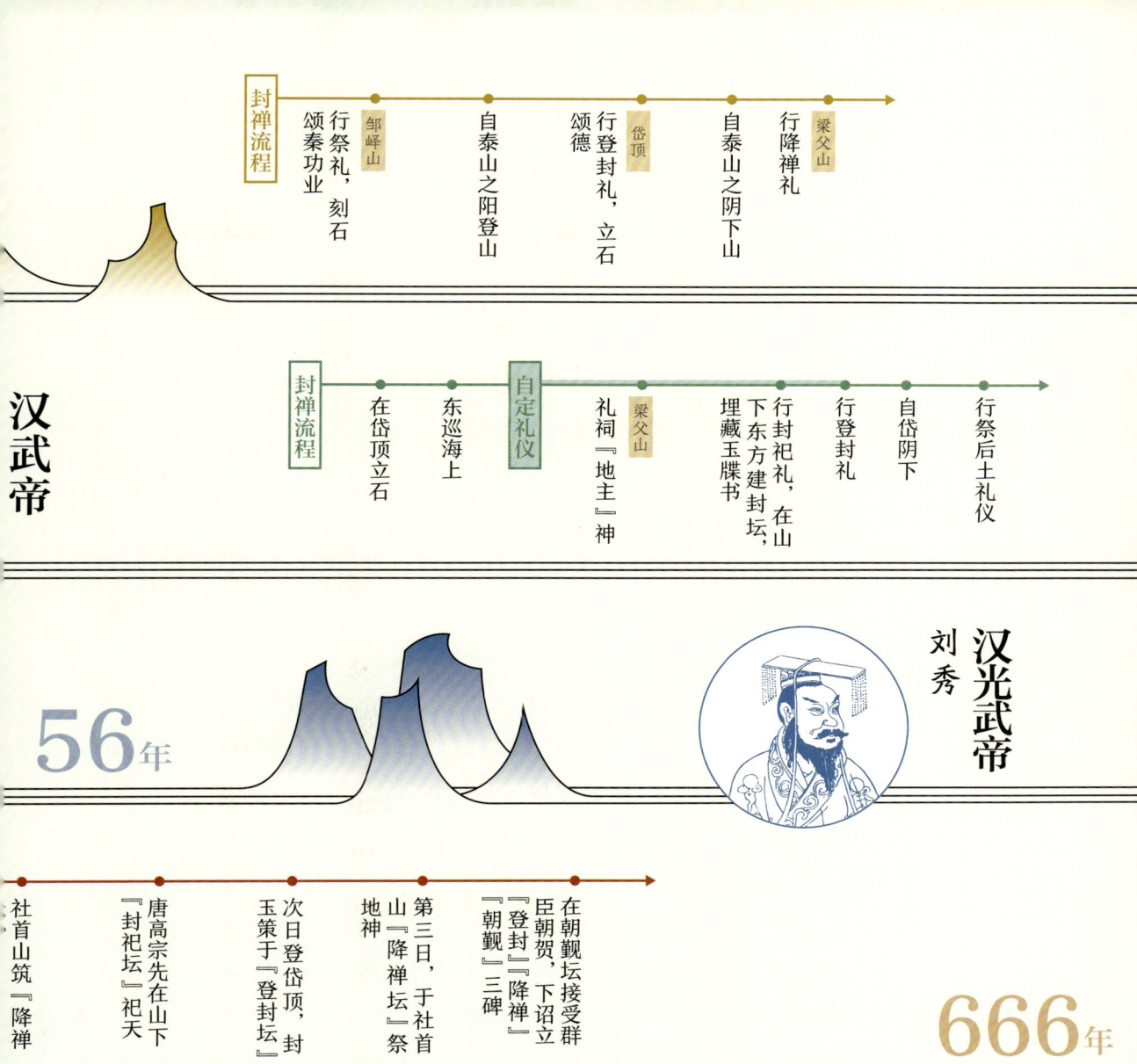

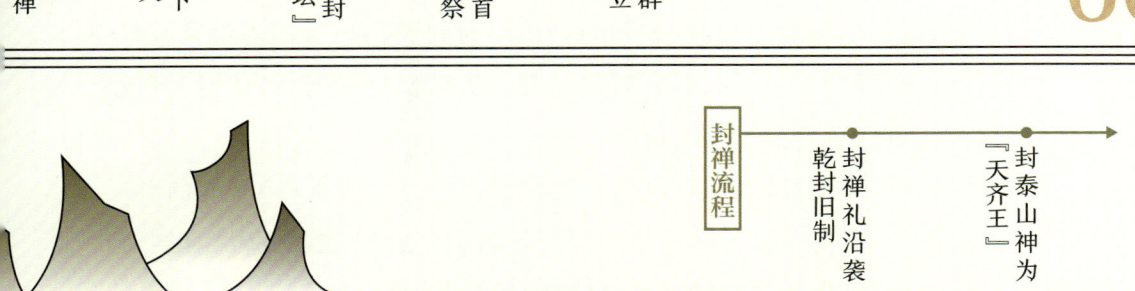

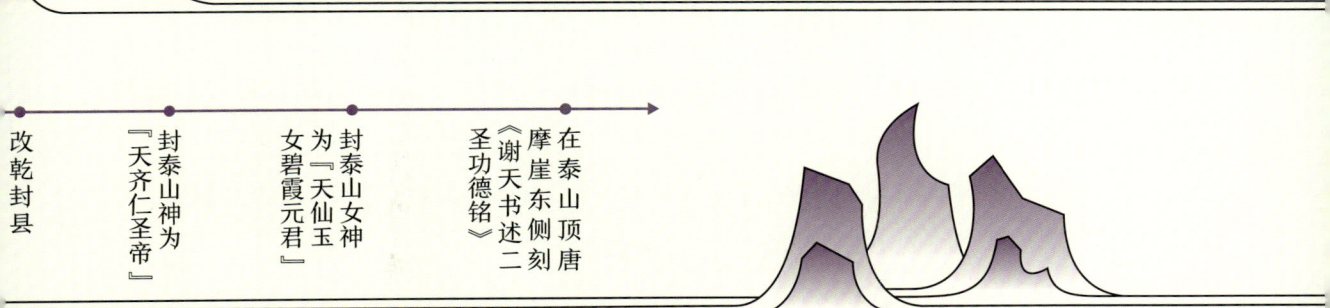

封禅流程
- 行祭礼,颂秦功业
- 邹峄山
- 自泰山之阳登山
- 自登封礼,立石颂德
- 岱顶
- 自泰山之阴下山
- 梁父山
- 行降禅礼

封禅流程
- 在岱顶立石
- 东巡海上
- 自定礼仪
- 礼祠『地主』神
- 梁父山
- 埋藏玉牒书
- 行封祀礼,在山下东方建封坛
- 行登封礼
- 自岱阴下
- 行祭后土礼仪

汉光武帝　刘秀

56年

- 社首山筑『降禅』
- 唐高宗先在山下『封祀坛』祀天
- 次日登岱顶,封玉策于『登封坛』
- 第三日,于社首山『降禅坛』祭地神
- 在朝观坛接受群臣朝贺,下诏立『登封』『降禅』『朝觐』三碑

666年

封禅流程
- 封禅礼沿袭乾封旧制
- 封泰山神为『天齐王』

- 改乾封县
- 封泰山神为『天齐仁圣帝』
- 封泰山女神为『天仙玉女碧霞元君』
- 在泰山顶唐摩崖东侧刻《谢天书述二圣功德铭》

另外，文化也迎来了繁盛。"宋四大书"中的三部此时已经完成了，分别是《太平广记》《太平御览》《文苑英华》。第四部也是规模最大的《册府元龟》，这时候已经开始编撰。

更多的例证，我就不一样样地摆了。其实，只要稍微体察一下那代人的心情就不难理解，这可不是一般的治理成绩，这是自755年的安史之乱后，时隔250多年，华夏大地第一次出现了太平盛世。如果你是生活在那个时代的知识分子，眼看着从宣布举行封禅到最终典礼完成，整个大宋外无战争、内无灾害，你会不会老泪纵横，为这个太平盛世欢呼雀跃呢？

此外，封禅泰山还有一些理性的算计。比如，宋真宗此时已经40岁了，却还没有儿子。在皇权时代，皇位没有继承人是一个动摇国本的问题。万一皇帝到泰山去跟老天爷沟通一下，就能生下一个儿子呢？

再比如，宋、辽之间虽然不打仗了，但潜在的竞争更激烈了，从拳击赛变成了选秀赛。两个王朝在舞台上各自表演，天下人心里自然有杆秤，反复掂量哪家才是正统。辽大搞佛教，把道教、孔子都供上了，宋能不应对吗？

总之，从当时人的视角来看，封禅泰山很可能不但不是迷信活动，反而是国家的旷世盛典。有了这场典礼，当时的人才会觉得，几代人的奋斗终于见到了成效，大宋的建国过程终于完成了。

不过，问题没有就此打住。如果你接受了这种解释，那另一件事就会显得很奇怪：为什么天书封禅最后还是声名狼藉呢？

宰相王旦刚开始对这件事是积极参与的，可到了后期，据说他非常后悔。临终前他甚至告诉家人，他死后要剃光头发，穿着黑衣服入葬。估计他是觉得自己没能劝谏宋真宗，还同流合污，自此有了人生污点。

等到宋真宗去世，著名的章献明肃皇后——大宋后来十几年真正的当家人，决定把天书埋了陪葬。算是用一种体面的方式，结束了这场荒唐的闹剧。

从这两件事我们可以看出，天书封禅折腾了十几年，大家都很累，都想尽快解脱。

当时的人尚且如此，后来的人就更不客气了。一提到宋真宗，人们就摇头，觉得他后半辈子就是昏君一个。

从伪造天书到封禅泰山，明明初衷是好的，大家都参与了，怎么到最后不仅失控了，还把锅都甩给了宋真宗呢？

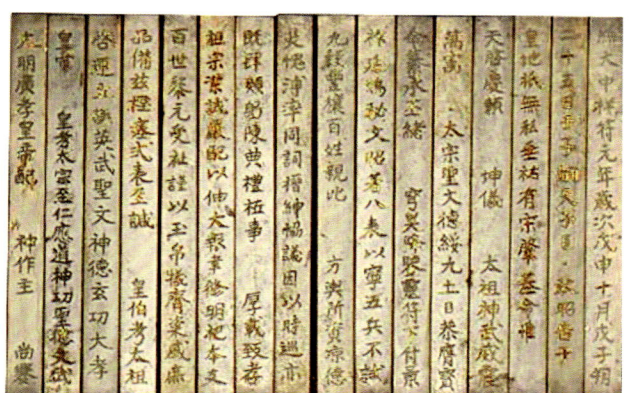

宋真宗封禅大典的"禅地玉册"

◆ 谎言是怎么失控的

宋真宗背了所有的"锅",看起来似乎不冤。谁让他第一步就错了呢?跟宦官们炮制天书骗人。不过,若要回到历史现场,设身处地地站在当时人的立场上,这个现象不难解释。皇帝想封禅泰山,总不能直接说:"我觉得我够资格了,可以去。"怎么也得有些祥瑞的信号吧!

可是,天书毕竟是骗人的。读儒家圣贤书长大的皇帝,怎么能越过这条道德边界呢?这个时候,"神道设教"四个字就出场了。

这个词本来的意思是,按照神秘的天道来教化老百姓,但是后来渐渐走了样,变成了另外一层意思:老百姓有时候就是愚昧,要想教化他们,不妨用些神神鬼鬼的手段。只要目的是好的,就不算骗人。

王钦若就对宋真宗说过:"哪儿有那么多祥瑞?都是人干的。"只要皇帝表现得深信不疑,所有人就都会相信。河图洛书是真的吗?当然不是,无非是神道设教!

> "天瑞安可必得,前代盖有以人力为之者。若人主深信而崇奉焉,以明示天下,则与天瑞无异也。陛下谓河图、洛书果有此乎?圣人以神道设教耳。" ——《续资治通鉴长编》

可宋真宗万万没有想到的是，神道设教虽然是一种很便利的达到目的的方式，但它也是"瓶子里的魔鬼"，一旦放出来，就不好收回去了。

迷信可不只是装神弄鬼骗人，它的社会后果非常复杂。

第一个后果，迷信的传播范围非常广。你可别觉得，只有少数愚昧不堪的人才会迷信。迷信的最大特点是：承诺的收益很大，但成本很低。什么吃一把香灰就能治病，给菩萨磕个头就能生儿子，认大树当干爹就能消灾免难，这样的便宜事，不做白不做。这是迷信能大规模传播的根本原因。

第二个后果，迷信有很强的网络性，就算你本人不信，也会受它的影响。

举个例子，传说某个楼盘闹鬼，所以价格只有周边楼盘的一半，请问你买吗？我是一个坚定的唯物主义者，但我的回答是：不买。原因很简单，我自己虽然不信，但我身边的人会信。买了这个房子就意味着，我的家人可能不愿意住，我的朋友可能不愿意来做客，我将来想卖也很可能卖不掉。那我为什么要给自己找这个麻烦呢？你看，无论我信不信闹鬼这件事，我的行为都是一样的。

第三个后果，也是最为严重的后果，就是坏人容易搭便车。

你想，连皇帝都伪造了"天书"这个最大的祥瑞，其他人伪造一点小祥瑞，不过是帮皇帝烘托气氛，不算过分吧？皇帝既然要去泰山，附近的曹州、济州找了2000多个当地有名望的老人家，千里迢迢赶到开封，要求皇帝封禅的时候顺便来自己家乡看看，不过分吧？皇帝既然要办典礼，民间有人觉得我们老百姓也要出点钱，于是带头募捐，总共400多个人参加，募捐了不少钱和物资，不过分吧？国家要搞祭祀，总要有点气氛，于是有军队的军官克扣军饷——不是往自己兜里揣，而是买一些绸缎来装点军营的气氛，不过分吧？

所有这些事，报到宋真宗那里，都会令他左右为难：制止的话，不符合大氛围；不制止的话，别的地方有样学样，天下不得大乱？只好一面表扬，一面说下不为例。可是，会起哄做这种事的人，道德品质能有多好？往往都是利欲熏心，想趁机捞点好处的人。

这种搭便车现象，还有更可怕的一面。

王钦若有一次向宋真宗汇报："我做了一个梦，有个神仙指点我在某处造一座庙。后来我督查工程，发现当地真有这么个小神仙。咱们要不就用结余的工程款给他造个庙吧？"宋真宗就同意了。

我看到这段材料时真是为宋真宗倒吸一口凉气：这怎么能答应呢？万一有

一天王钦若说神仙托梦让他当宰相，宋真宗要如何处理？这已经是在动摇政治权力的基础了。

这可不是杞人忧天，后来真发生过类似的事情。有一个叫朱能的人假造了一份天书，要献给宋真宗。宋真宗竟然真敢要，还派人去迎这份天书。

前几份天书怎么来的，宋真宗自己心里还不清楚嘛！这没来由突然冒出来的天书，肯定也是伪造的。可是，这话只能咽回肚子里。谁规定老天爷给皇帝写信，一定要投递在皇宫里？这就引发了一个困境：这种来路不明的天书，皇帝不认，没有道理；认了，未来后患无穷。万一有人伪造天书认为该换皇帝，那还不天下大乱？

后来这个朱能果然叛乱了。朝廷只好宣告他那份天书是伪造的。朱能自杀，他的党羽以极刑处死。

迷信最大的麻烦就在于，它会让整个社会陷入一种信息失真的状态，导致的恶果的链条非常长，很多罪恶都可能藏在里面，等待最后恶性发作。时间越久，后果越不堪设想。

社会学家库兰有一个"偏好伪装"理论，就是解释这个现象的：某种压力令社会中的很多人开始说假话，那么，这个社会中的危机就会不断积累，某一天可能会突然崩溃，就像"皇帝的新装"。

那怎么办？最聪明的办法是，掌握权力的人一开始就不要撒谎。千万不要为了某些现实目的，走什么方便法门，搞什么"神道设教"。

看着宋真宗这场人生悲剧，我好像看到了一个聪明的小孩在社会共识的推动下，在众人鼓励的目光下，出于良好的目的撒了第一个谎，然后因果的链条开始启动：这个小孩子成了自己谎言的奴隶，用更多的谎言、更多的遮掩去挽救先前的谎言。

他这一路走得很累。渐渐地，身边的人越来越少，人们都开始对这个谎言避之唯恐不及。最后，他一个人把这一幕荒唐的戏剧演完。大幕落下，后世的人指着他说："看，那个糊涂皇帝，搞得天下乌烟瘴气。"

我的内心除了有一种苍凉的惋惜，还想起了一句话：人活在这世间，得真话不全说，假话全不说。"魔鬼的瓶子口"是一丝一毫也不能打开。

参考文献

［宋］李焘,《续资治通鉴长编》,中华书局,1995 年。

［宋］田况,《儒林公议》,中华书局,2017 年。

［元］脱脱等,《宋史》,中华书局,1985 年。

张维玲,《从天书时代到古文运动:北宋前期的政治过程》,上海古籍出版社,2023 年。

李天石,《中国中古社会经济史论稿》,江苏人民出版社,2020 年。

〔美〕龙沛,康海源译,《重归一统:宋初的战与和》,九州出版社,2021 年。

周郢,《宋真宗崇祀泰山玉女意旨新探》,《世界宗教文化》,2021 年第 6 期。

韩新芝,《大中祥符九年的蝗灾与宋真宗的"祥瑞"终结》,《九江学院学报(社会科学版)》,2021 年第 40 版第 4 期。

汤勤福,《宋真宗"封禅涤耻"说质疑——论真宗朝统治危机与天书降临、东封西祀之关系》,《河北大学学报(哲学社会科学版)》,2019 年第 44 卷第 1 期。

林鹄,《天书封祀补正——兼论仁宗以降对真宗朝历史的改写》,《隋唐辽宋金元论丛》,2018 年第 8 期。

杜乐,《宋真宗朝中后期的"神圣运动"研究——以"天书"和玉皇,圣祖崇拜为切入点》,北京大学硕士论文,2011 年。

胡小伟,《"天书降神"新议——北宋与契丹的文化竞争》,《西南民族学院学报(哲学社会科学版)》,2003 年第 5 期。

1009年

经 历 过， 解 决 过

1009年的世界

01 **教皇若望十八世退位，塞尔吉乌斯四世继位**
● 南欧

塞尔吉乌斯四世于1009年至1012年间担任罗马主教，去世后被葬于拉特兰圣约翰大教堂。

▲ 塞尔吉乌斯四世

▲ 若望十八世

02 **史书首次提及立陶宛**
● 东欧

"立陶宛"（Lietuva）之名最早的记录，出自《奎德林堡编年史》中1009年3月关于传教士奎尔富特的圣布鲁诺的一则故事中。

▲《奎德林堡编年史》中首次出现"立陶宛"一名

公蕴自立为帝
● 东南亚

1009年，越南前黎朝卧朝皇帝驾崩。皇太子黎龙钺年仅10岁，卧朝帝的两个弟弟黎明昶、黎明提起兵争夺皇位。李公蕴以保卫宫殿为名进入皇宫，率兵杀死了黎明昶、黎明提，顺利篡夺皇位，建立李朝，为李太祖。

越南李朝世谱（1009年—1225年）

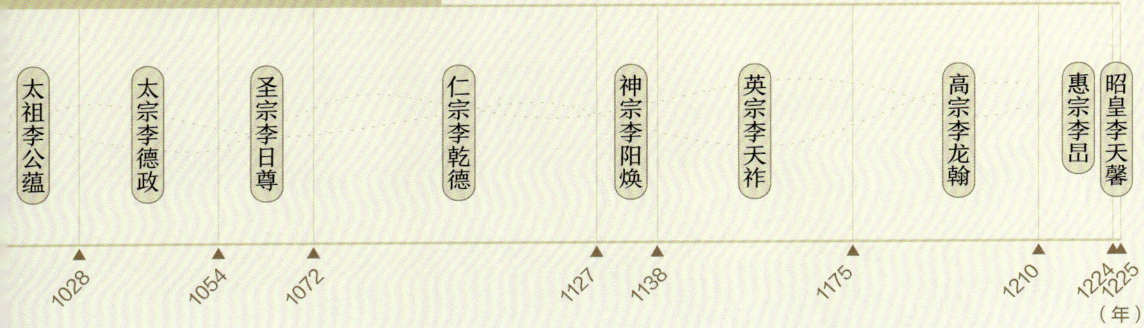

太祖李公蕴	太宗李德政	圣宗李日尊	仁宗李乾德	神宗李阳焕	英宗李天祚	高宗李龙翰	惠宗李旵	昭皇李天馨
	1028	1054	1072	1127	1138	1175	1210	1224 / 1225

（年）

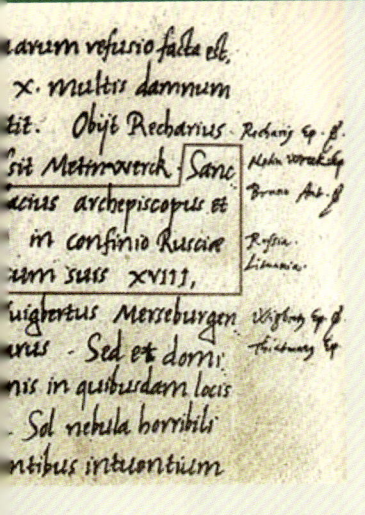

04 康兆政变
● 高丽

西京（今朝鲜平壤附近）都巡检使康兆刺杀高丽穆宗，立穆宗堂叔王询为王，即高丽显宗。

得知穆宗被杀后，辽圣宗耶律隆绪于1010年趁机以为穆宗报仇为由，率40万大军攻打高丽。

1009年的中国

01

北宋大建道观

宋真宗号召各路、州、府、军、监、关、县择选官地营建道观，并以"天庆"题额。此后，各地开始遍设道像，唐末五代以来毁掉的道教宫观又恢复起来。

《朝元仙仗图》为道教壁画样稿，描绘了东华帝君、南极大帝率领众仙官侍从朝见玄元皇帝的情景。该壁画创作时期正值宋真宗崇奉道教、大兴土木建筑道院之时。

▼ 宋·武宗元（传）《朝元仙仗图》（局部）

02

宋真宗赐额应天府书院

曹诚捐资，在五代末儒士戚同文旧居旁兴建应天府书院，聚书千余卷，广招学生，讲习颇盛。宋真宗赐"应天府书院"额，命同文之孙奉礼郎戚舜宾主持，订学规，凡讲课、考试、劝督、赏罚，皆为立法；休假、探亲时间亦有规定，士人皆愿入学。应天府书院又名应天书院。

▲ 今河南商丘应天书院

清净寺

03 始建清净寺

清净寺坐落于福建泉州涂门街。现存有寺门、奉天坛、明善堂等。其中寺门高12.8米，用青、白花岗石砌筑，分内、中、外三重。

05 于阗黑韩王遣使到北宋

安史之乱后，于阗国中断派遣到中国的使节，943年才恢复交往。北宋建立后，来使渐多。1009年，于阗黑韩王派回鹘人罗斯温等向北宋朝廷进贡。北宋时期，于阗进贡30多次，于阗一道成为中西交通的主要路线。

04 辽萧太后去世

辽萧太后去世，报哀于北宋、西夏、高丽，北宋等遣使吊慰。

▲ 萧太后河码头遗址公园的萧太后像

大建道观为什么停不下来

迷信和谎言就像种子，一旦生根发芽，便会在各种力量的推动下自发成长，直到长成一个众人侧目的庞然大物。虽然前一年我们讨论过封禅泰山，但事情远没有结束。

这一年，宋真宗又做了什么呢？修建玉清昭应宫，目的是供奉引发了封禅泰山的天书。

玉清昭应宫可不只是一个简单的道观，据记载，它的面积总计约35万平方米。这是什么概念？大致有故宫一半那么大。

北京城修建故宫，是在一片空地上做设计，想建多大就建多大。可建玉清昭应宫，是要在已经建成的开封城里，通过大规模拆迁，再造一片庞大的建筑群。只是为了供奉天书，就要如此大兴土木，你感受一下决策者的雄心。

我在看相关资料时，最强烈的感受倒不是玉清昭应宫的建筑有多么宏大，多么富丽堂皇、雕梁画栋，而是"着急"这两个字。这项工程原本预计要花15年时间，但是太着急了，一使劲儿，居然6年半就修好了。

要知道，皇帝大兴土木是儒家自古以来就强烈反对的事情。自小受过完备儒家教育的宋真宗，为什么一门心思要修这么大的工程？当时的老百姓为什么不叫苦？士大夫们又为什么不坚决反对？我们不妨一起回到1009年的现场。

◆ 老百姓为什么乐于参与

玉清昭应宫的工期能够缩短那么多，其中有一个关键人物——丁谓，也就是这个大工程的总指挥。

丁谓可是一名工程专家。有一次，他担任修复皇宫的工程总指挥，觉得取土太远了，就命人直接在开封城的大街上挖土。在大街上挖出一条大沟，再把

北宋东京开封府城平面示意图

资料来源：孟凡人，《北宋东京开封府城的形制布局》，《故宫学刊》，2008年第4辑。

汴河的水放进来，大街变运河，运送各种建筑材料的船就可以进来了。等皇宫修复好了，再把建筑垃圾回填到大沟里，大街恢复平整如初。这个一举三得的故事后来成为古代运筹学的经典案例。

更为重要的一点是，丁谓还有一个身份——三司使，也就是财政部部长。管着国家钱袋子的财政部部长负责一个具体的工程，你体会一下背后的用意，肯定是有"花钱更方便"这层安排在的。

5月11日，丁谓被任命为工程主管；5月29日，宋真宗又专门下圣旨，命令负责京城建筑修缮的部门不要管玉清昭应宫的工程。这就意味着，工程进度和预算全都在丁谓的控制权里，简直是府库里有多少，他就能花多少。

当然，这件事不能全怪丁谓，宋真宗还派了一个宦官刘承珪当副总指挥——宦官代表的可是皇帝本人。刘承珪可不管预算多少，他要的就是工程漂亮、皇帝满意。只要有一点点不满意，哪怕精装修都做完了，刘承珪也要让人毁了重做。

这样的工程，"多、快、好"是可以做到的，但"省"就不大可能了。

工程花这么多钱，进度赶得这么紧，难道宋真宗不担心像秦始皇修长城、隋炀帝挖京杭大运河那样，逼得老百姓造反吗？就算不造反，他难道不担心民怨沸腾吗？

这时的北宋跟此前的汉唐、后来的明清有一个差异，就是国家基本不使唤老百姓。那怎么搞大工程呢？用军队，用中央禁军和地方上的厢军。

用职业军人替代普通农民干活，首先保证了不误农时，老百姓就不用一边干活，一边惦记着家里的庄稼了。其次，军队是很愿意干这些活的。无论禁军、厢军，他们本质上都是雇佣军，本来就有工资，干这种皇帝看重的"天字第一号"工程，又能经常得赏赐，经济上不吃亏。

1009年8月，宋真宗下旨，把参加修建玉清昭应宫工程的禁军从每季一换改为每月一换。这是为什么？因为皇帝想让更多的人得到赏赐。那我们自然可以推想，这是一个大家都抢着干的活儿。

而且，在整个天书降神、东封西祀、大兴土木的过程中，史料中几乎没有加派赋税、摊派负担的记录。相反，都是在哪里搞迷信活动，就要免哪里的赋税。参加迷信活动，从百姓到工匠还都能得赏赐。修建玉清昭应宫的很多花费，就是花在这样的赏赐上面，也算是一种取之于民用之于民。所以，这件事的是非还挺复杂的。

此外，修建玉清昭应宫和秦始皇建阿房宫不同，前者毕竟是宗教工程。我若是当时的地方官员或工头，肯定会用宗教意义来激励工匠们："这可是用来供奉天书的，你们是在为老天爷打工，将来都会有福报！"

基于以上几个原因，老百姓不反抗就不难理解了。

宋·燕文贵《溪山楼观图》

燕文贵,北宋画家,创造了为人所称许的"燕家景致"。他曾于宋真宗时期参与绘制玉清昭应宫的壁画。现存世作品有《江山楼观图》《溪山楼观图》等。

◆ 士大夫为什么不拼死反对

老百姓的心理分析完了，接下来我们还得解释另一个问题：为什么翻遍1009年的史料，其中也没有一个士大夫冒死直谏、据理力争地反对呢？毕竟皇帝大兴土木是违背儒家传统的呀！

重臣不反对，不是因为这件事正确，也不是因为他们害怕皇帝的威严，而是他们有不能反对的顾虑。说白了，士大夫怀里抱着儒家"节用爱民"的大道理，皇帝手里也有几个能拿得上台面的、儒家认可的大道理，那就得道理比道理。

皇帝能摆在台面上的第一个大道理，是丁谓给他出的主意：如果有人提出反对意见，就用皇位还没有继承人做挡箭牌，建道观是为了向上天祈福，传宗接代。

后来，宰相王旦上了一道密奏劝谏，宋真宗就回复他："我这是为了生儿子，你反对？"王旦就不敢再说什么了。

> 谓曰："陛下富有天下，建一宫崇奉上帝，何所不可。且今未有皇嗣，建宫于宫城之乾地，正可以祈福。髃臣不知陛下此意，或妄有沮止，愿以谕之。"既而王旦又密疏谏上，上谕之如谓所对，旦遂不敢复言。——《续资治通鉴长编》

当年的王旦和朝中的重臣们就是遇到了这样一个困境：一个对皇帝来说天大的事，他们又拿不出解决方案，而皇帝提的办法，至少在当时的观念里是多少有点用的，这让他们怎么反对？

还有一个大道理就不是皇帝的私事了，而是政权合法性的大事。

天书降神、东封西祀、建造玉清昭应宫这一系列操作，背后还有一个隐藏的算计。这个算计，当时的士大夫都清楚，就是要强化北宋的合法性。

宋以前活得比较长的古代王朝，前面基本都有一场大规模的农民战争。汉是建立在秦末农民战争，即陈胜吴广起义的基础上的；唐是建立在隋末农民战争，即瓦岗寨等一系列起义的基础上的。这个规律在宋以后也成立：明是建立在元末农民战争——红巾军起义的基础上的；清是建立在明末农民战争——李自成、张献忠之乱的基础上的。

一场农民战争的后果，一方面是生灵涂炭，另一方面是天下原来的利益结构被彻底摧毁。谁能从群雄中打出来，谁就有天然的合法性。

但宋朝并没有经历这些，所以，宋朝皇帝的合法性焦虑是比前代要沉重的。宋真宗必须证明给天下人看，我们大宋的三代皇帝带来了太平盛世。

太平盛世是什么样子？这可不是抽象的概念。当时的人所知道的太平盛世，顶峰的样子就是唐玄宗的"开元之治"。而宋真宗这一系列操作的背后，其实就是对唐玄宗的有样学样，亦步亦趋，唤醒大家对"开元盛世"的记忆。

封禅泰山，唐玄宗做过；祭祀汾阴（今山西运城），唐玄宗也做过；大建道观，这更是唐玄宗爱做的事情。实际上，宋真宗时期天下大建道观，很多道观都是在唐玄宗时期的道观的地基上重建的。

宋真宗这个作业，抄得可真是一丝不苟、毫不走样。

有一个叫孙奭的大儒，一直在给宋真宗上书，反对迷信活动，但宋真宗怎么都不理他。直到有一次，孙奭上书时提到："皇上，外面可都在说您事事效仿唐明皇。可唐明皇下场如何？又是安史之乱，又是马嵬坡兵变的，您为什么要学他呢？"

这一下子，宋真宗来神儿了，专门写了一篇《解疑论》来反驳孙奭，大概意思是："我这一系列做法，又不是唐明皇首创的。而且，我们学习太平盛世的做法，有何不可？秦朝那么残暴无道，我们今天的很多官名、地名，不都是从秦朝来的吗？岂能因人废言？"

> 帝以为："封泰山，祀汾阴，上陵，祀老子，非始于明皇。开元礼今世所循用，不可以天宝之乱举谓为非也。秦为无道甚矣，今官名、诏令、郡县，犹袭秦旧，岂以人而废言乎？"——《续资治通鉴长编》

从这个细节可以看出来，宋真宗搞这一系列活动，终极目的就是让天下人都知道，开元盛世真的重来了。当时的士大夫更是清楚，这一切并不是皇帝疯了，而是事关皇权合法性，事关他们生活的那个时代是不是太平盛世，事关天下百姓的人心会不会因此进一步凝聚。有了这些动机在里面，士大夫是不是就不好反对了？

宋·武宗元（传）《朝元仙仗图》（局部）

据传，《朝元仙仗图》是武宗元在为玉清昭应官创作寺观壁画时所绘制的小样。

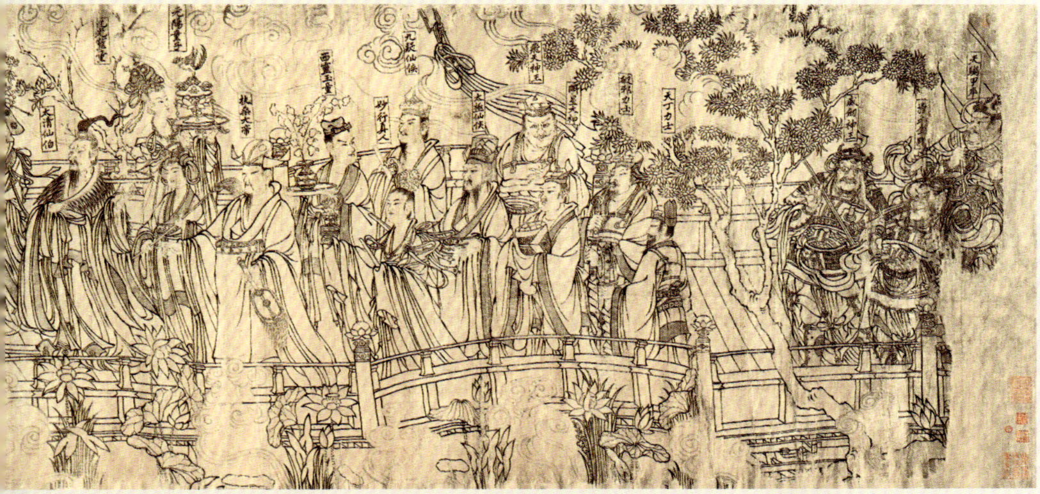
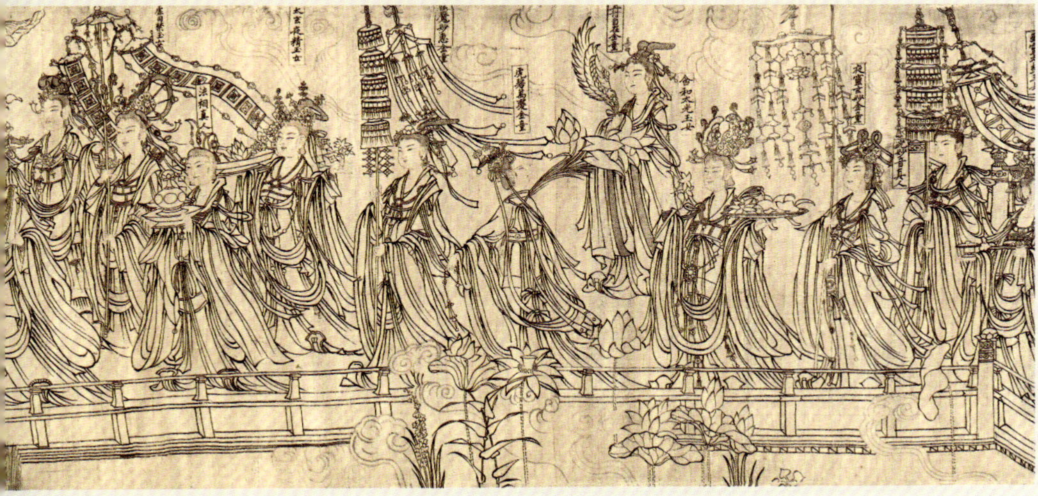
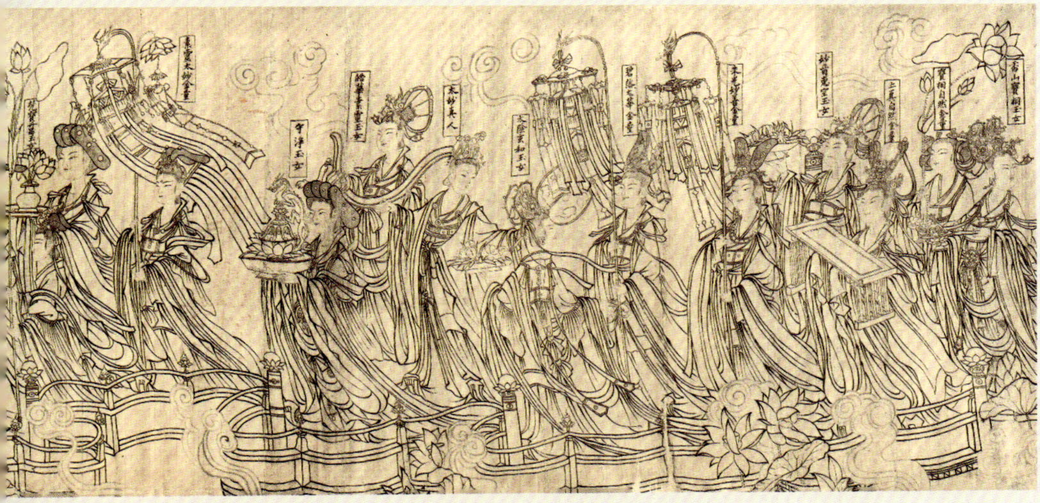

供奉御容

宋真宗时期供奉御容一览表

供奉御容即在宫观中设立专门的一个殿，供奉前代帝王和后妃。宋真宗时期供奉御容的地点多与被供奉者的生平有关。

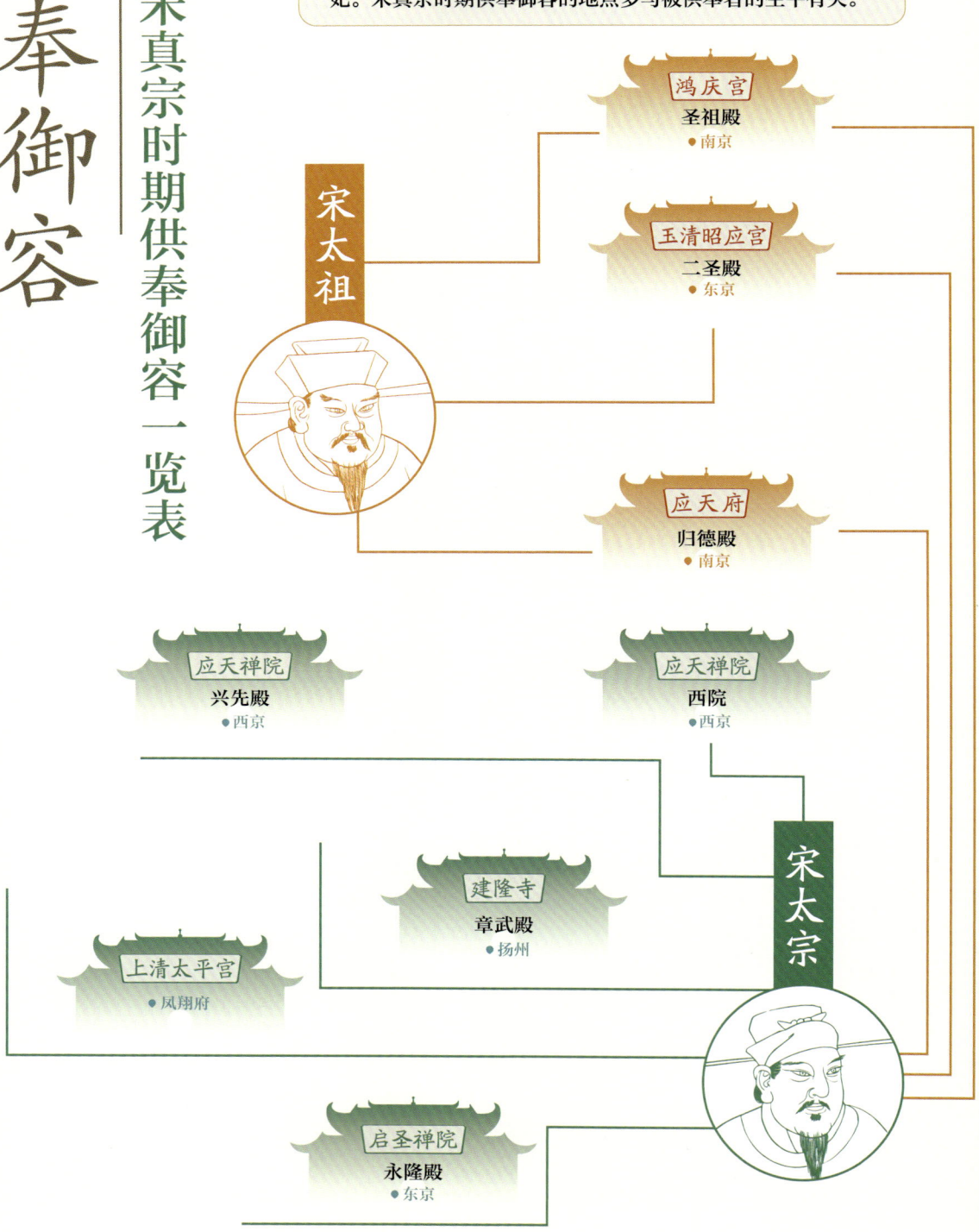

- **鸿庆宫** 圣祖殿 ●南京
- **玉清昭应宫** 二圣殿 ●东京
- **应天府** 归德殿 ●南京
- **应天禅院** 兴先殿 ●西京
- **应天禅院** 西院 ●西京
- **建隆寺** 章武殿 ●扬州
- **上清太平宫** ●凤翔府
- **启圣禅院** 永隆殿 ●东京

宋太祖 → 鸿庆宫圣祖殿、玉清昭应宫二圣殿、应天府归德殿

宋太宗 → 玉清昭应宫二圣殿、应天禅院兴先殿、应天禅院西院、建隆寺章武殿、上清太平宫、启圣禅院永隆殿

资料来源：汤勤福，《宋代御容供奉与玉清昭应宫、京师景灵宫的礼仪问题》，《河北大学学报》，2020年第45卷第3期。

◆ 皇帝为什么停不下来

分析完了百姓和士大夫的心理活动，我们来解释一个问题：谁都知道大兴土木、劳民伤财不好，"节用爱民"这个道理，皇帝更是自小就耳提面命的，为什么古代帝王就是忍不住要这么干？

第一个解释来自人性的复杂性，就是所谓的"认知失调"。认知失调就是当你发现你的行为和你心目中的自我形象不相符时，你会产生一个幻觉来解释自己的行为。

1008年，宋真宗伪造了天书，丁谓就写了一份奏疏，报告说有两只仙鹤在运送天书的车子前面飞了好久好久。宋真宗的反应是："就算有仙鹤，仙鹤飞了好久好久恐怕也不是事实。你回去把这封奏疏改一改。"丁谓一听，马上跪下磕头："陛下真是诚实啊！上不骗苍天，下不欺万物。我强烈要求把您让我改奏疏这件事记下来，留给后世当教科书。"宋真宗低头想了想，说可以。

这可是刚刚伪造了天书的皇帝，他马上就能找到证据证明自己是个诚实的人，还要记录下来让千秋万世也相信。这不就是认知失调吗？

其实，这就是人性。每个人在自己认定的死理儿面前，往往是看不到不利证据的。在自己的行为面前，也总能找到无数合理化的解释。

第二个解释，是从社会复杂性出发的。

皇帝有时候只是开了一个头，接下来，自然有人从旁鼓励他、诱惑他，甚至逼迫他继续做下去。这也往往是大兴土木停不下来的原因。而且，你可别觉得只有王钦若、丁谓这种奸臣、坏人会干这样的事，正常人也会做。

完成封禅泰山之后，又有一件事浮上了水面。既然祭祀了天，要不要按照汉朝和唐朝的老规矩，再去山西汾阴祭祀一下地呢？原本怕浪费钱，皇帝不去。但是，民意来了，挡也挡不住。1010年7月，山西汾阴的地方官报告，当地的父老、僧道共1290人联名上书，请求皇帝去祭祀。而且，这1000多人还要亲自来开封请皇帝。宋真宗赶紧下诏阻拦。

到了9月，汾阴当地的文武官员、父老、僧道还是来了，而且一下来了3万人。皇帝还是不答应，老百姓还是接二连三地上表。

这回宋真宗有点扛不住了，就跟宰相商量："我是去还是不去呢？不去，当地父老乡亲太热情了；去，太浪费钱了。"宰相能怎么办？只能说："陛下不容易，都是为了老百姓向神仙祈福。我们就是担心您栉风沐雨、舟车劳顿，太辛苦了。"宋真宗就顺着接话："唉！只要老百姓能把日子过好，我是不怕什么风雨劳苦的！"最后，皇帝还是去了汾阴。

　　看完这件事的过程，你还认为是皇帝想搞迷信吗？虽然可能有一点，但最根本的推动力还是地方官。那我们能说地方官做错了吗？设身处地想一想，如果我就是那个地方官，在公，我可能是为了当地老百姓的福祉，在私，我可能是为了自己表现一下——无论什么理由，我都要拼了命地争取。

　　虽然我们看当年这些事，觉得就是迷信。但是，"迷信的想法"和"迷信的行动"有本质的不同。如果只是一个观念、一个想法，那尽可以去辩论是非对错。可若想法变成了行动，观念变成了事实，那就成了嵌入社会结构里的现实，所有人都会在这个结构里找自己的利益。一旦利益结构成型，是很难撤回的。

　　举个例子，天下大建道观之后，北宋搞出了一个官职，叫"祠禄官"。简单地说，这个官就是道观名义上的主管人员。等这些官位诞生了，想撤掉可就难了。为什么？因为这些官位后来变成了安排闲职的工具。

　　有的人，朝廷不想用，但是又不愿意在面子上让他们太难看，就给他们封一个祠禄官，让他们不用干活也能领一份薪水。比如，南宋大词人辛弃疾就曾经担任过"武夷山冲佑观"的主管，但是他不用真的过去管事，便跑到江西上饶的铅山去过田园生活了。所谓"却将万字平戎策，换得东家种树书"。

　　要大建道观，是因为观念；等真的建起来了，再想撤掉可难了，因为会伤及各种各样的利益安排。所以，一件不对的事，真的是千万别开头，一旦开了头，就不好收手了。

　　前面讲过，玉清昭应宫花了6年半的时间就完工了，也就是1014年建成。建成之后，那里成了宋真宗一朝很多重要典礼的举办地，老百姓也有机会进去参拜。但是好景不长，到了1029年8月，忽然一场大雷雨，玉清昭应宫被雷劈失火，2000多间房屋，除了长生崇寿殿之外，全部被烧光。

　　虽然玉清昭应宫被烧了，朝廷也决定不再重修，但是它留下的那片地方、那个传说，还是吸引了后来的帝王想要重现那个梦境。

　　百年后，宋徽宗又开始在开封城修建园林，也就是著名的艮岳。

　　有人考证，艮岳虽然大致方位在开封城的东北，但其实是从西北方的玉清昭应宫的遗址开始修建的。这次工程更大、更奢华，但寿命也更短。1122年竣工，仅仅5年后，金人攻陷开封，艮岳被拆毁，北宋也随之灭亡。

杜牧在《阿房宫赋》写过："秦人不暇自哀，而后人哀之；后人哀之而不鉴之，亦使后人而复哀后人也。"

这一个个的大工程反映的可不只是帝王的贪欲，还有人性和社会的复杂。

艮岳位置及平面设想图

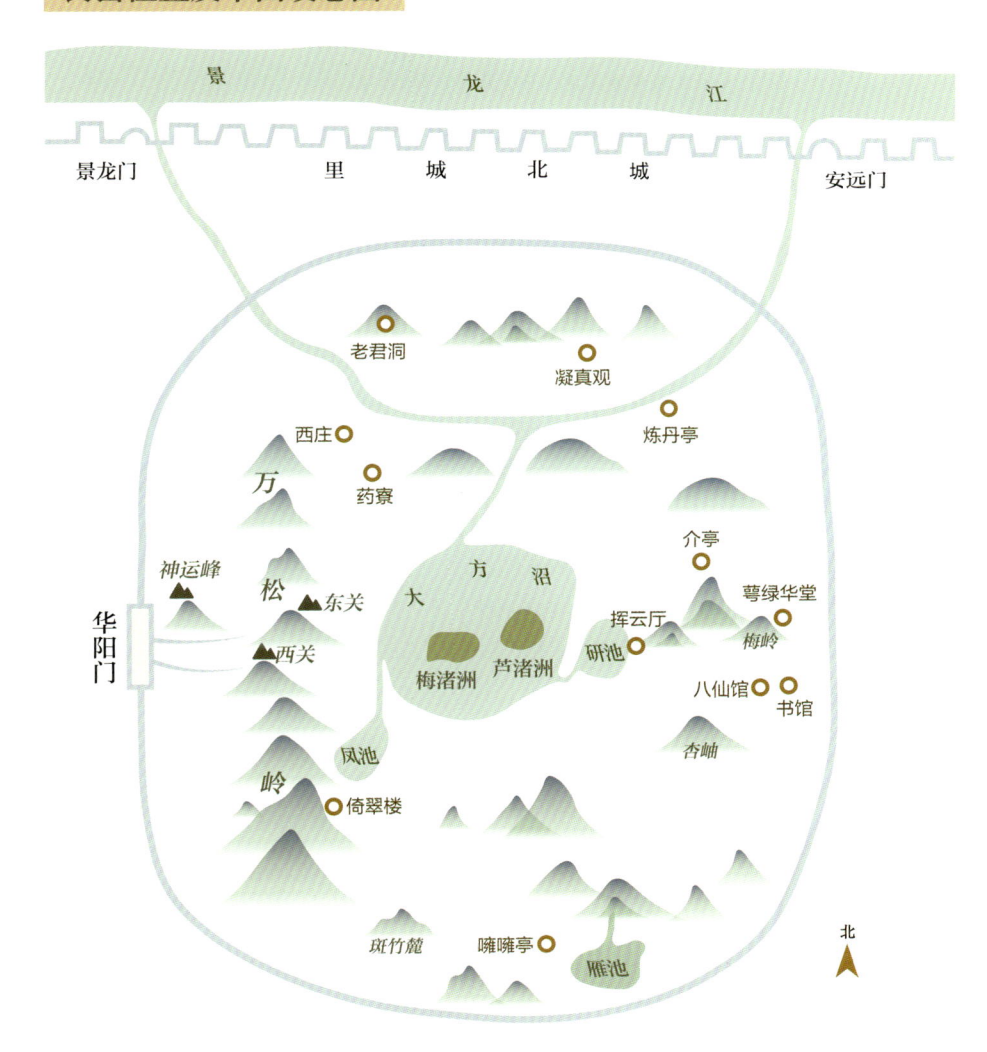

资料来源：孟凡人，《北宋东京开封府城的形制布局》，《故宫学刊》，2008年第4辑。

参考文献

［宋］李焘,《续资治通鉴长编》,中华书局,1995年。
［元］脱脱等,《宋史》,中华书局,1985年。
［宋］田况,《儒林公议》,中华书局,2017年。
［宋］沈括,《梦溪笔谈》,中华书局,2022年。
［宋］魏泰、李裕民,《东轩笔录》,中华书局,1997年。
［宋］洪迈,《容斋随笔》,上海古籍出版社,2015年。
［宋］章如愚,《群书考索》,广陵书社,2008年。
［宋］李攸,《宋朝事实·道释》,中华书局,1955年。
［明］陈邦瞻,《宋史纪事本末》,中华书局,2018年。
张维玲,《从天书时代到古文运动：北宋前期的政治过程》,上海古籍出版社,2023年。
汤勤福总主编,《中华礼制变迁史》,中华书局,2022年。
金纲,《大宋帝国三百年7》,江苏凤凰文艺出版社,2016年。
黄纯艳,《宋代财政史》,云南大学出版社,2013年。
淮建利,《宋朝厢军研究》,中州古籍出版社,2007年。
汤勤福,《宋代御容供奉与玉清昭应宫、京师景灵宫的礼仪问题》,《河北大学学报（哲学社会科学版）》,2020年第45卷第3期。
张吉寅,《火灾视阈下北宋刘太后与士大夫的权力博弈》,《河北大学学报（哲学社会科学版）》,2019年第44卷第4期。
杜乐,《宋真宗朝中后期的"神圣运动"研究——以"天书"和玉皇、圣祖崇拜为切入点》,北京大学硕士论文,2011年。
张振谦,《北宋宫观官制度流变考述》,《北方论丛》,2010年第4期。
冯千山,《宋代祠禄与宫观（上）》,《宗教学研究》,1995年第3期。
白文固,《宋代祠禄制度再探》,《中州学刊》,1989年第6期。

1010 年

经 历 过 ， 解 决 过

1010年的世界

01 柏柏尔人围困科尔多瓦
● 南欧

因为失去了对科尔多瓦的统治权,柏柏尔人自1010年5月开始围困科尔多瓦。此次围城持续到1013年5月才结束,科尔多瓦遭到了柏柏尔人的劫掠和毁坏。

◀ 埃及法老塞提一世陵墓壁画中的柏柏尔人

03 菲尔多西完成《列王纪》
● 中亚

波斯诗人菲尔多西于980年左右开始创作《列王纪》,最终于1010年完成。《列王纪》是一部由波斯神话传说、勇士故事、历史故事组成的英雄史诗,描绘了波斯文明的力量。

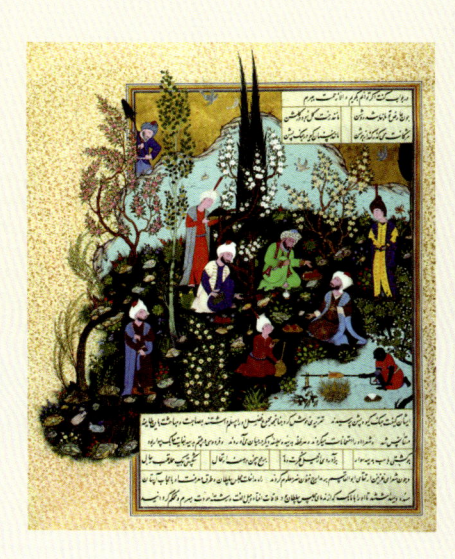

◀ 菲尔多西和其他伽色尼王朝的诗人

02 拉蒙·博雷尔远征科尔多瓦
● 南欧

为了扩展基督教势力,巴塞罗那主教拉蒙·博雷尔于1010年6月发起对科尔多瓦的远征。几乎所有加泰罗尼亚伯爵和主教都参与了这次远征。

拉蒙·博雷尔 ▶

1010年的中国

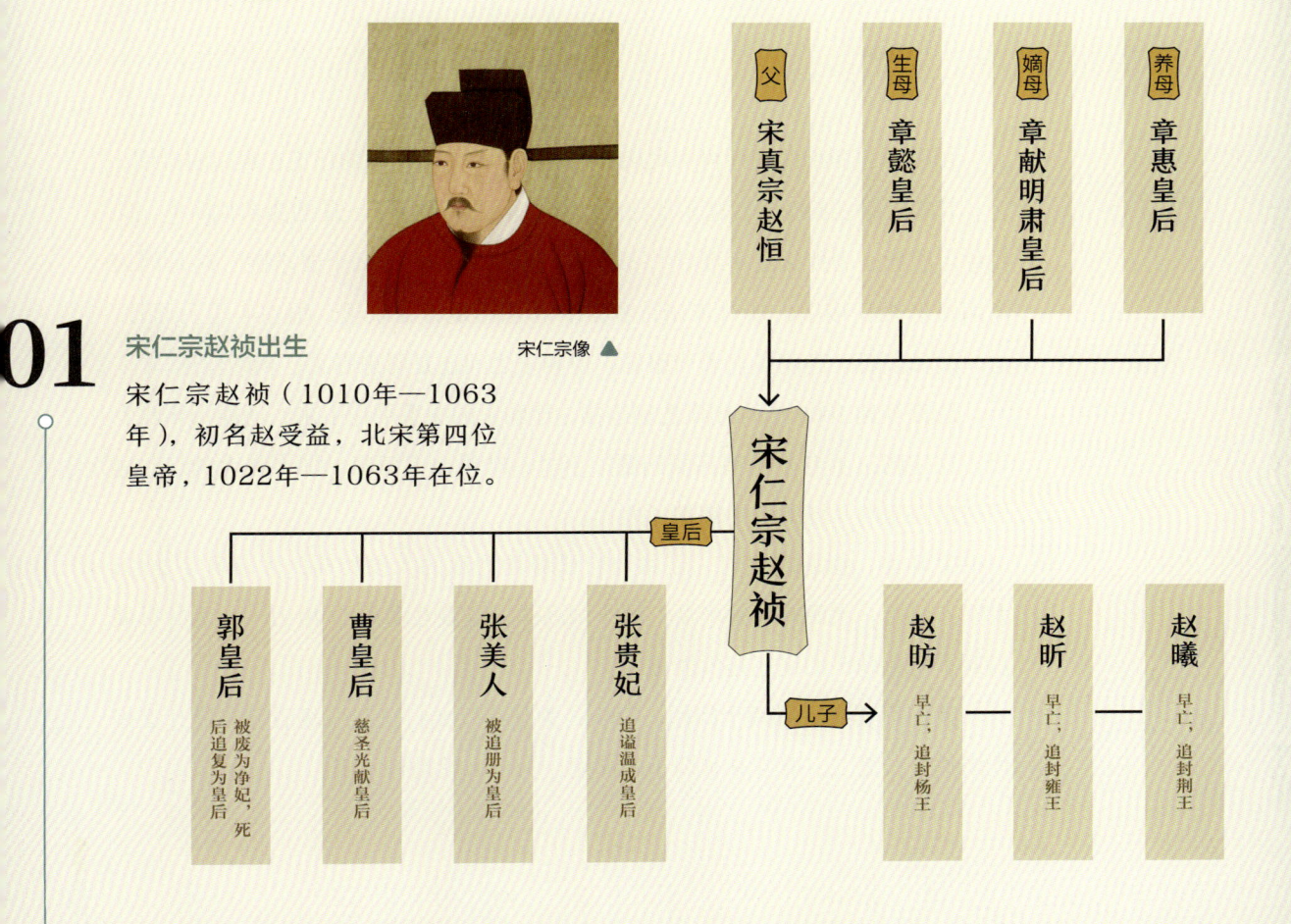

01 宋仁宗赵祯出生

▲ 宋仁宗像

宋仁宗赵祯（1010年—1063年），初名赵受益，北宋第四位皇帝，1022年—1063年在位。

- 父：宋真宗赵恒
- 生母：章懿皇后
- 嫡母：章献明肃皇后
- 养母：章惠皇后

宋仁宗赵祯

皇后：
- 郭皇后 被废为净妃，死后追复为皇后
- 曹皇后 慈圣光献皇后
- 张美人 被追册为皇后
- 张贵妃 追谥温成皇后

儿子：
- 赵昉 早亡；追封杨王
- 赵昕 早亡；追封雍王
- 赵曦 早亡；追封荆王

02 北宋实行"和预买"

999年，北宋三司官员马元方首倡采取预买绢。1010年，河北转运使李士衡再次建议施行此法：在百姓春耕开始资金匮乏时，由官方提供贷款支持，等夏秋缴纳二税时，百姓再一并以输绢的方式归还贷款和利息。

此举本是采取百姓自愿的方式，但后来发展成硬性要求，加上地方官员恶意压低实物价格，使得"和预买"演变成百姓的负担。

辽为什么打不服高丽

1010年,我们的视角再一次从宋切换到北方——此时的辽正在跟高丽打仗。

其实,早在993年,辽东征高丽,双方很快就和谈了。辽的要求很简单:向我称臣服软。为什么辽不要钱、不要地,偏偏只提了这么个要求呢?这是因为高丽虽然跟辽接壤,却对宋俯首称臣。辽当然是看在眼里,恨在心里。而且,这一次和谈后,高丽虽然表面服软,但和宋之间还是眉来眼去、藕断丝连。

总算等到1005年的澶渊之盟达成,辽和宋的关系平稳下来,还能每年收岁币,这才腾出手专心处理高丽问题。不过,结果出人意料。那么强大的辽,居然在跟高丽的几场战争中都吃了大亏。

要知道,澶渊之盟时,辽跟与自己势均力敌的大国相斗,才动员了20万大军;而这一次面对朝鲜半岛上的小国高丽,辽竟然动员了40万人。为什么使出狮子搏兔劲头的辽还是没能赢呢?

我们不禁要反思两个问题:第一,为什么辽要打这么一场看起来没什么好处的战争?第二,看起来很弱小的高丽,为什么就是打不服?

◆ 辽为什么要打高丽

1010年这一场辽和高丽的战争,前半截跟澶渊之盟很像,都是辽气势汹汹地跨过边境,想一座一座地攻克城池,但进展并不顺利,于是辽干脆孤军深入,直捣高丽京城。

但战争的后半截发生了变化。辽军打到开城(当时高丽的都城)后,发现人去楼空,就放了一把大火,把高丽的太庙、王宫,连带城中的民房,统统烧毁。

城市被烧毁,光占地也没有用,辽根本没有机会消灭高丽人的有生力量,

战争

辽与高丽的战争概况

993年 第一次辽与高丽的战争

背景
- 辽欲切断高丽与宋的宗藩关系
- 划定辽与高丽边界

结果
- 高丽奉表请罪,于994年奉辽正朔
- 辽将鸭绿江以东的女真土地赐予高丽

1010年 第二次辽与高丽的战争

背景
- 高丽暗中恢复与宋往来
- 康兆弑杀王诵

  | 王诵 980年—1009年 | 字孝伸,高丽王朝第七任君主,997年—1009年在位 |
  | 康兆 ?—1010年 | 高丽王朝西北面都巡检使 |

结果
- 辽火烧开城后班师回朝

1018年 第三次辽与高丽的战争

背景
- 高丽改奉宋正朔,停止向辽朝贡
- 辽与高丽频发军事冲突

结果
- 辽大败,双方和谈
- 后高丽向辽进贡,且复用辽年号

辽 | 高丽

只好撤军。结果，辽军在北撤的路上不断遭到高丽军队的伏击。辽军渡过鸭绿江的时候，还被高丽军队追袭，大批辽兵淹死在江里。

这口恶气辽憋了8年。1018年，双方又打了一回，过程还是差不多——辽先胜后败，然后撤出。最后的结果都是高丽表面上向辽称臣，但是继续和宋眉来眼去，一切回到战争开始前的样子。

这样看，辽是胜是败，又有什么区别呢？辽要的是心服口服、表里如一的称臣纳贡，最后得到的却是阳奉阴违、表面文章的称臣纳贡。花费这么大代价，连高丽的好态度都没换来，辽难道就是为了要个威风吗？

要回答这个问题，就必须理解陆地大国的一个战略困境。

陆地和海洋不一样。海洋争霸通常是通过歼灭战来解决的，因为汪洋大海一片连通，既无险可守，也无路可退。两强相遇，拼的是一把定胜负。

但是陆地就不一样了。再强大的国家，面对边境之外的敌人，心里也充满了疑虑。古代帝王只要一想到边境，肯定会头疼：在沙漠的那边、山的背面、河的对岸、丛林的深处，到底有多少敌人？对我有多深的敌意？他们又在策划多大的阴谋？这些我心里统统没数。即使我国土地辽阔、军事强大，但如果别人突然先发制人地背刺我，我肯定得吃亏。

再往深想一层，不仅帝王会这么想，帝王的邻居也会这么想。这就出现了一种非常可怕的效应：我怕对方伤害我，所以我要备战，增强威慑力；对方一看我在摩拳擦掌，他也只好磨刀霍霍。

这是一个很诡异的局面。也许一开始谁都不想打仗，但彼此之间的猜忌程度一旦陡增，最终双方往往是不情不愿地被拖进了战场。这在国际政治学里叫"安全困境"。

陆地大国的一些行为，看起来是穷兵黩武、欲壑难填，但背后还藏着大国统治者内心深深的恐惧。可问题是，通过武力手段确实可以消灭一个邻居。但疆土扩大一圈，边境线延长之后，就又会和新的邻居接壤，继而陷入对新邻居的猜疑和备战。

难道碰到一个邻居，就要消灭一个吗？扩张的力量总会有尽头。等到强弩之末时，就会发现，即使打了胜仗，也是亏本买卖。战争带来的现实利益终究没有战争的成本高，经常是在一片不毛之地反复流血。

辽和高丽之间，就是这种情况。

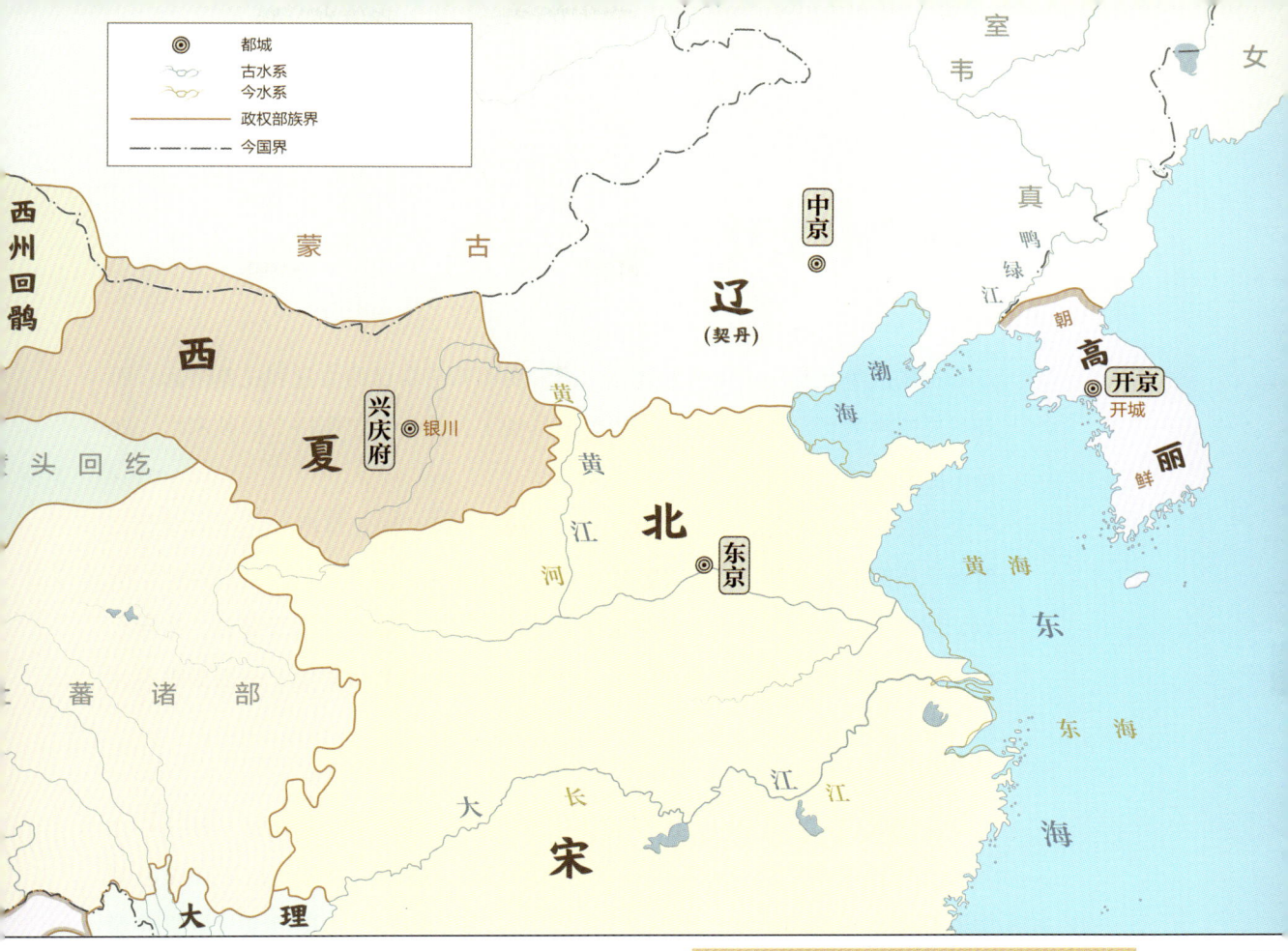

辽、北宋、西夏、高丽形势图

辽和高丽本来是分头发展的。辽太祖耶律阿保机于907年建国，然后四面出击，迅速壮大。高丽太祖王建在918年称王，后来于936年统一朝鲜半岛。虽然这两位枭雄同属一个时代，但是双方之间隔了一个渤海国，彼此井水不犯河水。但情况在926年发生了一个重大转变——辽灭掉了渤海国。于是，辽和高丽成了邻居。但是，各自又都觉得来者不善。

辽这时的心理活动是什么呢？明明是我出兵灭掉了渤海国，你高丽又是收人又是收地的，白捡便宜。还跟我南边的宋眉来眼去，这不是要对我两路夹击吗？

高丽的心理活动更复杂：你灭掉渤海国，我这里不是唇亡齿寒吗？我跟宋搞好关系，不就是为了以防万一吗？

那个螺旋上升、震荡强化的"安全困境"就这么出现了。除非高丽彻底认怂，表现出让辽满意的善意和柔顺，否则辽怎么能安心？就算不计成本，辽也一定要打这一仗。

◆ 高丽为什么打不服

这场战争还有一个奇怪的地方：高丽明明知道自己的力量和辽差得远，而且只要叫声大哥、认个怂，就不用打这场仗了，为什么宁愿拼个国破家亡，就是不愿意服这个软呢？

这种现象可不能用我们现代人的"民族大义""国家尊严"之类的概念去解释。当时的高丽并不是傲视群雄，而是向宋称臣。向谁称臣不是称臣呢？所以，问题不在于肯不肯服软，而是高丽既然可以向南边那位大哥服软，为什么偏偏不向身边这位膀阔腰圆、动不动就动手打人的大哥服软呢？是因为瞧不起这位大哥吗？

是的，就是瞧不起。

北宋建立后，高丽不仅频繁向宋派遣使臣，而且主动用宋的年号——在当时，用谁的年号是一种非常郑重的政治表态。高丽这么做是出于什么心理呢？高丽和宋又不接壤，那只能是因为在文化上仰慕宋。反过来，就是高丽鄙视辽。

943年，高丽太祖王建在弥留之际召来大臣，口述了一份政治遗嘱，共十条，其中第四条的大意是："我们一直仰慕唐朝的文化，各种制度都是跟唐朝学来的。但契丹可是禽兽之国，跟我们风俗、语言都不一样，我们将来一定不能效仿他们。"

> "惟我东方，旧慕唐风，文物礼乐，悉遵其制。殊方异土，人性各异，不必苟同。契丹是禽兽之国，风俗不同，言语亦异，衣冠制度，慎勿效焉。" ——《训要十条》

从开国君主的临终祖训中能看出来，高丽从骨子里是看不起辽的。这对辽来说，可是个大麻烦。两国打仗本来只拼力量强弱，现在突然多了一个文化维度，也就是我们今天说的软实力，辽自然是有些力不从心。

现在，如果把视野打开，你会发现，在这个历史阶段，东亚政治舞台上的两大王朝——宋和辽，对于周围的那些小国都拿捏不住。

往西北方向看：西夏在最强盛的时候，也就只有八十多万平方千米的土

外交

宋初三十余年高丽出使宋朝情况统计

高丽（出使）	事由	使者	宋（出使国）
962年10月	朝贡	李兴祐 李励希 李彬	
963年9月	朝贡	时赞	
965年2月	献方物	王辂	
972年8月	献方物	徐熙 崔业 康礼 刘隐	
976年9月	奉土贡，袭位上表	赵遵礼	
976年11月	贺即位	遣使	
977年12月	献方物	元辅	
978年10月	献方物	遣使	
980年6月	贡方物	遣使	
981年4月	献良马等	遣使	
981年12月	献弓、漆甲等方物	遣使	
982年9月	献方物	金昱	
984年5月	贡方物	韩遂龄	
984年10月	贡马，遣人入国学	遣使	
984年12月	贡龙凤袍等	遣使	
986年10月	贡方物，遣学生入学	遣使	
988年11月	贡马、方物	遣使	
989年12月	朝贡	韩蔺卿 魏德柔 李光	
990年10月	贡马、漆弓等	遣使	
990年12月	谢恩，求印佛经	韩彦恭	
991年2月	贡方物	遣使	
991年10月	谢赐藏经	白思柔	
992年10月	贡方物	遣使	
994年6月	乞师	元郁	

资料来源：王霞，《宋朝与高丽往来人员研究》，中国社会科学出版社，2018年。

地，实际具备生产力的土地更小，不过就是银川平原和河套平原那两块灌溉平原，人口最高峰也才 300 万左右。这么一个小政权，居然存在了 189 年。而且，西夏和周边所有邻居都死磕过。辽被金灭了，它还在；金被蒙古打得奄奄一息，它还在。蒙古在欧亚大陆上纵横捭阖、所向披靡，灭西夏时也颇费了一番功夫。

往西南方向看：大理国存在了 300 多年，几乎和整个大宋相伴始终。要知道，大理国前后一共有 22 位皇帝，其中一半都出家为僧了。那里还到处都是佛寺，到处都是和尚。

这么"佛系"的一个地方，唐都没能搞定。当时，这个地方叫南诏。天宝年间的鼎盛之时，唐曾三次攻打南诏，次次惨败而归，死了至少 20 万人。南诏国王甚至在洱海边挖了一个万人坑，把十万唐军的尸体埋在一起，旁边还刻了一个碑，碑文大意是：欺人太甚，我才不得已而为之。

到了宋，大理国就这么大大咧咧地睡在这里，宋太祖连动都不动它一下。传说，宋军平定四川后，有人把大理国的地图放到了宋太祖面前。结果，宋太祖拿起手里经常玩的玉斧，沿着大渡河画了一道线，说："这条线之外的地方，就不是我们该拥有的了。""宋挥玉斧"指的就是这个典故。

为什么宋太祖不统一大理国呢？说白了，还是觉得唐的教训太惨痛，自己又没有把握能成功，干脆地图上画条线，由它去吧！

为什么会出现这种状况？简单来说就是，到了 11 世纪，东亚大陆上各个部落的文明水位已经明显升高，各个民族内部整合的水平已经今非昔比，汉民族在文化上的相对优势没那么大了。

先秦时，中原的华夏还有所谓"五服"的观念。"五服"是什么呢？你可以理解为以周天子为圆心，画了 5 个同心圆。从里到外，依次是甸服、侯服、宾服、要服和荒服。周天子是文明程度最高的，离得越远，文明程度就越低。

这么划分虽然粗暴，但是基本符合那个时代的实际情况。那时候，中原的华夏文明就是东亚大陆的文明之光。

但是，当时间推进到 11 世纪时，东亚大陆上的情况完全变了。

首先，中原人嘴里的"蛮夷"不再是茹毛饮血的游牧民族，他们的经济形态也不是只有简单的畜牧业。有很多契丹人已经转入了农耕，粟特人已经有了强大的经商传统。

辽、北宋时期形势图

图例

- ◎ 都城
- ⊙ 路、道级驻所
- ○ 其他居民点
- 古水系
- 今水系
- 北宋时期中国各族活动范围
- 政权部族界
- 今国界（未定）
- 银川　今地名

政权与地名

辽（契丹）
- 上京临潢府
- 中京大定府
- 西京大同府
- 南京析津府（北京西南）

西夏
- 兴庆（银川）

北宋
- 东京开封府
- 西京河南府
- 京兆府
- 应天府
- 太原府
- 澶州
- 青州
- 江宁府
- 扬州
- 兴元府
- 夔州
- 江陵府
- 成都府
- 潭州
- 洪州
- 福州
- 桂州
- 广州

其他
- 黑汗（喀喇汗）
- 西州回鹘
- 黄头回纥
- 吐蕃诸部
- 大理
- 黠戛斯
- 阻卜
- 鞑靼
- 室韦
- 女真
- 葱岭
- 流求
- 万里石塘

水域

- 黄海
- 东海
- 南海
- 渤海
- 长江
- 河水

更重要的是，这个时候的所谓"蛮夷"全都有了自己的文字。907年，耶律阿保机创建辽后，立刻开始创造契丹文；1036年，李元昊在正式称帝前就加紧创制西夏文，3年就完成了；女真人于1115年建立金国，1119年就创造出了女真文；在更早的时候，南诏也创制了自己的文字——方块白文，不过现在完全失传了。

要无中生有地创制一套文字，不仅难度大、成本高，效率还很低。因为除了要发明出来，还要组织学习、强行推广，同时还要大规模地翻译经典文献，这样文字才能活起来。这么有难度的事情，为什么各民族还是要做呢？

只有一个解释，就是民族的文化觉醒——他们要用自己的方式完成民族内部的文化整合。以西夏为例，自从创制出西夏文，马上就尊其为国字，凡是西夏的重要文件，全都改用西夏文书写。记述自己的历史，也都改成用西夏文。他们非常清楚，民族内部的文化认同是一种非常重要的力量来源。

这个时候，周边的民族就好像成长到了青春期：我青出于蓝，但我偏要不同于蓝，我就要叛逆，就要自我觉醒。我越是文化觉醒，内部凝聚力就越强，你就越拿我没办法。

东亚大陆上的地缘政治也不再是那种赢家通吃、强者独霸的逻辑，反倒进入了一种很微妙的状态：论硬实力，谁也搞不定谁；论软实力，谁也不服谁。

请注意，这可不是什么坏事。因为中华文明的下一轮整合，在这个状态里埋下了伏笔。

◆ 文明是怎么分散整合的

前面那些描述，可能会给你一种感觉：中华文明到了宋，就变得文弱、暗淡了，相比于周边已经没什么明显的优势了。但这么看问题的话，视角就太狭窄、太中原本位了。

如果站在万米高空之上，俯视1000多年前的中华大地，你会看到另一幅

文字
各民族创制的文字

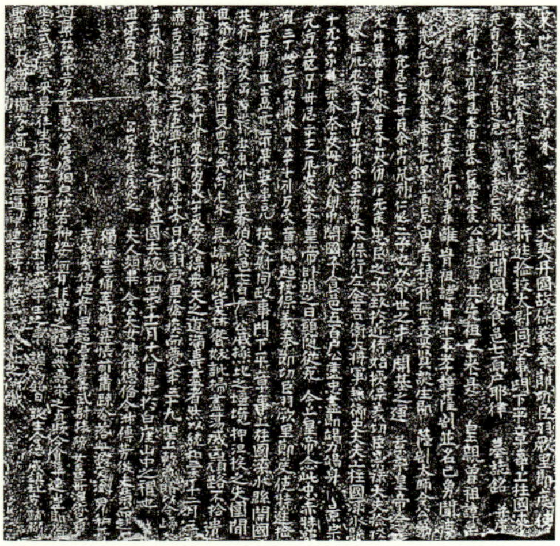

契丹大字
《耶律延宁墓志》

上半部分用契丹大楷书写，下半部分为汉字。主要概括了耶律延宁的功绩和家族关系。

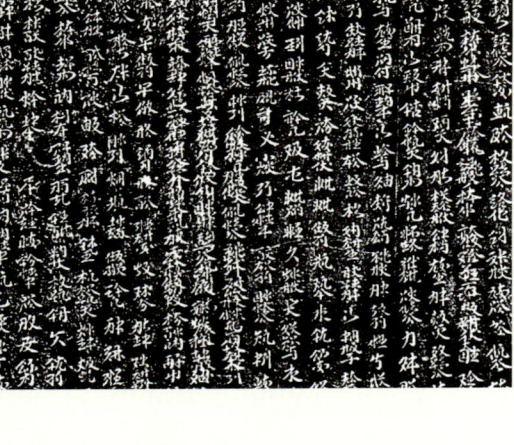

契丹小字
《辽道宗耶律洪基哀册》（局部）

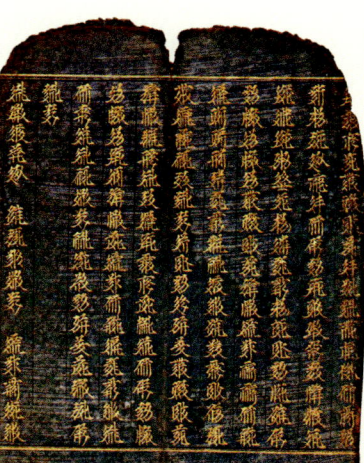

西夏文
《金光明最胜王经》

女真文
《奥屯良弼饯饮题名跋》

景象：唐不是亡了，而是碎了，每个继承了唐遗产碎片的小家，都在推动中华文明的发展。我们来看几个简单的事实。

907年，朱温灭唐，建立后梁。但当时的人并不认为唐就这么亡了。李克用、李存勖父子俩继续奉唐的正朔建立后唐，他们认为自己才是唐的继承人。

后唐灭亡三年后，南方又冒出来一个南唐。开国皇帝李昪宣称自己是老李家的嫡系子孙，大唐的基业归自己继承。

此外，北边的耶律阿保机就在唐灭亡的那一年成为契丹的可汗。林鹄老师在《南望》中提出，耶律阿保机就是要建立一个汉人样板的国家，他也要继承大唐的地位。

这些小政权是不是自作多情、上赶着拉大旗作虎皮呢？不，他们跟大唐的关系，比我们以为的要深厚得多。

当大唐还是盛世的时候，很多民族部落就分布在大唐边界上。为了管理他们，大唐采用了两个字——"羁縻"，就是控制和笼络。

唐设过羁縻州，任命部落首领当羁縻州的军政长官。这个职位不仅是世袭的，自主权还很大。州内的户籍不用上报给中央，也不用纳税，还时不时可以得到中央的赏赐。当然，拿了好处，他们就不能再捣乱了。

对其中一些特别重要的部落，大唐还有几个方法。

第一，赐李姓。当时的少数民族——高丽、靺鞨、奚、契丹、回纥、突厥、沙陀，几乎都有被赐李姓的。西夏的皇室姓李，也是这么来的。

第二，既然都姓李，那就是一家人，家里最有出息的后生就可以送到长安或其他大城市里去。注意，这不是大唐在索要人质，而是为了培养人才。比如，653年，南诏首领就派了儿子逻盛炎到长安拜见唐高宗。这批人既在长安见过世面，又跟皇帝打过交道，等他们回到自己的部落里，肯定是铁杆的亲唐派。将来如果有机会接班部落长老，这个部族跟大唐的关系就会更紧密。

此外，这些部落的上层人士经常会到大唐观光，都成了某种程度上的"华夏通"。他们学到了中原的管理制度，如果有机会回去当权，他们是非常有动力模仿中原的管理模式的。

这些都意味着，大唐这几百年都在一刻不停地往边疆各个部落里播撒中华文明的种子。唐朝大树一倒，这些少数民族觉得自己也是大唐的继承人，自己也有资格把大唐文化发扬光大。

借用当代人经常说的一句俗话，大唐"聚是一团火，散是满天星"。到了大宋，这些民族各自带着大唐的某个片段的文化基因，分头向前发展。他们可不是什么异族，他们都是中华文明的支脉。

那他们会渐行渐远吗？不会。再过不到300年，元朝就会用旷古绝伦的武力横扫欧亚大陆，把大唐文明播撒出去的种子又重新一粒粒捡起来，放到同一口锅里，完成下一轮中华文明的整合。

过去，我们知道中国的地缘政治是"天下大势，分久必合，合久必分"，其实，文化也是一样。

西周分封天下，等于播撒了一把文明的种子。等到秦汉王朝来了，完成了一次大融合。汉王朝崩溃后，又是几百年南北分头发展，各有特色。等到隋唐王朝来了，又发起了一次大融合。现在这又是一轮遍地开花，之后还会再迎来一次融合。

元曲《我侬词》里有一段词："把一块泥，捻一个你，塑一个我。将咱两个，一齐打破，用水调和。再捻一个你，再塑一个我。我泥中有你，你泥中有我。"人类文明就是这样。如果你觉得世界正在"大崩解"，那么，距离"大融合"的到来就不远了。

参考文献

［朝鲜］郑麟趾，《高丽史》，文史哲出版社，2012年。

［元］脱脱等，《辽史》，中华书局，1974年。

［宋］李焘，《续资治通鉴长编》，中华书局，1995年。

［宋］袁枢，《通鉴纪事本末》，中华书局，1964年。

［元］脱脱等，《宋史》，中华书局，1985年。

［清］董诰等，《全唐文》，中华书局，1983年。

〔德〕傅海波、〔英〕崔瑞德，史卫民等译，《剑桥中国辽西夏金元史》，中国社会科学出版社，1998年。

方铁，《南诏大理国兴衰史》，岳麓书社，2023年。

李少军，《国际政治学概论（第三版）》，上海人民出版社，2009年。

〔加〕王贞平，贾永会译，《多极亚洲中的唐朝》，上海文化出版社，2020年。

〔奥〕斯特凡·茨威格，徐友敬译，《昨日的世界》，上海译文出版社，2018年。

朴炳培，《敌对的朝贡关系：辽金与高丽关系》，《政治科学论丛》，2022年第92期。

陈俊达，《从"宗主正统"到"文化中国"：试论高丽人的"宋朝观"》，《赤峰学院学报（汉文哲学社会科学版）》，2020年第41卷第6期。

陶莎，《义理与时势：澶渊之盟后辽圣宗对高丽政策探析》，《江海学刊》，2019年第2期。

唐耕耦，《唐朝对高丽的战争》，《文津流觞》，2018年第1期。

芦敏，《10—13世纪朝鲜半岛的华人移民活动》，《江西社会科学》，2014年第34卷第1期。

林坚，《朝鲜半岛的中国移民历史考察》，《延边大学学报（社会科学版）》，2009年第42卷第2期。

1011 年

经历过，解决过

1011年的世界

01

科学家海什木装疯,被软禁10年
● 北非

海什木听说尼罗河每年都会泛滥,便向法玛蒂王朝的哈里发毛遂自荐,计划通过修筑水坝的方式解决水灾。但他到达尼罗河后发现,以当时的技术无法实现如此浩大的工程。为了躲避哈里发的惩罚,他决定装疯。"疯子"海什木就此被软禁了10年,直到1021年哈里发去世。

> 海什木(965年—1040年),阿拉伯学者、物理学家、数学家,被认为是阿拉伯最伟大的学者之一,在光学、视觉与人眼研究等领域建树卓越。他在《光学书》中提出,人能看见物体是因为物体发出的光线进入了人的眼睛。

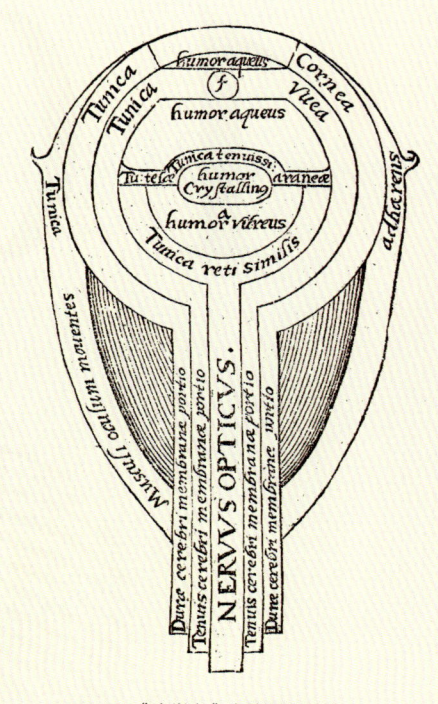

▲《光学书》中绘制的眼睛

02

贝尔纳德二世继承萨克森公爵之位
● 中欧

贝尔纳德一世(约950年—1011年)去世后,萨克森公爵之位由其子贝尔纳德二世(约995年—1059年)继承。

> 萨克森公国,德意志封建公国,位于易北河下游以西地区。919年萨克森公爵亨利一世被推举为德意志国王,建立了萨克森王朝。

▲ 贝尔纳德一世

03 一条天皇让位于三条天皇
● 东亚

一条天皇（980年—1011年）是日本第66代天皇。由于身患重疾，病情严重，他于1011年6月13日让位于居贞亲王，后者即三条天皇（976年—1017年）。

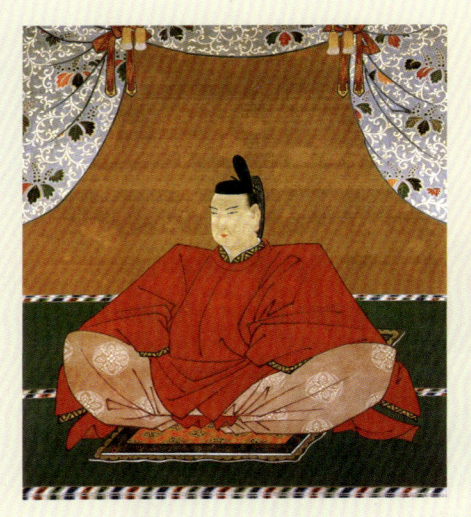

▲ 一条天皇

▲ 三条天皇

04 瓦蒂赫遭谋杀身亡
● 南欧

瓦蒂赫曾任曼苏尔侍卫长军队的指挥官，后任梅迪纳切利的斯拉夫人军队指挥官。他反对柏柏尔人支持的哈里发苏莱曼，在1010年的政变中支持马赫迪成为科尔多瓦的新任哈里发。但是，1010年7月，马赫迪被谋杀；同年10月，瓦蒂赫被科尔多瓦市民谋杀。

贝尔纳德二世

1011年的中国

▲ 曲阜孔庙位置

01 **宋帝命诸州置孔庙**
宋真宗诏令各州修建孔庙。

▲ "诗礼堂"位于曲阜孔庙东路,宋真宗拜谒孔庙时驻跸于此,后供孔氏族人祭祀时斋居,并做讲学之用。

02 **姚铉编《文粹》**
姚铉(968年—1020年),北宋文学家。1011年,他采唐人文章纂为100卷,名《文粹》(今称《唐文粹》)。

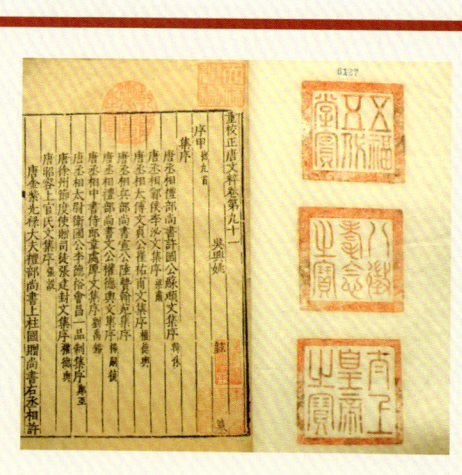

◀ 明刻本《重校正唐文粹》

03 范仲淹就读应天府书院

22岁的范仲淹正式入读应天府书院。

1028年,范仲淹应晏殊的极力邀请,执掌应天府书院教务。他将校训"天下同文"改为"以天下为己任",并提出"明体之学",强调德才兼备、德行并重,推动书院学风从追求功名转变为经世致用。

四大书院示意图

- 嵩阳书院 河南嵩山
- 应天府书院 河南商丘
- 白鹿洞书院 江西九江
- 岳麓书院 湖南长沙

04 邵雍出生

邵雍(1011年—1077年),字尧夫,自号安乐先生。北宋宋学的代表人物之一,与周敦颐、张载、程颢、程颐合称"北宋五子"。著有《皇极经世》《观物内外篇》《先天图》《渔樵问对》《伊川击壤集》《梅花诗》等。

古人为什么会乱花钱

前文讲过,因为民意过于热情,宋真宗最后答应了去汾阴祭地。三年前那一趟封禅泰山,宋真宗花了大概830万缗[1]。那这一次的开销又是多少呢?总计850万缗,还多了20万。这还没完,三年后的1014年,宋真宗还要再去亳州祭祀老子。

请注意,皇帝搞这种大型祭祀活动,可不是只有人员差旅费。前期动员造势就得花一大笔钱,比如汾阴和亳州动辄就组织几千、几万名老百姓到开封请愿。此外,祭祀场所的修造,皇帝出行一路逢山开路、遇水搭桥,又是一大笔工程费。而最大的一笔花销,其实是赏赐费用——皇帝所经之处必得赏出去大把钱财。所以,这种祭祀活动是没有预算的硬约束的。

而且,这个时候的开封城还在大造玉清昭应宫,那更是一个烧钱的无底洞。我看过最夸张的一个说法是,玉清昭应宫前后十几年一共花了亿两白银。

虽然在之前的内容里,我试图站在当时人的处境下,去尽量理解宋真宗为什么大肆搞封建迷信活动,又为什么不顾成本地大兴土木。但在这一年,我想站在人类文明共性的角度去看三个问题:第一,为什么宋真宗突然之间这么有钱?第二,为什么这些皇帝不把钱花在有意义、有长远价值的事情上?第三,为什么他们在宗教、祭祀这类事情上会那么舍得花钱?

◆ 宋真宗为什么这么有钱

先来看第一个问题:宋真宗为什么突然间有资本可以任由他异想天开地折腾呢?

---

1. 古代货币单位,通常1000文铜钱穿起来叫一缗或一贯,在宋初大致相当于一两白银。

表面上看，答案很简单，肯定是因为国家经济状况良好。确实，这个阶段的宋朝，无论是土地开垦的数量、来自土地的税收，还是新技术、新作物的引进，抑或是商业的繁荣，都达到了峰值。但是，国家财政收入的总量和皇帝可支配的财富并不完全成比。国家财政收入的多少是总盘子大小的问题，就算收入总量大，但是那么大的国家，管理起来需要花钱的地方也很多。而皇帝总不能想一出是一出地花钱。这取决于国家是否有闲钱。

那皇帝什么时候能够有闲钱大肆挥霍呢？通常是一笔大项目的预算空出来了，带来了一个短暂的、可以自由花钱的窗口期。什么大项目？你可能已经想到了，宋、辽的战争结束了。

1008年，宋真宗刚从泰山下来，就对宰相王旦发出了感慨："我最近看边境的奏报，今年物价很便宜。北边边境安稳了，老百姓日子就好过了啊！"王旦说："确实，我们每年给的岁币相较于用兵的费用，连百分之一都不到。"可见，战争停了，一大笔钱就省出来了。

《泰山神启跸回銮图》
泰山岱庙天贶殿壁画，描绘了泰山神东岳大帝出巡和回銮的场景。

> 旦曰:"国家纳契丹和好已来,河朔生灵,方获安堵,虽每岁赠遗,较于用兵之费,不及百分之一。昨陛下登封告成,天地助顺,盖人事和而天象应也。" ——《续资治通鉴长编》

我们通常会觉得,处于战事中的国家,财政一定会紧张。但事情还有另一面,战争会令朝廷对民间财富的汲取能力达到高峰。比如,西汉末年王莽灭亡时,他宫库里藏的黄金达到70万斤,据说和整个罗马帝国的黄金拥有量相当。明灭亡时,按照黄宗羲的推算,全国各地90%的税收都集中到了北京。由此可见,仗打得越凶,朝廷对民间财富的汲取就越彻底。

但是,如果战争突然结束了,原来的财富汲取机制又没能刹住车,朝廷就会突然多出一大笔暂时没有明确用途的财富。现在,你应该就能明白宋真宗为什么突然间成了"暴发户"。

接下来的问题是:皇帝为什么非要把闲钱用于搞迷信活动呢?为什么不能做一些更有意义、更有价值的事情呢?

《文献通考》所载北宋征税田亩数据

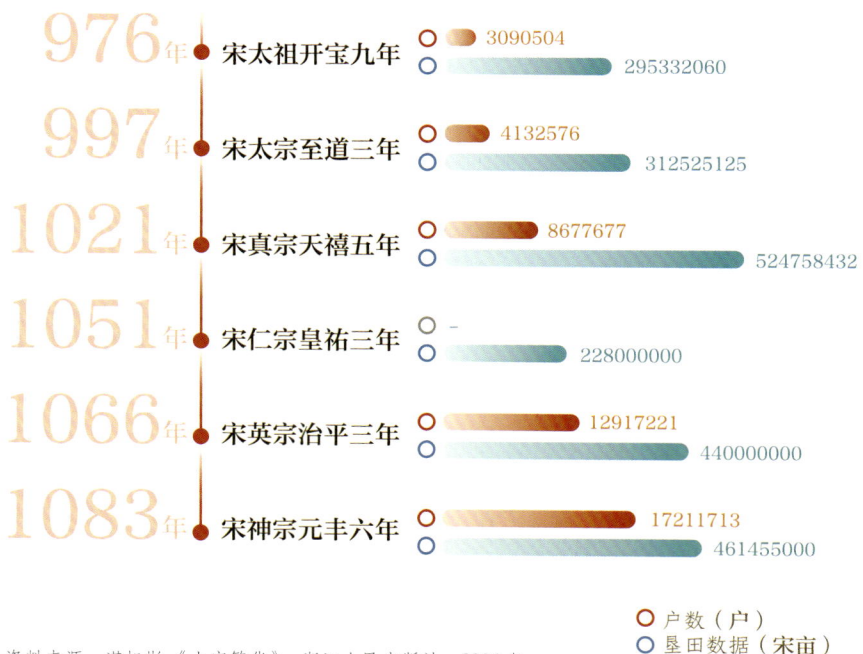

年份	朝代	户数(户)	垦田数据(宋亩)
976年	宋太祖开宝九年	3090504	295332060
997年	宋太宗至道三年	4132576	312525125
1021年	宋真宗天禧五年	8677677	524758432
1051年	宋仁宗皇祐三年	-	228000000
1066年	宋英宗治平三年	12917221	440000000
1083年	宋神宗元丰六年	17211713	461455000

资料来源:诺旭彬,《大宋繁华》,浙江人民出版社,2024年。

财政

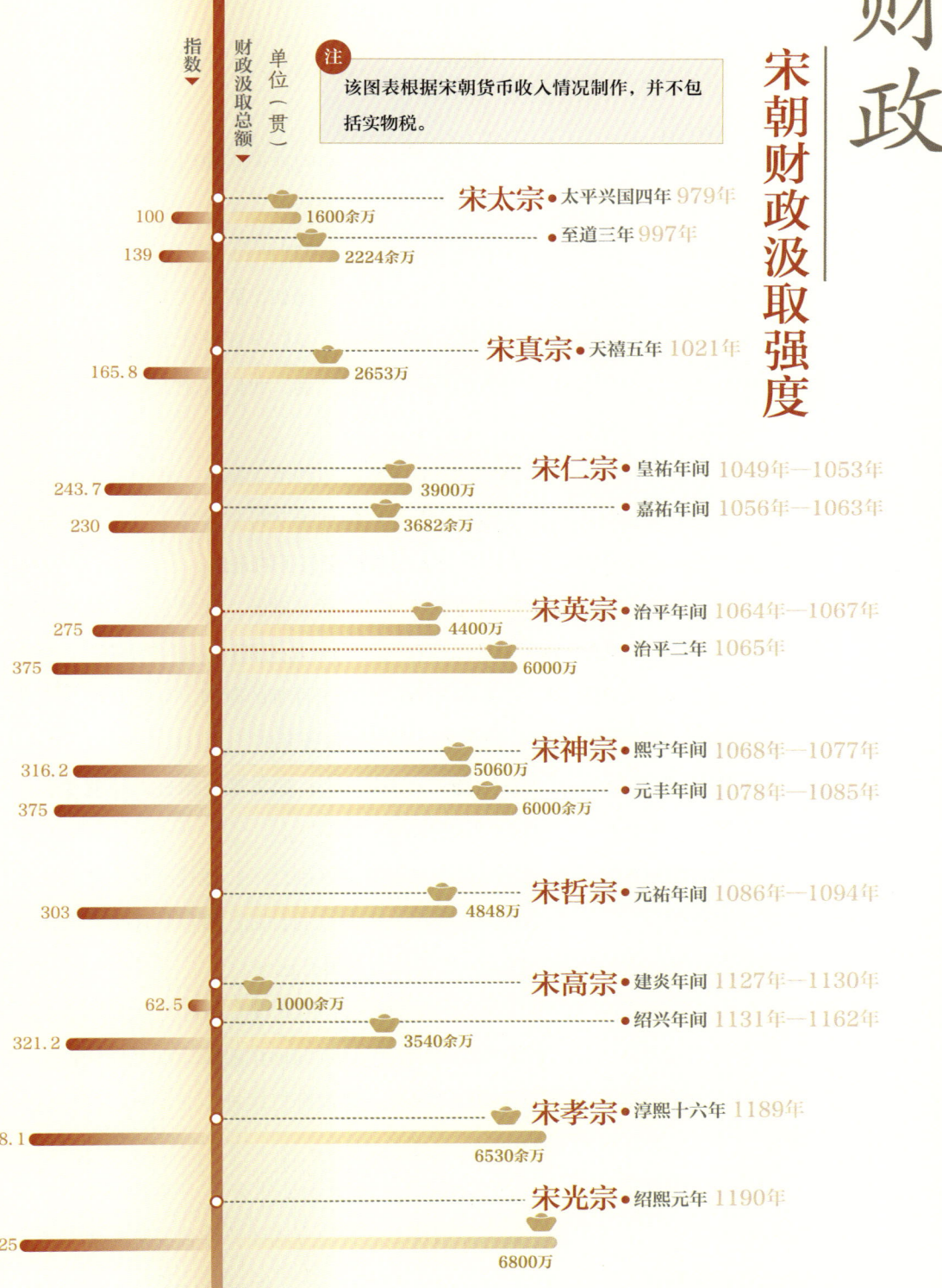

宋朝财政汲取强度

注：该图表根据宋朝货币收入情况制作，并不包括实物税。

指数 / 财政汲取总额 单位（贯）

- **宋太宗** · 太平兴国四年 979年　指数 100　1600余万
- 　　　　　 · 至道三年 997年　　　指数 139　2224余万
- **宋真宗** · 天禧五年 1021年　　　指数 165.8　2653万
- **宋仁宗** · 皇祐年间 1049年—1053年　指数 243.7　3900万
- 　　　　　 · 嘉祐年间 1056年—1063年　指数 230　3682余万
- **宋英宗** · 治平年间 1064年—1067年　指数 275　4400万
- 　　　　　 · 治平二年 1065年　　　指数 375　6000万
- **宋神宗** · 熙宁年间 1068年—1077年　指数 316.2　5060万
- 　　　　　 · 元丰年间 1078年—1085年　指数 375　6000余万
- **宋哲宗** · 元祐年间 1086年—1094年　指数 303　4848万
- **宋高宗** · 建炎年间 1127年—1130年　指数 62.5　1000余万
- 　　　　　 · 绍兴年间 1131年—1162年　指数 321.2　3540余万
- **宋孝宗** · 淳熙十六年 1189年　　　指数 408.1　6530余万
- **宋光宗** · 绍熙元年 1190年　　　指数 425　6800万

资料来源：漆侠，《宋代经济史》，南开大学出版社，2019年。

◆ 古人为什么乱花钱

关于怎么花钱才有意义、有价值，传统社会的古人跟现代人的想法完全不一样。

在我们现代人看来，钱要花得有意义，必须把面向当下的花费变成面向未来的投资，也就是把消费行为变成投资行为。比如，面对从天而降的彩票大奖，如果一个人只顾着换车、换房、环游世界，我们会评价他境界不高；如果他选择读商学院或者创业，哪怕是买了些理财产品，我们直觉上会认为这个人在为美好的未来做积累。

再比如，一个家庭去度假，如果只是在海边沙滩上躺着，我们最多会认为这是一种把时光浪费在美好事物上的行为；但如果父母带着孩子逛各地的博物馆，我们会高看这种家长一眼，因为他们在投资孩子的未来。

但是请注意，这种思考逻辑是有一个信念做基础的，那就是整个世界处于持续增长的通道中，未来一定会比现在好，也就是所谓的"进步史观"。但人类有这样的信念不过是在工业革命之后，才二三百年的时间。而这些信念在传统社会看来，其实是很奇怪、很荒唐，甚至是很狂妄的。

传统社会相信的是"水满则溢，月满则亏"，如果现在很好，那就要警惕了，世界是治乱兴替的，这叫"循环史观"。

这其实就是传统社会和现代社会最重要的区别之一：现代社会有通道和相关的基础设施，可以把当下的努力变成未来向上的台阶，可以打通现在的价值和未来的财富之间的通道。但是，传统社会并没有这些。

那个时候，没用国家信用做担保的银行，因此没有相对安全的理财产品；没有全球化的贸易网络，因此没有可以持续投资的远洋船队；没有现代企业产权制度，当然就没有可以买卖的企业股票；也没有持续进步的科技，我们总不能指望宋真宗投资研发蒸汽机吧？

问题回到宋真宗身上：国家和平了，手里还突然有了一大笔闲钱，怎么花？没有投资未来的渠道，他只能消费。消费的方式还要符合儒家思想对帝王的要求，这其实很难。

老宰相李沆当年就说过："咱们这位皇帝，一旦没了危机意识，要么就去搞声色犬马的享受，要么就会大兴土木、搞迷信活动，要么就是去打仗。"

沆曰："人主少年，当使知四方艰难。不然，血气方刚，不留意声色犬马，则土木、甲兵、祷祠之事作矣。吾老，不及见此，此参政他日之忧也。" ——《宋史》

其实，李沆说的就是古代皇帝的消费清单：一种是声色犬马，一种是穷兵黩武，还有一种是大兴土木，最后则是搞迷信活动。相较下来，后两种消费方式好像多少有些投资未来的影子——大兴土木算是给国家搞了点建设，而迷信活动在当时人的观念里，有凝聚民心的作用。

现在，你是不是也挺替宋真宗为难的？

我再还原一个情境，你感受一下皇帝和钱之间的关系。

1015年，皇宫里起了一场大火。起因是一个婢女偷王府里的东西，担心东窗事发，就点火毁灭罪证。结果大火不仅烧了王府，还一直烧到皇宫，把左藏库、内藏库、朝廷收藏珍本图书的地方全部烧为灰烬。

宋真宗当时说："太祖、太宗攒了两朝的财富，我都不大敢随便乱花，现在被一把火烧了，实在太可惜了。"

上曰："祖宗所积，朕不敢妄费，一朝殆尽，诚可惜也。" ——《续资治通鉴长编》

别说宋真宗了，隔了1000多年，我在看这段史料时都心疼不已。要知道，内库是宋太祖赵匡胤时建的，从后蜀、南唐这些小政权搜集来的战利品都被收在里面。甚至宋太祖当初还打算用内库的财富把幽云十六州买回来。

内库被烧，就好比我们家里有一大笔理财爆雷了。就算能做到情绪稳定，我们一定也会发愁：原来安排好的那些支出怎么办？车贷、房贷、孩子的学费怎么办？原来打算买的东西还买不买？总之，整个家庭的财务安排都乱了套。

可宋真宗的反应很不寻常。火灾之后，他跟宰相王旦的对话特别"无厘头"。一会儿提起军需品被烧了，需要麻烦老百姓重做；一会儿又表扬起英勇救火的侍卫。总之，两个人东一嘴、西一嘴，但没有一句落在这么大的财务窟窿该怎么填这一点上。

> 旦等曰："陛下富有天下，财货不足忧，虑政令赏罚，有所不当耳。臣等备位宰辅，天灾如此，谨当罢斥。窃闻主藏者收救钱帛，诸班军校皆勠力争前，人百其勇。"上曰："朕所忧者惟军储尔，钱帛所伤不多，至于大礼赏给，亦可以渐致，若军储不足，须至累民，此朕所甚忧也。"遂下诏罪己，令文武百官上封论事，无或隐蔽。
>
> ——《续资治通鉴长编》

所以，真相是什么？是这么一大笔钱其实没任何用处，和乡下土财主埋在地下的一大坛银元没有本质区别。烧掉的当下，恰逢没有什么项目需要巨大的支出，所以没有什么现实后果。心疼一下，叹口气就算了。

我们现代人看宋真宗大兴土木，觉得他在奢侈浪费。其实，闲钱在他的处境里只有两个去处——要么被存起来，要么被消费掉。存起来，水火无情，随时可能化为灰烬；消费掉，又要受到儒家的道德约束，得节用爱民，又要承受内心的价值焦虑，钱要花得有意义。

吴伯凡老师对现代企业有过一句评论："有多余的钱，就会干多余的事。"

企业和人一样，不是钱越多越好。你能驾驭多少钱，是由你的内在能力决定的。如果这笔可以随便乱花的钱出现在我的世界里，放心，我一定会干出多余的事儿，这笔钱也许还要给我惹祸。

用这个理论对照一下千年前的宋真宗，他这么花钱当然不对，但也许已经是恶果最小的一种消费方式了。

◆ "生存品"和"效用品"

最后一个要追问的问题是：这些帝王为什么不用闲钱改善老百姓的生存状态，而是去大兴土木、大搞迷信呢？对于这个问题，我想从经济学的角度给出解释。

吴乐旻老师在《富种起源》里把人类的所有产品分成两类：一类叫"生存

品",顾名思义,就是能让我们活下去的东西,比如粮食、衣物、住宅等刚需;一类叫"效用品",就是能给人带来某种幸福感的产品,比如艺术、娱乐,以及所有好看、好听、好玩、有精神价值、有情绪价值的东西。

过去我们是用直觉来理解"生存品"和"效用品"的关系,认为人只有在满足"生存品"之后,才会需要"效用品"。但是很可惜,这不是事实。

《贫穷的本质》的作者曾经去一个贫困的村落考察,他发现当地儿童普遍营养不良,但许多人家里却都有电视机。这是为什么呢?村里人的回答很朴素:"因为电视机比食物重要。"所以他们会花很久时间攒钱,就为了买一台电视机。

你别觉得奇怪,至少我小时候就经常为了买课外书省下早饭钱。从个体选择看,很多时候,我们会认为"效用品"比"生存品"重要。

群体选择就更是如此了。几千年前的文明古国,生产力水平都不怎么高,多数老百姓生活肯定还是很贫困,但这一点都不耽误古巴比伦有空中花园,古希腊有雅典神庙,古埃及有金字塔。

我有一次去埃及旅游,导游告诉我:"埃及所有景点都是为死人准备的,什么神庙、古墓。因为古埃及人觉得,活着的这一生没什么意思,趁活着的时候为死后的世界多做一点准备才是正经事。"

古埃及人几千年前的做法就是贬低现实生活的"生存品",坚定地追求精神生活的"效用品"。不仅古埃及人如此,欧洲很多雄伟的大教堂都是在最贫穷的中世纪开始建造的。

这样看下来,宋真宗大兴土木、东封西祀是不是也没什么可奇怪的了?他的做法不过是重现了人类历史上反复出现的规律:饿着肚子也要追求精神享受,"效用品"战胜了"生存品"。

我们可不能小看"效用品",一旦开启,它就会不停地自我强化,一直发展到极致荒唐的地步。

公孔雀的尾巴就是一个典型的例子。这就是孔雀世界里的"效用品",因为它除了好看毫无用处,还会耽误公孔雀觅食的效率和逃避天敌的速度。那为什么孔雀没能通过"物竞天择、适者生存"的法则,把长尾巴进化掉呢?一言以蔽之,都是母孔雀惹的祸。最初,母孔雀把公孔雀的尾巴当作信号——谁的尾巴长,就证明谁身体好、基因优良。久而久之,母孔雀群体逐渐都开始认这个死理儿。公孔雀为了求偶,整个物种就演化成尾巴越来越长,一直长到荒唐的程度。

税收

宋真宗天禧五年（一〇二一年）赋税收入

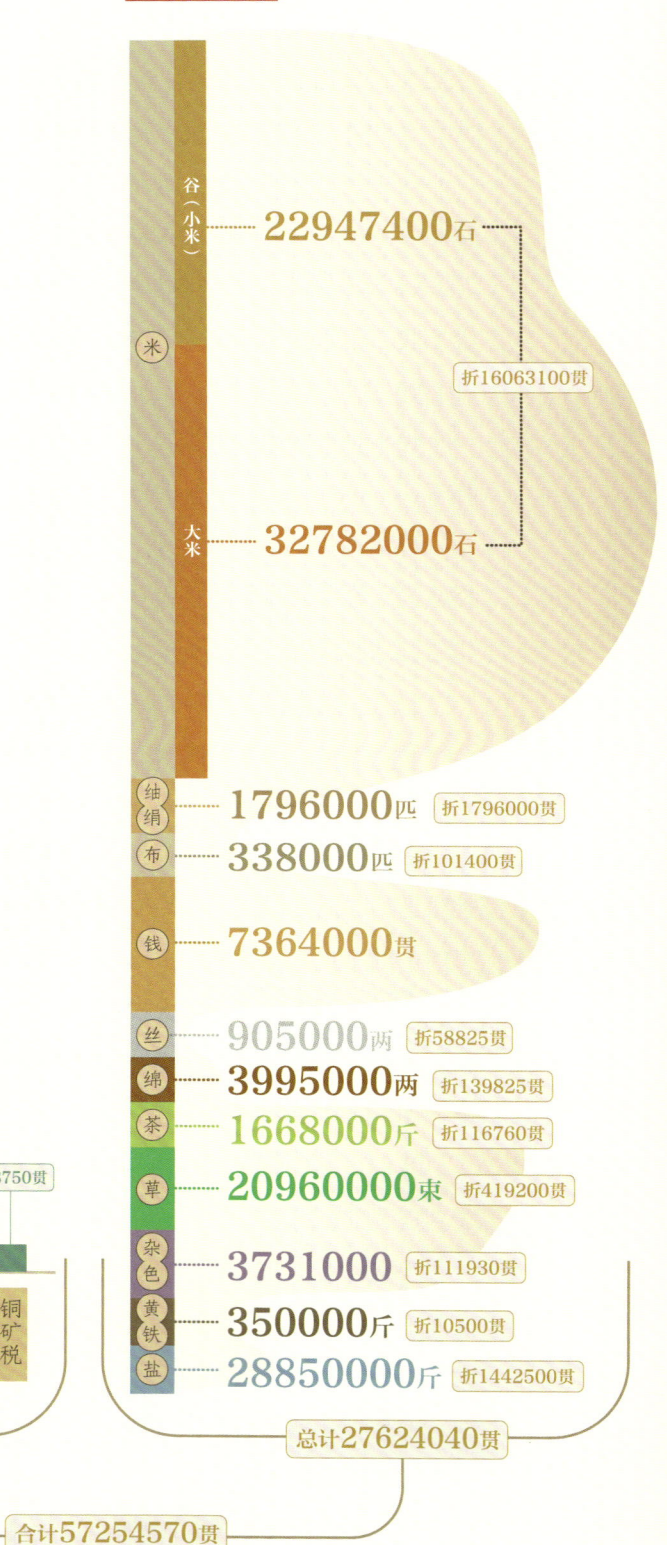

二税收入

项目	数量	折贯
谷（小米）	22947400 石	折16063100贯
米 大米	32782000 石	
䌷绢	1796000 匹	折1796000贯
布	338000 匹	折101400贯
钱	7364000 贯	
丝	905000 两	折58825贯
绵	3995000 两	折139825贯
茶	1668000 斤	折116760贯
草	20960000 束	折419200贯
杂色	3731000	折111930贯
黄铁	350000 斤	折10500贯
盐	28850000 斤	折1442500贯

总计 27624040 贯

其他各项赋税收入

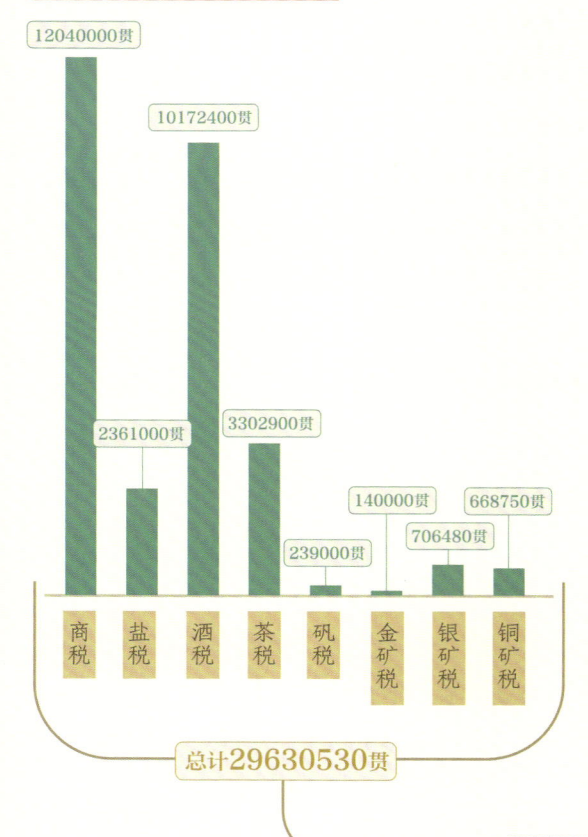

- 商税 12040000贯
- 盐税 2361000贯
- 酒税 10172400贯
- 茶税 3302900贯
- 矾税 239000贯
- 金矿税 140000贯
- 银矿税 706480贯
- 铜矿税 668750贯

总计 29630530 贯

合计 57254570 贯

资料来源：贾大泉，《宋代赋税结构初探》，《社会科学研究》，1981年第3期。

动物界里还有很多这种现象，比如大得离谱的鹿角、长到最后能把自己脑袋戳穿的野猪獠牙。

人类社会也是如此。很多事物刚开始只是"生存品"，但很快就因为人与人之间的互动，比如竞争、嫉妒、炫耀、攀比等，变成了"效用品"。而且对于"效用品"的需求逐渐刹不住车，直至发展到荒唐的地步。

比如吃饭。一个人维持生存所需要的食物不多，也花不了太多钱，多吃反倒容易引起健康问题。但同时，米其林餐厅里的一顿饭人均消费动辄达到三四千元，甚至这种餐厅还常出现一座难求的现象。吃饭本来只需要"生存品"，但在米其林餐厅吃饭就是一种"效用品"。其实，所谓的"效用品"就是"生存品"被推到极致后的样子。

宋真宗一开始搞祭祀、修玉清昭应宫，可能只是为了强化自己的权威，强化赵家天子的合法性，这些是他皇权的"生存品"。但是当更多人加入游戏之后，人与人的互动就开始了：想往上爬的官员，要攀比"拍马屁"的音量大小；各种地方势力，要拼谁能把皇帝请到当地来；工匠盼着有活儿干，老百姓盼着有赏赐；皇帝本人也要用下一个谎言掩盖前一个谎言……这整个过程是在人和人的互动中振荡放大的，并且，没有人踩得住刹车。

怎么分清"需求"和"欲望"自古以来就是一个难题，而"生存品"和"效用品"这两个概念给了我一些新的启发：需求就是"生存品"，满足了就不想了，比如吃饱了就放下筷子；欲望是"效用品"，越满足反而想要越多，比如更多的钱、更多的胜利。

欲望，也是我们生命中的"效用品"。缺了它，人生太寡淡。但是每出现一个新欲望，我们都得警惕，千万别一直纵容它，任由它在人性的互动中潜滋暗长，直到长成一根长得离谱的孔雀尾巴。

参考文献

［宋］李焘,《续资治通鉴长编》,中华书局,1995年。
［元］脱脱等,《宋史》,中华书局,1985年。
［宋］孟元老,《东京梦华录》,中华书局,2022年。
［宋］黎靖德,《朱子语类》,中华书局,1986年。
［明］黄宗羲,《明夷待访录》,中华书局,2011年。
吴乐旻,《富种起源:人类是怎么变富的》,中信出版集团,2023年。
〔印度〕阿比吉特·班纳吉、〔法〕埃斯特·迪弗洛,景芳译,《贫穷的本质:我们为什么摆脱不了贫穷》,中信出版社,2013年。

1012 年

经 历 过 ， 解 决 过

1012年的世界

▲ 本笃八世的诏书文本

01 本笃八世成为教皇
● 南欧

教皇塞尔吉乌斯四世去世，本笃八世（约980年—1024年）继位。本笃八世在位期间（1012年—1024年）与神圣罗马帝国皇帝亨利二世密切合作。

03 藤原彰子被封为皇太后
● 东亚

1012年3月9日，藤原彰子（988年—1074年）被尊为皇太后。1018年1月26日，藤原彰子被尊为太皇太后。

《源氏物语》的作者紫式部曾经担任过藤原彰子的贴身女官。

▲《紫式部日记绘卷断简》
图中左上女子为藤原彰子，下方男子为彰子之父藤原道长，彰子怀中的婴儿为其长子敦成亲王。

02 罗德兹宗教会议召开
● 西欧

这场罗德兹宗教会议是11世纪圣徒对圣母玛利亚崇拜的一个缩影。

▲ [意]乔瓦尼·巴蒂斯塔《祈祷的圣母》

1012年的中国

01 阻卜诸部反叛

1011年,辽设阻卜(辽、金对鞑靼的称呼)各部节度使。但因节度使过于暴虐,阻卜人民怨而思叛。1012年,阻卜各部反叛,把辽将萧图玉围困在窝鲁朵城(即卜古罕城,今蒙古国鄂尔浑河上游西岸哈喇巴喇哈逊故城遗址)。在援军解围之后,萧图玉遣人劝诱阻卜,最终,阻卜各部向辽投降。

02 宋真宗立刘娥为皇后

刘娥(968年—1033年),宋真宗第三位皇后,北宋章献明肃皇后。她是宋朝第一位摄政的太后,史书称其"有吕武之才,无吕武之恶"。

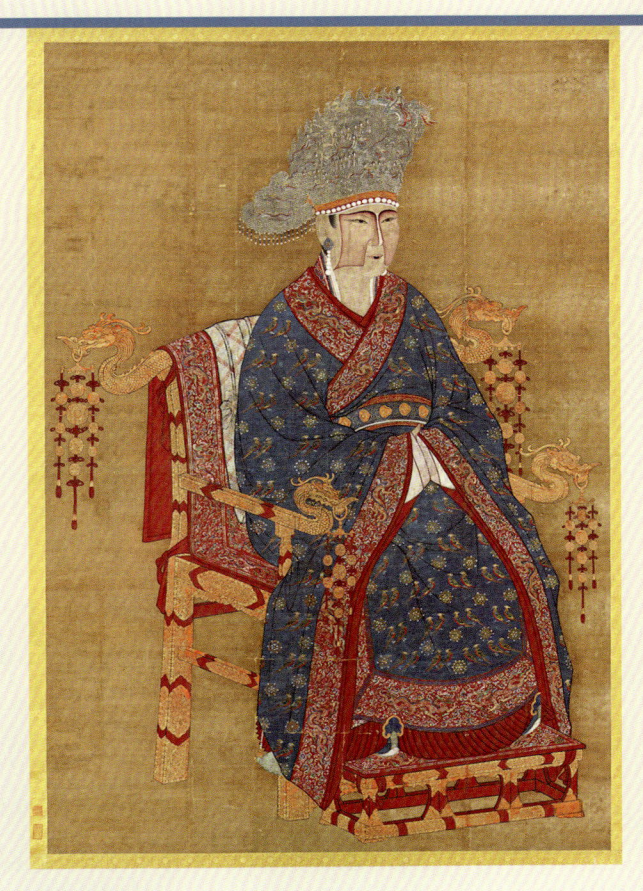

▲ 刘皇后坐像

大宋为什么歧视南方人

1012年,我们来关注一个在前文频繁出现的人——王钦若。就是那个又陷害寇准,又撺掇宋真宗搞迷信活动的人,他在这一年被升为宰相。不过,他被封的是"同平章事",只是一个"名誉宰相"的头衔。

王钦若当上真宰相,还要等现在的宰相王旦去世后才有机会。他曾对别人说过:"王旦耽误我迟当了十年宰相。"

> 旦没后,钦若始大用,语人曰:"为王公迟我十年作宰相。"
> ——《宋史》

此话不假。宋真宗当年想提拔王钦若,王旦的发言非常有意思:"我们大宋从未用过南方人做宰相。虽然贤才不分出处,但他得是个贤才啊!我不敢阻碍别人进步,但我说的可是公论。"

> 上欲相钦若,王旦曰:"钦若遭逢陛下,恩礼已隆,且乞留之枢密,两府亦均。臣见祖宗朝未尝使南方人当国。虽古称立贤无方,然必贤士乃可。臣位居元宰,不敢阻抑人,此亦公议也。"
> ——《续资治通鉴长编》

短短几句话,透露出三层意思:一,大宋祖宗传下来的规矩是不用南方人当宰相;二,王钦若算不上贤才;三,以上是公论,不是我王旦个人偏见。

后两个理由还算站得住脚,但"不能任用南方人做宰相"这种涉及地域歧视的言论,是能赤裸裸摆到台面上谈论的吗?更奇怪的是,宋真宗那么喜欢、依赖王钦若,但是面对王旦提出的这么荒唐的理由,他竟然默认了。这又是为什么呢?

我们知道,在儒家制度理想里,"溥天之下,莫非王土;率土之滨,莫非王臣"是基本设定。在儒家思想里,"四海之内皆兄弟也"也是基本常识,人无分老幼,地无分南北。为什么北宋初年偏偏会有如此露骨的地域歧视呢?

◆ 尴尬的"南方人"

看这个时期的史料，你会发现，不止王旦，北方出身的士大夫动不动就公开打这种"地图炮"。

有一年科举，明明是一位南方考生成绩更好，华州（今陕西渭南华州）出身的寇准硬用"南方是下等地方"的理由换了状元。他还扬扬得意地公开说自己"又给中原夺了个状元"。这一刻寇准的自我认同可不是朝堂上主持公道的士大夫，而是一个北方人。

大词人晏殊是江西人，当年科举考得很好，又是寇准跳出来说："真有才啊！可惜是个南人。"这话连宋真宗都听不下去了，当场反问寇准："唐朝的神童宰相张九龄不也是南方人吗？"

> 帝召殊与进士千余人并试廷中，殊神气不慑，援笔立成。帝嘉赏，赐同进士出身。宰相寇准曰："殊江外人。"帝顾曰："张九龄非江外人邪？" ——《宋史》

总之，在当时的大宋朝堂上，明显弥漫着一种压制南方人的气氛。

我还在《续资治通鉴长编》里陡然看到了一行字："钦若与刘承珪、陈彭年、林特及谓等交通，踪迹诡异，时论谓之'五鬼'。"意思是这五个人交往密切、行踪诡异，被合称为"五鬼"。

除了已知是南方人的王钦若，剩下"四鬼"是哪里人呢？陈彭年和王钦若一样，是江西人，丁谓、刘承珪都是江苏人，林特是福建人——居然全都是南方人。

再一深究，《宋史·奸臣传》上的22人，居然都是南方人。

有句话说得好，"没有无缘无故的爱，也没有无缘无故的恨"。北宋初年对南方人的偏见已经到了这种程度，背后必然有更深刻的政治、文化上的原因。

浅层的原因，我们都能想到。比如方言问题。魏晋之后，长城以南、长江以北形成了一个大面积的北方方言区，彼此间容易听懂；而东南地区甚至到了十里不同音的程度。语言不通，在社交上就难免被排斥。

再比如，大宋起家的君臣都是中原人，而南方人是后加入的。先到的人占据了各种好位置，后来的人要想往上爬，难免会不择手段。北方人就会嫌南方人太会钻营，甚至上升到攻击人品的高度。

莱公性自矜，恶南人轻巧。　　——《江邻几杂志》

此外，还有一个因素。大宋的底子是中原的"五代"，而南方几十年前是"十国"，是被征服的对象。征服者瞧不起被征服者，好像在情理之中？但你想一想，这一年大宋建国已经52年了，全国统一也33年了，一代人都过去了，哪还能那么傲娇呢？而且，为了促进国家融合，征服者不应该尽量帮助南方人融入国家的精英团体吗？怎么还能明晃晃地长期搞歧视、排斥、防范、打击呢？

我们不如反过来看，还有一个符合人之常情的解释：北方士大夫如此排斥南方人，恐怕不是出于心理优势，恰恰相反，这可能是心理劣势的结果。

英国哲学家罗素说过："如果一听到一种与你相左的意见就发怒，这表明，你已经下意识地感觉到你那种看法没有充分理由。"同样的道理，一种人不择手段地压制另一种人，很可能是害怕自己竞争不过对方。

带着这个视角再去看所谓"五鬼"的名单，我突然有了一个发现：除了丁谓，其他四人全都是原来的南唐人，而丁谓的老家苏州离南唐非常近。"五鬼"不仅是一个政治小集团，也代表了朝廷中几位南唐出身的才子。

我们是不是可以推测，当时士大夫排斥的南方人，其实暗戳戳地就是特指南唐人呢？这不是胡乱猜测，北宋初年对于被征服的几个小政权确实是区别对待的。

大宋建立之初，朝廷吸收了很多有文化的南方人，毕竟管制区域大了，需要的官员数量也会增加。但是，南唐和其他南方地区出身的官员受到的待遇是不一样的。吴越人到大宋当官，一入职能得到的最高官位是正三品。后蜀和南汉也有几位正三品。偏偏南唐只给了一个正四品。不仅如此，南唐官员到了大宋之后的十几年，无论级别高低，一律得穿绿色衣服。这就是用服装颜色的差异来表示南唐官员低人一等。

如果这个猜测有些道理，那我们真有必要研究下，南唐到底有什么了不起的，居然让当时北方的士大夫如此忌惮。

人物

北宋"五鬼"简介

王钦若 962年—1025年
- 主持修纂《册府元龟》
- 临江军新喻（今江西新余）

丁谓 966年—1037年
- 著有《知命集》《谈录》《天香传》等
- 主持玉清昭应宫的修建
- 苏州长洲（今江苏苏州）

林特 951年—1023年
- 撰《祥符会计录》三十卷（今佚）
- 与刘承珪、李溥改革江淮茶法
- 南剑州顺昌（今福建顺昌）

刘承珪（规） 950年—1013年
- 领修《册府元龟》及国史
- 制定权衡法
- 楚州山阳（今江苏淮安）

陈彭年 961年—1017年
- 预修《册府元龟》
- 与丘雍修订《切韵》，重修《大宋重修广韵》
- 抚州南城（今江西南城）

◆ 南唐的硬骨头和软文化

我们对南唐的印象一般来自后主李煜,"流水落花春去也,天上人间""问君能有几多愁?恰似一江春水向东流"。词虽好,但一个文艺青年当皇帝的国家能有多强呢?

其实,南唐的结局并不能代表南唐的全部真相,我们常常低估了它的实力。

首先,南唐的地盘非常大。最鼎盛的时候南唐跨了35个州,政权范围包括今天的江西、安徽、江苏、湖北等省。

其次,南唐的军事实力也很强。当年赵匡胤还没称帝、在周世宗手下当将军时,就参与过三次攻打南唐的战争,每次都打得很艰苦。虽然最后的结果是赢了,但南唐只是割地称臣,并没有灭国。

那宋太祖最终是怎么搞定南唐的呢?

自古以来,南方的割据政权都把长江看成天险。但是,长江天险和陆地上的关隘不太一样。陆地上的关隘,如果运用得当,那真是"一夫当关,万夫莫开"。但长江的优势往往依托于水师。水师,南方能造,北方也能造。如果北方政权积累了足够大的人口、经济和军事优势,能造出大规模的水师,长江天险其实就不存在了。宋太祖打南唐就是这种情况。早在963年,宋太祖就命人在开封挖了一个大湖,用于操练水军。等到战舰也造了几千艘,这才吹响冲锋号,开始攻打南唐。

战争的具体过程在此不再详述,只提两个你可能会感到意外的地方。

第一点,这种早有准备的灭国战争,打起来通常都是摧枯拉朽的,但南唐这次是个例外,各路将领节节抵抗。甚至在后主李煜投降后,江州(今江西九江)的守军还抵抗了4个月之久。

第二点,来自南唐后主李煜的表现。在我们的印象里,李煜像是个哭哭啼啼的亡国之君,什么"最是仓皇辞庙日,教坊犹奏别离歌,垂泪对宫娥"。其实,李煜坚守江宁(南京城)长达10个月之久。大宋反复劝降,他就是不从。直到打光了最后的一兵一卒,他才投降,算得上是硬汉一条。

所以,北宋初年的人对南唐的感受是,那可真是好不容易才啃下来的一块硬骨头。

南唐政权范围示意图

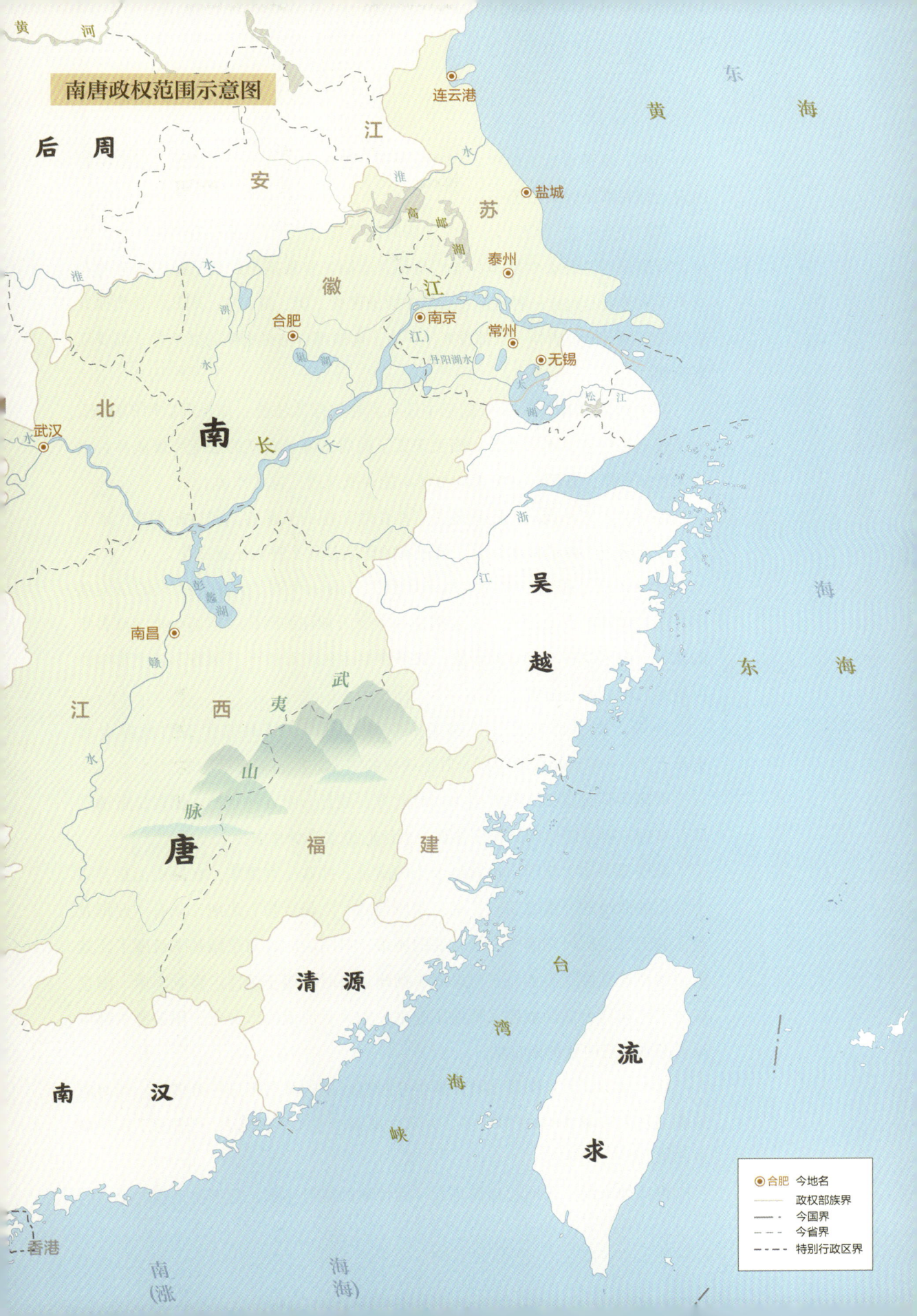

图例	
⊙ 合肥	今地名
——	政权部族界
——	今国界
-----	今省界
-·-·-	特别行政区界

政权标注： 后周、南唐、吴越、清源、南汉、流求

省份标注： 江苏、安徽、湖北、江西、福建

今地名： 连云港、盐城、泰州、合肥、南京、常州、无锡、武汉、南昌、香港

水系与地理： 黄河、淮水、洰水、高邮湖、巢湖、长江、丹阳湖水、松江、浙江、赣水、彭蠡湖、武夷山脉、台湾海峡、黄海、东海、南海(涨海)

当然，事情没这么简单。南唐被警惕、被提防还有一个很微妙、很隐秘的因素：到底谁是国家正统？

我们今天叫它"南唐"，但它建国时国号就是"唐"，并没有"南"字。而且，南唐皇帝姓什么？姓李，他们自称是李唐王室根正苗红的子孙。当时的人对天下大势会有这样一种理解：虽然中原地区梁、唐、晋、汉、周几个朝代你方唱罢我登场，但是唐朝一直都没死，后唐、南唐都自称是唐朝的继承者，都要复兴唐朝。

甚至到了1010年，大宋朝廷中还有人建议修改法统：如果用后周的法统，大宋就是篡位者，不大光彩；而大宋灭了南唐，继承唐朝的法统顺理成章。只是宋真宗觉得，开国时就定下的事情不能说改就改，这才作罢。

你看，大宋和南唐，隐约还是有些竞争正统的关系的。但这还不是大宋士大夫忌惮南唐人的最根本原因。最根本的原因是什么呢？还是文化。

风雅，这是我们今天经常用来形容大宋的一个词。无论士大夫的诗词歌赋，还是民间的商业活力，大宋都是一个令人神往的时代。但这是把300多年的北宋、南宋放在一起看的印象。如果你生活在北宋初年，"风雅"二字形容的可不是大宋，而是南唐。

首先，南唐特别富。开国皇帝李昪去世时，德昌宫里有"戎器金帛七百万"——宋太祖没收了所有其他政权的国库，加起来都没这多。

南唐为什么这么有钱？因为当时北方在战乱，南方在生产。据说皇帝请文武百官到宫里存储丝绸的仓库参观，大臣们想拿多少拿多少。

顺便提一句，江宁，也就是今天的南京，并非一直繁华，在历史上是有一个变化的曲线的。南北朝时，南京是所谓的"六朝金粉"之地，又有"虎踞龙盘"的王气，所以是南中国最重要的城市。可隋唐时，南京城基本被毁了，其地位甚至连县城都不如，有时隶属于扬州，有时隶属于镇江。直到南唐，南京城才突然间烈火烹油般地又繁盛了起来。今天我们说的宋文化，很多源头都可以追溯到南唐时代的南京城。

比如藏书。大宋刚建立时，整个开封宫廷里的藏书不过一万多卷，而南唐的藏书是大宋藏书的10倍之多。大宋后来编撰《太平御览》，可多亏了南唐攒下的家底。

再比如宋词。宋词起初只是老百姓传唱的流行小调，登不得大雅之堂。但

南唐·徐熙《玉堂富贵图》

徐熙,江宁(今江苏南京)人,一说钟陵(今江西进贤)人,五代南唐杰出画家。
沈括在《梦溪笔谈》中形容徐熙画"以墨笔为之,殊草草,略施丹粉而已,神气迥出,别有生动之意"。

是南唐后主李煜点亮了这种文体，把伶工之词变成了士大夫之词。

此外，学问很多也来自南唐。南唐的徐铉进入大宋之后，成为一代学问宗师。宋代所谓的四部大书，几乎全都是徐铉和他的朋友、学生、故旧参与修订的。就连前文提过的大儒杜镐"杜万卷"，都是徐铉的学生。

而文房四宝里，除了最好的笔（湖笔）出自浙江湖州（吴越国境内），最好的纸、墨、砚台都在南唐境内——所谓"澄心堂纸""李廷珪墨"和歙砚。澄心堂纸在宋时已经失传了。直到清朝，乾隆皇帝还心心念念想要复原出澄心堂纸的工艺。

可以说，大宋的风雅和繁华，根子全在南唐。

现在，你不难理解，为什么北方的士大夫总想压着南唐人，不想让南唐人在政治上扬眉吐气了吧！他们看见来自风雅之地的人，心里实在不太好受呀！

◆ 文明的"火种罐"

接下来，我们换个视角来看南唐。如果把时光倒转半个多世纪，回到947年，在中国四处走走看看，你对南唐和大宋的关系会有更深的感受。

那时的长安是什么样的呢？可没有李龟年放声高歌、公孙大娘舞剑、李白斗酒诗百篇了。这一年的长安被后汉军队围困，城里弹尽粮绝。

那五代的政治、文化、经济中心开封呢？这一年前后，开封城里就迎来了三位皇帝：后晋末代皇帝石重贵、辽太宗耶律德光、后汉高祖刘知远。

那南唐呢？元旦，皇帝李璟召集了一群文人雅士赏雪作诗，还命当时中国最好的一批画家记录下这个场面。有专门负责画人物的，有专门负责画亭台楼阁的，有专门负责画竹林的。这场君臣聚会成就了中国文化史上的一段佳话。

作家唐诺的《眼前：漫游在〈左传〉的世界》里有这么一段话："所谓历史的灾难时刻，也可以这么定义……那就是人被廉价地、不恰当不合理地胡乱使用掉，最好的诗人小说家拿枪被派去战壕一去不回……人无法做他最擅长、最有成果的那件事情，人被浪费掉了……"

砚台

古代四大名砚

歙砚

因产于歙州（今安徽歙县）而得名。石质坚韧润密，纹理喜人，敲击时有清越金属声，贮水不耗，历寒不冰，呵气可研，发墨如油，具有坚、润、柔、健、细、腻、洁、美"八德"。唐开元年间歙砚已成为贡品，名闻千世。

▲ 佛手形歙砚

澄泥砚

广义指用澄清细泥经过烧炼成的砚，始于汉，盛于唐、宋；狭义指山西绛州（今山西新绛）的澄泥砚。质地细腻坚实，发墨快而不损毫，可与石质佳砚媲美。品类有鳝鱼黄、蟹壳青、玫瑰紫、朱砂红等。

◀ 澄泥列钱砚

端砚

又称"端溪砚"，因产于端州（今广东肇庆一带）而得名。以石质坚实、温润、细腻而闻名。唐代极受时人推重，宋代已作为进献官廷的贡品，明清时更盛。

▲ 兰亭端砚

洮砚

又称"洮河绿石""洮河砚"，因产于洮州（今甘肃临潭）而得名。原石沉于临洮大河深水之底，非人力所致，得之不易。其中"鸭头丝""鹦哥绿""赤紫石"等均为上品。

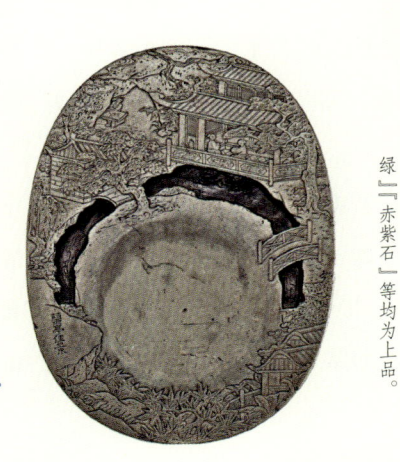

◀ 石兰亭洮砚

《重屏会棋图》摹本

《重屏会棋图》摹本为绢本淡设色,纵40.3厘米、横70.5厘米,曾经被当作五代南唐周文矩的真迹,后经徐邦达先生鉴定为北宋摹本。

周文矩,句容(今江苏句容)人,五代南唐的宫廷画家,侍奉过李昪、李璟(中主)、李煜(后主)三位皇帝。《重屏会棋图》描绘的是南唐中主李璟和二弟景遂观看两个弟弟对弈的情景。

从这个角度看,在那个"白刀子进,红刀子出"的世界里,南唐让有诗情的人写诗词,让有绘画天赋的人画画,有工匠精神的人研发最好的笔墨纸砚,它没有把人浪费掉。

我偶然看到一则史料,很震撼。在南唐灭亡前的最后时刻,江宁城已经被大宋军队重重包围,后主李煜还下令做了南唐历史上最后一次科举放榜,破例录取了38名进士——这是南唐科举史上录取进士最多的一次。国都要破了,还录取什么进士呢?我想,这既是为了给莘莘学子一个最后的交代,也是为了把读书的种子传下去。

这就像是文明的"火种罐"。当周围的世界都在刀光剑影、兵戎相见，有些地方就是有人在埋头学问、沉醉风雅。等到战乱结束，这个火种罐里的文明之火又可以星火燎原。

历史学界认为40年是一道重要分界线，发生在40年以内的事都不算历史，而是"交往记忆"。因为当事人都还在，各种恩怨、情感纠缠还在影响现实生活。等40年过去了，该谢幕的人都凋零了，发生过的事要么被遗忘了，要么被固化成了文字或影像，这才是历史。

对宋真宗、王钦若这些人来说，南唐虽然灭亡了，但那不是一段历史，而是一段"交往记忆"。这段记忆影响到了王旦不肯让南方人做宰相，寇准不肯让南方人当状元。但是别忘了，南唐是975年灭亡的，到了1015年就满40年了。果然，5年后，王旦谢幕，宋真宗就大大方方地把南唐人王钦若提拔为宰相。

最终，南方人融入了中华文明的主流，江宁城的繁华演化成了开封城的风雅。南唐这个文明的火种罐终于点燃了大宋的文明之火，遍地延烧，光华满天。

参考文献

［宋］司马光，《资治通鉴》，中华书局，2011 年。

［宋］李焘，《续资治通鉴长编》，中华书局，1995 年。

［元］脱脱等，《宋史》，中华书局，1985 年。

［明］黄宗羲，《明夷待访录》，中华书局，2011 年。

［宋］马令，《南唐书》，南京出版社，2010 年。

［宋］陆游，《南唐书》，南京出版社，2010 年。

［宋］史温，《钓矶立谈》，收录于南京市地方志编纂委员会办公室编《钓矶立谈·江南别录·江表志》，南京出版社，2022 年。

［宋］王铚、王栐，《默记·燕翼诒谋录》，中华书局，1981 年。

［宋］江休复，《江邻几杂志》，中华书局，1991 年。

［宋］潘汝士、夷门君玉、刘延世、孔平仲、杨倩描、徐立群点校，《丁晋公谈录（外三种）》，中华书局，2012 年。

［宋］无名氏，《道山清话》，中华书局，1985 年。

［宋］朱弁，《曲洧旧闻》，中华书局，1985 年。

［宋］宋文宝，《南唐近事》，商务印书馆，2010 年。

［清］吴任臣，《十国春秋》，中华书局，2010 年。

任爽，《南唐史》，中华书局，2024 年。

王育济、范学辉，《宋太祖传》，人民出版社，2021 年。

张剑光，《宋人笔记视域下的唐五代社会》，大象出版社，2020 年。

陈晓莹，《晚近的历史记忆》，中国社会科学出版社，2018 年。

唐诺，《眼前》，广西师范大学出版社，2016 年。

杜文玉，《五代十国经济史》，学苑出版社，2011 年。

［德］扬·阿斯曼，金寿福、黄晓晨译，《文化记忆》，北京大学出版社，2015 年。

［英］阿诺德·汤因比，徐波译，《人类与大地母亲》，上海人民出版社，2012 年。

楼培，《宋初南北两大文学群体研究》，浙江大学博士论文，2013 年。

杨昌猛，《宋太宗降国政策研究三题》，扬州大学硕士论文，2021 年。

孙军凯、杨蕤，《试论北宋前期政治中的地域因素——以南人首相王钦若为例》，《宁夏社会科学》，2019 年第 2 期。

黄博，《制造边缘：宋代的"闽蜀同风"论》，《福建师范大学学报（哲学社会科学版）》，2009 年第 6 期。

邓小南，《近臣与外官：试析北宋初期的枢密院及其长官人选》，《国际宋史研讨会暨中国宋史研究会第九届年会编刊》，河北大学出版社，2002 年。

伍伯常，《论猜防政策下的南唐陪臣》，《中国文化研究所学报》，2001 年第 41 期。

1013 年

经 历 过 ， 解 决 过

1013年的世界

01

斯汶一世加冕为英格兰国王
● 西欧

斯汶一世率丹麦军队全面入侵英格兰,英格兰国王埃塞尔雷德二世弃国而逃。于是,1013年12月,斯汶一世在伦敦加冕为英格兰国王,成为第一个统治整个英格兰的维京国王。可惜,他于次年去世,由其子克努特继承英格兰国王王位。

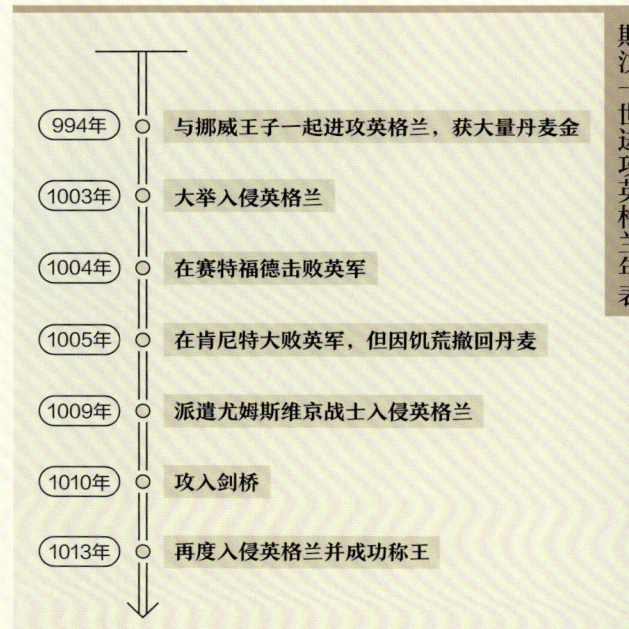

斯汶一世进攻英格兰年表

994年	与挪威王子一起进攻英格兰,获大量丹麦金
1003年	大举入侵英格兰
1004年	在赛特福德击败英军
1005年	在肯尼特大败英军,但因饥荒撤回丹麦
1009年	派遣尤姆斯维京战士入侵英格兰
1010年	攻入剑桥
1013年	再度入侵英格兰并成功称王

丹麦金:中世纪英格兰的一种土地税,为向丹麦人交付赎金以避免其侵略而征收

02

《梅泽堡和约》签订
● 中欧

波列斯瓦夫一世与亨利二世签订了《梅泽堡和约》,波兰与德意志自1007年开始的战争告一段落。

和约签订后,波列斯瓦夫一世的儿子梅什科二世与莱茵的巴拉丁伯爵埃左的女儿莉切萨结婚。双方约定,在任何一方需要之时对方都会提供300名战斗人员予以援助,但是波兰并没有兑现这一承诺。

▲ 梅什科二世

1013年的中国

01 **北宋设置礼仪院**

宋太祖、宋太宗时期,丧葬礼仪通常由太常礼院制定。1013年,宋真宗"改起居院详定所为礼仪院",礼仪院代替原太常礼院的工作。1023年,废除礼仪院。

02 **北宋建设保国寺大殿**

保国寺位于今浙江宁波,始建于东汉,北宋时重建,现存大殿于1013年完工,除大殿外其他现存建筑均为清代所建。

保国寺大殿具有很高的历史、艺术、科学价值,是宋《营造法式》的典型实例,反映了当时建筑艺术上的独特风格,以及力学研究上的极高水平。

▲ 保国寺大殿内部斗八藻井

▼ 保国寺大殿

明知宦官里有小人，
为何非用不可

　　1013 年 2 月，宋真宗连下两道诏书，为的是同一件事：禁止宦官在替自己办事时惹是生非。4 月，宋真宗又以本人的名义写了一份《内侍箴》，大意是：你们宦官最好规矩一点，如果打着皇帝的旗号胡作非为，可要小心了。然后命人刻成石碑，立在宦官衙门口，作为警诫。皇帝在如此短的时间里对同一件事情三令五申，究竟是发生了什么？

　　在能查到的史料中找到的可以解释宋真宗这一举动的一件事，发生在 1012 年 12 月。当时，宋真宗派宦官去调查粮仓的情况，结果这些人趁机搜刮钱财，这让宋真宗很恼火。但也没必要拖到几个月后再连发诏书，还把"小作文"刻在碑上立规矩吧？推测一下，应该是之后又发生了好几件类似的事，宋真宗才觉得必须狠抓宦官的办事作风问题了。

　　在中国古代的政治生态里，宦官是一种非常特殊的存在。要说宦官地位高，他们不过是皇帝的家奴，身体还不健全；要说宦官地位低，他们又是离皇帝最近的人，离权力魔杖近的人总会拥有一点权力的魔法。所以，宦官是混合了最卑贱的身份和最高贵的权力的一种奇怪角色。

　　我们就借由宋真宗这一年整治宦官的举动，一起探讨一个让古代皇帝非常头疼的大问题：为什么明知宦官会胡作非为，皇帝还是非用宦官不可呢？

◆ 宦官为什么越来越多

　　中国历史上有过两次消灭宦官的机缘。一次是 189 年，袁绍带兵冲进皇宫，见宦官就杀，甚至连宫里不留胡子的人都杀了。另一次是 903 年，后梁太祖朱温又一次把宦官杀光了。只可惜，宦官很快就又卷土重来。

这究竟是为什么？有什么理由让皇帝非用宦官不可呢？答案很简单，因为宦官让皇帝更放心。要理解这一点，还得回到宦官最根本的特征上来。

宦官的生理特征决定了他们影响不了皇室血统的纯正性。可如果只是为了隔绝皇宫外的男性，避免他们和后宫嫔妃有染，宫里只用女性干活不就行了？为什么要用如此残酷的手段设置宦官这样一种皇帝的家奴呢？

其实，真正关键的是这个生理特征派生出来的社会特征。宦官是没有独立的社会身份的人。宫女到了一定的年限出宫后，嫁人也好，做帮佣也好，总是可以回到一个正常人的生活轨道上的。但宦官就不一样了，他们即使出了皇宫，举目四望，又能做什么呢？他们入不了宗祠，也没有子女，更不可能加入任何皇宫之外的社会网络。这样一来，宦官的所有希望都在宫廷内，在皇帝的喜怒之间，他们不可能拥有独立的人格。

所以，皇帝对他们更放心，不仅是因为天天抬头不见低头见，比较亲近，也不仅是因为家奴这个身份，更是因为宦官离开皇帝后没有独立的社会角色，他们将永远是皇权的附庸。

既然放心，就会多用，宦官的数量因而越来越多，甚至有了膨胀的趋势。比如，宋太祖时期，宦官才50人，但是到了宋仁宗时期，宦官已经有4000多人了。

明朝宦官也有类似的发展过程。明朝刚建立的时候，由于明太祖朱元璋很反感宦官干政，所以当时的宦官人数不足百人。但到了明末，宦官已达10万人之多。

宫里需要这么多宦官吗？当然不至于，宦官有别的用处。历史上，宦官帮皇帝搞过钱，帮皇帝出使过外国，甚至还带兵打过仗。但是皇帝最需要、也最离不开宦官的，是让他们作为自己的耳目去探听消息。

就连对宦官从没有过正面评价的司马光，都认可宦官的这个作用。他说："宦官就两个作用，一是让君主的后宫没有歪门邪道，二是让内外的信息得以互通。"

> 夫寺人之官，自三王之世，载于《诗》《礼》，所以谨闺阃之禁，通内外之言，安可无也。　　——《资治通鉴》

替皇帝搞钱，可以让国家正式的财政部门去做；帮皇帝打仗，可以用正式的军队将军。唯独替皇帝探听消息这件事，离了宦官，真就不行。那我们就要继续追问：中国古代的皇帝到底面临什么样的信息难题，以至于他们不得不付出巨大的代价，必须用宦官来打探消息？

明代宦官机构

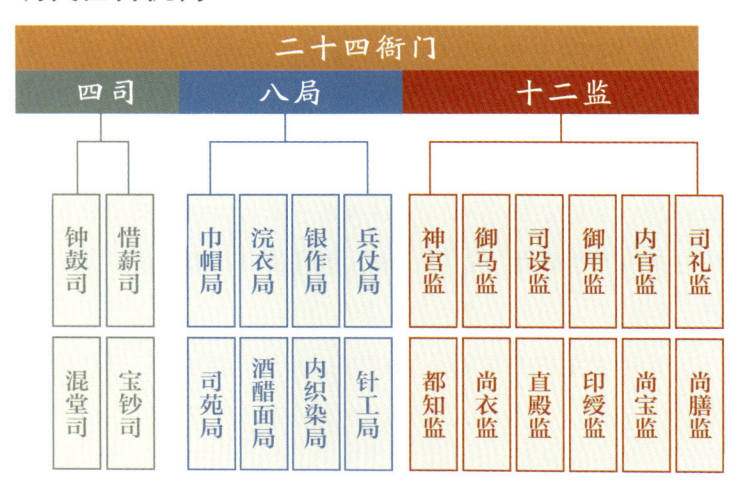

```
                    二十四衙门
        四司          八局              十二监
      ┌──┬──┐   ┌──┬──┬──┬──┐   ┌──┬──┬──┬──┬──┬──┐
      钟 惜   巾 浣 银 兵   神 御 司 御 内 司
      鼓 薪   帽 衣 作 仗   宫 马 设 用 官 礼
      司 司   局 局 局 局   监 监 监 监 监 监

      混 宝   司 酒 内 针   都 尚 直 印 尚 尚
      堂 钞   苑 醋 织 工   知 衣 殿 绶 宝 膳
      司 司   局 面 染 局   监 监 监 监 监 监
              局 局 局
```

◆ 上朝是个技术活

我们先来思考一个问题：一个人在什么情况下才能拥有权力？

俗话说，"位高权重"。是不是有"位子"就有权力呢？未必，"位子"带来权力是因为特定的信息流经过它；但是，信息流的路径一改变，"位子"具备的实质权力就很容易发生变化。比如，企业里面很重视所谓的"汇报关系"。我汇报给你，你再汇报给上级领导，你就对我有权力，因为我的信息只有经过你才能被组织正式接收和处理。很多领导非常介意下属越级汇报，就是因为信息流绕过了他，等同于削减了他的权力。

计算机科学家吴军老师有一个著名的观点：所谓科技史就两条线索，一条是人类对于能量的利用能力的提升，一条是人类对于信息的处理能力的提升。

我们可以借用这个观点来理解权力。权力不过就两点：第一，一个人能不能按照自己的意志动员足够多的力量；第二，一个人能不能及时搜集和处理足够多的信息。其实，没有第二点，所谓的动员力量也就无从谈起。

对于千万人之上的皇帝来说，他要怎么维护自己的权力呢？当然需要先疯狂地逼迫自己占有信息。

据说，秦始皇一天要看120斤竹简，不看完不休息。清雍正皇帝在位13年，共处置各种文件近20万件，仅批语就有1000多万字。旁人看到的是他们的勤奋，但他们在内心更多的可能是恐惧，担心万一漏掉了重要的信息，决策就会犯错，权力就会弱化。

宋代历史上最勤奋的皇帝就是宋真宗的父亲宋太宗。他有多勤奋呢？连老百姓家里丢了一头猪，他都要亲自去管。他还对宰相说："这种小事我都管，是不是太可笑了？但我要是连这么小的事都管，这天下是不是就没有冤民了？"

> 京畿民牟晖击登闻鼓，诉家奴失豮豚一，诏令赐千钱偿其直，因语宰相曰："似此细事悉诉于朕，亦为听决，大可笑也。然推此心以临天下，可以无嚚民矣。" ——《续资治通鉴长编》

从这段很纠结的自我反思里，你可以体会到中国古代皇帝的两难：不疯狂地占有信息，就难以治理天下；可是，皇帝一个人怎么做到疯狂地占有信息呢？

唐魏征总结了8个字："兼听则明，偏听则暗。"这可不是鸡汤，而是一种非常高深的统治技术。对于同一件事，不能只有一个信息源，至少同时抓住两个信息渠道，才叫"兼听"。

如果皇帝既要掌握信息，又不想被海量的信息压垮，最好的方法就是对信息渠道进行拆分：正式的官僚体系负责干活，再建立一个信息体系负责监督。

比如，从秦开始设置的御史大夫，就是负责监察百官的。这是中国政治制度的一个传统。直到清，都有台谏这一支机构，而他们只负责给皇帝提供信息。

到了汉，全国的郡从秦时的30多个发展到100多个，皇帝的信息负担太重了，要怎么处理汇报上来的工作呢？设立信息监督大区。汉武帝把全国分成13个大区，每个大区分派刺史。请注意，这个"刺"字是什么意思？就是刺探。

刺史只负责刺探信息，向皇帝汇报。

到了唐，天下有 300 多个州，皇帝的信息负担又加重了，怎么办？老办法，在州之上设信息监督的大区，也就是"道"。唐玄宗设了 10 个道，后来唐玄宗增加到 15 个道，主要负责监察各个州，还新设了一个叫"采访使"的官职。一看官名你就知道，它又是一个不负责行政、只负责刺探信息的岗位。

这种"兼听则明"、分拆信息渠道的方法，在中国古代制度设计的各个角落里都有体现。比如，皇帝上朝。

我们在电视剧里看到的皇帝上朝，都是文武百官按照品级站好，宦官喊完"有事出班早奏，无事卷帘退朝"，就有大臣站出来说话了。但实际上怎么可能这样呢？如果所有官员都在一个朝堂上公开表达意见，那么只要有一个权威的大臣在，比如宰相，朝堂上的信息就被控制了，没有人敢说话了。皇帝的信息渠道就被掐死了，什么都了解不到。这明显违反"兼听则明"的原则。

汉武帝十三刺史部

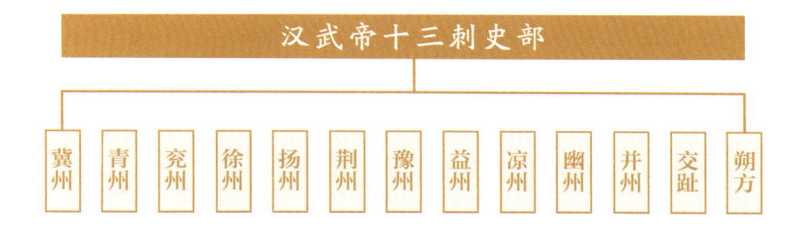

汉武帝十三刺史部
- 冀州
- 青州
- 兖州
- 徐州
- 扬州
- 荆州
- 豫州
- 益州
- 凉州
- 幽州
- 并州
- 交趾
- 朔方

唐玄宗开元十五道

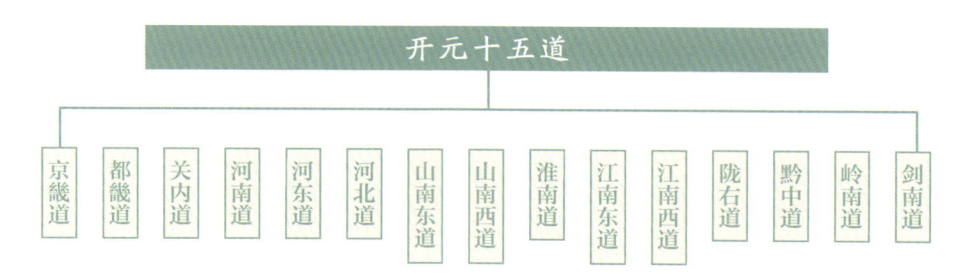

开元十五道
- 京畿道
- 都畿道
- 关内道
- 河南道
- 河东道
- 河北道
- 山南东道
- 山南西道
- 淮南道
- 江南东道
- 江南西道
- 陇右道
- 黔中道
- 岭南道
- 剑南道

所以，设计上朝的议事制度是一个技术活儿。我们来简单看一下北宋皇帝是怎么上朝的。

每天早晨五更时，皇宫大门打开，官员进宫。然后，宰相和枢密院、翰林院、三司、开封府等衙门的官员到垂拱殿前按预定的站位站好，向皇帝行礼问安。

仪式结束之后，需要跟皇帝汇报具体事务的官员要退到殿外门廊上等候，按照预先确定的顺序一拨一拨地上殿奏事，这叫"班次"。通常情况下，宰相和枢密院官员被安排在第一、第二班，主管财政的三司和开封府官员在第三、第四班，其他官员排在第五班。

不过，由于时间有限，如果宰相、枢密院官员奏事时间太长，排在后面的官员当天就可能见不到皇帝了。因此，有时候皇帝会临时下旨让某一位官员插队。

官员们等候的地方竖了一块大木板子，叫"板障"，等候上殿的大臣是不可以从木板的缝隙往里看的。为什么？这就是信息流程的设计。皇帝知道所有事，而每个大臣只能知道自己该知道的事——这就是权力的塑造过程。

不过，这还只是第一个阶段——"前殿视朝"。等皇帝换完衣服、吃好饭，还要在崇政殿、延和殿接见其他人，这叫"后殿再坐"。

"后殿再坐"接见的人就复杂了——各个衙门的官员、宦官、走马承受[1]等分别向皇帝汇报。

到这儿就结束了吗？没有。皇帝还有很多种接收信息的渠道。

一种是"经筵"，皇帝需要上课学习长学问。经筵的讲师难免会借题发挥，对时政做一些评论，皇帝便会接收到新的信息。

还有一种是"内引奏事"，就是由宦官来安排皇帝召见哪些大臣。说白了，"前殿视朝"和"后殿再坐"是由朝廷的正式机构安排的，在这种情况下，皇帝什么时候见了谁，这个信息难免会被外界知道。而在"内引奏事"中，皇帝见了谁、什么时候见的、先见谁后见谁这些关键信息，外界就一概不知了。

此外，皇帝还会安排"禁中夜对"，就是夜里召见一些人私下谈话，这就更隐秘了。王钦若有一次被贬为资政殿大学士，夜里要在皇宫外值班。一天晚

---

1. 走马承受：官名，全称"都总管司走马承受公事"，主管监察事务。

上朝

御殿视朝流程示意图

御殿视朝

前殿视朝

行 常起居 | 百官大起居
↓
垂拱殿前
↓
分批上殿奏事
↓
等待（垂拱殿门廊） → 拜舞 → 入殿奏事
↑
门官员引唤下一班上殿者

后殿再坐

- 崇政殿 → 接见 → 军头引见司、三班院、审官院、刑部等机构汇报
- 延和殿 → 接见 → 宦官、走马承受

常起居：上朝的官员们在门官员的带领下，由外朝步入垂拱殿前，按殿庭中预先安排好的石位站立，然后向皇帝行礼问安。

百官大起居：每隔五天，在京的中高级臣僚全部进入垂拱殿，向皇帝行礼问安。

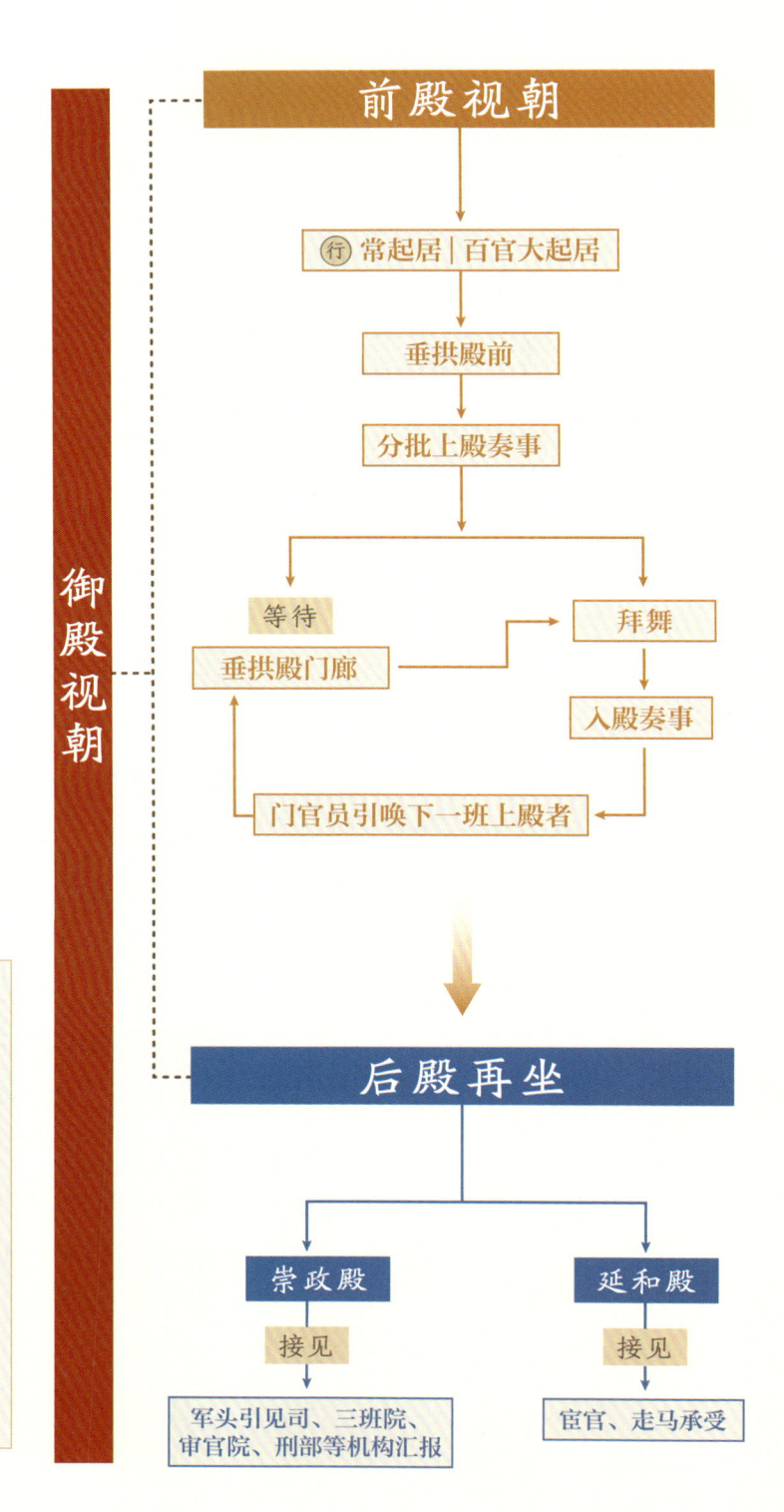

资料来源：王化雨，《面圣：宋代奏对活动研究》，生活·读书·新知三联书店，2019年。

上，突然有宦官把宫门打开，只宣召王钦若一人进去谈话。至于宋真宗跟他谈了什么，可就没人知道了。

到此还没有结束。宋还有一种制度叫"转对"，又叫"轮对"。简单来说，就是皇帝按照某种固定的次序把低品级的官员也接见一遍。因为一次只能接见一到两个人，轮完一遍需要很长时间。

前朝、后朝，明见、暗见，公开接见、私下接见，见高层、见基层……花样繁多，这才是真实世界里的皇帝上朝。为的就是皇帝能把信息渠道进行各种角度的分拆，以达到"兼听则明"。皇权正是在这种信息渠道分拆的过程中不断得到巩固。

◆ 信息交叉验证

现在，我们再回到宦官的问题：皇帝为什么一定要任用宦官来刺探信息？

因为宦官是皇帝分拆信息渠道最后的杀手锏。宦官作为皇权的依附者，虽然不能以正式渠道提供信息向皇帝汇报，但他们在关键时刻提供的关键信息，能够帮助皇帝做关键决策。我们来看一个例子。

这几年，宋真宗忙于神道设教，就把朝廷的小事委托给宰相王旦全权处理。但是，皇帝对于臣子的信任从来都是动态的，会在微妙的侧面观察中一点点微调。

有一次，王旦向宋真宗推荐了一位官员，宋真宗也认为这个人值得提拔，便许诺只要他到京城述职就给他升官。后来，这位官员真到了京城，王旦便准备第二天上奏。可是，事情就在这一天晚上出了岔子——这位官员去了王旦家拜访。王旦为了避嫌，并没有接见。

王旦第二天上朝汇报了升迁一事后，宋真宗一反常态，就是不同意。王旦回家后左思右想，恍然大悟，吓得心惊肉跳——一定是昨夜官员上门拜访，被宋真宗派出的密探给发现了。

其实，这件事并没有多严重。但就这么一点点信息，是朝廷正式的信息渠道无法提供给皇帝的,而这个信息能帮皇帝作出非常重大的判断:第一,王旦没有结党营私,值得继续信任;第二,这个官员有讨好王旦的动机,私德可疑,提拔之事暂缓;第三,外地官员来京城要拜访王旦,说明宰相的威望在升高,敲打敲打王旦也好。

你看,这点细微的信息变量是多么关键。

宋真宗的这个做法放到现在叫作"交叉验证"。现在有一种另类数据公司,做的就是交叉验证的事情。比如,用卫星统计一些工厂和大型商超的停车场的数据,然后交叉验证公开的业务数据,来判断一家公司的经营状况究竟好不好。古代可没有现代这些技术手段,他们要以孤家寡人的身份面对全天下的信息,没有点交叉验证的功夫,肯定是要被愚弄的。

不过,天下之事,有盾就有矛,也有聪明的臣子利用这个机制来算计皇帝。有一次,王钦若想排挤一名叫赵安仁的官员,就故意在宋真宗面前夸他,说这个人最有长者风范,至今不忘报答前任宰相的知遇之恩。这话其实是个陷阱,因为前任宰相的女儿是宋真宗的妃子,而赵安仁曾向宋真宗提议封这位妃子为后。宋真宗一琢磨:原来你是在拿我的皇后之位来报答你自己的知遇之恩!自然就把赵安仁打入另册了。

王钦若利用的就是皇帝的信息交叉验证机制。他提供了一个不同维度的信息,皇帝自己去拼接出一个事实。而这个事实,正好是王钦若希望皇帝拼出来的。

你看,皇帝和臣子的信息博弈,魔高一尺、道高一丈,是一场永恒的战争。韩非就曾借黄帝之口把这种局面形容成"上下一日百战"。只要皇权在,只要权力集中在孤家寡人身上,皇帝就要一直面临如何打破信息茧房的挑战。宦官的存在是挑战的解决方案之一,但它本身也会成为一个全新的挑战。

行政

宋朝行政文书流程图

臣下

- 请求批准(对) → 阁门司 → 前殿·后殿（上殿奏事(对)）
- 文书：上、状、奏、表、议、疏 → 通进司 → 前殿·后殿
- 前殿·后殿 → 意见（+札子）→ 皇帝
- 皇帝 → 宣谕 → 前殿·后殿
- 留中不出（不许可）

皇帝

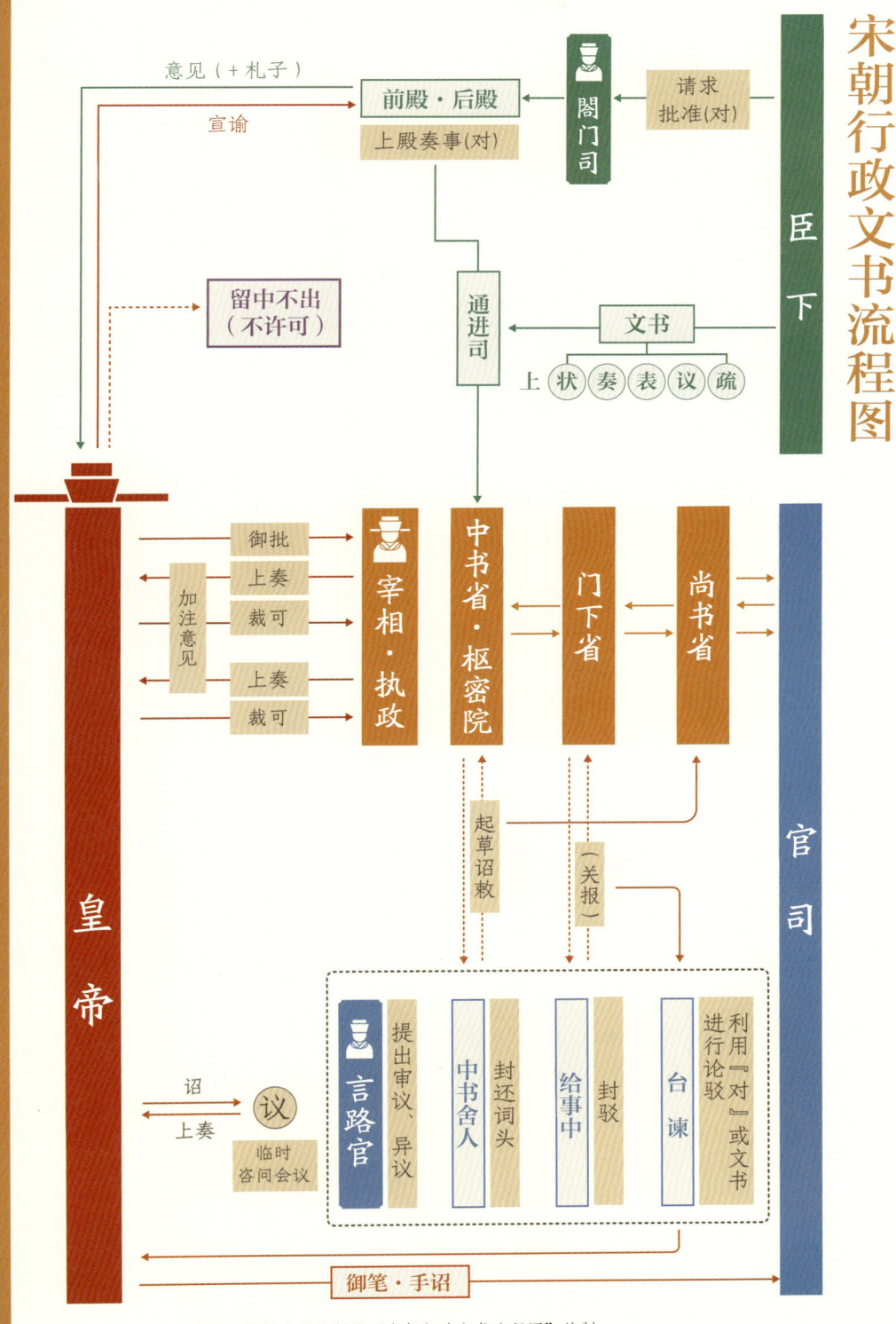

- 御批 → 宰相·执政
- 宰相·执政 → 上奏 → 皇帝；皇帝 → 裁可 → 宰相·执政
- 加注意见
- 宰相·执政 → 上奏 → 皇帝；皇帝 → 裁可 → 宰相·执政

中书省·枢密院 ⇄ **门下省** ⇄ **尚书省**

- 起草诏敕
- （关报）

官司

言路官（提出审议、异议）／中书舍人（封还词头）／给事中（封驳）／台谏（利用"对"或文书进行论驳）

- 皇帝 → 诏 → 议（临时咨问会议）
- 议 → 上奏 → 皇帝
- 御笔·手诏 → 官司

注：根据日本学者平田茂树专门绘制的"宋朝行政文书流程图"绘制。

参考文献

［宋］李焘,《续资治通鉴长编》,中华书局,1995年。

［元］脱脱等,《宋史》,中华书局,1985年。

［元］脱脱等,《辽史》,中华书局,1974年。

［宋］欧阳修,《新五代史》,中华书局,1974年。

［汉］许慎,《说文解字》,中华书局,2023年。

［唐］吴兢,《贞观政要集校》,中华书局,2009年。

［宋］王曾,《王文正公笔录》,中华书局,2017年。

［宋］司马光,《资治通鉴》,中华书局,2011年。

［宋］江少虞,《宋朝事实类苑》,上海古籍出版社,1981年。

［宋］李元纲,《厚德录》,商务印书馆,1939年。

［清］钱谦益,《国初群雄事迹》,中华书局,2021年。

［清］徐松,《宋会要辑稿》,中华书局,1957年。

王化雨,《面圣》,生活·读书·新知三联书店,2019年。

邓小南主编,《文书·政令·信息沟通》,北京大学出版社,2011年。

邓小南主编,《政绩考察与信息渠道》,北京大学出版社,2008年。

余华清,《中国宦官制度史》,上海人民出版社,2006年。

白钢主编,《中国政治制度通史》,社会科学文献出版社,2011年版。

王家范,《中国历史通论》,华东师范大学出版社,2000年。

〔日〕平田茂树,林松涛、朱刚译,《宋代政治结构研究》,上海古籍出版社,2010年。

余华青,《中国宦官制度史》,上海人民出版社,2006年。

丁义珏,《中晚唐至宋初的亲随迭代与宦官升沉》,《苏州大学学报（哲学社会科学版）》,2022年第43卷第5期。

邓小南,《信息渠道的通塞：从宋代"言路"看制度文化》,《中国社会科学》,2019年第1期。

曹家齐,《宋朝皇帝与朝臣的信息博弈——围绕入内内侍省与进奏院传递诏奏之考察》,《历史研究》,2017年第1期。

李全德,《通进银台司与宋代的文书运行》,《中国史研究》,2008年第2期。

赵冬梅,《试论宋代的閤门官员》,《中国史研究》,2004年第4期。

1014年

经 历 过 ， 解 决 过

1014年的世界

03

01
拜占庭帝国在克雷西昂战役中大胜
● 南欧

1014年7月，56岁的拜占庭帝国皇帝巴西尔二世亲自率大军西征保加利亚。萨穆埃尔御驾亲征迎战，克雷西昂战役爆发。最终拜占庭帝国大胜，萨穆埃尔狼狈逃跑。

克雷西昂战役是持续50多年的拜占庭—保加利亚战争中的最后一场大战。拜占庭帝国取得了决定性胜利，几乎完全摧毁了保加利亚第一王国的抵抗力量。

哈拉尔二世继承丹麦王位
● 北欧

斯汶一世于1014年坠马身亡，其长子哈拉尔二世继承了丹麦王位。

02
不过，哈拉尔二世仅担任了4年丹麦国王便于1018年去世，由他的弟弟克努特继承丹麦王位。

▲ 哈拉尔二世想象图（真实形象未知）

塞尔雷德二世夺回英格兰王位
● 西欧

汶一世去世后，埃塞尔雷德二世回到[英]格兰，在奥拉夫·哈拉尔松（即挪威[国]王奥拉夫二世）的帮助下拿回了英格[兰]的统治权。但两年后，他就在丹麦人[再]次进攻伦敦的过程中去世了，他的遗[体]被安放在圣保罗大教堂。

▲ 亨利二世的皇冠（Matthias Kabel, CC BY-SA 3.0）

埃塞尔雷德二世发给他的追随者埃塞尔雷德（同名者）的特许状

05 亨利二世加冕为神圣罗马帝国皇帝
● 南欧

1014年2月14日，教皇本笃八世在罗马为亨利二世加冕。

亨利二世统治时期是神圣罗马帝国中央集权的时期。由于他卓越的个人能力和对教会的热情推广，他于1146年被教皇尤金三世封为"圣人"。

萨穆埃尔去世
● 南欧

1014年10月，保加利亚第一王国国王萨穆埃尔在见到被巴西尔二世下令挖去双眼的俘虏的惨状后，突发心脏病去世。其子加布里埃尔·拉多米尔继位。

▶ 萨穆埃尔之死

1014年的中国

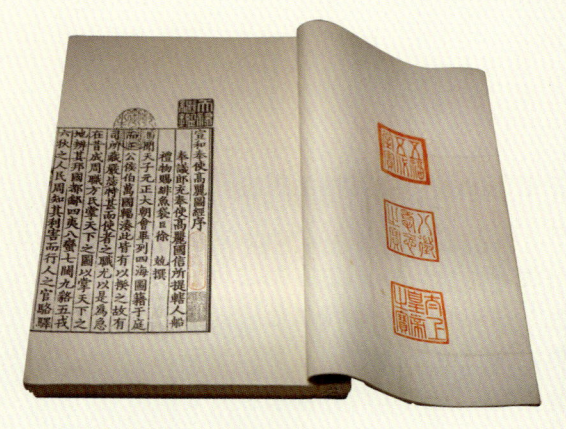

▲ 徐兢《宣和奉使高丽图经》
《宣和奉使高丽图经》是一部全景式描述高丽的历史地理著作。

01 高丽遣使朝宋

1014年10月，高丽遣使来宋，登州（今山东蓬莱）未敢迎接，请示朝廷意见。宰相王旦认为，高丽与北宋历来有交往，后因辽阻断暂时失去联系，现在高丽遣使之事辽也知道，应该坦诚相见。宋真宗认可，下诏命登州设置馆接待高丽来使。

▲ 安徽博物馆藏高丽青瓷龙纹罐
青瓷工艺最初从宋传入高丽，发展出"高丽烧"。

02 玉清昭应宫建成

1014年11月，玉清昭应宫落成，包含长生崇寿殿及2610间房屋。

同时，玉皇、圣祖、宋太祖、宋太宗的铜像也已经铸好，宋真宗命丁谓、李宗谔等人选良辰吉日把铜像运抵汴梁，安放在玉清昭应宫内，同时大赦天下。

03 铸祥符大铁钱

益州路、利州路使用景德大铁钱已近10年，但是，景德大铁钱含料多，一贯可熔铁二十五斤多（宋制），价值两贯，故很多人熔钱出售，影响了钱币流通。

1014年，北宋在四川又铸造了一种大铁钱，每贯钱重十二斤十两（宋制），仍以一当十。新铸的祥符大铁钱既轻便又可减少熔铁图利的现象。

▶ 祥符元宝

▶ 景德元宝

04 宋真宗亲谒亳州太清宫

1013年，亳州（今安徽亳州）官吏和百姓共3300余人进京请愿，强烈要求宋真宗前往亳州太清宫。1014年春，宋真宗出宫前去朝拜亳州太清宫。

▶ 亳州太清宫

杨家将传说到底有几分真

1014 年，我们来关注一个人。这个人在某种程度上比宋真宗还有名，是谁呢？杨家将中的"杨六郎"杨延昭，他在这一年去世了，享年 57 岁。

杨延昭是在岗位上去世的，当时他正担任高阳关的副司令。高阳关（今河北保定高阳东，治所在河间）可是当时宋辽对峙的前线，虽然双方不打仗了，高阳关仍是宋的军事战略要地。有杨六郎这样的名将在，还是让人安心的。所以杨六郎这一走，将星陨落，对当地的震动很大。

史书记载，杨延昭出殡的时候，皇帝特意派了身边的宦官来料理丧事。参加送殡的百姓远远地望着他的棺材，纷纷掉泪。

> 讣闻，上嗟悼，遣中使护丧而归，河朔之人多望柩而泣。　　——《续资治通鉴长编》

我们今天对杨延昭的印象，基本上都来自杨家将的传说故事。可是，传说和史料对得上的只有一件事，就是前文提过的，杨六郎把井水泼到城墙上，等水凝固成冰后，辽兵就爬不上城墙了。至于其他的故事，基本都是编造的。

借由杨延昭之死，我们来研究一个有趣的问题：真实历史中的杨六郎和杨家将，与传说中的杨六郎和杨家将有什么不同？为什么会有这些不同呢？

◆ 两种"杨家将"

我们先来看下正史中对杨家将的记载，主要包括三代人。

第一代是杨业，即杨老令公。他本是北汉名将，投降北宋后，担任山西北部雁门关一带的守将，屡立战功。后来在陈家谷之战中被辽兵俘虏，绝食三天而死。

杨无敌祠

北京密云古北口杨无敌祠，为纪念杨业而建。

杨业被称为"杨无敌"，这个称号是不是名实相符呢？北京大学历史系的党宝海老师提供了一个侧面证据：在《辽史》里，有多位辽大将的传记中都提到自己参与了"俘虏杨业"一事。这说明在当时的大辽俘虏杨业是一件值得夸耀的大功劳。

第二代就是杨延昭了。他先跟着父亲杨业在山西守关，后来调到了河北——正好是宋、辽博弈最精彩的一段。宋、辽打仗时，有他；签订澶渊之盟时，有他；和平之后镇守边关，还有他。

第三代是杨延昭之子杨文广。作为名将之后，杨文广尚算被朝廷重用，在西北、西南都打过仗。但和其祖父、父亲相比，他没有什么突出的战功。

我和同事做了一个统计，《宋史》里关于杨家将的介绍不过 2500 字——这就是正史里关于杨家将的全部资料了。至于虚构的杨家将传说，大致可分成几类。

有一类传说，情节全都是虚构的。比如金沙滩一战，杨家第二代除了杨六郎全部战损——其实，这场大战根本没发生过。

还有一类传说，人物是真实存在过的，但他们在传说里的关系是错乱的。比如，寇准和杨家在真实历史中并无交集，但在民间传说中，寇准是杨家在朝廷里的靠山。再比如，在杨家将传说中害死杨七郎和杨业的元凶叫"潘仁美"，即潘美。但在真实历史上，他对于杨业的死最多算是领导责任，肯定不是有意加害。

此外，还有人物虽有原型，但和史料相差甚远的情况。比如，100岁还能挂帅上阵的佘老太君，传说她是西北武将世家折家的女儿，嫁给了杨业。但无论宋代正史还是野史中，都没有这个记载。

最后，民间传说里有许多非常出名的人物完全子虚乌有。比如，杨宗保、穆桂英两口子。在传说中，他们是杨延昭的儿子、儿媳，杨文广的父母。其实，这是横空插入的一代人，完全不存在。无论是穆桂英比武招亲、杨门女将、十二寡妇征西，还是八姐九妹、烧火丫头杨排风，都是后来民间文学创造的。

那么，问题来了：为什么民间会如此添油加醋地编排杨家将的故事，甚至凭空编出来那么多人、那么多事呢？

◆ 什么是口语文化

在回答上面的问题之前，我们先来了解一下什么是口语文化。

想象一下，如果这个世界上完全没有文字，人和人之间的交流只能口口相传，那人类文化的面貌会是什么样子？

你可能觉得，文化传播和留存会变得非常困难。毕竟，没有文字的帮助，大量的信息不可能被精确地记录，也不可能被远距离、长时间地传播。

不好意思，这个印象是错的。

口语时代，不仅有文化传播，而且规模非常大，传播力非常强，比如各个

中国三大史诗与世界五大史诗篇幅对比

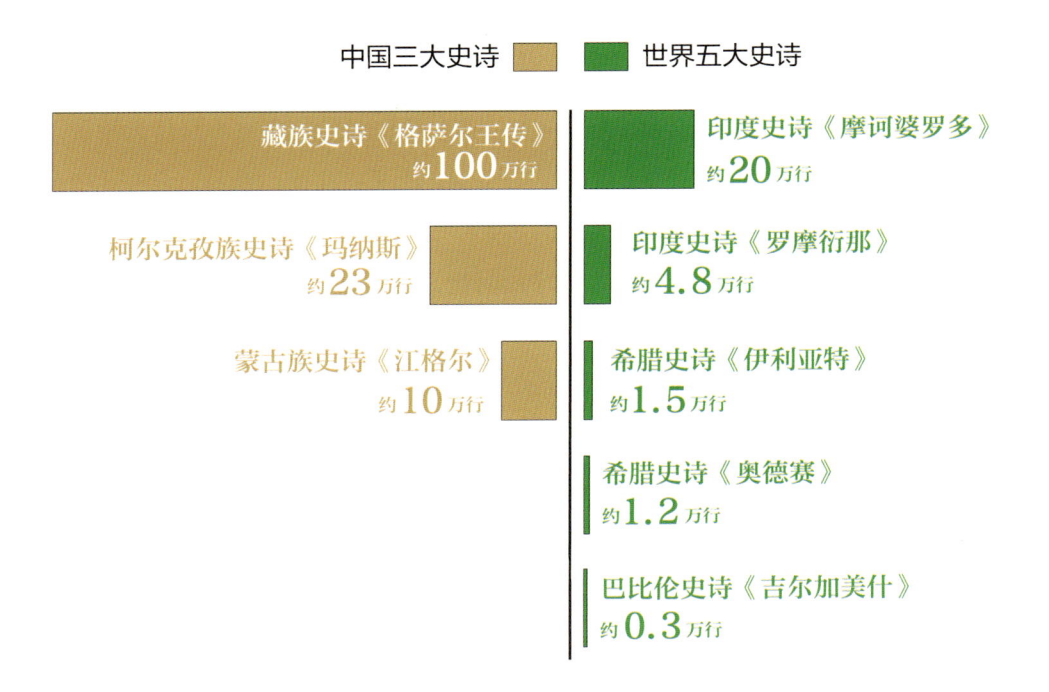

中国三大史诗　　　　世界五大史诗

- 藏族史诗《格萨尔王传》　约 **100** 万行
- 柯尔克孜族史诗《玛纳斯》　约 **23** 万行
- 蒙古族史诗《江格尔》　约 **10** 万行

- 印度史诗《摩诃婆罗多》　约 **20** 万行
- 印度史诗《罗摩衍那》　约 **4.8** 万行
- 希腊史诗《伊利亚特》　约 **1.5** 万行
- 希腊史诗《奥德赛》　约 **1.2** 万行
- 巴比伦史诗《吉尔加美什》　约 **0.3** 万行

民族的史诗。世界文化史上有所谓的"五大史诗"——《吉尔加美什》《伊利亚特》《奥德赛》《罗摩衍那》《摩诃婆罗多》。它们的篇幅都非常大，《伊利亚特》和《奥德赛》都有 1 万多行，《罗摩衍那》约有 4.8 万行，《摩诃婆罗多》约有 20 万行。但是，所有这些加起来都不如我们藏族的《格萨尔王传》长。《格萨尔王传》目前整理出来的约有 100 万行，而且这个数字还在增长。

你可能觉得不可思议，人类怎么可能记住这么长的诗，还能够几天几夜地不停吟唱呢？

有一种解释是，这些史诗都是有套路的，人们并不用靠死记硬背。史诗里有很多"预制件"都是重复使用的，比如套话、程式、场景、主题等。有人用"编织"来形容这种史诗的创作过程。虽然通过一些令人眼花缭乱的穿插、组合、拼装，变化多了起来，但是套路就那么多，编多长都不难记忆。在 20 世纪，这是西方研究荷马史诗的一个重大理论突破，叫"帕里—洛德理论"，又称"口头形式理论"。

还有一种解释是，口语文化时代的人和我们这些在文字文化下长大的人，具备的能力大不一样。他们具有的大段背诵的能力，是我们不具备的。

这里我忍不住想感慨一下。我们这代人是从文字文化过渡到电子文化的一代人，我们现在的记诵能力已经大不如前了。我小时候遇见过一些老教授，问他一个问题，他真能说出"到我的书架上第几排找到什么书，翻开第几页，那里有答案"。钱钟书先生所谓"照相机"式的记忆力不是什么传奇，那代人中的高手真就有这样的能力。在普遍用上手机之前，谁身边没有几个张嘴就能背出几十、上百个电话号码的人呢？

如此推测，在没有文字的时代，人绝对会更依赖记忆力。有些人具备"可怕"的记诵能力，有什么不可想象的呢？我这不是在神化古人，而是在赞叹人类的潜能。只要有需要，在长期训练下，人的某一项能力可以达到惊人的程度。

介绍了这么多关于口语文化的内容，我其实只想解释清楚一件事：不识字的评书艺人为什么能进行那么长的口头创作，能把那么一点点关于杨家将的事实变成那么长的虚构故事。

◆ 口语的近处和文字的远方

接下来，我们还要继续追问：为什么这些口头文学的创作不在意事实，甚至会捏造人物和事件？

其实，不是他们有意造假，而是口语文化下的人的真假观和我们不一样。

多年前，我看过一本讲藏区的书。作者有一次在一户藏民家里喝茶，主人讲起了一件刚刚发生的事：一艘黄河考察队的船在附近的湖上飞速行驶，湖底的大石头把那条船像鱼一样从中间剖开，船便像箭一样沉了下去。主人讲得绘声绘色，细节丰满。但是几个小时后作者就遇到了那支考察队，他们的船其实只是被一个桥墩撞翻了，没有任何伤亡。作者感慨，这么近的距离，这么短的时间，一个消息就能变形到这种程度，可见口语文化的想象力有多么丰富。

那位藏民肯定不是有意说谎，这就是口语文化的传统，一件事在每个人嘴里过一遍时，每个人都要叠加自己的想象。

沃尔特·翁总结的原生口语文化 9 大特征

- 01 附加的
- 02 聚合的
- 03 冗余或"丰裕"的
- 04 保守或传统的
- 05 贴近人生世界的
- 06 带有对抗色彩的
- 07 移情参与式的
- 08 衡稳状态的
- 09 情景式的

沃尔特·翁认为,"原生口语文化"是只有口头语言,尚未触及文字、不知文字为何物、毫无文字或印刷术浸染的文化;而"次生口语文化"是电话、广播、电视等电子媒介诱发的文化时代,它拥有"原生口语文化"的一切属性,但群体感比原生口语文化更强烈。

口语文化这种真实和虚构不分的状态到了文字文化的时代发生了一些变化:杂乱的、混沌的思绪落实成了白纸黑字,白纸黑字再统一成各种定本,真假、是非就判然分别开了。

我们这代人从小读书识字、上学明理,整个心智模式都是被文字文化塑造出来的。文字文化最大的特点是什么?就是让人的世界里有了"确定性"。说白了,文字文化的世界里充满了标准答案。而且,这个是非真假的标准并不由我们身边的人校准,而是由远方的、我们根本不认识的人定的。

有时候，标准还会变动，我们也得跟着变。很多我小时候辛辛苦苦学的、胆战心惊怕读错的汉字读音，现在都变了。比如，一骑（jì）红尘妃子笑，现在要读qí；说（shuì）客，现在要读shuō；确凿（zuò），现在要读záo。

生活在文字文化里的人就是这样，我们的生活是由一系列的标准、是非、规则、定本、答案来决定的。而这些标准、是非、规则、定本和答案，又是由远方的、我们不认识的人来制定的。我们对此见怪不怪，并不觉得有什么不妥。但是，你可以想象一下，如果生活在一个还没有文字的社会，你的世界会是什么样的？

你可能从生到死都没离开过家乡，只是和熟人一起生活在"附近"。你的整个世界就在此地，你所有的成败利钝、吉凶祸福也都在周边，你的一举一动都是做给附近的人看的。远方的人跟你有什么关系？由远方的、不认识的人来给你制订是非标准，这就更奇怪了。

你看，这才是口语文化和文字文化的根本性差异。借用米兰·昆德拉一部小说的名字，文字文化中的人是"生活在别处"，而口语文化中的人是"生活在附近"。

理解了这种远处和近处的差别，我们再来看：为什么口语文化中的人不在意事实？

有一个答案是：他们在意的是眼前人、身边事，而不是时间和空间上都很遥远的文字里的历史。

再想象一下，公元前8世纪的希腊，一天晚上，村子里来了一位盲人吟游诗人，据说名字叫荷马。村长请他在村里住上一个月，每天晚上给村民们讲唱伊利亚特和奥德赛的故事。那村民们期待的是什么？是当天晚上的精彩吟唱，是荷马的临场发挥和"添油加醋"，最好有些情节是别的村子里的人都没听过的。

可是再过几百年，希腊出现了文字，《荷马史诗》被记录下来了——出现了定本。这时，村里再来新的吟游诗人，无论他讲什么，村民脑子里都有一根弦：他说的跟定本上一样吗？不一样的话，是不是他没本事、记错了？这种念头一起来，那个活泼泼的、每天都在生长的、每讲一遍都不太一样的《荷马史诗》还在吗？当然不，《荷马史诗》"死"了！

杨家将故事的流传也是同样的道理。说书先生、民间艺人最在意什么？是自己说的和历史记载的一模一样吗？不会。他又不认识字，他又不发表论文，他的作品又不需要对五湖四海和千秋万代负责。他需要负责的、在意的，就是今天这个书场：有没有座儿？能挣多少钱？能讲多少场？今天听的人喜不喜欢？能不能给他扬名？明天来的人是不是更多？你看，他只是生活在附近。

罗伯特·洛根划分的媒介与传播阶段

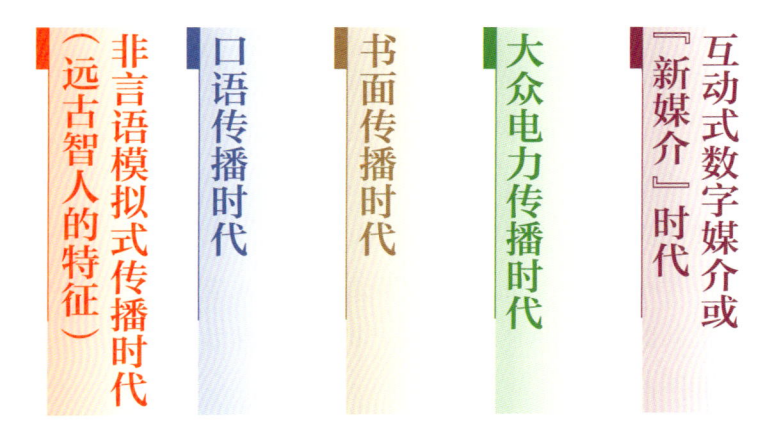

非言语模拟式传播时代（远古智人的特征）｜口语传播时代｜书面传播时代｜大众电力传播时代｜互动式数字媒介或『新媒介』时代

◆ 即兴现场与游戏精神

过去我们提到口语文化，总觉得弱点很明显——不靠谱，信息随风飘散，传不到远方。在此，我想提醒你换个视角："生活在附近"的口语文化，有没有什么被我们忽略的好处和强项呢？

口语文化最显而易见的一个好处是即兴发挥，给人类蓬勃的创造力留出了巨大空间。文字文化中，白纸黑字印出来就改动不了了，但口语文化不一样。

举个例子。晚清有一位著名的说书人叫何云飞。他有个外号叫"何一年"，因为一部《水浒传》，他一年都讲不完，而且他这辈子真就没把《水浒传》全套讲完过。有个传闻是，他有一次在苏州的书场讲"石秀跳楼劫法场"，讲到石秀的左腿刚跨出窗户，有位客人突然大喊："你今天能不能让石秀跳下酒楼去！"何云飞问为什么，客人说他明天去上海，要五天后才能回来，这个关子错过了就听不着了。何云飞笑了:"你去吧,包你第六天来听他仍旧在。"结果,第六天这位客人回来了,何云飞才让石秀跳下去。

评书艺人并不是有意造假,他们是随时关照客人、关照自己的衣食父母。讲的是长是短、即兴发挥是多是少,全都要看现场客人的反应。这是一个在场者共享的游戏。

其实,借由杨家将的故事,我在试图让你了解两种文化模式。

一种是我们熟悉的书面文化、文字文化。在这个世界里,确定性非常强,人类可以踩着前人的脚印不断往前走,不断发起大规模合作。每个人都可以和远方的人连接,用远方的标准、规则来校准当下的自己。

另一种是我们已经有点陌生的口语文化。在这个世界里,一切都是那么鲜活、那么热火朝天,每个人都生活在附近。他们一手接过别人的传说,加进自己的想象和理解,再传给他人。他们通过这种方式应对眼前的挑战,也达成和周边世界的共识。他们这样创造着自己的英雄,然后把英雄当作镜子,在里面照见自己的样子。

那么,哪种文化好呢?这就不得不提到历史上的一个名场面了。

王阳明晚年聚众讲学,很多学生想做课堂笔记。王阳明赶紧拦着:"我给你们讲课有点像医生用药,都是因病施治。如果医生遇到什么病都开同一副药,那不就是杀人吗?我现在给你们讲课,是希望你们能有所改变,如果这些内容变成了文字,流传了出去,不管什么人都按照这一套去做,不就误人误己,成了罪过吗?"

> 门人有私录阳明先生之言者,先生闻之,谓之曰:"圣贤教人,如医用药,皆因病立方,酌其虚实、温凉、阴阳、内外而时时加减之,要在去病,初无定说,若拘执一方,鲜不杀人矣。今某与诸君不过各就偏蔽箴切砥砺,但能改化,即吾言已为赘疣。若遂守为成训,他日误己误人,某之罪过可复追赎乎?" ——《传习录》

但是,王阳明还是没能拦住。他想守住的活泼的、临场的、有对象感的口语文化,最终还是被记录了下来,变成了有定本的、不再变化的文字文化,也就是著名的《传习录》。如果没有记录,《传习录》这么宝贵的东西就随风而散了;可王阳明的每一句话都是对在场的人说的,记录下来后,听在不在场的人的耳朵里,多少都会发生曲解。

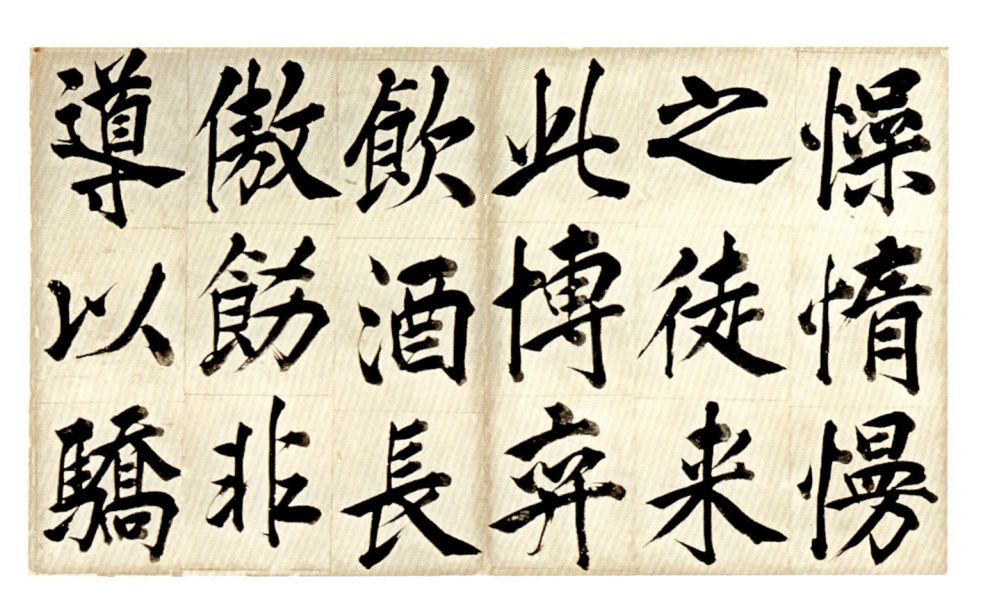

明·王阳明《客座私祝书》（局部）

  从这个故事里，你可以品出口语文化和文字文化各自的优劣。

  我在此借着杨延昭去世的话头，比较杨家将在口语和文字两种文化中的不同流传方式，是想拨开帘幕，让你看到口语文化的一角。口语文化，是不是和我们过去理解的不太一样？它不是低级的、临时的、易碎的，它其实是活泼的、率真的、有生命力的。

  此刻，我自己也是心念一动：这本书不也正是把那些看起来已经落伍的、过时的、成为陈迹的文化再翻出来吗？这样做不是为了凭吊古人，更不是为了让身处现代文明的人有优越感，而是让我们看到人类文明的多种样式和无限可能。凡是人类历史上出现过的东西，就永远不会再消失了。它们是祖先倒好放在那里的一杯美酒，它们是跳跃在永恒时光里的一丛火焰，它们是在人类未来命运里必然会再次发芽的一枚种子。

参考文献

［宋］李焘，《续资治通鉴长编》，中华书局，1995年。
［元］脱脱等，《宋史》，中华书局，1985年。
［宋］赵明诚，《宋本金石录》，中华书局，1991年。
［元］脱脱等，《辽史》，中华书局，1974年。
［明］王守仁，《传习录》，上海古籍出版社，2021年。
刘兰芳，《杨家将》，河北人民出版社，1981年。
陈小林，《杨家将故事考论》，浙江大学出版社，2018年。
纪德君，《民间说唱与古代小说交叉互动研究》，中国社会科学出版社，2020年。
郭宝昌、陶庆梅，《了不起的游戏：京剧究竟好在哪儿》，生活·读书·新知三联书店，2021年。
周良，《历史及传记演员口述》，古吴轩出版社，2011年。
连阔如，《江湖丛谈》，中华书局，2011年。
王少堂，《武松》，江苏人民出版社，1959年。
〔英〕艾瑞克·霍布斯鲍姆，王章辉译，《革命的年代：1789—1848》，中信出版社，2014年。
〔美〕沃尔特·翁，何道宽译，《口语文化与书面文化：语词的技术化》，北京大学出版社，2008年。
蔡连卫，《杨家将故事在南宋民间的接受与传播》，《明清小说研究》，2022年第2期。
蔡连卫，《从史书看杨家将事迹在南宋的传播》，《山西大学学报（哲学社会科学版）》，2021年第44卷第3期。
石麟，《杨家将故事的流变及其文化积淀》，《内江师范学院学报》，2009年第24卷第11期。

1015 年

经 历 过 ， 解 决 过

1015年的世界

01 基辅罗斯大公弗拉基米尔一世去世
● 东欧

弗拉基米尔一世在父亲去世后，击败了两个兄弟，重新统一了基辅罗斯。在他的治理下，基辅罗斯政权稳定，国力强盛。

988年，弗拉基米尔一世娶拜占庭帝国公主安娜（巴西尔二世的妹妹）为妻，并宣布东正教为国教，命令所有罗斯人接受洗礼。教会则确认弗拉基米尔一世的政权是神授的。

▶ 印有弗拉基米尔一世头像的乌克兰纸币

02 意大利国王阿尔杜因正式退位
● 南欧

虽然奥托三世于1004年就击败了阿尔杜因，但后者直到1015年才正式退位，随后在修道院出家。

▲ 阿尔杜因

尔南多一世出生

南欧

尔南多一世（1015年—1065年），"西班牙之王"桑三世之子。他先在1029年成为卡斯蒂利亚伯爵，后在37年占领莱昂王国，成为莱昂与卡斯蒂利亚的国王。

05 约翰·弗拉迪斯拉夫成为保加利亚第一王国末代国王

● 南欧

约翰·弗拉迪斯拉夫派人暗杀了萨穆埃尔之子加布里埃尔·拉多米尔，成为保加利亚第一王国末代国王。

04 奥拉夫·哈拉尔松成为挪威国王

● 北欧

奥拉夫·哈拉尔松（995年—1030年）早年曾为海盗首领，参加过丹麦与英格兰的战争。1015年，他从法国回到挪威，收复了以前被丹麦、瑞典占领的国土，成为挪威国王，史称奥拉夫二世。

▲ 奥拉夫二世

1015年的中国

01 耶律世良平定乌古部叛乱
乌古部于1013年、1014年两次叛乱，1015年耶律世良将其平定。

02 北宋置誊录院
为了防止科举考试判卷时因辨识笔迹导致发生舞弊行为，礼部开始行"誊录法"，置誊录院。举人纳卷后，密封卷头，编成字号，发送到誊录院，在宦官监督下，由誊录官指挥数百名书手将试卷抄录成副本，再送考官考校定等。此后，"誊录法"用于殿试和各类解试，各级贡院皆设誊录院。

03 北宋置蔡河锁
五代藩镇多私置河锁，以所征之利为津渡之资。1015年，北宋朝廷于京城蔡河上下游置上下二锁，属提点仓场所，掌管征收蔡河中舟船、木筏通行税。

▶ 定州贡院全景

范仲淹书法作品一览

范仲淹
989年—1052年

字希文,吴县(今江苏苏州)人,谥"文正",世称"范文正公"。范仲淹书名被其文名所掩,人常称"故片纸只字,士大夫家藏之,世以为宝",有《道服赞》《远行帖》《边事帖》《师鲁帖》等书迹传世。

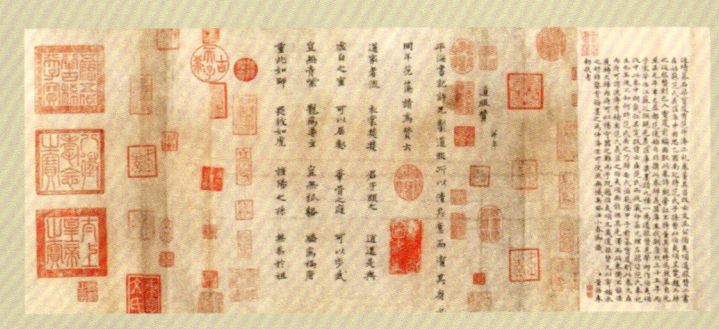

▲《道服赞》

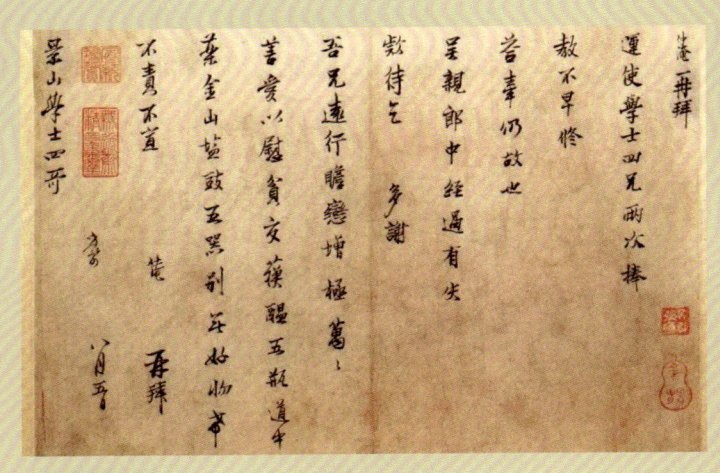

▲《远行帖》

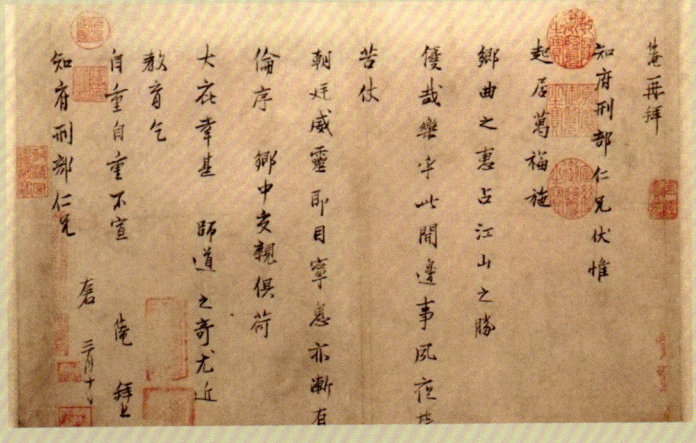

▲《边事帖》

仲淹中举

仲淹以"礼部第一,中乙科□七名"荣登"蔡齐榜",□进士。他被任命为广德军□参军,掌管讼狱、案件事□官居九品。

寇准一生为何大起大落

1015年，宋真宗47岁，已经有点力不从心了。他这一朝重用的那拨大臣，也在日渐凋零。之后的几年，宋真宗要一个个地送别他朝中的这些老臣。我也要抓紧时间，为你一一介绍这批即将谢幕的人。

这一年我们关注哪位老臣呢？大名鼎鼎的寇准。因为就在前一年，宋真宗一怒之下裁撤了枢密院的全部长官，提拔寇准为枢密使（相当于军事部门首脑）。寇准算是再一次进入了权力核心。可仅过了10个月，也就是1015年5月，他就被外派到洛阳当河南知府了。

这已经是寇准第四次被踢出核心圈了，而且，后面还有第五次。那一次更是高高跃起、重重摔下，寇准再也没机会东山再起，直到病死于雷州。

为什么本事那么强、功劳那么大的寇准，偏偏仕途如此不顺呢？

◆ 少年宰相寇准

由于寇准太出名了，我们需要先花一些篇幅，梳理下传说中的寇准和历史上真实的寇准之间的区别。

首先，传说中的寇准是山西人，被叫作"寇老西儿"。实际上，他是华州下邽人（今陕西渭南），也就是"老陕"。

其次，传说中的寇准是平民出身。实际上，他的父亲在五代时期考中过状元。虽然他的父亲没当过什么大官，但这样的出身也不是一般平民可比的。

再次，传说中寇准的形象非常贫穷。评书里讲，寇准当县官时，官服上是补丁摞补丁，乌纱帽的帽翅都没了。那真实的寇准呢？《宋史》里记载的寇准是少年富贵，喜欢豪华奢侈的生活，经常大宴宾客。为什么说他奢侈呢？因为他家照明居然不用油灯，而是用蜡烛。要知道，蜡烛在那时候可是奢侈品，寇准家的厨房、厕所都要用蜡烛。

此外,传说中的寇准带有一些喜剧色彩,但我从史料上读到的寇准不仅没多少幽默感,做事还很豪气。这种豪气,有时候表现为果断,有时候表现为粗鲁。比如,他大宴宾客时有一个保留节目——拼命给人灌酒,甚至灌到有人的老婆跑去公堂上大闹。

现在,你应该能把传说中的寇准和真实的寇准形象一分为二了。接下来,我们就来深入看看,真实的寇准的政治生涯究竟是什么样子的。

如果用一个词来形容寇准政治角色的底色,我会选择"少年"。这是为什么呢?

寇准是宋太宗太平兴国五年(980年)的进士。跟他同年的,有李沆、向敏中、王旦等人。同榜进士在科举时代的官场上是非常近的关系,在道德上甚至有一种互相提携的责任。不是兄弟,胜似兄弟。寇准又是这几个人中年纪最小的,同年的这几位宰相对他都有明里暗里、或多或少的关照。而且,一关照,就是一辈子。

太平兴国五年四进士

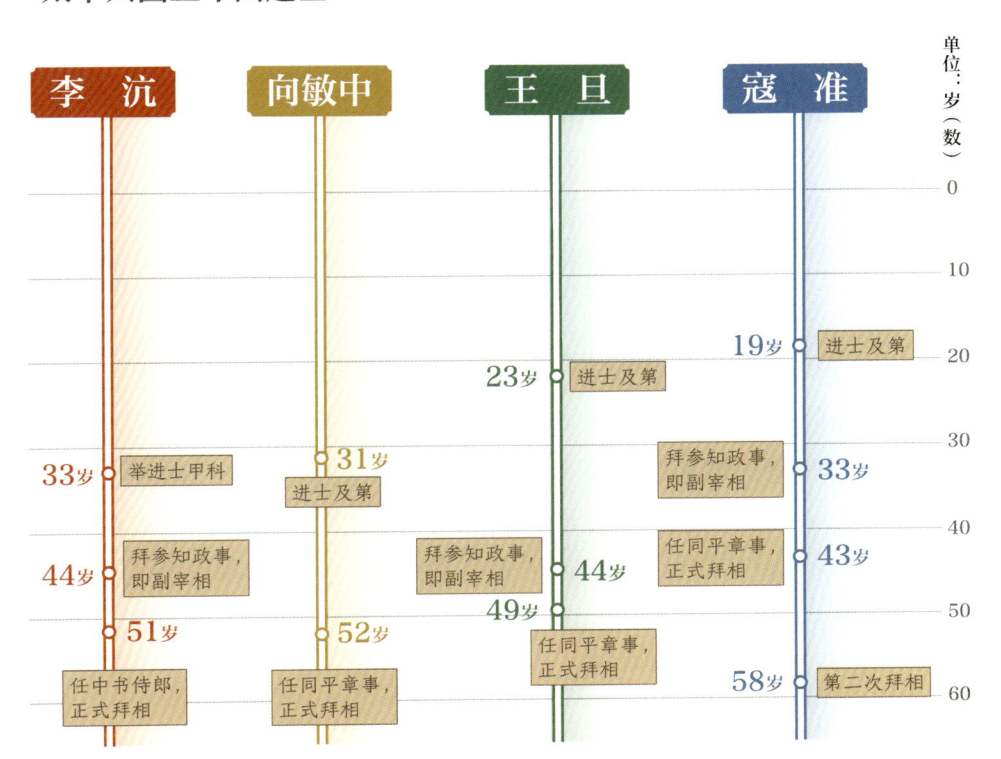

李沆	向敏中	王旦	寇准	单位:岁(数)
			19岁 进士及第	20
		23岁 进士及第		
33岁 举进士甲科	31岁 进士及第		33岁 拜参知政事,即副宰相	30
44岁 拜参知政事,即副宰相		44岁 拜参知政事,即副宰相	43岁 任同平章事,正式拜相	40
51岁 任中书侍郎,正式拜相	52岁 任同平章事,正式拜相	49岁 任同平章事,正式拜相	58岁 第二次拜相	50 60

不仅如此，因为年轻，当时在位的宋太宗非常喜欢他。他19岁中了进士后，从县官做起，三四年一提拔，三四年一提拔，33岁就被提拔到参知政事，也就是副宰相之位。要知道，北宋一朝到当时为止，33岁的参知政事是最年轻的中央大员。

寇准的仕途如此顺利，是因为他特别有才华、特别肯奋斗吗？我们不能否定这一点，但更重要的推动力恐怕来自宋太宗。不是寇准的独轮车推得好，而是太宗皇帝有意把他的路铺得更平。

过去，我们对皇帝这个角色的理解往往有些简单，觉得他们听到谗言顺耳就相信，听到忠言逆耳就恼火，遇到自己宠爱的人就提拔，看到自己不喜欢的事就龙颜大怒。可是，皇帝的位置决定了他们要思考的维度非常多：既要防范背叛欺骗、大权旁落、结党营私，又要平衡内忧外患、边疆内地、文臣武将；既要现在独揽大权，又要未来平稳过渡；既要考虑眼前事，也要顾忌身后名。

宋太宗算得上是半个开国之君，更是人中龙凤，他的思考和决策往往简单不了。他如此刻意地培养寇准，肯定不是出于个人的偏好。

宋太宗在位期间一直在做一件事——大规模地扩张科举。要知道，宋太祖时，平均一榜就录取13个进士；而到了宋太宗时，平均一榜要录取186个进士，扩张了十几倍。这背后最重要的原因是宋太宗要打造自己的班底。

不过，光"扩招"还不够，还得让这些进士看到前途。宋太祖在位期间录取的进士，没有一个在他活着时进入权力核心圈。而宋太宗活着时，他录取的进士里有16个人当了中央大员。

所以，用现在的话形容，寇准不是自己有多牛，而是踏入了一个注定要起飞的风口：在宋太宗一朝的早期考上了进士。

此外，宋太宗这个阶段刻意提拔寇准，是要为自己的接班人提前培养宰相班底。宋太宗把寇准提拔为枢密副使，离宰相只有一步之遥，是什么时候？991年，这时宋太宗已经年过半百了。

寇准在同一榜进士中最年轻的这个优势就发挥出来了。在宋太宗看来，寇准虽然只有30多岁，但已经当过副宰相了，资历够硬，将来交给子孙，这样的人镇得住场面。

除了以上这些，宋太宗培养寇准还有一个原因。准确来说，他现在还不是宋太宗，"太宗"是皇帝去世后才有的庙号。但可以肯定的是，他活着的时候就

科举

唐、五代与宋各朝科举录取的进士情况

时间		科举次数	每榜最少人数	每榜最多人数	取进士总数	平均每榜
唐	289年	268	1	79	7448	28
五代	53年	47	4	25	653	14
北宋 宋太祖	16年	15	6	31	188	13
北宋 宋太宗	22年	8	74	353	1487	186
北宋 宋真宗	25年	12	21	427	1760	147
北宋 宋仁宗	41年	13	163	538	4561	351
北宋 宋英宗	4年	2	213	305	518	259
北宋 宋神宗	18年	6	295	485	2395	399
北宋 宋哲宗	15年	5	508	558	2667	533
北宋 宋徽宗	25年	8	538	805	5495	687
南宋 宋高宗	36年	11	353	554	4527	412
南宋 宋孝宗	27年	9	379	537	3860	429
南宋 宋光宗	5年	2	369	557	953	477
南宋 宋宁宗	30年	10	416	549	4740	474
南宋 宋理宗	40年	13	367	989	6932	533
南宋 宋度宗	10年	4	502	664	2307	577

资料来源：张其凡，《论宋太宗朝的科举取士》，《中州学刊》，1997年2期。

想当唐太宗。可一个人扮不了唐太宗，还需要一个直言正谏的"魏征"，这出戏才成立——最适合扮演"魏征"角色的就是寇准。

有一次朝会上，寇准话说得太直了，宋太宗气得站起来就要走。寇准上前拉住宋太宗的衣裳，请宋太宗回到座位上，直到意见达成一致。宋太宗因此生气了吗？没有！他说："这才是真宰相啊！我有了寇准，不就相当于唐太宗有了魏征吗？"

> 准尝奏事切直，上怒而起，准攀上衣，请复坐，事决乃退。上嘉叹曰："此真宰相也。"又语左右曰："朕得寇准，犹唐太宗之得魏郑公也。"
> ——《续资治通鉴长编》

你看，如果寇准既能保留这种"臭脾气"，又能看透宋太宗的这个心思，那双方一唱一和地配合起来，说不定真能创造很多政坛佳话。

但是，茨威格说过一句话："所有命运馈赠的礼物，都已在暗中标好了价格。"被好运气砸中的寇准，会付出什么样的代价呢？

◆ "孤臣"是把双刃剑

其实，宋太宗重用寇准还有一个更为隐秘的原因。

有一年大旱，宋太宗问身边人："是不是我有做得不对的地方，老天爷要降下惩罚？"其他人当然不敢顺着接话，只有寇准站出来说："是因为我们司法不公正。"

接着，寇准便说出了一桩旧案。当时的参知政事、副宰相王沔的弟弟王淮犯了贪污受贿之罪，只被罚了打板子，板子还是他自己回家打的，官职也没丢。可其他犯了同等罪行的人，直接被杀了头。寇准说："司法不公到了如此地步，老天爷不下雨也是应该的。"

史书上记载，宋太宗通过此事判断出寇准是可用之人，这才有了之后的一系列提拔。

这又是为什么呢？就因为寇准揭发了一件大案？肯定不是。宋太宗是一位情报工作做得非常到位的皇帝，副宰相公然包庇亲属这件事应该得到了他的默许。如果细究起来，参与包庇的不仅有王沔，还有宋太宗本人。但是，只有寇准有勇气在朝堂上把它揭发出来。

不过，这都还不是核心。我在赵冬梅教授的《千秋是非话寇准》里看到了核心解释——寇准和王淮是科举的同年。这意味着什么？意味着寇准这个人六亲不认，宋太宗因此决定重用他。

寇准的社会关系非常简单，祖上几辈都是平民，父亲虽是状元，但没当过什么大官，所以他没有任何复杂的政治背景和社会关系。唯一的关系网就是"太平兴国五年进士"这个科举同年的"朋友圈"了。但是寇准眼皮都不眨，就在公开场合把他的同年王淮给告发了。一个什么背景都没有的官员居然一抬脚就敢把唯一的关系网给踹破，这种勇气非比寻常。

这在皇帝眼里可不是一般的道德高尚，而是一个关键的政治品质——"不党"。一个不搞任何关系网、不结党营私的臣子，是"孤臣"。要知道，在中国古代政治里，"孤臣"是对一个臣子非常高的评价。

此时的寇准在宋太宗眼里是这样一种角色：一把雪亮的宝刀，遇神杀神，遇佛杀佛，而且只有一个握在皇帝手里的刀柄。这是不是宝贝？

寇准前半生的顺利都可以归因于此，而后半生的困顿和挫折其实也是这个原因。

宋太宗在去世的前一年，跟寇准彻底翻了脸。起因是一件小事。

当时寇准虽然名义上只是参知政事，但宰相吕端和其他同僚都知道寇准在宋太宗心目中的地位，平时处理政务都是按寇准的意见办。结果，有人觉得寇准在人事安排上不公平，就向宋太宗"投诉"寇准专权。宋太宗就问吕端是怎么回事。吕端说："这种人事安排都是寇准定的。他性格刚强，我也不好跟他争辩，怕伤了国家的体面。"

正说着呢，寇准来了，立刻在大殿上争执起来。哪怕宋太宗提醒这样子有失体统，寇准还是非要争个是非曲直。宋太宗这才说出那句："就是一只鸟、一只老鼠都通人性，何况你是个人呢？"万万没想到，第二天，寇准竟然抱着一堆宰相府的文件记录簿出现了，打算一条条地掰扯。宋太宗一声长叹，寇准被罢职。

> 准犹力争不已，上先已厌准，因叹曰："雀鼠尚知人意，况人乎？"翌日，准又抱中书簿领，论曲直于上前，上益不悦，遂罢之，寻出知邓州。
> ——《续资治通鉴长编》

宋太宗为什么会对寇准绝望？不是因为寇准这件事做得有多错，也不是因为他的专权真的威胁到了皇权，只是因为寇准这把锋利的刀不仅拒绝和周围的关系网络合作、妥协、包容，甚至对皇帝也是如此。宋太宗发现，连自己的手都不见得握得住这把刀的刀柄，当然只能选择放弃。

这是寇准第二次被从皇帝身边的重要岗位上撑出去。后来还有第三次、第四次、第五次，但每一次的原因都差不多：寇准自以为做了正确的事，却严重破坏了和周围的关系，最终成为一个麻烦制造者，或是和整个政局格格不入的人，不得不被排除出了政治中心。

◆ 一出成长的悲剧

有人评价寇准的一生是一个性格悲剧，我倒是觉得他的一生是一个成长悲剧。

1015年，重回权力中心的寇准离宰相只有一步之遥，最终又因为一点小矛盾闹得不可开交，再次被贬。宋真宗当时说了这么几句话："这个寇准，岁数也大了，经过的事儿也不少了，我以为他那些毛病多少能改改了。没想到，我看他今天做事的样子，比过去还过分。"

> 上不悦，谓王旦等曰："准年高，屡更事，朕意其必能改前非，今观所为，似更甚于畴昔。" ——《续资治通鉴长编》

寇准这一生，真是印证了那句话——"男人至死是少年"。他34岁和54岁就没有什么区别，一样的疾恶如仇，一样的我行我素，一样的想到就做、看不惯就吵。说白了，他这20年没有什么成长。

很多年前，有一位老前辈跟我说过："一个人的硬实力其实到 20 多岁就基本定型了，后面的成长其实都不体现在他自己身上，而是反映在他周边的社会网络上——他要向周边网络输出秩序。20 岁，有人带你就叫成功；30 岁，有人用你就叫成功；40 岁，有人捧你就叫成功；50 岁，有人跟你就叫成功。"这段话给我最大的启发在于：人原来不是孤立的个体，人的一切价值都可以从网络的角度来观察。

那寇准呢？他一生都相信自己这个独立节点的本领，一生都孤立在关系网络之外，一生都不怕得罪网络上的其他节点。他觉得，凭自己的本事，凭自己对大宋的忠诚，自然能获得皇帝的信任和支持。

孤臣寇准，这是皇帝对他的期待，也是寇准对自己的期许。但是很可惜，世界不是这样运行的。"没有人是一座孤岛，可以自全。"

最后，我们跳跃到寇准的晚年。1022 年，已经 61 岁、被贬至雷州的寇准突然得到消息，他的死对头、一直想要谋害他的丁谓也被贬了，居然贬得比他还偏远——要从雷州渡海去对面的海南岛。两个政坛死对头要在雷州来一个擦身而过。

这时寇准做了两件事。第一件，他派人送了一只蒸羊给丁谓。在宋代，羊肉是很高级的，这可是一份厚礼。第二件，寇准的家仆想趁机杀了丁谓。寇准知道后，把大门一关，在院子里摆出一张大桌子，放上赌具，让所有人随便玩，就是不准出门。直到丁谓走远了，他才下令打开大门。

我读到这一段史料的时候，内心有一种欣欣然的感觉。隔了 1000 多年，我好像和寇准对视了一眼。他在自己生命的最后时刻，终于显露出对世界宽容的一面，终于漂亮地把握住了和他人相处的分寸，终于和这个时代、这个网络融为一体了。

年谱

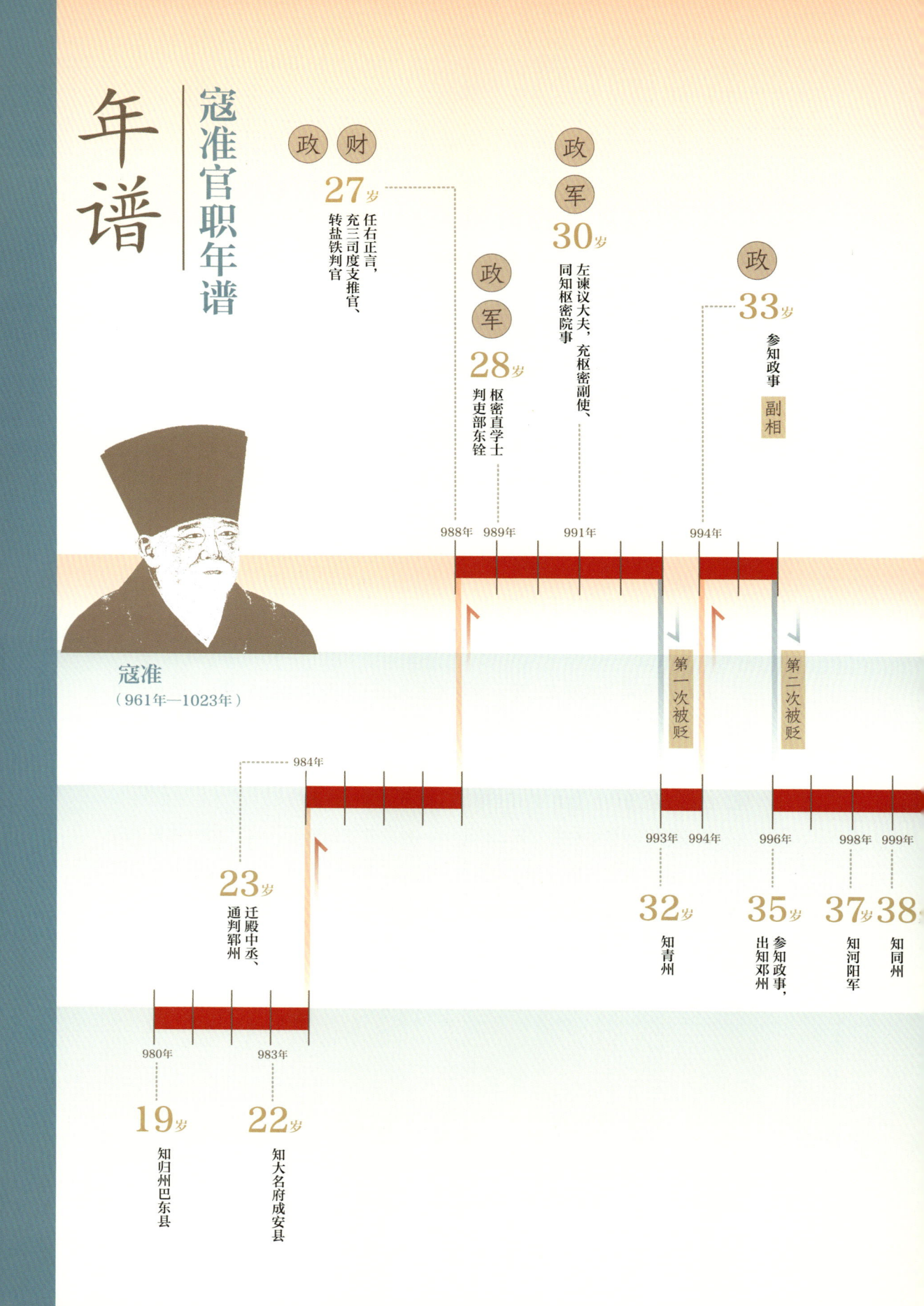

寇准官职年谱

寇准（961年—1023年）

上部时间线（988年—994年）

- **27岁**（政/财）：任右正言，充三司度支推官、转盐铁判官
- **28岁**（政/军）1988年：枢密直学士，判吏部东铨
- **30岁**（政/军）1991年：左谏议大夫，充枢密副使、同知枢密院事
- **33岁**（政）1994年：参知政事 —— 副相

下部时间线（980年—999年）

- **19岁** 980年：知归州巴东县
- **22岁** 983年：知大名府成安县
- **23岁** 984年：迁殿中丞、通判郓州
- **32岁** 993年：知青州（第一次被贬）
- **35岁** 996年：参知政事，出知邓州（第二次被贬）
- **37岁** 998年：知河阳军
- **38岁** 999年：知同州

中央

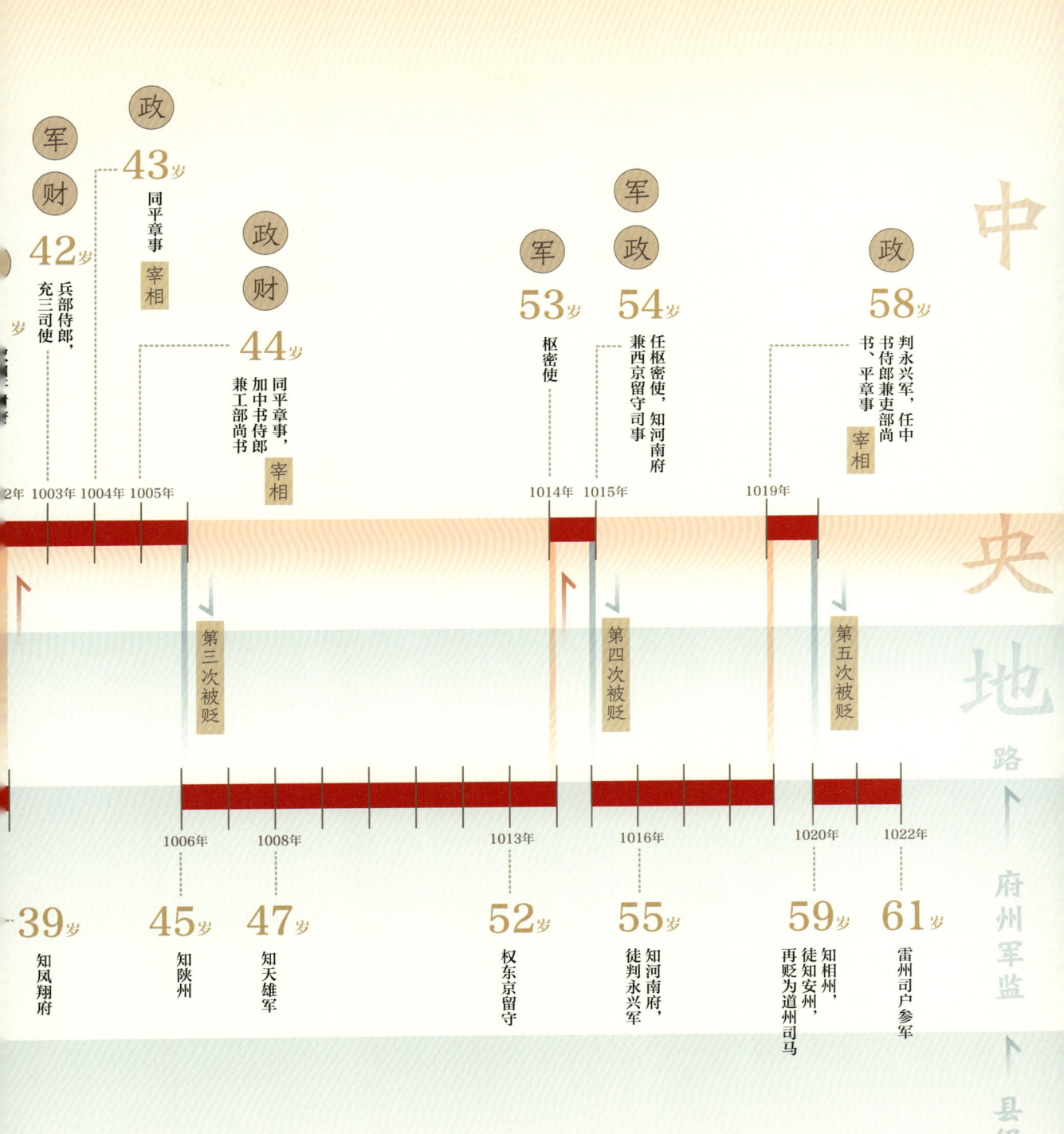

军 财 42岁 兵部侍郎，充三司使 — 1003年

政 43岁 同平章事 *宰相* — 1004年

政 财 44岁 同平章事，加中书侍郎兼工部尚书 *宰相* — 1005年

军 53岁 枢密使 — 1014年

军 政 54岁 任枢密使，知河南府兼西京留守司事 — 1015年

政 58岁 判永兴军，任中书侍郎兼吏部尚书、平章事 *宰相* — 1019年

地方

府州军监 → 县级

39岁 知凤翔府

第三次被贬

45岁 知陕州 — 1006年

47岁 知天雄军 — 1008年

52岁 权东京留守 — 1013年

第四次被贬

55岁 知河南府，徙判永兴军 — 1016年

第五次被贬

59岁 知相州，徙知安州，再贬为道州司马 — 1020年

61岁 雷州司户参军 — 1022年

参考文献

［宋］李焘，《续资治通鉴长编》，中华书局，1995年。

［元］脱脱等，《宋史》，中华书局，1985年。

［宋］吴曾，《能改斋漫录》，中华书局上海编辑所，1960年。

赵冬梅，《千秋是非话寇准》，电子工业出版社，2012年。

张维玲，《从天书时代到古文运动：北宋前期的政治过程》，上海古籍出版社，2023年。

何冠环，《宋初朋党与太平兴国三年进士》，中西书局，2018年。

王瑞来，《宰相故事》，中华书局，2010年。

王晓波，《寇准年谱》，巴蜀书社，1995年。

吴铮强，《寇准谋废东宫考》，《隋唐辽宋金元史论丛》，2021年第11辑。

1016 年

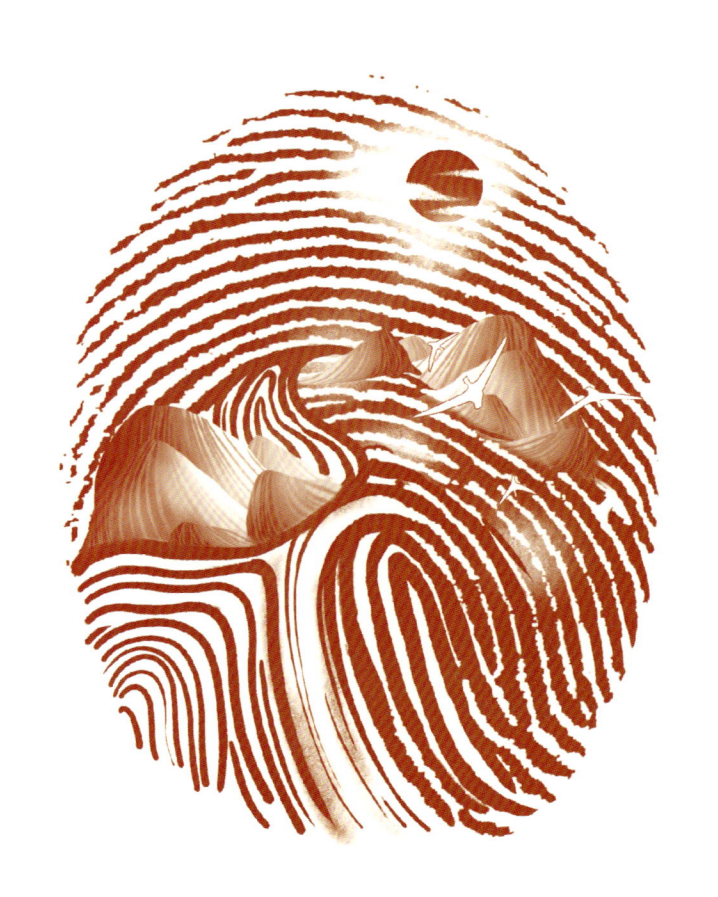

经 历 过 ， 解 决 过

1016年的世界

▼ 埃德蒙二世和克努特

01 埃德蒙二世继位
● 西欧

英格兰国王埃塞尔雷德二世去世，其子埃德蒙二世（约990年—1016年）继位。

埃德蒙二世继位后，立刻面临丹麦国王斯汶一世之子克努特对伦敦的围攻。后来英军在埃塞克斯惨败，埃德蒙二世遂与克努特议和，二人约定：以泰晤士河为界分治；二人里先离世的那一位要把自己的土地让给对方，后者将统治整个英格兰。议和后仅一个月，埃德蒙二世便因伤去世，克努特成为英格兰唯一的国王。

927年—1016年英格兰国王列表

```
首位英格兰国王
埃塞尔斯坦          ──兄弟──  埃德蒙一世
925年—939年在位              939年—946年在位
                                 │子
        ┌────────────────────────┤
    埃德威格      ──兄弟──  埃德加一世
    955年—959年在位           959年—975年在位
                                 │子
                            "殉教者"爱德华  ──兄
                            975年—979年在位
```

02 "流亡者"爱德华出生
● 西欧

流亡者爱德华（1016年—1057年），埃德蒙二世之子。埃德蒙二世去世后，爱德华被控制整个英格兰的克努特俘获。克努特将爱德华交给自己同母异父的兄弟瑞典国王奥拉夫·舍特科农，并指示他将爱德华处死，但奥拉夫拒绝了这一要求，将爱德华秘密送往基辅。1057年，爱德华最终被迎回英格兰，但很快就去世了。

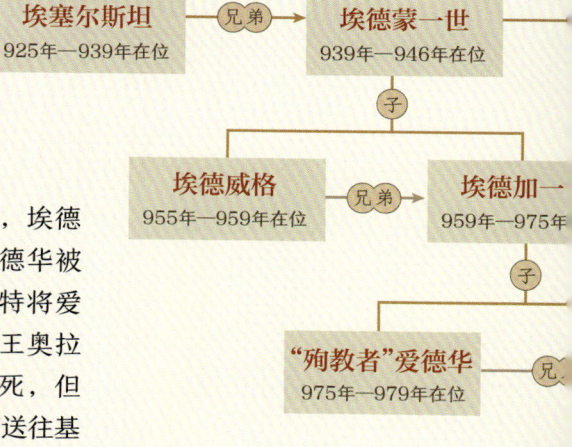

▼ 亨利一世

03 亨利一世被封为勃艮第公爵
● 西欧

亨利一世（1008年—1060年）是法国卡佩王朝国王罗贝尔二世的次子、于格二世的弟弟。他于1016年获得了勃艮第公爵的头衔，后于1027年被罗贝尔二世立为继承人。

▼ 雅罗斯拉夫一世

04 雅罗斯拉夫一世成为基辅罗斯大公
● 东欧

雅罗斯拉夫一世（978年—1054年）击败了兄弟斯维亚托波尔克，夺取了基辅罗斯大公的头衔；1018年，后者在波兰人的帮助下，短暂夺回了基辅罗斯的统治权。然而，波兰军队撤走之后，雅罗斯拉夫一世马上发起进攻，于1019年击溃斯维亚托波尔克。

埃德雷德
6年—955年在位

塞尔雷德二世
79年—1013年，
4年—1016年在位

1013年12月—1014年2月，斯汶一世曾短暂取代埃塞尔雷德二世成为英格兰国王。

子

德蒙二世
1016年在位

1016年的中国

01 **北宋暴发蝗灾**

1016年夏，一场突如其来的蝗灾席卷北宋。

宋真宗当时迷信神仙之说，有官员投其所好，上奏说各地蝗虫莫名自杀，定是神仙助力。宋真宗派出太监调查此事，太监回报此事属实，定是皇帝有神威。宋真宗大喜，要搞大型庆典，因宰相王旦坚决制止，最终作罢。

02 **林特呈送《会计录》**

林特向朝廷呈上名为《会计录》的报

宋《会计录》是在唐《国计簿》的基础上发展而来的关于国家财政收支方面的著作，分类更详尽，内容更丰富。《会计录》在中国会计史上的地位、作用以及影响远超《国计簿》。宋陆续有1007年的《景德会计录》、1016年的《祥符会计录》、1050年的《皇祐会计录》、1067年的《治平会计录》等。

03 北宋画家赵昌去世

赵昌（？—约1016年），字昌之，北宋画家，广汉剑南（今四川剑阁南）人。擅画花果，多作折枝花，兼工草虫。其画作特工敷彩，精于晕染，明润匀薄而色若堆起，唯笔迹较为柔弱。

▲ 宋·赵昌《牡丹图》

▲ 宋·赵昌《竹虫图》

▼ 宋·赵昌《蜂花图卷》（局部）

宋代宰相官名为什么这么怪

此前，我单独讲过宰相吕端和李沆。很快，我们又要送别一位宰相，那就是王旦。他将在下一年，也就是1017年离世。

要知道，王旦不间断地做了12年宰相，这在北宋历史上是独一份。因此，和前面那两位宰相比起来，王旦更重要一些。不过，要想读懂王旦，我们得先理解北宋的宰相和皇帝之间的关系。

从哪里开始呢？就从1016年朝廷给王旦下达的一封"表扬信"开始。信的开头先列了一大串他的官名，有"开府仪同三司、守司空、兼门下侍郎、同中书门下平章事、充玉清昭应宫使、昭文馆大学士、监修国史、上柱国、太原郡开国公"。其中的"同中书门下平章事"就是北宋前期宰相的正式官名。

虽然我们经常讲"宰相"如何如何，但实际上，中国历史上所有担任宰相的人，他们的官名里都没有"宰相"这两个字。历朝历代，有叫"相国""相邦"的，有叫"丞相""太尉""御史大夫"的，有叫"司徒""司马""司空"的，有叫"尚书令""尚书仆射""中书令""侍中"的，唯独没有叫"宰相"的。

为什么宰相的称号看起来乱哄哄的呢？"同中书门下平章事"这个看起来有些奇怪的名字又是怎么来的呢？1016年，我想借由解剖"同中书门下平章事"这8个字的演化过程，把宰相称号的问题捋一捋，让你能对中国古代宰相的演化规律有一个大致的了解。

◆ 宰相的怪称号

在中国所有朝代中，唐和宋对宰相的称号最乱。但其中，"同中书门下平章事"这个称号用的时间相对比较长。

虽然这个词读起来很拗口，但我们可以把它拆成三个部分来一一理解。

第一部分是"同"字，就是"虽然你还不是，但姑且算你是"。科举考试里有一个词叫"赐同进士出身"，就是类似的用法——"虽然你没有考中进士，但是朝廷宽大为怀，算你是个进士"。

第二部分是"中书门下"，指的是唐代的两个部门——中书省和门下省。这两个部门的首脑都是宰相。

至于第三部分"平章事"就稍微有些复杂了。"平"是辨别，"章"是彰显，"事"是国家大事。合在一起，"平章事"就是一起商量处理国家大事的意思。

现在，我们把三个部分连起来，"同中书门下平章事"的意思就出来了：皇帝指定你暂时拥有跟中书省、门下省长官相同的参与处理国家大事的权力。也就是说，担任这个官职的人并没有宰相的地位、荣誉，但是有跟宰相一样处理国事的权力。

这看起来怎么像是临时性的安排？没错，它一开始就是一个临时性的安排。

唐太宗时期有位宰相叫李靖，也就是"托塔李天王"的原型。他是初唐名将。因为怕功高震主，李靖就假托生病，想辞去宰相之职。唐太宗心里当然跟明镜似的，便答应他可以不做宰相，但是待遇、荣誉全都照旧，并且嘱咐李靖要是身体好转些，可以隔三岔五地到中书省、门下省去处理国家大事。这就叫"平章政事"，也就是"平章事"的来历。

右仆射李靖以疾逊位，许之。十一月，辛未，以靖为特进，封爵如故，禄赐、吏卒并依旧给，俟疾小瘳，每三两日至门下、中书平章政事。　——《资治通鉴》

那最前面的"同"字，又是怎么出现的呢？唐高宗年间，皇帝想让一些官员参加宰相会议，但这些人级别不够，怎么办？那就加个头衔。起初，头衔加得比较乱，渐渐地统一成为"同中书门下平章事"。从这个时候开始，朝廷明确规定，加了这个头衔的人也是宰相，跟中书令、侍中那些正牌宰相在权力上没有差别。

那么，原来正牌的宰相头衔去哪儿了呢？要回答这个问题，我们就要把时钟拨回755年，也就是安史之乱爆发的这一年。这是整个中国历史上的重大转折点，宋现在遇到的很多问题，都要追溯到安史之乱才能找到根源。

安史之乱爆发之后，中央必然需要集中一切资源来平乱。可当时的朝廷既缺钱又缺兵，唯有一样东西相对富余，那就是官位。渐渐地，官爵越来越不值钱，据说一个"大将军"的委任状只能换一顿酒钱。

那么，遇到真正的特大军功怎么办？只能把尊贵的宰相官衔，比如"中书令""侍中"拿出来做赏赐。平定安史之乱的两大功臣——郭子仪、李光弼，就在同一天被分别晋升为中书令和侍中。但是，这些人要在前线统兵，不可能回到中央当宰相；朝廷对他们也很戒备，不会真让他们手握宰相的权力。于是，"中书令""侍中"这两个正牌宰相的官衔慢慢变得有名无实，最后成了荣誉头衔。而"同中书门下平章事"这个临时性的安排，反而顺理成章地成了真宰相。

历史就是这么曲里拐弯地让一个非常别扭的官名成了宰相的正式名称，而且从唐中期一直用到了北宋后期，大概有300年之久。

◆ 君臣一局棋

透过"同中书门下平章事"这8个字，我们可以窥见中国古代官制演化的几个内在机理。

先是"同"字，它代表了一个普遍运用的方法，也是古代政治制度演化的第一个逻辑——破格任用那些暂时还不够资格的人。为什么要这么做呢？

一种情况是，资格够的人，能力未必够。比如东晋和南北朝时，重要的职位都被门阀士族把持，这些人可不会好好干活。有一个成语叫"望白署空"，就是这些宰相完全不看文书的内容，只是在预先留下的空白处签字盖章。在这种情况下，皇帝只能提拔一些资格不够、但踏实肯干的人，让他们实际掌握权力。

另一种情况是，资格够的人，未必跟皇帝一条心。比如唐玄宗时期有一位宰相叫宋璟。他可是跟姚崇齐名的一代名相，不存在能力不够的问题。但他就是不愿意替皇帝开疆拓土，所以在他当宰相时，就拼命压制对军功的评定。比如，当时有一位将军出征草原，把突厥可汗的头颅带回了长安，这可是不世之功。但宋璟压根儿不当回事，到第二年才勉强给这位将军升职，还只是升为低等级的郎将。宋璟声望非常高,唐玄宗不能公开反对他,怎么办呢?唯有破格提拔有军功的人,不断地往宰相的班子里"掺沙子",皇帝的主张才好推行。

还有一种情况是,皇帝无法判断资格够的人是不是好用。那就大批量地任用不够格的人,一旦发现不行,立刻裁撤。武则天就是这样做的。有人计算过,武则天前后任命了 78 位宰相,平均一年换四五个。

由此可见,"同中书门下平章事"的"同"字,妙用无穷。在中国政治制度史中,这是一个通行的规律:皇帝想要压制相权或元老时,经常会让资格不够的人来担任权力很大的角色。比如,明朝用大学士来替代宰相,清朝用军机大臣来替代大学士。

北宋各朝宰相人数和唐武周时期对比

北宋
- 7 位宰相 宋钦宗朝
- 12 位宰相 宋徽宗朝
- 11 位宰相 宋哲宗朝
- 9 位宰相 宋神宗朝
- 2 位宰相 宋英宗朝
- 23 位宰相 宋仁宗朝
- 12 位宰相 宋真宗朝
- 9 位宰相 宋太宗朝
- 6 位宰相 宋太祖朝

唐武周时期
- 78 位宰相 唐武周时期

接下来是"中书门下",它是一个复合词,指的是唐的两个中央机构。这一点体现的就是政治制度演化的第二个逻辑——"分拆"。

我们熟悉的模式是分拆职能,比如,有的管司法,有的管民事,有的管军事,有的管财政。但是,唐分拆的"三省"逻辑有点令人费解。

表面上看,中书省是负责制定政策、拟定诏书的,尚书省是负责执行的,而门下省负责封驳诏书——如果门下省的官员觉得这份诏书不合适,就可以驳回作废。这是为什么?是为了制衡皇权吗?不是,这其实是把一个人的思考过程分拆成了三个阶段。

试想一下,一位有着完整权力的宰相做一件事时,是不是也要分成这三个阶段?遇到难题,先思考如何解决,这就相当于中书省拟定诏书的过程。办法想出来了,再反思一下:妥不妥当?有没有漏洞?这就相当于门下省驳回诏书的功能。思前想后觉得没什么破绽了,那就放手去干,这就是尚书省的执行功能。

唐为什么要这么分拆呢?因为这种分拆方式解决了一个重大问题:皇帝如果对一件事不够了解,又不愿意大权旁落,就可以通过这种方式管理这件事。这是为什么?

以前那种按照事务进行分拆的方式,其实给皇帝设置了门槛。比如,司法事务授权给了某个大臣,那皇帝想要干涉某件具体的案子,就必须懂法律,否则怎么跟司法专业的官员辩论呢?而唐的这种分拆方式实现了皇帝即使对某件事情或者某项专业不够了解,也能参与管理。

举个现代社会的例子,你就理解了。如果一个公司领导不懂某项具体的业务,是不是就不能领导这项业务了呢?不会的。他可以找战略部门出一套开展业务的方案——这就相当于中书省。然后,他可以在公司内部成立一个方案审核部门,也可以到外面聘请咨询公司,评估这套方案的可行性——这就相当于门下省。等意见统一后,再交给具体业务部门执行——这就相当于尚书省。

其实,中书和门下两省并非真的是"我先拟诏书,你看完觉得不合适就驳回,我改完再给你看",这样办事的效率太低了。实际情况一定是两个部门合署办公,意见达成一致后,中书省再去写诏书。

后来出现了所谓的"政事堂",就是合署办公的产物。大家虽然角色有差别,但有事一起商量。于是,原来的宰相角色就从一个人变成了由一个集体来领导。

唐宋三省、枢密院吏人品级变化

唐

中书省
从七品上	主书、录事、都事	正八品
从八品下	主事	从八品
无品	令史	从八品
无品	书令史	从八品
无此职	守当官	无品
无此职	守阙守当官	无品

门下省
从七品上	主书、录事、都事	正八品
从八品上	主事	从八品
无品	令史	从八品
无品	书令史	从八品
无此职	守当官	无品
无此职	守阙守当官	无品

尚书省
从七品上	主书、录事、都事	正八品
从九品下	主事	从八品
无品	令史	从八品
无品	书令史	从八品
无此职	守当官	无品
无此职	守阙守当官	无品

枢密院
主书、录事、都事	正八品
主事	从八品
令史	从八品
书令史	从八品
守当官	贴房等吏人无品

资料来源：武小平，《宋代三省、枢密院吏人制度研究》，中国社会科学出版社，2017年。

最后，我们再来看"平章事"。它反映了中国古代制度设置上的什么逻辑呢？简单来说，就是用临时的差遣代替正式的官职。

历史学者张宏杰老师有一个洞察：中国历史上很多地方官的官名都是动词，比如"刺史""巡抚"，这是因为起初他们都不是常设的地方行政官员，而是临时被朝廷派去办某件事的，久而久之才成了地方官。比如，一个县的县官，有叫"县令"的，有叫"知县"的，这二者有区别吗？有。县令是从秦汉开始的对一县之长的正式称呼。但是安史之乱后，动荡的地方上出现了一种临时性的差遣，有的叫"权知某县令"，有的叫"知某县事"，意思就是，你的本职工作不在这里，只是临时派你去管某个县。

这样的设置有什么好处呢？好处有很多。

首先，便于处理各种新的挑战。就像现代公司碰到一项重要的新业务，怎么开展？先从各个部门抽调得力干将，组成一个临时机构，等干出名堂，再决定要不要转为正式的部门。

其次，官员的本职工作和实际工作被分拆开来，他们就能"上"也能"下"。比如寇准在1006年从宰相之职被贬为知陕州。堂堂宰相一下子成了一个小地方官，这种落差谁能受得了？但严格来说，寇准并没有被贬官，他的本职一直是正三品的刑部尚书。只不过原来是被差遣去当"同中书门下平章事"，现在换了个差遣，去当"知陕州"而已。这样处理，大家面子上都不难看。

现在，你会不会有一种奇怪的感觉？为什么朝廷不采用正式的制度，光明正大地推行政策，非要搞出一套曲线救国、犹抱琵琶半遮面的非正式制度呢？

◆ "非正式制度"

过去读书时，我经常看到一个说法：中国政治制度的演化是一个皇权不断打击、剥夺相权的过程。确实，汉还有名义上的丞相；到了唐宋，宰相权力就被分权制衡了；明则干脆废掉宰相；到了清，只剩下跪着记录皇帝意见的军机大臣。这不就是皇权打击、剥夺相权吗？

但是，让我们抽身想一下，中国自从有了皇帝制度，皇帝毫无疑问是大权独揽的。而宰相是什么？是皇帝请来干活的职业经理人。为什么皇帝要先授权给宰相，再处心积虑地剥夺宰相的权力呢？这不就相当于一家公司的董事会花重金请来了一位总经理，然后又想方设法削弱这个总经理的权力吗？

其实，真正的问题不在于皇权与相权的争斗，而是什么样的宰相制度才能既不威胁皇权，又具有很高的行政能力。皇帝和宰相并不是要分出高低胜败，而是要在各种可能性中艰难地寻找一种平衡：让整个制度设置既能保证秩序安全，又兼有行政效率。

从前面的分析你能看出来，让正式制度和非正式制度共存，同时二者间保留一个模糊地带、弹性空间，就是一个有效的平衡方法。

中国自古以来就是一个巨大的政治共同体。没有一套漂亮的正式制度，肯定不行；但是只有一套漂亮的正式制度，又没法运转。在正式制度的末端，必须要有各种变通的、临时性的、模糊的非正式制度，整个国家的治理才能有效展开。

举个例子，唐的三省六部制设计得跟长安城一样，四方四正的，充满秩序感。皇帝高高在上，然后是中书、门下、尚书三省，再往下是六部，六部之下整齐划一地各有四个司。但是你想一下，那么复杂的行政事务，怎么可能整齐划一、严丝合缝地分配到各个司呢？所以，在正式制度下面，一定暗流涌动，实事求是地搞出了大量的非正式制度。

费孝通先生在《乡土重建》里提出了一个有趣的概念，叫"双轨政治"。自上而下的正式制度是一条轨道，到了民间，大量非正式的民间规则是另一条轨道。中国政治是同时运行在这两条轨道上的。

比如朝廷收税。县官制定好税收指标，每家每户每块地要交多少税都是固定的。但"皇权不下县"，县以下，政府就没有"腿"了，税要怎么收上来呢？

县里的官差只能把命令传递到保长这一级。保长都是老百姓轮流担任的，没有任何权力，只能跑去和各个村、各个家族的族长商量。万一族长觉得税额不合理，就可以不交。

县里能有什么办法呢？最多就是惩罚一下保长。可族长不能任由自己的人被惩罚，所以他们会出面从各种公开的、私下的渠道与官府谈判，直到达成协议。县里把数字改一改，底下把粮食交一交，挨了板子的保长被放回家。

王亚南先生在著作《中国官僚政治研究》里就提到过，中国古代收税是"原则上不让步，实施上不坚持"。虽然有一整套正式制度和数字指标是不能变的，可实际上要根据具体情况具体执行，最终各方面过得去就可以了。

带着这个视角再去看唐宋的宰相制度，再去看"同中书门下平章事"，你就会对这个古里古怪的名字多一点"理解之同情"了。

制度 | 唐三省六部制

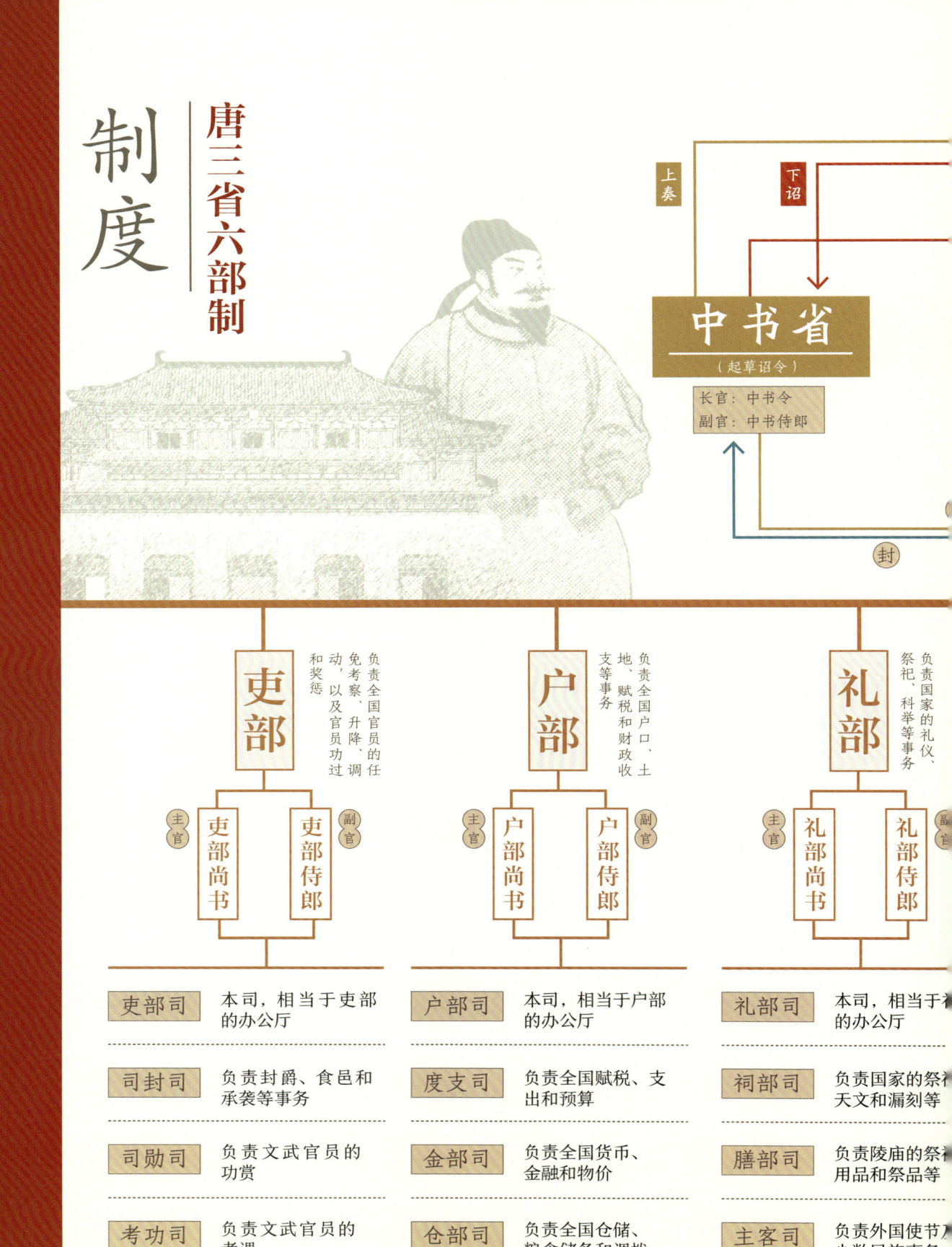

中书省（起草诏令）
上奏　下诏
长官：中书令
副官：中书侍郎
封

吏部
负责全国官员的任免考察、升降、调动，以及官员功过和奖惩

- 主官：吏部尚书
- 副官：吏部侍郎

吏部司	本司，相当于吏部的办公厅
司封司	负责封爵、食邑和承袭等事务
司勋司	负责文武官员的功赏
考功司	负责文武官员的考课

户部
负责全国户口、土地、赋税和财政收支等事务

- 主官：户部尚书
- 副官：户部侍郎

户部司	本司，相当于户部的办公厅
度支司	负责全国赋税、支出和预算
金部司	负责全国货币、金融和物价
仓部司	负责全国仓储、粮食储备和调拨

礼部
负责国家的礼仪、祭祀、科举等事务

- 主官：礼部尚书
- 副官：礼部侍郎

礼部司	本司，相当于礼部的办公厅
祠部司	负责国家的祭祀、天文和漏刻等
膳部司	负责陵庙的祭祀用品和祭品等
主客司	负责外国使节、少数民族事务

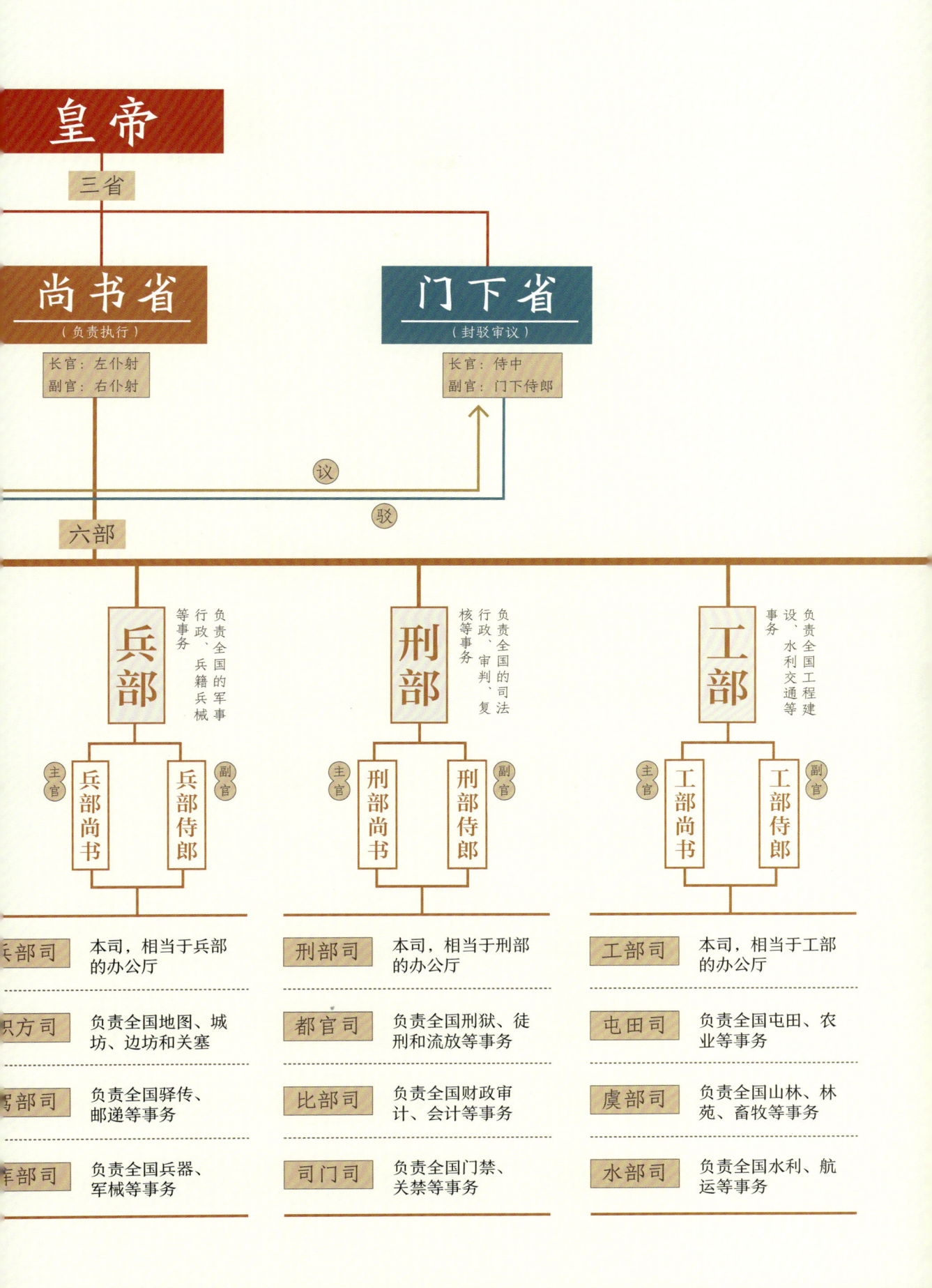

```
                    皇帝
                     │
                    三省
        ┌────────────┴────────────┐
        │                         │
     尚书省                     门下省
    (负责执行)                 (封驳审议)
    长官：左仆射                长官：侍中
    副官：右仆射                副官：门下侍郎

                 议 →
                 ← 驳
```

六部

兵部
负责全国的军事行政、兵籍兵械等事务

- 主官：兵部尚书
- 副官：兵部侍郎

兵部司	本司，相当于兵部的办公厅
职方司	负责全国地图、城坊、边坊和关塞
驾部司	负责全国驿传、邮递等事务
库部司	负责全国兵器、军械等事务

刑部
负责全国的司法行政、审判、复核等事务

- 主官：刑部尚书
- 副官：刑部侍郎

刑部司	本司，相当于刑部的办公厅
都官司	负责全国刑狱、徒刑和流放等事务
比部司	负责全国财政审计、会计等事务
司门司	负责全国门禁、关禁等事务

工部
负责全国工程建设、水利交通等事务

- 主官：工部尚书
- 副官：工部侍郎

工部司	本司，相当于工部的办公厅
屯田司	负责全国屯田、农业等事务
虞部司	负责全国山林、林苑、畜牧等事务
水部司	负责全国水利、航运等事务

据说南宋时，有人称颂宋太祖赵匡胤把五代的制度都改掉了，大宋才能从天下大乱到天下大治。但大儒朱熹表示不认同："太祖只是把太过分的制度去掉了，剩下的法令条目能留则留。做事的人能抓大放小，才是英雄手段。"

"不然，只是去其甚者，其他法令条目多仍其旧。大凡做事底人，多是先其大纲，其他节目可因则因，此方是英雄手段。" ——《朱子语类》

我看到这段话，不禁感慨：朱熹竟然在近千年前就把"做事的人"说出来了！

一个真想做事的人就是这样：尊重正式制度，同时尊重现实条件，在现实基础上，根据需要创生出一条条权宜之计，蜿蜒曲折地、坚定不移地向前推动自己的目标。最终，虽然看起来有点乱哄哄，有点不知所云，就像"同中书门下平章事"这个官名一样，但其实，他已经走出了一条细如发丝的黄金中道。

参考文献

［宋］李焘，《续资治通鉴长编》，中华书局，1995 年。
［元］脱脱等，《宋史》，中华书局，1985 年。
［汉］司马迁，《史记》，中华书局，1982 年。
［唐］姚思廉，《梁书》，中华书局，1973 年。
［后晋］刘昫等，《旧唐书》，中华书局，1975 年。
［宋］司马光，《资治通鉴》，中华书局，2011 年。
［宋］黄士毅，《朱子语类汇校》，上海古籍出版社，2014 年。
司义祖整理，《宋大诏令集》，中华书局，1962 年。
熊逸，《资治通鉴：熊逸版·第三辑》，新星出版社，2023 年。
费孝通，《乡土重建》，中信出版社，2019 年。
祝总斌，《两汉魏晋南北朝宰相制度研究》，北京大学出版社，2017 年。
王亚南，《中国官僚政治研究》，商务印书馆，2010 年。
王吉林，《君相之间》，中国人民大学出版社，2007 年。
张邦炜，《论宋代的皇权和相权》，《四川师范大学学报（社会科学版）》，1994 年第 2 期。
王瑞来，《论宋代相权》，《历史研究》，1985 年第 2 期。

1017 年

经 历 过 ， 解 决 过

1017年的世界

01 罗贝尔二世与于格二世共治法国
● 西欧

法国卡佩王朝的开创者于格·卡佩（即于格一世）为了维护王朝统治，在自己生前就为儿子罗贝尔（即罗贝尔二世）加冕，父子二人共治法国，以确保王位的延续。

罗贝尔二世如法炮制，在其子于格（即于格二世）10岁时为他加冕。不过，于格二世在长大后发起了推翻罗贝尔二世的叛乱。

▲ 罗贝尔二世

02 亨利三世出生
● 中欧

亨利三世（1017年—1056年），神圣罗马帝国皇帝康拉德二世之子，同时兼领德意志、意大利、勃艮第国王，以及巴伐利亚、士瓦本公爵等多个头衔。

亨利三世在位时，支持教会克吕尼派的宗教改革运动，旨在借助净化的教会加强封建统治；继续实行武力扩张政策，曾降服马札尔人（匈牙利人）、波希米亚人（捷克人）和摩拉维亚人。其统治后期，诸侯叛乱，皇权式微。

亨利三世 ▶

03 朱罗王朝征服斯里兰卡

● 南亚

朱罗军队攻入斯里兰卡,生擒玛亨德五世国王和王后。至此,整个斯里兰卡岛并入朱罗王朝版图。

朱罗王朝,南印度古国,约在今泰米尔纳德邦高韦里河与佩尔内河之间的地区。于13世纪中叶灭亡。

▲ 斯里兰卡发现的一枚朱罗王朝早期银币（Jean-Michel Moullec，CCSA-BY 2.0）

04 藤原赖通摄政

● 东亚

藤原赖通升任为内大臣,其父藤原道长迅速上表辞去摄政之位,将其传给藤原赖通。藤原氏专权进入全盛时期。

藤原通赖（992年—1074年）,日本平安时代公卿。

▶ 藤原道长

1017年的中国

其他并存年号

越南李朝
李公蕴年号 ······ 顺天（1010年—1028年）

日本
三条天皇年号 ······ （1012年—1017年）长和
后一条天皇年号 ······ （1017年—1021年）宽仁
······ （1021年—1024年）治安

大理
段素廉年号 ······ （1010年—1022年）明启

辽
耶律隆绪年号 ······ （1012年—1021年）开泰
······ （1021年—1031年）

1010年　　1020年　　1030年

01　北宋改年号为"天禧"

北宋使用"天禧"年号共5年，从1017年至1021年。

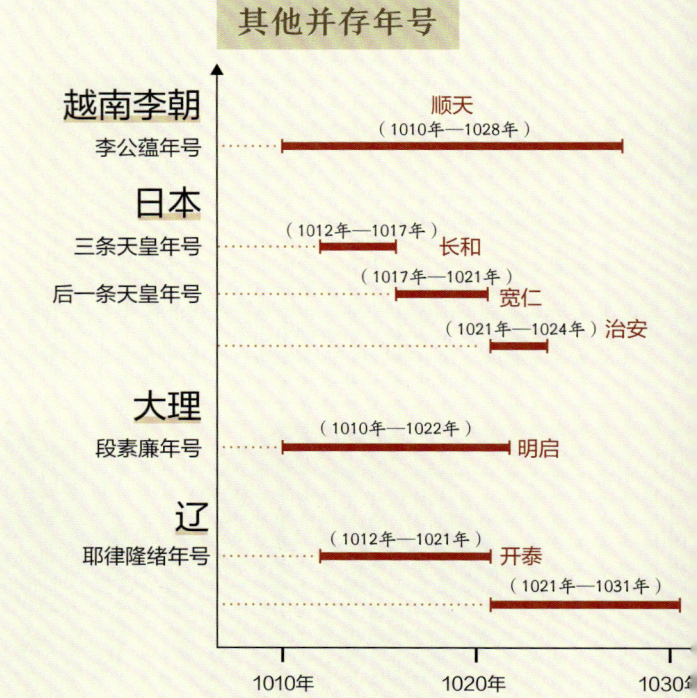

02　北宋暴发饥荒

1016年暴发的蝗灾与旱情，导致粮食歉收。1017年，各路出现饥荒。北宋朝廷颁布了一系列救济百姓和减免税赋的政策。

- 州军发放榷务酒糟救济贫民。
- 州军出售常平仓粮谷，只收本钱，贱卖给灾民。
- 两浙提点刑狱钟离瑾等言所部民饥，官府设糜粥相济。
- 赵州（今河北赵县）出廪粟万石以赈贫民。

03 北宋设置谏院

宋真宗下诏设置谏院，造谏院官印。谏院置谏官六员，由中书、门下的左右谏议大夫、司谏、正言充任。

▶ 陈彭年像

04 陈彭年卒

北宋"五鬼"之一的陈彭年因病去世，获赠右仆射，谥号"文僖"。

五代·黄筌《写生珍禽图》中的蝗虫

"流民图"作为中国传统绘画中的一个重要主题，是一种摹状苦难的传统传播模式。"流民图"的产生与北宋蝗灾有关。北宋郑侠绘制的《流民图》展现了因蝗灾而流离失所的难民，促使北宋朝廷停止了一些不合理的政策，不过，原作没有存世。但自此，"流民图"的创作形式得以延续。

▼ 明·周臣《流民图》

宰相的顶级处事心法是什么

从 1017 年 5 月底开始,在大宋朝堂上连续 12 年担任宰相的王旦因病向宋真宗提交了辞职信,但宋真宗始终不同意。拖到了 8 月,王旦的身体实在撑不住了,便让两个人搀扶着,当面跟皇帝请辞。宋真宗看到王旦瘦得不行,想到自己身体也不好了,便忧心忡忡地把皇太子——也就是之后的宋仁宗——叫过来给王旦磕头。王旦起身颤巍巍地躲,皇太子就追着他磕头。说不好这君臣二人,到底是谁在给谁托付后事。

> 因命皇太子出拜,旦皇恐走避,太子随而拜之。　　——《宋史》

到了 10 月,王旦还是走了,享年 60 岁。朝廷给了他极高的荣誉,从谥号"文贞"就可见一斑。

"文贞"是中国古代一个文臣能够得到的顶级谥号。后来因为要避宋仁宗赵祯的名讳,改成了"文正"。

历史上的"文正公"都有谁?范仲淹、司马光、曾国藩等。他们要么是公认的文臣典范,要么跟皇帝本人有特殊的机缘。

不仅如此,宋代人对王旦的评价也极高。宋仁宗继位后,还让王旦配享真宗。什么意思呢?就是朝廷在太庙祭祀宋真宗的时候,也得顺道祭祀一下王旦。历史上配享真宗的文臣只有两人,一个是李沆,一个是王旦,连吕端、寇准都不够资格。再后来,宋仁宗还亲自给王旦的神道碑(立在王旦墓前记载其生平事迹的石碑)题了碑额,叫"全德元老之碑",把王旦尊称为道德上完美无缺的元老重臣。

朝廷能给予一个臣子的荣誉和宠爱,王旦基本都享受到了。但是你不觉得奇怪吗?除了专门研究宋史的人或者资深的历史爱好者,很少有人知道王旦。为什么他在后世的存在感这么低呢?他在真实历史中究竟是一个怎样的宰相?

◆ 时代的王旦

前文反复强调王旦是不间断地做了 12 年宰相——重点是"不间断"。这不但比宋真宗一朝的前七任宰相加起来的时间都要长,更是破了一项纪录——他是北宋 167 年历史上不间断做宰相时间最长的人,没有之一。从中国古代有宰相制度算起,这都是非常少见的。

一个成绩如此出色的宰相,居然在历史上没有什么名气,是不是越想越奇怪?

王旦一生的成就,大致要分成三步来看。

第一步,时代给了他机遇。前面介绍过,王旦是宋太宗太平兴国五年的进士。这一科进士总共录取了 119 人,如果按成绩做区分,甲科 23 人,乙科 96 人。王旦是乙科进士,那他的成绩至少排在 23 名以后。这个名次如果放在隋唐五代,甚至宋太祖时期,都是很难考中进士的,因为当时录取人数通常只有十来个。王旦确实是赶上了宋太宗要搞"崇文抑武"的时代红利,这一点和寇准一样。

宋代进士出身的宰相数量

北宋 宰相 72 人 进士出身 63 人 占比 87.5%

南宋 宰相 63 人 进士出身 48 人 占比 76.2%

资料来源:倪士毅,《宋代宰相出身和任期的研究》,《杭州大学学报》,1986 年 12 月。

但是天下书生那么多,中进士的也不少,为什么王旦能一直做到宰相呢?这就是他的第二步。第二步也不完全归因于王旦自身的努力,而是要靠他父亲编织的那张关系网。

王旦的父亲叫王祐，在宋太祖一朝做到了知制诰，即皇帝的秘书，负责起草圣旨。这个官虽不大，但是因为离皇帝近，非常容易受到赏识。更重要的是，其他官员会小心翼翼地和这种天子近臣搞好关系。

王祐确实长袖善舞，结交的好友包括开国功臣宰相赵普，后来做了宰相的毕士安、吕端。他还主持过几次科举考试，提拔了很多门生。更为重要的是，他在宋太祖时期就和宋太宗搞好了关系。那他的儿子考中进士后，在宋太宗朝的仕途能不顺利吗？

而且，随着王旦的成长，他身后的关系网络也在拓展。比如，王旦的老丈人赵昌言虽然只是地方上的转运使，但他可是从宋太宗还未登基时就跟着宋太宗了，赵昌言的舅舅石熙载更是宋太宗的"铁杆"亲信。强强联合，自然会产生网络效应。

当然，我们也不能全盘否定王旦个人的努力。《宋史》里用"时论美之"这个词来描述当宰相之前的王旦，意思是，大家都觉得他这个小伙子很厉害。就连科举同年、先一步做宰相的李沆也很推崇王旦，说他是能担天下大任之人。

> 与之同列，每曰："王君凌霄耸壑，栋梁之材，贵不可涯，非吾所及。"李沆以同年生，亦推重为远大之器。　　——《宋史》

最关键的还是皇帝的态度。有一次王旦见完皇帝往外走，宋真宗边目送他的背影，边说："将来为这个国家造就太平盛世的人一定是他。"有人向宋真宗推荐王旦，宋真宗说："我心里早就有他了。"

> 帝素贤旦，尝奏事退，目送之曰："为朕致太平者，必斯人也。"钱若水罢枢务，得对苑中，访近臣之可用者，若水言："旦有德望，堪任大事。"帝曰："此固朕心所属也。"　　——《宋史》

如此整齐的好评大合唱，当然是王旦背后那张关系网慢慢发酵的效果，可如果王旦不是一个看起来沉稳持重、才思敏捷、堪当大任的人，怎么可能会得到这样的结果？

不过，王旦这辈子最大的传奇不是当上了宰相，而是连当12年，成为北宋连续任职时间最长的宰相。这又是怎么做到的呢？

家族
北宋三槐王氏家族一览

三槐堂

三槐王氏为北宋著名世家大族之一。三槐堂为三槐王氏家族的堂号，为家族门户的代称。

相传王祐在自家院中栽种了三棵槐树，以期子孙能有为三公者。王祐的儿子王旦果真在宋真宗朝担任宰相，成为家族辉煌时期的灵魂人物。

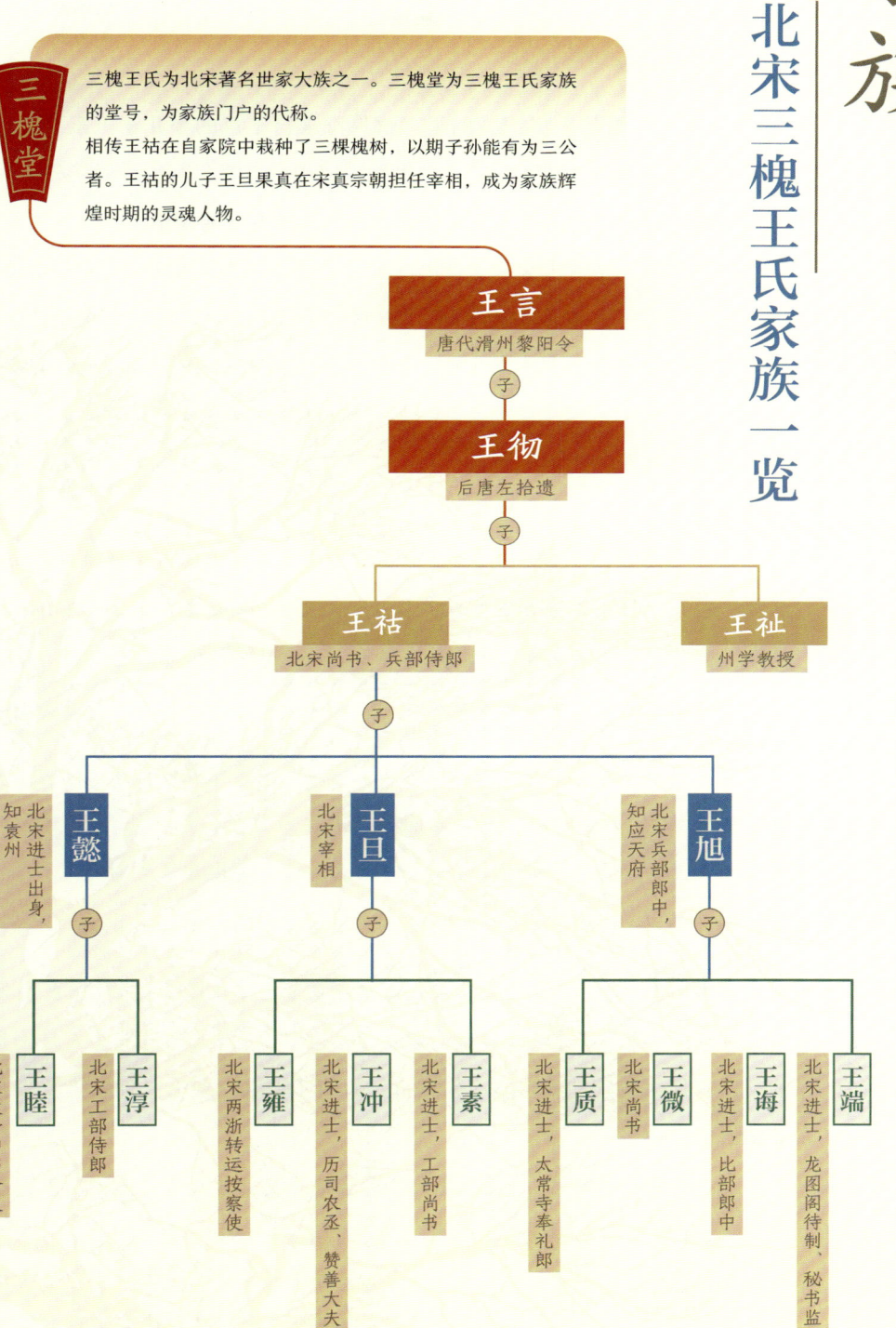

三槐王氏始祖

王言
唐代滑州黎阳令

子

王彻
后唐左拾遗

子

第一代

- **王祐** 北宋尚书、兵部侍郎
- **王祉** 州学教授

第二代（王祐之子）

- **王懿** 北宋进士出身，知袁州
- **王旦** 北宋宰相
- **王旭** 北宋兵部郎中，知应天府

第三代

王懿之子：
- **王睦** 北宋太子中书舍人
- **王淳** 北宋工部侍郎

王旦之子：
- **王雍** 北宋两浙转运按察使
- **王冲** 北宋进士，历司农丞、赞善大夫
- **王素** 北宋进士，工部尚书

王旭之子：
- **王质** 北宋进士，太常寺奉礼郎
- **王微** 北宋尚书
- **王海** 北宋进士，比部郎中
- **王端** 北宋进士，龙图阁待制、秘书监

资料来源：吴保英，《北宋王旦对三槐王氏家族影响研究》，陕西师范大学硕士论文，2017年。

◆ 王旦的本事

《宋史·王旦传》里记载的很多材料都来自王旦的小儿子王素。儿子写父亲，肯定都是溢美之词。不过，如果把《宋史·王旦传》里涉及道德表扬的部分都拿掉，我们就会发现，王旦做事有一种非常奇特的风格。

举个例子，你先感受一下。1015年，寇准回到朝廷做枢密使不久，眼瞅着又要把官给丢了，就跑去找王旦："枢密使不当就不当，你能不能给我个使相的官儿？""使相"就是做节度使，同时加一个虚的宰相头衔，既有实惠，也有荣誉。

王旦是寇准的同年，而且一直向宋真宗推荐寇准，可这一次他二话没说就拒绝了寇准。

寇准当时非常不爽。不过，等任命下来后，朝廷真给了寇准使相的官职。寇准一想，王旦不答应，愿望还实现了，想必是皇帝赏识自己，就跑去感谢宋真宗。没想到宋真宗说："是王旦推荐你当这个官的。"寇准一下子十分羞愧，说自己不如王旦。

> 寇准罢枢密使，托人私求为使相，旦惊曰："将相之任，岂可求耶！吾不受私请。"准深憾之。已而除准武胜军节度使、同中书门下平章事。准入见，谢曰："非陛下知臣，安能至此？"帝具道旦所以荐者。准愧叹，以为不可及。　——《宋史》

类似的事情，王旦做了很多。宋真宗去世后，朝廷安排人修真宗朝的史书，翻出来大量王旦推荐大臣的奏章。但在当时，没人知道那些人是王旦推荐的。这有什么特别的呢？要么是王旦做好事不留名，要么是他这人狡猾，把人情留给皇帝做。

但这些都想简单了。如果说不拿朝廷的官位去做人情，把一切雷霆雨露都归功于皇帝，还比较容易做到的话，那你再看一个例子体会体会。

就在1016年，朝廷新提拔了一个人当参知政事，就是前文提过的连中三元的状元王曾。王曾年轻，新官上任，很有锐气，马上就抓住了王旦的一个大问题：王旦处理政务时经常不请示皇上，自己就做了决定，还批上"奉圣旨"这几个字。这不是假传圣旨吗？

王曾找到了王旦，没想到，王旦立刻承认错误。可王曾不愿善罢甘休，他找了一个王旦不在场的机会，向宋真宗打小报告。宋真宗就问："王旦这些事做得公正吗？"王曾说："公正确实公正，但毕竟是假传圣旨。"

宋真宗说："根据我这么多年的观察，王旦这个人连一根头发丝的私心都没有。而且，小事不用请示，他自己拿主意就行，这是我给他的特权。你们几个要听他的话。"

曾曰："每见奏事，其间亦有不经上览，公但批旨行下，恐人言之以为不可。"旦逊谢而已。一日奏对，旦退，曾等俱留。上愕曰："何事不与王旦同白？"曾等乃以前说闻于上，上曰："所行公否？"皆曰："公。"上曰："王旦事朕，多历年所，朕察之无毫发私。自东封后，朕谕小事一面专行。卿等当谨奉之。"——《续资治通鉴长编》

原来，王旦早就得到了皇帝的授权。但是面对王曾的指责，他完全不辩解，这个人也太沉得住气了吧？

把这两个故事连起来看：好名声，王旦不往身上揽；坏名声，他也不往外推，其他人爱怎么想就怎么想。你要是皇帝，是不是也会喜欢这样的大臣？

以前，我从这些故事里看到的是王旦的忍辱负重、自我承担，十分佩服，同时又觉得他这种活法实在憋屈，为了给皇帝留下好印象，自己活成了一个受气包。

但是有一天，我再读这些故事时，突然有一个感悟，看到了另外一个王旦：王旦作为一名宰相，他把什么是自己的权力和责任，什么是对方的权力和责任，以及不同场合下、不同角色之间这种权力和责任的转换，分得清清楚楚。

比如，在前一个故事里，寇准找王旦要官当。寇准有提要求的权力吗？没有。王旦有答应的权力吗？也没有。所以，他一口回绝。但是场合一变，面对宋真宗，宰相王旦有义务建议最合理的处理方式。对于寇准这样的人，面子还是要给的，节度使再加上个宰相的虚衔，就是合适的处理办法。

所以，王旦的行为并非前后不一，只不过他的逻辑是：我在什么角色里，该怎么做就怎么做。

那后一个故事该怎么理解呢？王曾指责王旦假传圣旨，没错，王曾看到的事实就是如此，王旦自然就该道歉。为什么他不把自己得到皇帝授权这事告诉王曾，洗刷自己的冤枉呢？因为皇帝没有授权他把这个授权告诉其他人。至于皇帝是不是告诉其他人，那是他们和皇帝之间的事，跟王旦自己没有关系。

王旦就像一块铁板，挡在自己的每一个角色和角色之间，也挡在每一个人和每一个人之间，甚至是挡在每一个场景和每一个场景之间，针扎不漏，水泼不进。在这个角色里，在这个场景下，面对这个人，他只判断眼下的情况怎么做是正当的。其他的考虑，他看不见，也管不着。

这种做法是什么？对现代心理学有了解的人都知道，这叫"课题分离"。简单来说就两句话：第一句，你操心你的事，我操心我的事，别裹在一起想；第二句，谁承担这件事的后果，这就是谁的事。

举个例子，我想上台表演，又怕观众失望，很纠结。用课题分离的方法看这个问题，那就是：我想上台，那就认真准备、好好表演，这是我的课题；如果观众对我的表演失望，那是观众的课题，他们得处理自己的失望情绪。

王旦之所以能当12年宰相，很可能跟他这种"课题分离"的能力有关系。一码是一码，该怎样就怎样，片刻不乱，无丝毫不爽。用这种方式，他这个宰相当得没有任何软肋和破绽。

比如，1017年，宋真宗让王旦推荐继任宰相的人选，王旦推荐了寇准。宋真宗说："寇准这个人的脾气，你又不是不知道，你再换个人。"王旦回答道："其他人我就不知道了。我身体不好，待不住，告辞了。"王旦去世后，宋真宗果然不得不再次起用寇准。

> 帝曰："卿今疾亟，万一有不讳，使朕以天下事付之谁乎？"……旦强起举笏曰："以臣之愚，莫如寇准。"帝曰："准性刚褊，卿更思其次。"旦曰："他人，臣所不知也。臣病困，不能久侍。"遂辞退。后旦没岁余，竟用准为相。　——《宋史》

我们再用课题分离的方法分析下王旦的想法：你问我谁适合接班，我就认为寇准最合适，这是我的看法、我的责任、我的课题；至于皇帝您觉得寇准脾气不好，用着不舒服，那是您的课题，您自己想办法消化。

最令人惊讶的是，王旦，一个1000年前的宋朝人，竟然为现代心理学里的"课题分离"原则，提供了那么精彩、那么彻底的案例。

当然，王旦这种"课题分离"的本事很可能是性格使然。人类文明要到工业时代才发展出所谓的专业主义，也就是在组织运行中排除人格化因素。

宋代宰相任期时间表

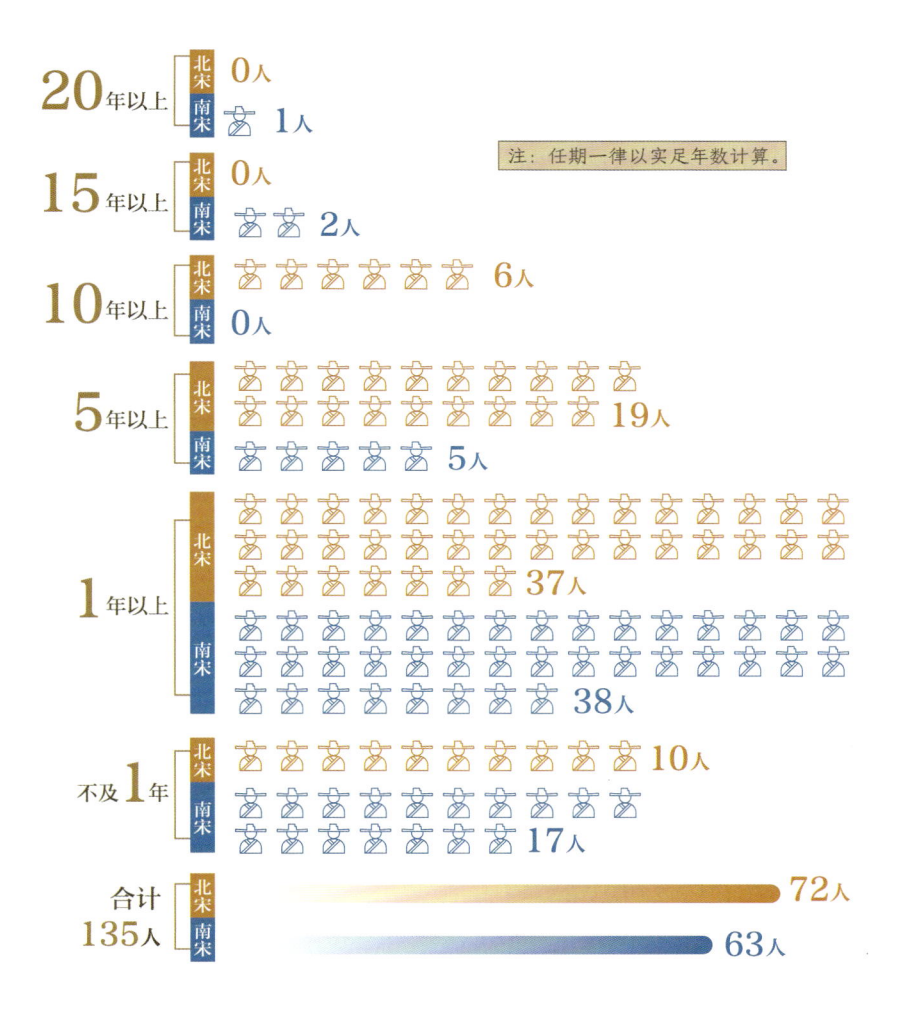

任期	北宋	南宋
20年以上	0人	1人
15年以上	0人	2人
10年以上	6人	0人
5年以上	19人	5人
1年以上	37人	38人
不及1年	10人	17人
合计135人	72人	63人

注：任期一律以实足年数计算。

资料来源：倪士毅，《宋代宰相出身和任期的研究》，《杭州大学学报》，1986年12月。

◆ 该怎样，就怎样

下一个问题是，分清了自己的事和他人的事，我们就能按照自己的性子为所欲为了吗？当然不行。王旦是怎么做的呢？

晚清、民国时的书里经常会用到一个词，叫"正办"。对于一件事，最正大光明、理该如此的处理方法就是"正办"。要怎么理解"正办"呢？举一个近代史上的例子。《庚子西狩丛谈》这本书里提到了一个故事，是李鸿章亲口对作者讲的。

当时，李鸿章要接手曾国藩办洋务之事，曾国藩就问他打算怎么干。在那时的中国人看来，洋人是个大麻烦，既不能得罪，又不能屈服。李鸿章就说：

宰相王旦兼职类型

兼：
- 园陵使
- 朝拜诸陵大礼使
- 封禅大礼使
- 天书仪卫使、刻玉使
- 汾阴大礼使
- 玉清昭应宫使、兖州景灵宫朝修使
- 谒太清宫奉祀大礼使
- 恭谢天地大礼使
- 恭谢太庙大礼使
- 奉告玉皇圣号大礼使
- 迎奉圣像大礼使
- 兖州太极观奉上册宝使
- 南郊大礼使

王旦 957年—1017年

宋代宰相兼职类别繁多。时代背景和当时皇帝的亲政程度会影响宰相兼职的大致趋向，而宰相兼职所做之事则会影响士人对其评价与朝堂政局的走向。

王旦任相期间所任兼职与宋真宗从事的一系列崇道活动紧密相连。我们可从王旦兼任的其他日常正规性职务类别中管窥到他执政的相关态度。

资料来源：常沁飞，《宋代宰相兼职问题研究》，河北大学硕士论文，2019年。

"我就跟他打痞子腔。""痞子腔"是安徽话,就是油腔滑调的意思。曾国藩回他:"不对。依我看来,唯一的办法,就是用'诚'字。洋人,我们打不过,也搞不清楚他们是怎么想的,那就老老实实,以诚相待。以诚相待,虽然不能占到便宜,也不至过于吃亏啊!"

李鸿章回忆说,他后来一辈子和洋人打交道,多亏了老师曾国藩的这番提醒。

你看,这就是所谓"正办"的精神。我搞不清楚情况,没关系,我有正大光明、本该如此的应对方法。虽然占不到便宜,但也不至于破了底线、吃大亏。

你可能觉得,宋真宗大搞天书封禅、迷信活动,我们现代人都知道那是大错特错,王旦怎么还是该支持支持、该配合配合呢?

王旦支持和配合的地方都是宰相的职责所在,他作为儒家士大夫,心里很清楚,那只是神道设教。他虽然支持,但是,不高兴还是挂在脸上的。

有一回,宋真宗组织大臣观看祥瑞图,王旦就表示:"上报的祥瑞情况并不是我亲眼所见,都是照着有关部门的报告说的,希望史官把这一点记下来。"

> 王旦常言于上曰:"臣顷为大礼使,有奏祥瑞,臣非亲见也,据司天监邢中和状耳。愿令史官并书其实。" ——《续资治通鉴长编》

这种正办的行事方法,王旦一直坚持到生命的最后一刻。王旦在临死前,非常决绝地留下遗言,要剃光头发,穿着和尚的黑色僧衣入葬。要知道,丧礼是传统宗法秩序的重要一环,作为儒家士大夫,以僧人的方式入葬是非常惊世骇俗的。但对于王旦来说,该怎样就怎样,不会因为感念皇恩,就把自己没有按住天书封禅的事给糊弄过去。

人很多时候会面对左右两难、局面混沌的情况。比如,到底应该坚持原则,还是应该得饶人处且饶人呢?"正办"提供的解决方案是:尊重规则,与此同时,想方设法、竭尽全力地帮助每一个被规则难住、困住的人。

世界不是混沌一团的,它不过是一个又一个课题。精准识别它,一个接一个地解决它,该怎样就怎样,这才是"正办"。

参考文献

［宋］李焘，《续资治通鉴长编》，中华书局，1995年。

［元］脱脱等，《宋史》，中华书局，1985年。

［宋］王曾，《王文正公笔录》，中华书局，2017年。

［宋］王素、王巩，《王文正公遗事·清虚杂著三编》，中华书局，2017年。

［宋］沈括，《梦溪笔谈》，中华书局，2022年。

［宋］欧阳修，《欧阳修全集》，中华书局，2001年。

［清］吴永口述，［清］刘治襄笔记，《庚子西狩丛谈》，中华书局，2009年。

王瑞来，《宰相故事》，中华书局，2010年。

〔美〕柏文莉，刘云军译，《权力关系：宋代中国的家族、地位与国家》，江苏人民出版社，2023年。

〔日〕岸见一郎等，渠海霞译，《被讨厌的勇气》，机械工业出版社，2015年。

徐红，《论北宋太平兴国五年进士的家世与仕途》，《山西师大学报（社会科学版）》，2007年第5期。

王善军，《宋代三槐王氏家族的仕宦、婚姻与文化成就》，《河北学刊》，2003年第2期。

1018 年

经 历 过 ， 解 决 过

1018年的世界

01 保加利亚第一王国灭亡
● 南欧

自1014年的克雷西昂战役后,保加利亚第一王国基本被拜占庭帝国控制。1018年,保加利亚第一王国投降,大量贵族移居君士坦丁堡,并逐渐与希腊贵族同化。保加利亚第一王国灭亡,成为拜占庭帝国的一个行省。

▼ 在克雷西昂战役中战败的保加利亚士兵

03 马尔科姆二世占领洛锡安地区
● 西欧

苏格兰国王马尔科姆二世打败了诺森布里亚人(自7世纪以来,诺森布里亚人控制了苏格兰东南部的大片土地),占领了苏格兰南部的洛锡安地区。

▲ 想象中的马尔科姆二世肖像画,他的真实外貌未知

02 《鲍岑和约》签订
● 中欧

自1003年起,波兰与德意志之间爆发了三次战争冲突。最终,双方于1018年在鲍岑签订停战和约,和约规定了有利于波兰的条款。

1018年的中国

01

北宋始建奎文阁

奎文阁是曲阜孔庙的主体建筑之一，原本是一座藏书阁。中国古代以奎星为二十八宿之一，主文章，奎文阁因此得名。

这座藏书楼是中国著名的木结构楼阁之一，始建于1018年，后于1483年改建。奎文阁面阔7间，进深5间，长31.1米，宽17.62米，高两层计23.35米，中设平坐腰檐，上覆重檐歇山黄琉璃瓦顶。上层藏历代帝王御赐的经书、墨迹，下层藏历代帝王祭孔时所需的香帛之物。

▲ 奎文阁

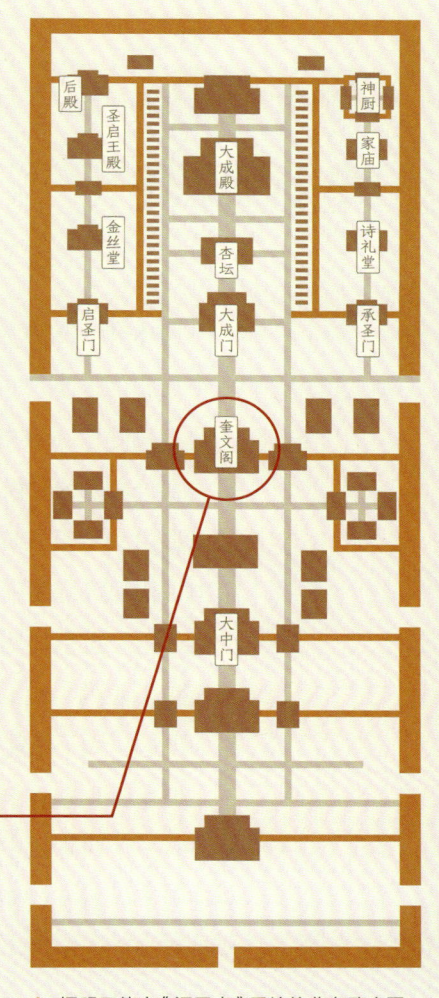

▲ 据明正德本《阙里志》重绘的曲阜孔庙图（简化版）

02

北宋画家文同出生

文同（1018年—1079年），字与可，自号笑笑先生，人称石室先生。善诗画，以墨竹闻名，诗质朴而有画意。诗文有《丹渊集》。

宋·文同《墨竹画》▶

科举到底是一种怎样的全民游戏

1018年，宋真宗已经50岁了，他的身体又不好，于是，立太子成了他这一年挂念的大事。可是，这件事皇帝本人不提，大臣们实在不好开口。毕竟，一开口就好像在对皇帝说"您没几年活头了"。历史上，大臣直眉瞪眼跟皇帝提立太子之事的时候，通常都会掀起轩然大波。

那由皇帝直接安排呢？虽然可以，但是不符合中国皇帝制度的内在特性。中国古代的皇帝制度是一种非常独特的君主制度，在这种制度里，"皇帝应该被拥戴"这一点也成为该制度合法性的考量之一。中国历史上的所有皇帝，哪怕是篡权上位的，也必须搞一个"三推三让"的流程。虽然父死子继天经地义，但如果这位太子还能受到天下拥戴，那整个流程就太完美了。

但这件事现在卡住了，大臣不敢提，皇帝不便说，该怎么破局呢？这个时候，有一个叫陈执中的地方官向宋真宗呈递了一篇自己写的论文，大意是：要治理天下，有几件重要的事情，其中最重要的就是早定天下之根本。说白了，就是要"立太子"。只不过他把这件事塞在了一个大题目里，套了个古今通理的壳子，可以说这是一个进退自如的策略。

台阶有了，宋真宗果然往上走了一步。第二天上朝时，宋真宗先掏出陈执中的这篇文章，群臣纷纷赞扬。宋真宗又大手一指陈执中，说他袖子里还有篇更好的，陈执中真就从袖子里掏出来一篇立太子的论文。群臣当然不傻，立刻上奏章请立太子。又按照老规矩，三推三让，最终在9月立了皇太子。

接下来，宋真宗就开始马不停蹄地为立皇太子做全方位的安排：一边给皇太子配班子——大才子晏殊就是这个时候进了宋仁宗的班底，一边安排大臣们拜见太子；一边为皇太子制定各种礼仪，一边让皇太子去拜谒玉清昭应宫。总之，忙得不亦乐乎。

其中有一项安排独具宋真宗个人特色，就是不断把自己写的诗文当众赐给皇太子。比如这一年的10月，宋真宗写了一篇《元良箴》赐给皇太子，内容是如何当好合格的皇太子。

宋代东宫官员设置

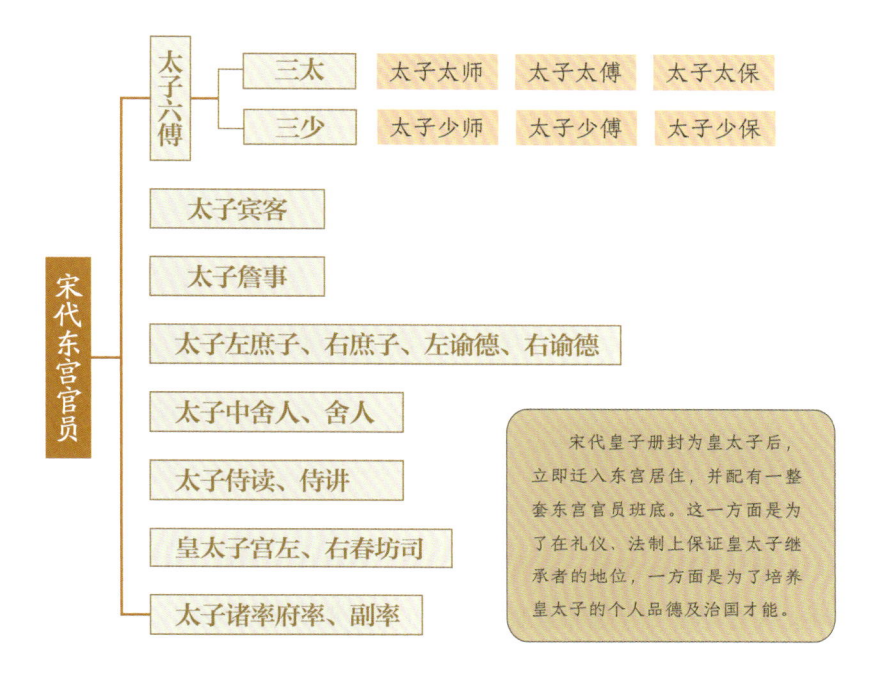

```
宋代东宫官员
├── 太子六傅
│   ├── 三太 — 太子太师  太子太傅  太子太保
│   └── 三少 — 太子少师  太子少傅  太子少保
├── 太子宾客
├── 太子詹事
├── 太子左庶子、右庶子、左谕德、右谕德
├── 太子中舍人、舍人
├── 太子侍读、侍讲
├── 皇太子宫左、右春坊司
└── 太子诸率府率、副率
```

> 宋代皇子册封为皇太子后，立即迁入东宫居住，并配有一整套东宫官员班底。这一方面是为了在礼仪、法制上保证皇太子继承者的地位，一方面是为了培养皇太子的个人品德及治国才能。

次年，宋真宗又写了一篇《劝学吟》赐给太子。这些动作的意图很明显，既是培养太子，也是给天下人看，在任皇帝是怎么把合法性一点点地传递给继任皇帝的。

你可能会觉得《劝学吟》看着有点眼熟，是不是就是那篇著名的《劝学诗》呢？这是北宋历史上一个很有意思的话题——爱写诗的宋真宗是不是真的写了这首《劝学诗》呢？

◆ 一口名为《劝学诗》的"锅"

很多正式出版物里都记录了宋真宗名下有一首《劝学诗》。但是很遗憾，这首诗真的是伪作，学术界有很详尽的考证，在此就不展开了。这里只提示一点：这首诗其实是所谓的"一眼假"。为什么？

宋真宗怎么会用房子、车子、钱财、美女来诱惑皇太子好好读书呢？儒家讲究的可是礼法秩序，是"修身齐家治国平天下"，是"为天地立心，为生民立命，为往圣继绝学，为万世开太平"。

劝学诗

富家不用买良田，书中自有千钟粟。
安居不用架高堂，书中自有黄金屋。
娶妻莫愁无良媒，书中有女颜如玉。
出门莫恨无人随，书中车马多如簇。
男儿欲遂平生志，六经勤向窗前读。

历朝历代的儒家士大夫提起这首《劝学诗》都痛心疾首。比如，明朝的戚继光说过："小孩子刚刚开蒙学习，正是善恶未定的时候，怎么能教他们这首诗呢？人的心术坏掉，就是从这首诗开始的。"

宋真宗若是在天有灵，一定会大呼冤枉。他一辈子都以儒家的圣君自诩，没想到这种诗居然被套到自己头上；他一辈子都爱写诗，没想到流传到后世名气最大的居然是这一首；他一辈子东封西祀、神道设教，没想到留在历史上给他带来最大污名的是一首他从来没写过的诗。

为什么会发生这样的冤案呢？应该有一浅一深两个原因。

往浅了说，就是早期印刷文化的一种乱象。宋代以后出版业发达，出现了专业的出版商。文化产品不只是文人表达自我的作品，还可以是出版商用来牟利的商品。当时可没有著作权、名誉权之类的观念，于是出现了那种专门假托名人的书。比如南宋时有一本据说是苏东坡注解的杜甫诗集，但它其实是伪作。

宋真宗这件冤案的情况类似。《劝学诗》之所以流传那么广，是因为一本叫《古文真宝》的书。这是自元代开始流行的一部儿童启蒙读物，开篇就用了所谓的宋真宗《劝学诗》。编书的书商为什么这么做？因为顾客买这种童蒙教材都是为了孩子将来能好好学习，通过科举考取功名。那谁劝人读书最权威？当然就是皇帝。皇帝都说"书中自有黄金屋，书中自有颜如玉"，学习的重要

教育

宋代经筵制度概览

经筵
又称讲筵，是北宋以后为皇帝讲解经传史鉴特设的讲席。经筵制度一经形成，就成为北宋以后皇太子教育制度的重要组成部分。

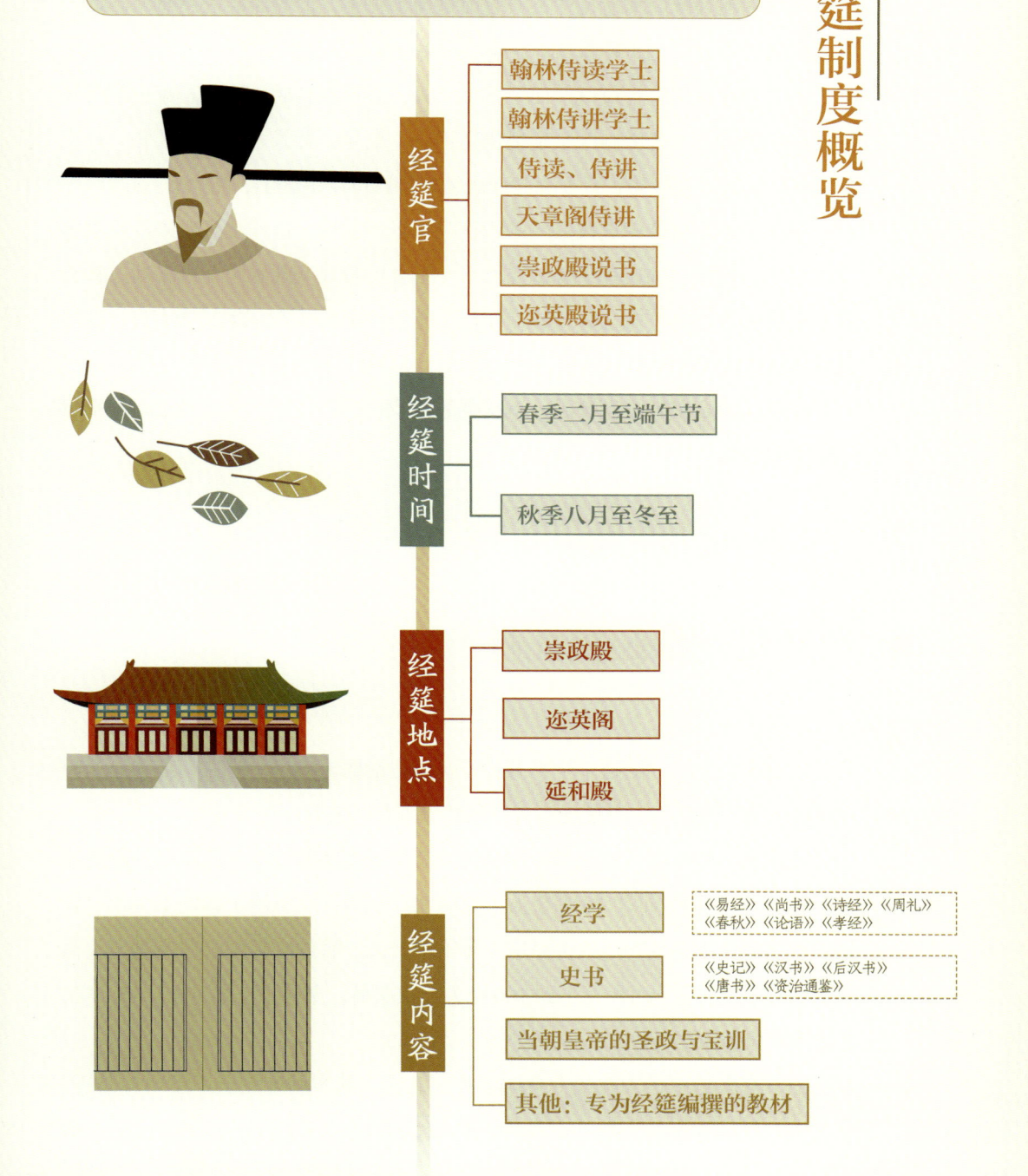

经筵官
- 翰林侍读学士
- 翰林侍讲学士
- 侍读、侍讲
- 天章阁侍讲
- 崇政殿说书
- 迩英殿说书

经筵时间
- 春季二月至端午节
- 秋季八月至冬至

经筵地点
- 崇政殿
- 迩英阁
- 延和殿

经筵内容
- 经学：《易经》《尚书》《诗经》《周礼》《春秋》《论语》《孝经》
- 史书：《史记》《汉书》《后汉书》《唐书》《资治通鉴》
- 当朝皇帝的圣政与宝训
- 其他：专为经筵编撰的教材

性还用再多强调吗？反正元代书商不怕让北宋皇帝背黑锅。

往深了追究，原因是什么呢？这其实是科举制度下的一种必然会有的现象。道理很简单，宋真宗让科举走向了大众。

科举考试的三项"黑科技"——锁院、糊名和誊录，都是在宋真宗时期成熟的。这三项制度的本质是什么？表面是为了公平，但更深层的用意是告诉天下人：朝廷考试只会低头看卷面，绝不抬头看你这个人。

本来朝廷选用官吏应该全面考察一个人，甚至连容貌、谈吐、家世都得评估。但是北宋这套科举制度坚定地传递了一个信号：背景、年龄、长相、社交能力等，统统不是障碍，只要你卷面成绩好，就可以中进士、当大官。

皇帝会不知道这种选拔方式的代价吗？当然知道。这样选拔出来的官员不见得好用，但是，这让科举考试变成了一个全民游戏。既然是全民游戏，社会各个阶层就可以按照自己的理解、自己的价值观来参与。所以，《劝学诗》里出现对科举考试的庸俗理解，就不奇怪了。

你看，宋真宗亲自设计了一个精妙的游戏，最终却反杀到他身上，似乎也不能算特别冤。

◆ 科举是一根超级杠杆

借着宋真宗设计的这个全民游戏，我们把话题再推进一步：朝廷为什么只用那么一点利益诱惑，就能让全天下的读书人都加入这个游戏呢？

我们先来算算账，能够考中科举的人有多少？唐朝290年间，一共录取进士7448人，平均一年才20多个人；宋朝320年间，录取的正牌进士（通过殿试的及第进士）有42561人，平均一年133个人；明、清两朝录取的进士大概都是25000人，平均每年还不到100个人。很明显，考科举、中进士、当大官，能通关的概率太小了。

经常有人把中进士类比为考取清华、北大，其实难度完全不可同日而语。有人统计过，湖南的长沙县在古代平均每60年出一个进士、每7年出一个举人。但是到了现代，长沙县平均每 3 年出一位院士。1977 年恢复高考以后，这个县考上清华、北大的，平均每年超过 2 人。

这样看，科举简直是一场胜利希望渺茫的豪赌。为什么还有那么多人像《劝学诗》里写的那样，把一辈子对功、名、利、禄的期待都押在科举上面呢？

原因当然有很多。比如，中进士当官的收益实在太大，读书人如果不参加科举，出路实在太少。但这些恐怕都不是根本原因。

我们不妨用游戏的视角考虑这个制度，把科举看作一款古典时代不插电的爆款游戏。设计一款电子游戏的目标是什么？就是用一点点利益或者非常渺茫的胜利的希望，让大量的用户沉迷、上瘾。科举不正是如此吗？

我们再来对照一下游戏设计的底层逻辑。比如，游戏要有清晰的、有吸引力的目标，要有持续的奖励、积分和荣誉系统，要有良好的游戏界面和丰富的游戏体验——科举考试是不是也都有？

再比如，游戏设计里有一个非常重要的技巧：奖励最好是随机发放的。说白了，不能让玩家有一分努力就能得到一分收获的感觉。有时候颗粒无收，有时候大喜过望，只有这样，玩家才容易上瘾。

科举考试里也有类似的设计。有一句话叫"场中莫论文"，意思是考场里面没有天理，文章水平高，不见得就能考中。类似的说法还有"一命二运三风水，四积阴功五读书"。决定考试成绩的重要因素里，前四个全都是玄学，而读书本身只排第五位。但正是因为这种命运无常的感觉，让一代代读书人如同飞蛾扑火般前仆后继。这就是随机奖励带来的沉迷效应。

还有一点很重要，就是游戏设计必须给玩游戏的人以超强的掌控感。虽然打通关、成大神很艰难，但是从小白到大神、从青铜到王者的路径是非常清晰的。玩家心里很清楚，只要自己顺着往上走，就有希望达到。科举是不是也是如此？从秀才到举人再到进士，成长路径非常清晰。更重要的是，考试内容也非常确定。

这样看下来，科举制度不仅是考试制度、教育制度、文化制度，它还是中国古代皇权社会中最大程度维持社会共识的一个基本政治制度。

再回到那首《劝学诗》，它哪里是对科举考试的庸俗理解？它是允许任何人带着自己的理解踏上全社会都有共识的一条竞争之路。

◆ 科举制度的隐藏功能

美国传教士明恩溥在1890年写了一本书，叫《中国人的气质》。他在书里写到，中国人缺乏严密的组织，习惯松散的社会状态。中国的传统社会确实如此，当时，整个社会背景一片模糊、充满混沌，但其中有一根定海神针般的东西，那就是科举。它有着极强的社会渗透性，将原本松散的、看似毫无关系的各个阶层牢固地结合在一起。

这个描述有点抽象，我们可以换个视角思考：如果没有科举制度，中国社会将会发生什么？我们把时钟向后拨动到1905年，也就是清光绪三十一年。当时社会上已经形成了一个共识，就是必须废除科举制，创办新式学校，否则中国就无法完成启蒙。这个判断不能算错，但当时的人低估了废除科举的后果。

废除科举制能有什么后果呢？当时的人能想象到的，无非就是原来参加科举的人没了出路。

慈禧问张之洞："废除科举制后，失掉了天下读书人的人心该怎么办？"

张之洞说："要分三种情况。如果是比较年轻的，可以来上新式学堂，学习新知识。如果是三四十岁的中年人，可以在新学堂里当老师，传统的知识也需要传承下去嘛。至于五六十岁的人，反正岁数都大了，想必不愿意再考了。"

张之洞的分析是不是正确呢？尤其是岁数大的人，考取科举对他们是不是就没有任何意义了呢？事实证明，张之洞的判断大错特错。

科举制有一个非常重要的特点，就是可以像电子游戏那样随时"存档／读档"重来，这次不行，我可以存储进度，下次再来。这种希望是可以存续一辈子的。有学者做过统计，明代时仅福建一个省，80岁以上的考生上榜人数要比19岁以下的多出近两倍！前者达84人，后者仅43人。

"老人家还有机会"这件事，激励的可不只是老人，而是所有人。

宋的科举制度有一个独特的设计：如果你通过了地方上的州试，但直到两鬓霜白都没能通过礼部的省试，那么朝廷会专门给这些老考生开设一种更容易的考试，考取后叫"特奏名进士"。这种进士在官场上当然没有什么前途，但好歹是个安慰奖。

如果我是一个年轻的考生，看到这种案例，心里会怎么想？一定是告诉自己要努力读书。因为即使没考中,最后还有"特奏名"的机会,不至于血本无归。

所以,废除科举制的第一个连锁反应不只是老人没了希望,而是所有读书人都看不到那个可以稳步上升的台阶了,所有人的人生希望之光都暗淡了不止一点。

那么接下来的连锁反应呢?历史学者罗志田的著作《权势转移》中引用了一段当时人的话:"过去乡村中,秀才先生或书塾老师有极大的潜势力。他是一乡中的审判者,一乡中的号令者,一乡中的指挥者;他是一乡中所'佩服'的人;假如这位秀才先生或乡塾老师,果真是道德高尚,则他的话即可成为号令。村中如有争议,'往往请求他去批判';有'新事情发生了,则一般民众大都不约而同去听受他的意见'。"

从这个场景可以看出,对一个读书人来说,科举制度的价值不仅是中进士、当大官的终极诱惑。只要你是一个读书人,哪怕只有最初级的功名——秀才,你在自己生活的乡村中就可以受到非常高的尊重,这是极为现实的收益。

而科举制一旦废除,乡村里最受尊重的读书人的声望马上就矮了半截。要读书的人也不能待在乡村了,得进城里的学堂。梁漱溟先生在1929年调查过江苏江宁的情况:在这个县的常住人口中,男性文盲占比82.2%;但是在离开江宁的外出人口中,男性文盲仅占比63.9%。这说明什么?说明农村的读书人在往大城市跑。那乡村里空出来的秩序该怎么维持呢?这就是中国现代史上农村大规模出现土豪劣绅的原因之一。这也是废除科举制的连锁反应。

但这还不是最重要的,最重要的连锁反应是:中国的基层教育崩溃了。

"四书五经"确实因循守旧,但是穷人家想置办一套书,成本没那么高。有人算过账,穷家小户凑钱买几本书、办个私塾,硬投入不过10两银子。所以,在那么贫困的古代社会,中国的教育才能那么普及。从这个角度看,科举制度是一个全民动员、全民投资的教育普及运动。后来新式教育倡导办科目齐全的学校,那费用就不是乡村社会负担得起的了。

这会引发两个后果。第一,教育没法由民间来办了,必须由国家来办。学校虽然更豪华、更现代,但是全民总体的教育投入实际上下降了。第二,国家要办好学校,只能集中资源在城市里办,当时中国基层乡村的教育反而衰落了。

科举制度被废除之后,中国不只是更换了一种教育体制、人才选拔体制,

抗日战争前，新旧式学校在我国农村教育中的占比统计

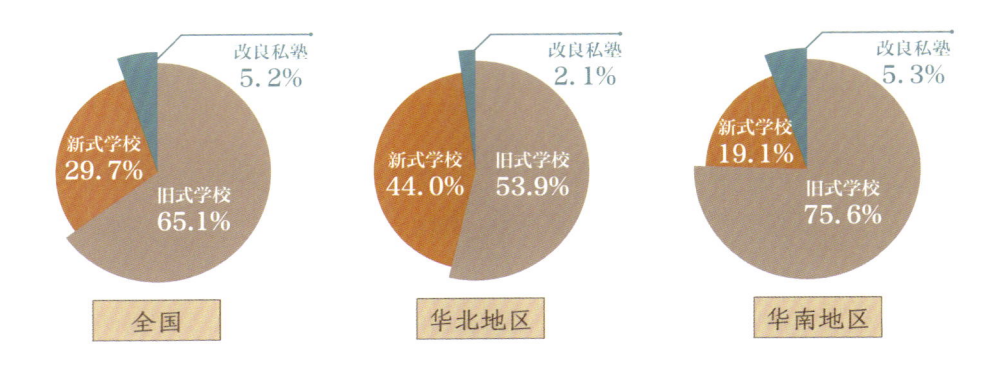

全国
- 改良私塾 5.2%
- 新式学校 29.7%
- 旧式学校 65.1%

华北地区
- 改良私塾 2.1%
- 新式学校 44.0%
- 旧式学校 53.9%

华南地区
- 改良私塾 5.3%
- 新式学校 19.1%
- 旧式学校 75.6%

资料来源：杨卫安，《我国城乡教育关系制度的变迁研究》，华东师范大学出版社，2015年。

更是拔掉了用千年时间才形成的稳定全社会的定海神针。当然，我并不是认为"废科举"不对，只是想澄清，这个举动的影响远比当时的人以为的要深远。

一个成功运转的制度从来不会排斥人类的那些隐秘欲望，相反，它会直面欲望，始于尊重、进而接纳、终于提升。各式各样的人都可以带着各自的小心思，哪怕是庸俗的心思，加入这个有着民众共识和宏伟目标的游戏里，然后各得其所。

一种文明变得越来越伟大，不会是因为它在道德上越来越洁白无瑕，而是因为它越来越有能力保护、尊重、启发更多的人。在中国科举制度中，我们可以看到这样的文明光芒。

官学

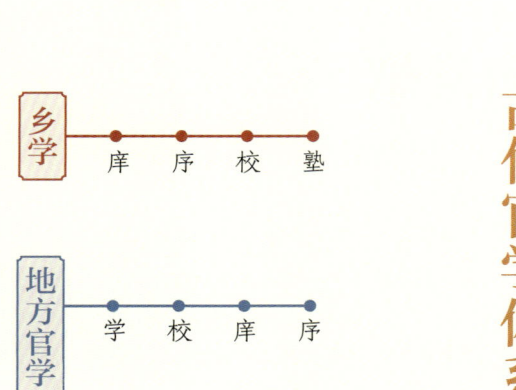

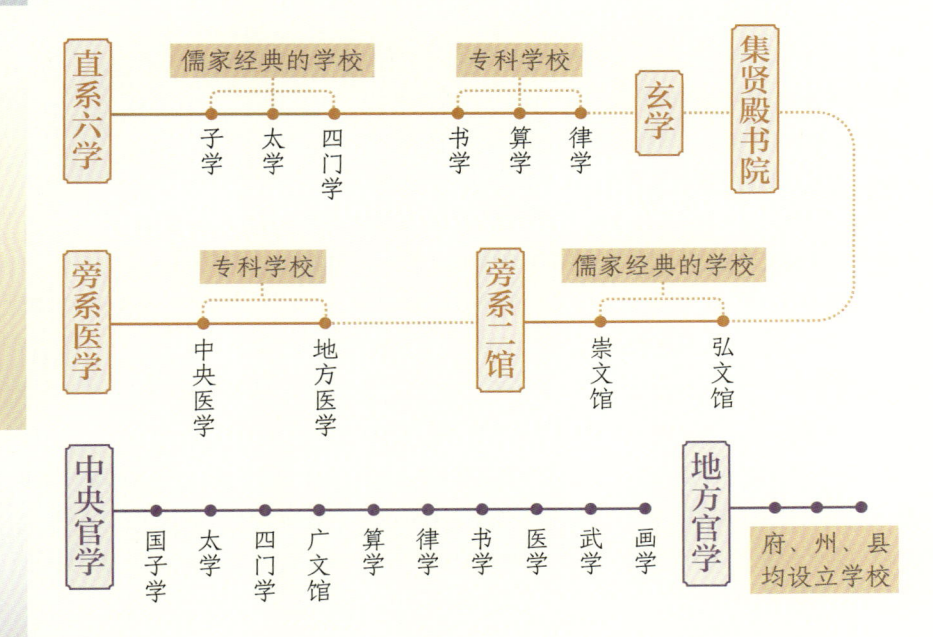

古代官学体系

西周
- 国学：大学、小学
- 乡学：庠、序、校、塾

汉代
- 中央官学：太学、官邸学、鸿都门学
- 地方官学：学、校、庠、序

唐代
- 直系六学
  - 儒家经典的学校：子学、太学、四门学
  - 专科学校：书学、算学、律学
  - 玄学
  - 集贤殿书院
- 旁系医学
  - 专科学校：中央医学、地方医学
- 旁系二馆
  - 儒家经典的学校：崇文馆、弘文馆

宋代
- 中央官学：国子学、太学、四门、广文馆、算学、律学、书学、医学、武学、画学
- 地方官学：府、州、县均设立学校

明至清中期
- 中央官学：国子监、太学、宗学、武学、医学、阴阳学……
- 地方官学：
  - 属内地省：府学、州学、县学
  - 卫学
  - 农村设立：社学
  - 属边疆和特殊地方

清代的官学体制基本承袭了明代旧制，额外设立了商学、卫学、土司学等特殊性质的学校。

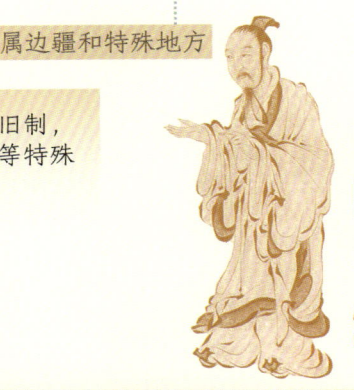

参考文献

［宋］李焘，《续资治通鉴长编》，中华书局，1995 年。
［宋］洪迈，《夷坚志》，中华书局，2006 年。
［宋］李之彦，《东谷所见》，收录于上海师范大学古籍整理研究所编《全宋笔记》第八编第四册，大象出版社，2020 年。
［宋］黄坚，《详说古文真宝大全》，湖南人民出版社，2007 年。
［明］戚继光，《止止堂集》，中华书局，2001 年。
［清］王昶，《春融堂集》，上海文化出版社，2013 年。
［清］杨光先等，陈占山校注，《不得已（附二种）》，黄山书社，2000 年。
［清］明恩溥，《中国人的气质》，译林出版社，2012 年。
罗志田，《权势转移》，北京师范大学出版社，2014 年。
关晓红，《清末新政制度变革研究》，中华书局，2019 年。
关晓红，《科举停废与近代中国社会（修订版）》，社会科学文献出版社，2017 年。
韩策，《科举改制与最后的进士》，社会科学文献出版社，2017 年。
〔美〕本杰明·艾尔曼，高远致译，《晚期帝制中国的科举文化史》，社会科学文献出版社，2022 年。
〔美〕贾志扬，《棘闱：宋代科举与社会》，江苏人民出版社，2022 年。
廖寅，《宋真宗〈劝学诗〉形成过程及作伪原因考述》，《中国高校社会科学》，2018 年第 3 期。
〔日〕大木康，《关于宋真宗〈劝学文〉》，《新宋学》，2018 年第 7 辑。
卓进、蔡春，《宋初科举取士数量巨幅增长现象探究》，《内江师范学院学报》，2019 年第 34 卷第 3 期。
史泠歌，《帝王的健康与政治——宋代皇帝疾病问题研究》，河北大学博士论文，2012 年。
李冰，《论宋代基于"科名前定"的士子神祈现象——以〈夷坚志〉为中心》，上海外国语大学硕士论文，2023 年。

1019 年

经历过，解决过

1019年的世界

03 克努特成为丹麦国王
● 北欧

克努特的哥哥、丹麦国王哈拉尔二世去世，克努特登上了丹麦国王的王位。同时，他还是英格兰国王。

◀ 天使为克努特戴上王冠

01 辽与高丽的战争结束
● 东亚

1019年，辽对高丽发起的第三次大规模进攻以失败告终，辽与高丽双方开始议和。

02 刀伊入寇
● 东亚

藤原隆家 ▶

在高丽一带活动的女真族海盗入侵日本，突袭了壹岐、对马和九州北部。据日本史料记载，这次女真入侵，当地共有365人被杀，1289人和380匹牛马被女真人掳走。

刀伊（朝鲜语"外夷"的意思）入寇是日本历史上第一次正式遭受外国势力入侵，这件事给日本九州武士的发展壮大提供了契机。之后，以藤原隆家为首的大批知名武士加大了武士团队的打造力度，他们的子孙建立了九州重要的武士集团。

1019年的中国

▼ 曾巩唯一传世墨迹《局事帖》

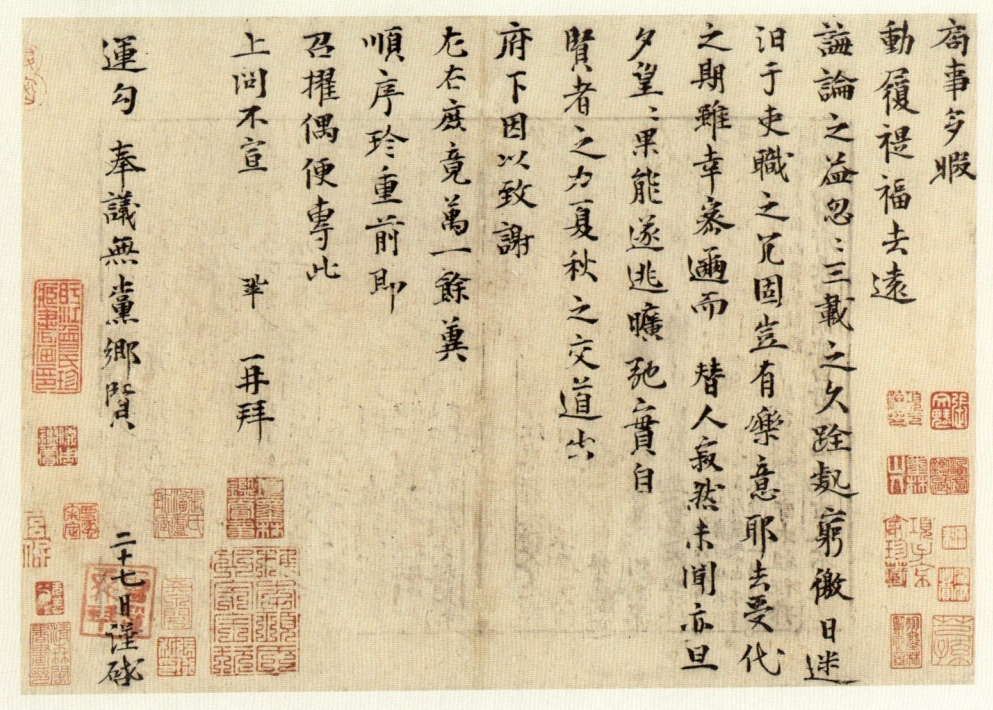

01 曾巩出生

曾巩（1019年—1083年），字子固，建昌南丰（今属江西）人，北宋史学家、政治家、散文家，"唐宋八大家"之一，北宋诗文革新运动的积极支持者，著有《元丰类稿》等。

《宋史》称其文章"上下驰骋，愈出而愈工，本原《六经》，斟酌于司马迁、韩愈，一时工作文词者，鲜能过也"。

02 《大宋天宫宝藏》编撰完成

北宋大中祥符（1008年—1016年）年间，道士张君房奉旨编修道藏，名为《大宋天宫宝藏》。此次编修以唐代旧道藏和宋初官修道藏为底本，增加了苏州等地旧道藏3000余卷，于1019年完成。

03 司马光出生

司马光（1019年—1086年），字君实，号迂叟，世称涑水先生，陕州夏县涑水（今山西运城夏县）人。历仕宋仁宗、宋英宗、宋神宗、宋哲宗四朝。主持编纂了中国历史上第一部编年体通史《资治通鉴》。此外，还著有《温国文正司马公文集》《稽古录》《涑水记闻》《潜虚》等。

文坛宗师杨亿是怎么掉队的

1019 年,我们把目光从政坛移到文坛,来关注下这一时期的文坛"盟主"——杨亿。他不仅是真宗朝的文坛"盟主",还亲手创立了诗歌中的"西昆体",算是开山立派的人物。不过,你可能会有个疑问:怎么没听说过这个人呢?

这就是有趣之处。一个在当时文坛地位那么高的人,后世居然没有多少知名度。而他开创的"西昆体"境遇更难堪,提到它的文学史著作几乎给出了一边倒的负面评价。

比如,钱钟书先生在《宋诗选注》里不仅没有选一首杨亿的诗,甚至根本没有提过他这个人。至于"西昆体",钱钟书先生是这么评价的:"从北宋诗歌的整个发展看来,西昆体不过像一薄层、一小圈的油花,浮在水面上,没有在水里渗入得透,溶解得匀;它只有极局限、极短促的影响,立刻给大家瞧不起。"

当时的宋人是怎么评价杨亿和"西昆体"的呢?几乎是一边倒的高评价。就连欧阳修都评价杨亿"以文章擅天下"。欧阳修还说,自从有了《西昆酬唱集》,学者们争相仿效,唐代诗人的诗集几乎没有市场了。由此可见,"西昆体"并非只是某一些人的独特偏好,而是那个时代争相追捧的创作风格。

> 《西昆集》行,后进学者争效之,风雅一变,谓"西昆体"。由是唐贤诸诗集几废而不行。 ——《六一诗话》

一个在当时人眼中那么厉害的文坛宗师,一个在当时人看来几乎要一统诗坛的流派,为什么后来无声无息地落寞了呢?而且,为什么当时人的评价和后世人的看法会有这么大的落差呢?

文学

《西昆酬唱集》创作情况一览

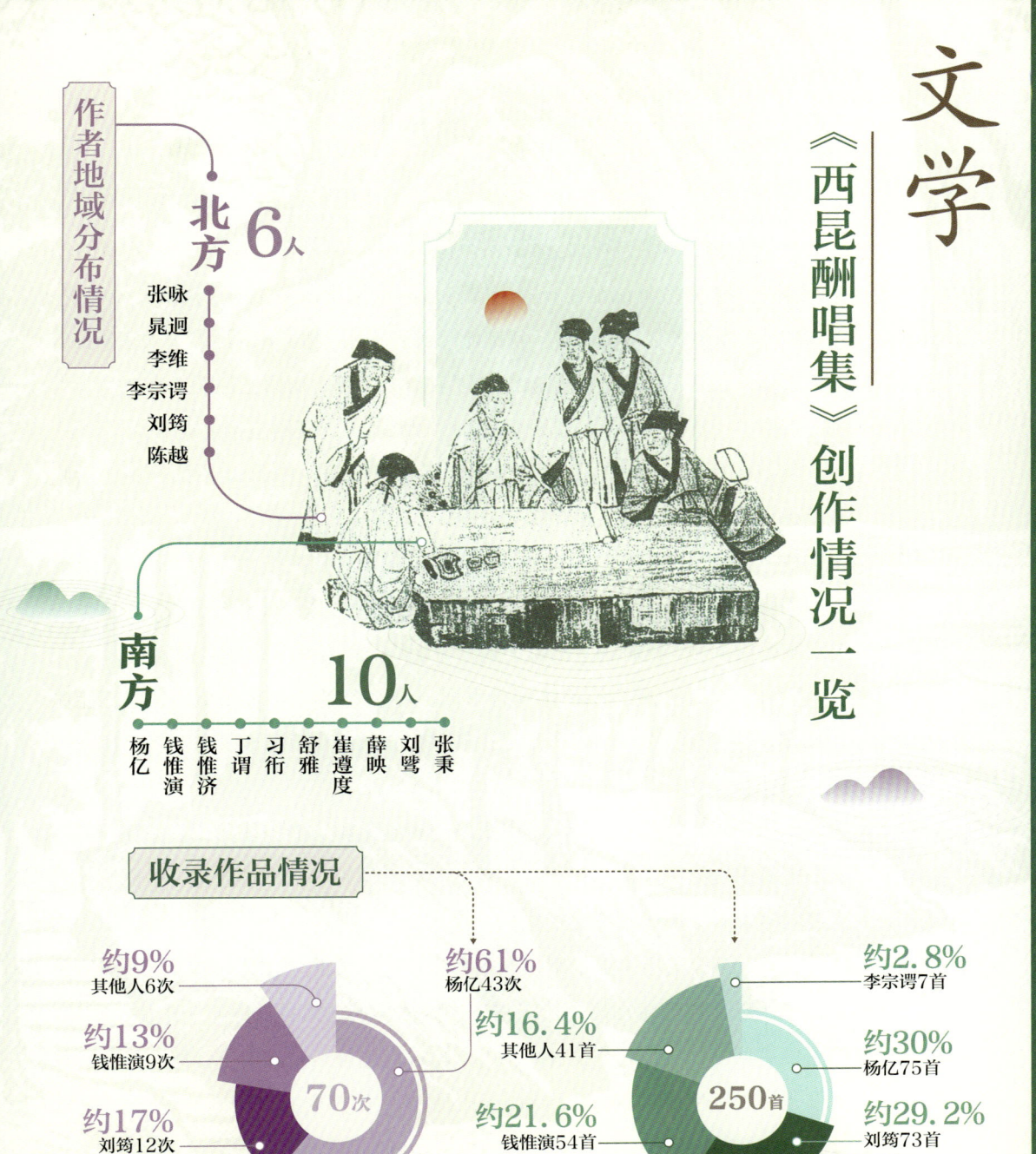

作者地域分布情况

北方 6人
张咏
晁迥
李维
李宗谔
刘筠
陈越

南方 10人
杨亿
钱惟演
钱惟济
丁谓
习衍
舒雅
崔遵度
薛映
刘骘
张秉

收录作品情况

首倡诗题（70次）
- 约61% 杨亿43次
- 约17% 刘筠12次
- 约13% 钱惟演9次
- 约9% 其他人6次

作品数量（250首）
- 约30% 杨亿75首
- 约29.2% 刘筠73首
- 约21.6% 钱惟演54首
- 约16.4% 其他人41首
- 约2.8% 李宗谔7首

杨亿等人在编纂《册府元龟》期间，经常作诗往来唱和。这些诗篇汇集成册，名为《西昆酬唱集》，"西昆派"因此得名。

资料来源：楼培，《宋初南北两大文学群体研究》，浙江大学博士论文，2013年。

◆ 文坛"盟主"是怎么炼成的

我们先来了解一下杨亿这个人。他在 11 岁时就已经引起了宋太宗的注意。当时,宋太宗听说福建有一个叫杨亿的孩子非常有才华,就派人去考察。考察的人汇报说杨亿确实厉害,就把他带到了开封。到了开封后,宋太宗亲自出题,连续三天召见杨亿,让他连续作了五篇大文章。而杨亿甚至还有余力,当场又多作了一首诗。大臣们都赞赏有加、佩服不已,还给皇帝上奏贺表。

祝贺什么呢?当然是祝贺大宋朝廷得到了祥瑞。一个 11 岁的神童,活脱脱就是大宋天下大治、文运昌隆的证据。

所以,杨亿的起点是很高的。杨亿之后的下一代文坛"盟主"晏殊也有类似的经历,也是神童出身。他 14 岁就被招到开封当官,被当作装点太平盛世的文化和政治符号。这种神童出身的人,后来的命运有几个共同点。

第一,朝廷一定会给神童安排官职。可是杨亿年纪这么小,肯定不能派去地方,就留在了京城。慢慢地,他和很多年长的重臣结成了忘年交,比如李沆、寇准、王旦。

第二,一个没有任何行政能力的孩子留在京城,能担任什么职务呢?最合适的安排就是陪太子读书。于是,杨亿和后来的宋真宗早早地建立了交情,二人之间有着非常特殊的信任关系。

第三,神童的本事通常都体现在写文章上。天下什么文章最重要?当然是圣旨。所以,神童通常都会在知制诰、翰林学士之类的职位上工作很长时间,给皇帝当秘书,负责起草文件。不过,这种职位可不止起草圣旨那么简单,有时候圣旨上一字一词的差别,对官员的祸福荣辱都会有很微妙的影响。所以,这个职位上的人是有很大的政治影响力的。

第四,既然是翰林学士,既然皇帝都放心让他写圣旨,那大家就默认他是天下文章写得最好的人,所以,他们也经常会成为科举的主考官。这就又会收获一大堆门生。比如,晏殊就带出来欧阳修、范仲淹等一大批后辈,欧阳修又带出来苏轼、苏辙等一大批后辈。

不过,杨亿影响后辈的方式不仅是主持科举,还有编书。比如,《太宗实录》80 卷,杨亿自己起草了 56 卷。再比如,《册府元龟》1000 卷,900 多万字,官方的主要负责人就是王钦若和杨亿。但是王钦若官职大、岁数也大，主要干活的还得是年轻的杨亿。这部书的结构、体例都是杨亿定的，朝廷干脆下旨，其他人写的稿子都要拿给杨亿判定是否合格。编书、提携后辈、干大项目，这都是杨亿影响当时文坛的方式。

列举了这么多，就是想让你体会一下杨亿的起点有多高：神童出身，和朝中大佬都是忘年交，深得皇帝信任，长期负责起草圣旨和主持国家级的大型文化工程，他本人还非常愿意提携后辈。现在你能理解，为什么当时的人都奉他为文坛"盟主"了吧！

杨亿的这种身份在当时的大宋朝廷里，地位是非常特殊的。他谈不上有什么政治权力，但是重大的历史事件里经常能看到他的身影。比如，宋真宗在澶渊前线御驾亲征，心里七上八下的，便派人去看看宰相寇准在干什么，毕竟寇准是当时朝廷的主心骨。结果，寇准正和杨亿喝酒、唱歌，通宵达旦。宋真宗一看，他俩都放松成这个样子，我有什么可怕的？

> 寇准在澶州，每夕与知制诰杨亿痛饮，讴歌谐谑，喧哗达旦，上使人觇知之，喜曰："得渠如此，吾复何忧乎？" ——《续资治通鉴长编》

那杨亿是不是只是个陪喝酒、陪写诗、写命题文章的"工具人"呢？还真不是，杨亿是一个很有个性、坚持自己主张的人。

比如，他敢擅离职守。有一次，宋真宗听说杨亿的母亲在外地病了，就赶紧派人给他送药、送钱。上门后才发现，杨亿早就已经跑去看母亲了，连假都没请。结果，舆论大哗，宋真宗也很生气。

再比如，他还敢拒绝皇帝派下来的任务，而且是天大的任务。宋真宗一直心心念念想封自己最喜欢的刘氏当皇后。可是，李沆那样老资格的宰相肯定不会答应。后来换了王旦做宰相，这才把事情办成。那册封皇后的圣旨谁来写呢？宋真宗希望是杨亿，但杨亿死活不答应，还怼了前来劝说之人："这样的富贵我可不愿意要！"

杨亿的脾气还特别大，他写的文件不许别人说三道四，就连皇帝都不可以。有一次，杨亿起草了一份给辽的文件，用了"邻壤"这个词来形容辽。宋真宗拿起笔来，在"邻壤"二字旁边写上了"朽壤""鼠壤""粪壤"，意思是"壤"字用得不妥，不够雅。杨亿马上把"邻壤"改成了"邻境"。但这件事并没结束。第二天朝堂上,杨亿引经据典,还说:"我起草的文件要皇上您改,这是我不称职,我辞职还不行吗?"宋真宗还得安慰他半天。

> 杨亿尝草答契丹书云"邻壤交欢",上自注其侧,作"朽壤""鼠壤""粪壤"等字,亿遽改为"邻境"。明日,引唐故事,学士草制有所改为不称职,亟求罢,上慰谕之,他日谓辅臣曰:"杨亿真有气性,不通商量。" ——《续资治通鉴长编》

现在你看出来了吧,杨亿是真任性,但周围人对他也是真包容。

对于杨亿没请假就跑回家看母亲这事,王旦对宋真宗说过:"要不是您宽容他,他哪有今天,要不撤了他的职得了。"可宋真宗很舍不得,还是爱杨亿的才华,这个撤职的命令一个月也没下来。

> 旦曰:"亿本寒士,先帝赏其词学,置诸馆殿,陛下拔擢至此,责以公议,诚为罪人,赖陛下矜容,不然,颠踬久矣。然近职不可居外地,今当罢之。"上终爱其才,逾月,命弗下。 ——《续资治通鉴长编》

连皇帝、宰相都宠着、护着的一个人,他的才华得多高啊!为什么这个人在后来的文学史上寂寂无名,甚至他所创立的文学流派"西昆体"还背了上千年的负面评价呢?

◆ 西昆体是怎么写出来的

我们先来看一下"西昆体"究竟是什么风格。

无题

巫阳归梦融千峰,辟恶香消翠被浓。
桂魄渐亏愁晓月,蕉心不展怨春风。
遥山黯黯眉长敛,一水盈盈语未通。

漫托鹍弦传恨意，云鬟日夕似飞蓬。

乍一看，这首诗好像在描述一个思绪惆怅的女孩子在思念远方的某个人，意象很绵密、丰富、典雅，但又琢磨不出具体的意思，颇有些李商隐的感觉。

没错，这就是"西昆体"的要点。第一，做工好，辞藻华丽，音调铿锵。第二，学唐朝诗人李商隐，喜欢用典故。反过来，"西昆体"的负面评价也来自这两点：空有形式，思想贫乏；堆砌典故，常常让人摸不着头脑。

钱钟书先生就看不惯这种风格，他在《宋诗选注》的序言里写了自己选诗的标准："押韵的文件不选，学问的展览和典故成语的把戏也不选。大模大样的仿照前人的假古董不选，把前人的词意改头换面而绝无增进的旧货充新也不选。"虽然字里行间没提杨亿和"西昆体"一个字，但是你一眼就能看出来，这肯定是在讽刺杨亿。

当然，这里不是要跟你讨论文学作品的鉴赏标准，而是希望借由这桩文坛趣事关切一个问题：为什么在宋真宗的时代，这种风格的诗会畅行天下呢？

我们先从皇帝的视角想一下，为什么国家需要这种风格的诗？

大宋到了宋真宗这里，已经是第三代皇帝了。皇帝用的笔杆子，也换到了第三代。虽然表面上笔杆子的功能都差不多，但皇帝和他们关系是有微妙变化的。

宋太祖时，翰林学士基本都是五代留下的文人，要么是直接继承后周的班底，要么是用后来征服的后蜀的班底。对于这样的班底，皇帝会发自内心地信任吗？当然不会，甚至充满了鄙薄。原因很简单，那批文人没节操。

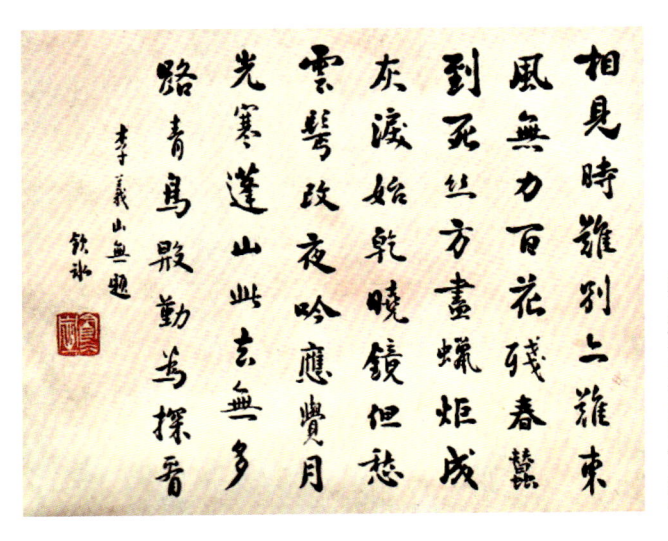

梁启超手书李商隐《无题》

举个例子，在太祖朝任职时间最长的翰林学士叫陶谷。他在后晋时就负责草拟圣旨，从后晋干到后汉，从后汉干到后周，又从后周干到了北宋。不过，五代时的士大夫就是这种风格，他们就是个"打工人"的心态。

宋太祖看不起笔杆子还有一个原因，他毕竟是武将出身，认为治国安邦靠不了文人。不过，宋太祖并非看不起读书人，他只是看不起那种只会舞文弄墨、装点盛世的文人。在他眼里，这种文人就是从前朝继承下来的战利品、工具人。

到了宋太宗朝，皇帝对笔杆子就重视多了。宋太宗自从对辽用兵失败后，就开始重视文治，任用的翰林学士不仅在数量上多了起来，而且都经过精挑细选。

但这是一个过渡阶段。这一代的笔杆子既有从前朝、从南唐继承的文人，也有大宋自己培养的年轻人，比如吕蒙正、李沆。对于后者，皇帝肯定会提拔重用，吕蒙正、李沆后来都当了宰相。但是，这批大宋自己培养的年轻笔杆子都是北方人。南方人，也就是前文讲过的南唐文人，不会真的受到重用。

点透了这一层，你就能明白第三代皇帝宋真宗和他的笔杆子之间的关系了。这时，北宋自己培养的南方文人也成长起来了。宋真宗朝一共任用了22位翰林学士，南方人占的比例也大了起来。福建人杨亿就是这一代笔杆子的代表人物。

此前，翰林学士往往是工具性的，但到了第三代，翰林院已经成为国家的文化符号，代表国家最高文化水准，翰林学士的身份也几乎等同于文曲星下凡。因此，宋真宗信任、宽待杨亿，是想用杨亿作表率，让天下人看看，所谓太平盛世的文章应该是什么样子。

这一年一年地看下来，你应该有这样一个印象：宋真宗这后半辈子就是在折腾一件事，希望得到太平盛世的评价。那太平盛世的文风应该是什么样子的？宋真宗夸杨亿时用了一个词——"典雅"。

什么是典雅？形式上，得有点雍容华贵的气质吧！说白了，做工得好。主题上，得有点堂皇华丽、态度娴雅的气质吧！说白了，得端起来。用词上，得有点门槛，体现出大学问吧！说白了，得引经据典。

这不就是"西昆体"吗？作为文学作品，想流传后代，那"西昆体"确实不够好。但如果你是真宗时代的人，如果你真心希望有一种诗歌风格能代表这个盛世，那你必然会翻开《西昆酬唱集》。

翰林

宋真宗朝翰林学士简表

姓名	生卒年份/籍贯	在院起讫年限	任职时间
宋 白	（936年—1012年）大名	997年—1005年	9年（995年拜承旨）
宋 湜	（950年—1000年）京兆长安	998年	1年
王 旦	（957年—1017年）大名莘	997年—999年	3年
杨 砺	（931年—999年）京兆鄠	997年—998年	2年
梁周翰	（929年—1009年）郑州管城	1000年—1005年	6年
师 颃	（934年—1002年）大名内黄	1000年—1002年	3年
朱 昂	（925年—1007年）潭州	1000年—1001年	2年
王钦若	（962年—1025年）临江新喻	1000年—1001年	2年
梁 颢	（963年—1004年）郓州项城	1003年—1004年	2年
赵安仁	（958年—1018年）河南洛阳	1004年—1005年	2年
晁 迥	（951年—1034年）澶州清丰	1005年—1020年	16年（1017年拜承旨）
李宗谔	（964年—1013年）深州饶阳	1005年—1013年	9年
杨 亿	（974年—1020年）建州浦城	1006年—1013年 1020年	9年
陈彭年	（961年—1017年）抚州南城	1013年—1016年	4年
李 维	（961年—1031年）洺州肥乡	1013年—1018年 1021年—1022年	8年（1021年拜承旨）
王 曾	（978年—1038年）青州益都	1013年—1016年	4年
李 迪	（不详）濮州鄄城	1016年—1017年	2年
钱惟演	（962年—1034年）杭州临安	1015年—1016年 1018年—1020年	5年
盛 度	（968年—1041年）杭州余杭	1018年—1020年	3年
晏 殊	（991年—1055年）抚州临川	1020年—1022年	3年
刘 筠	（971年—1031年）大名	1020年—1021年	2年
李 谘	（982年—1036年）新喻	1021年—1022年	2年

注：翰林学士承旨，宋代为翰林学士院主官。

资料来源：陈元锋，《宋真宗朝翰林学士与诗风嬗变——以杨亿为中心》，《文史哲》，2012年第5期。

✦ 文人的隐秘竞争

除了时代需要,"西昆体"的发展和流行还有一个因素,那就是文人竞争的需要。虽说"文无第一,武无第二",但文人实际上都想要分出胜败高下。这也是推动文学发展的一个隐秘因素。

"西昆体"爱用典故,就是一种比赛。诗人们你写一首,我写一首,互相酬唱时,谁用的典故多、谁用的典故生僻,谁就赢了。我们看一个来自《西昆酬唱集》的真实案例。

杨亿先写了一首名为《泪》的诗,全诗用了6个古人流泪的典故,但是偏偏不用一个"泪"字:

> 锦字梭停掩夜机,白头吟苦怨新知。
> 谁闻陇水回肠后,更听巴猿拭袂时。
> 汉殿微凉金屋闭,魏宫清晓玉壶欹。
> 多情不待悲秋气,只是伤春鬓已丝。

而且,一首刚结束,又写了一首,又是6个和眼泪有关的典故:

> 寒风易水已成悲,亡国何人见黍离。
> 枉是荆王疑美璞,更令杨子怨多歧。
> 胡笳暮应三挝鼓,楚舞春临百子池。
> 未抵索居愁翠被,圆荷清晓露淋漓。

接下来,轮到杨亿的两个同事酬唱了。钱惟演写了两首,用了12个典故;刘筠也写了两首,又抛出12个典故。

等到1938年,钱钟书先生也写了一首《泪》,要开开"西昆体"的玩笑:

> 卿谋几副蓄平生,对此茫茫不自禁。
> 试溯渊源枯见血,教尝滋味苦连心。
> 意常如墨湔难净,情倘为田灌未深。
> 欲哭还无方痛绝,漫言洗面与沾襟。

最后一句无非就是"欲哭无泪""以泪洗面""泪下沾襟"三个成语，放着好好的成语不用，非要把"泪"字抠掉，比拼用典故的功力。这还是文学创作吗？这已经完全沦为文人在纸上进行的大比武了。

一方面，皇帝需要能够装点太平盛世的典雅文风；另一方面，每个创作者都希望能在社交场上拉风拔份儿获得胜利。这两股力量合起来，把"西昆体"打造成了这个样子。等那个时代过去了，"西昆体"自然就成了无源之水。

到此，我不禁掩卷长叹。那么有才情的杨亿，掀起过那么澎湃的文学潮流，但最后流着流着居然干枯了，成了一条内陆河。为什么？归根结底，一个人的成就不取决于他的才能和机遇，而是要看他在和什么对话。

经常有人问，我们这个时代会出大师吗？其实，所谓的大师不仅是因为他有高水平，更是因为他对话的对象更根本、更普遍、更永恒。

一位经济学家，如果只琢磨明天股票涨不涨，那他距离大师就远；如果他在和市场普遍规律、人性根本局限对话，那他成为大师的可能性就高。

一位建筑师，如果只琢磨如何搞定甲方、如何赢得比稿，那他距离大师就远；如果他考虑的问题是如何在空间中体现时间，如何在功能和审美之间获得平衡，如何让作品既独立于环境又融合于环境，那他成为大师的可能性就高。

一位文学家，如果只想着写什么会有流量，那他距离大师就远；如果他的目光在天地的极远处游走，在最幽深的人性角落里探寻，在虚构和真实的边界上斟酌，在生死、慈悲、激情、淡然、欲望这些永恒话题之间徘徊，那他成为大师的可能性就高。

杨亿有那么好的起点，那么高的学问，那么灿烂的才华，距离名留青史其实很近很近。但是很可惜，他沉迷在自身时代限定的游戏里，最终成为中国文学史上掉队的一个人。

钢琴家古尔德说过一句话："一个人可以在丰富自己时代的同时并不属于这个时代。……一个人可以创造自己的时间组合，拒绝接受时间规范所强加的任何限制。"其实每个人都有这样的机会。我们可以属于自己的时代，也可以通过和更永恒的东西对话，成为更久远的存在，属于所有的时代。

参考文献

［宋］李焘,《续资治通鉴长编》,中华书局,1995年。
［元］脱脱等,《宋史》,中华书局,1985年。
［宋］欧阳修,《欧阳修全集》,中华书局,2001年。
［宋］杨亿,《西昆酬唱集注》,中华书局,2018年。
［宋］魏泰,《东轩笔录》,中华书局,1983年。
［宋］释文莹,《湘山野录·续录·玉壶清话》,中华书局,1997年。
［宋］司马光,《涑水记闻》,中华书局,2017年。
［清］何文焕,《历代诗话》,中华书局,2004年。
［清］浦铣,何新文、路成文校证,《历代赋话校证》,上海古籍出版社,2007年。
钱钟书,《宋诗选注》,生活·读书·新知三联书店,2019年。
钱钟书,《槐聚诗存》,生活·读书·新知三联书店,2002年。
吕思勉,《文学与文选四种》,上海古籍出版社,2020年。
陈元锋,《北宋翰林学士与文学研究》,复旦大学出版社,2019年。
吴小如,《"西昆体"平议》,《文学评论》,1990年第5期。
鲁茜,《论杨亿的诗歌美学理想——兼论西昆体被误读之原因》,《宁夏大学学报（人文社会科学版）》,2004年第3期。
张明华,《北宋进士科考试与西昆体的兴衰》,《华南师范大学学报（社会科学版）》,2004年第4期。
姚艳丽,《石介与西昆体》,《社会科学家》,2005年增刊S1期。
冯伟,《北宋初期科举文化与西昆体》,《中国韵文学刊》,2007年第2期。
赫广霖,《论西昆体盛衰与北宋科举制变迁的渊源》,《社会科学辑刊》,2007年第4期。

1020 年

经 历 过， 解 决 过

1020年的世界

01 巴西尔二世授予保加利亚大主教权力
● 南欧

拜占庭帝国皇帝巴西尔二世规定：严禁其他大主教（隶属于君士坦丁堡牧首的大主教）渗入保加利亚行省；严禁包括收税官在内的所有官员干预教会或修道院事务；保加利亚大主教所管辖的教区数量应与原国王彼得一世和萨缪尔时期相同。

因巴西尔二世在征服保加利亚的过程中手段过于残暴，此举可以看作对保加利亚的怀柔政策。

▶ 巴西尔二世

02 波斯诗人菲尔多西去世
● 中亚

菲尔多西（940年—1020年），与萨迪、哈菲兹和莫拉维一起被誉为"波斯诗坛四柱"，代表作为民族史诗《列王纪》。

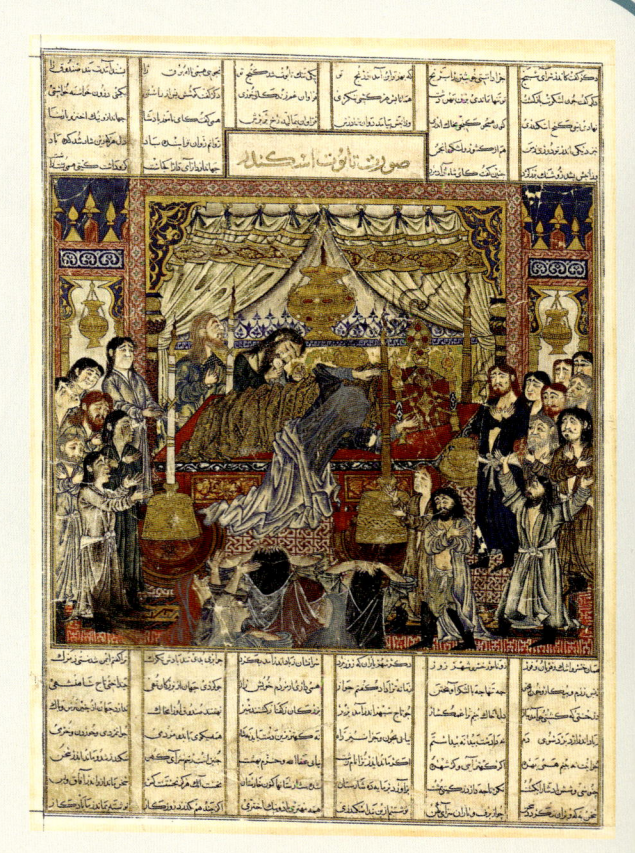

▲《列王纪》早期插画本中的一页

1020年的中国

03 向敏中去世

向敏中（949年—1020年），开封（今河南开封）人，字常之。太平兴国年间进士。1001年拜相。1020年去世，获赠太尉、中书令，谥号"文简"。

◀ 向皇后像
向敏中的曾孙女为宋神宗的皇后向皇后。

01 李德明迁都

党项首领李德明改怀远镇为兴州（今宁夏银川），后迁都于此。此处为日后西夏都城兴庆府。

02 北宋改提点刑狱司为劝农使，从此提点刑狱司带有劝农等经济职责

北宋朝廷改诸路提点刑狱司为劝农使、劝农副使，兼提点刑狱公事，督促农民的农业生产，并且兼具推广农业技术与农学知识的责任。

为了使这些地方行政人员通晓农学，朝廷会下发官方颁行的农书，如《齐民要术》《四时纂要》等。

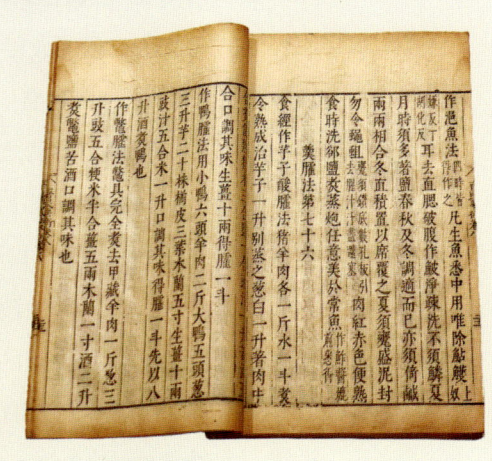

▲《齐民要术》内页
《齐民要术》为北魏贾思勰所著，是中国现存最完整的农书，系统总结了6世纪以前黄河中下游地区农牧业生产经验、食品的加工与贮藏、野生植物的利用等，对中国古代农学的发展产生了重大影响。

寇准做对了什么关键选择

1020年，大宋朝堂上发生了一场政变。简单来说，就是大宦官周怀政想立太子为帝，也就是让后来的宋仁宗提前继位。同时还要做两件事：一，杀掉当朝宰相丁谓，重新让寇准为相；二，废掉刘皇后。

但这场政变很奇怪。一般来说，政变都是要换皇帝人选。可宋真宗本来就只有一个皇子，而且已经立为皇太子了，只要宋真宗一撒手，皇位自然就是他这个独子的了。也就是说，无论周怀政成功还是失败，皇帝的人选都没变。

虽然如此，但这场政变会切实地影响朝廷里两大势力的输赢——一派以寇准为核心，一派以刘皇后和丁谓为核心。

万一宋真宗此时驾崩，等着继位的宋仁宗又只有10岁，就会出现权力的裂缝：一种情况是，辅政大臣们保着小皇帝登基，辅政大臣实际掌权，这是寇准等人期望的；另一种情况是，丁谓在外朝当宰相，刘皇后变成刘太后垂帘听政，这是刘皇后和丁谓这一派想要的结果。

本来这两派势力还在明争暗斗，胜负未分，没想到周怀政突然搞了这么一出，直接让刘皇后一方彻底胜出。这是怎么回事？周怀政不是要废后吗？

原来是因为中途有人告密，这场政变很快就失败了。周怀政被处决，和他走得比较近的寇准这一派的大臣也被清洗、贬官。

周怀政政变牵连的是寇准一派，那这场政变的背后有没有寇准的影子呢？应该没有。因为当时两个阵营之间的对立那么尖锐，但凡有一丝寇准参与政变的证据，丁谓一派一定会置寇准于死地，而不只是把他一贬再贬。

事情过去了1000多年，我对这次政变的兴趣倒没有特别大，但对于寇准这个人还是非常关心的。即使政变没有他的责任，但这前前后后，我还是有很多问题想要问寇准。首先要问的就是：你寇准都那么大岁数了，为什么还要冒着名节不保的风险给朝廷献天书，换得回京当宰相？

没错，寇准能在1019年回京当宰相，就是用献天书这种手段换来的。这是不是和我们熟悉的那个刚直的寇准不太相符？

寇准这一生虽然有很多缺点，但往往都是因为他那种刚直的性格。可人生

政局

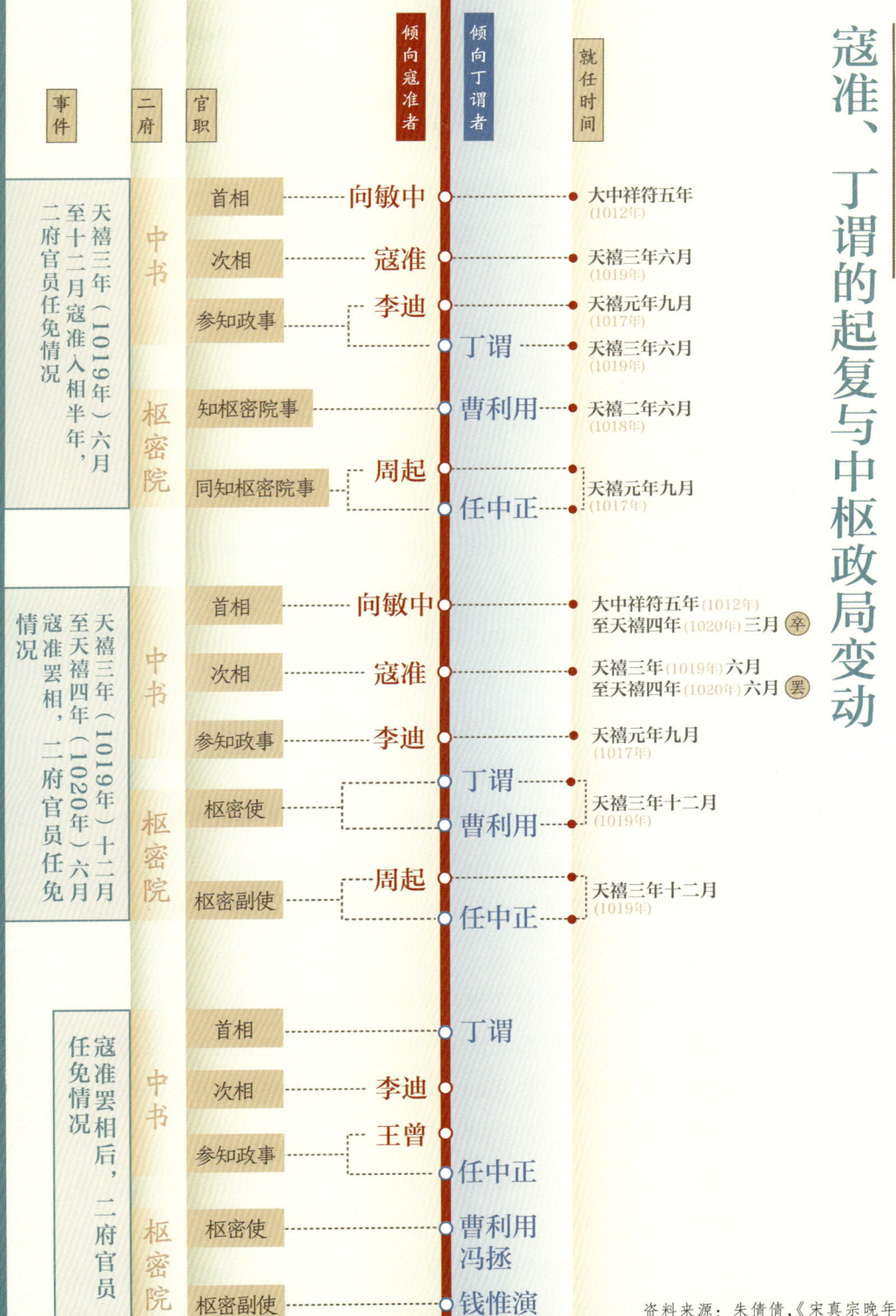

寇准、丁谓的起复与中枢政局变动

事件	二府	官职	倾向寇准者	倾向丁谓者	就任时间
天禧三年（1019年）六月至十二月寇准入相半年，二府官员任免情况	中书	首相	向敏中		大中祥符五年（1012年）
		次相	寇准		天禧三年六月（1019年）
		参知政事	李迪		天禧元年九月（1017年）
				丁谓	天禧三年六月（1019年）
	枢密院	知枢密院事		曹利用	天禧二年六月（1018年）
		同知枢密院事	周起		天禧元年九月（1017年）
				任中正	
天禧三年（1019年）十二月至天禧四年（1020年）六月寇准罢相，二府官员任免情况	中书	首相	向敏中		大中祥符五年（1012年）至天禧四年（1020年）三月 卒
		次相	寇准		天禧三年（1019年）六月至天禧四年（1020年）六月 罢
		参知政事	李迪		天禧元年九月（1017年）
	枢密院	枢密使		丁谓	天禧三年十二月（1019年）
				曹利用	
		枢密副使	周起		天禧三年十二月（1019年）
				任中正	
寇准罢相后，二府官员任免情况	中书	首相		丁谓	
		次相	李迪		
		参知政事	王曾		
				任中正	
	枢密院	枢密使		曹利用 冯拯	
		枢密副使		钱惟演	

资料来源：朱倩倩，《宋真宗晚年权力交接问题探析》，《宋史研究论丛》，2019年第24辑。

最后一次出场,居然又留下了这么一个"不知进退"的名声。

我们在 1015 年已经见识过寇准大起大落的人生,以及他一辈子都改不了的臭脾气。到了 1020 年,他又一次被贬出京,而且再也没有回来。说实话,这个结局似乎不太光彩。你不觉得奇怪吗?寇准后来可是中国人心目中最著名的耿直忠良之臣,这个形象是怎么扳回来的呢?

这一年,我们就带着这个疑问,一起送别寇准。

◆ 寇准"不知进退"吗

寇准从来不相信天书这种事,怎么会突然主动献上一份天书呢?

历史上的说法有很多。有人认为,寇准静极思动,想靠献天书讨好宋真宗换取宰相之位;有人认为,寇准是被手下的小人忽悠了;还有人认为,这是寇准被女婿软磨硬泡的结果。

无论什么原因,这件事都是以寇准的名义奏报朝廷的,他肯定脱不了干系。那这是不是寇准一生的道德污点呢?

我自己反复琢磨这段史料,觉得事情没那么简单。献天书这件事表面上的主角是寇准,但他怎么有十足把握,自己献了天书就一定能回京当宰相呢?合理的猜想是,这件事的发起者其实是宋真宗,他给寇准传递了一个信号:你把这件事干了,我就让你回京。

这么推测是有依据的,线索就在搞政变的周怀政身上。他在 1008 年就有过一次出场的机会——第一次出现天书时,爬到皇宫门上把天书取下来的那个宦官就是他。而这一次寇准献天书,史料里白纸黑字写着周怀政在其中穿针引线。那你觉得,到底是寇准主动还是宋真宗主动的呢?

如果是宋真宗主动,下一个问题就是:他为什么要再次启用寇准?他不是都对寇准的臭脾气绝望了吗?

我认为,这是因为宋真宗的政治目标变了。年富力强时,他需要的是得力的行政助手,这个人既要能谋善断,又要能协调好各方关系,那寇准明显不合适。但眼下宋真宗的身体状况做不到亲自执政了，他心里天字第一号的大事只剩下一件：大宋皇位能不能顺利传承下去？毕竟，谁也说不准刘皇后会不会成为下一个吕后或武则天。

那宋真宗这个时候能有什么万全之策呢？把寇准召回京似乎是一个不错的安排，就算寇准的性格再不好，有几件事还是让人放心的。

首先，寇准的忠诚毋庸置疑。宋真宗自己的皇位就是寇准和宋太宗当年商量定下来的。满朝文武里立过拥立之功的只有寇准了。其次，寇准在官僚集团里辈分高、资格老、名气大，非常有号召力。最后，也是最重要的，就是寇准的性格。他认准的事，跟谁都敢死磕到底。如果将来有一天刘皇后要做出不利于宋仁宗的事情，肯定能站出来阻止的恐怕只有寇准。

我自己甚至怀疑，宋真宗让周怀政去找寇准献天书，是透过底儿的。虽然这只是一个怀疑，但并非一点根据都没有，根据就在周怀政身上。周怀政此时不仅深得宋真宗的信任，还管着太子身边的机构。也就是说，宋真宗关于太子的事务都是要通过周怀政去办的。

这样看，宋真宗让周怀政穿针引线去找寇准，意图不能更明显了。有些话，即使宋真宗本人不便说，周怀政基于自己的处境也会坦露。因此，我的判断是，寇准回京时对于自己保护太子的使命是非常清楚的。而且，他后来确实是坚定地站在了太子这一边，对刘皇后严防死守。甚至他还单独去见宋真宗，让宋真宗以宗庙为重，把皇位传给皇太子。

你看，没有寇准那种雷厉风行、敢担大事的风格，事情走不到这一步。但问题是，宋真宗都答应了传皇位，为什么最后还是没能办成呢？

◆ 寇准败在哪里

表面上看，事情没办成，还是因为寇准的性格。

第一，他太不会团结人了，回京之后，他用最快的速度把不该得罪的人全都得罪了，最典型的就是得罪了丁谓。

你可能没想到,丁谓能够发迹是寇准提携的结果。想当年,寇准和丁谓关系非常好,屡次向当时的宰相李沆推荐丁谓。可李沆不为所动,寇准很是纳闷。李沆说:"他这个人品,能让他成为人上人吗?"寇准说:"他这个才华,能始终让他久在人下吗?"李沆笑笑说:"你要是提携他,将来后悔的那天,再想想我今天说的话。"

> 寇准与丁谓善,屡以谓才荐于沆,不用。准问之,沆曰:"顾其为人,可使之在人上乎?"准曰:"如谓者,相公终能抑之使在人下乎?"沆笑曰:"他日后悔,当思吾言也。"准后为谓所倾,始伏沆言。　　——《宋史》

这次寇准被召回来当宰相,丁谓同时被提拔成参知政事,可能宋真宗是真觉得这两个人能配合好。没想到,很快就发生了一件事,让丁谓彻底恨上了寇准。

这两个人因为工作关系,经常在一起吃饭。有一次,寇准的胡子沾上了汤汁,丁谓就赶紧站起来替寇准擦胡子。寇准笑着说:"你作为副宰相,怎么能为长官擦胡子?"

> 丁谓出准门至参政,事准甚谨。尝会食中书,羹污准须,谓起,徐拂之。准笑曰:"参政,国之大臣,乃为官长拂须邪?"谓甚愧之,由是倾构日深。　　——《宋史》

过去,这件事被认为是"丁小人"溜须拍马不得,怀恨在心。我觉得未必。丁谓这个人特别聪明,这样的人往往自尊心极强。替寇准擦胡子,对丁谓来说可能就是顺手,不见得是有意讨好。可寇准不通人情、当众嘲笑,对丁谓这种高自尊的人来说,伤害不大,侮辱性极强。这才有了后来种种置寇准于死地的举动。

第二个性格问题是,寇准太不谨慎了。

宋真宗答应传皇位后,寇准赶紧跑去找"大笔杆子"杨亿来起草诏书。杨亿怕事情泄露,专门等到夜深后一个人点灯起稿子。反倒是寇准大大咧咧,酒后失言,把这件事泄露出去了。

丁谓知道后,立刻跑去找宋真宗求证。宋真宗这时已经病入膏肓,一会儿清楚一会儿糊涂,说自己不记得这事了。丁谓就等于抓住了寇准假传圣旨的把柄，要罢他的官。丁谓做事可比寇准严密多了，连夜找人进宫起草圣旨。

宋真宗真的糊涂了吗？未必。有一种可能是，宋真宗此时已经被胁迫了。深宫之中，红墙绿瓦黑阴沟，谁也说不清后宫里到底发生了什么。但是有一些迹象表明，宋真宗这个时候已经不能百分之百地做主了。

有一次，宋真宗对大臣们发火："昨天晚上，宫人都去讨好皇后了，就把我一个人留在宫里。"大臣们就问："那您怎么不按规矩办，该处置谁就处置谁呢？"结果过了一会儿，宋真宗又嘟嘟囔囔地说："没有这回事。"其实，这个时候，刘皇后就在屏风后面。

> 上久不豫，语言或错乱，尝盛怒语辅臣曰："昨夜皇后以下皆之刘氏，独留朕于宫中。"众皆不敢应，迪进曰："果如是，何不以法治之？"良久，上寤，曰："无是事也！"后适在屏间，闻之。　——《续资治通鉴长编》

这是宋真宗病糊涂了，觉得自己被关照得不够？还是觉察到刘皇后在屏风后面，不敢接着说了？没人说得清。

同样的道理，丁谓去对质，宋真宗说记不得自己跟寇准说过传位太子的话。那你说这是真糊涂了，还是宋真宗一看有人来闹，怕屏风后面的刘皇后出手，所以干脆装糊涂呢？同样说不清。

无论如何，宋真宗这个时候还是有一线清明的。他虽罢了寇准的宰相，但是不管丁谓这帮人怎么说，他就是不同意把寇准踢出京城。他不仅让寇准担任太子太傅的官职，皇宫里宴请大臣，也还是让寇准参加。从这个信号可以看出来，宋真宗并没死心，还是要让寇准扮演制衡刘皇后和丁谓的角色。

只是所有人都没想到，周怀政突然搞的一场政变把寇准一派彻底坑进去了。宋真宗最后想维持的那个平衡没能保住。

周怀政为什么非要搞这一出呢？前文分析过，宦官是完全依附于皇权的，没有皇帝的信任，他们什么都不是，甚至随时有性命之忧。周怀政此时已经和太子的命运完全捆绑在一起了。如果寇准这一派大臣输了，他周怀政就成了失宠的宦官，在后宫被人捏死就是分分钟的事儿。

可是，他作为一个宦官，没有能力发起一次认真的政变，跟儿戏一样地失败了，成了连累寇准的"猪队友"。

所以，寇准后来的失败也不能全算到他自己头上。整个局面已经有这个内在趋势了：从宋真宗生病开始，大宋的最高权力就有可能滑落到刘皇后手中。

到此，我不禁在心内长叹：在皇权时代，如果继承人年纪还小，即便皇帝本人想留下一个彼此制衡的权力结构，也是千难万难。唐高宗李治也想留下一个能制约武则天的权力结构，清代的咸丰皇帝也想留下一个能制约慈禧的权力结构，但最后都失败了。皇权政治最后只能走向单极的权力结构，可能也是一种历史的宿命。

宋代垂帘听政的太后

	在位皇帝	听政身份	谥号	郡望	家世	
刘太后（宋真宗皇后）	宋仁宗	皇太后	章献明肃	四川（益州）	大将之家	11年 垂帘时间
曹太后（宋仁宗皇后）	宋英宗	皇太后	慈圣光献	河北（真定）	大将之家	1年 垂帘时间
高太后（宋英宗皇后）	宋哲宗	太皇太后	宣仁圣烈	安徽（亳州蒙城）	大将之家	9年 垂帘时间
向太后（宋神宗皇后）	宋徽宗	皇太后	钦圣宪肃	河南（河内）	宰相之家	6个月 垂帘时间
孟太后（宋哲宗皇后）	张邦昌 宋高宗	皇太后	昭慈圣献	河北（洺州）	大将之家	2个月（2次） 垂帘时间
吴太后（宋高宗皇后）	宋光宗	太皇太后	宪圣慈烈	河南（开封）	普通地主	4天 垂帘时间
杨太后（宋宁宗皇后）	宋理宗	皇太后	恭仁圣烈	浙江（会稽）	未详	1年 垂帘时间
谢太后（宋理宗皇后）	宋恭宗	太皇太后		浙江（天台）	宰相之家	2年 垂帘时间
杨太后（宋度宗淑妃）	宋端宗 宋怀宗	皇太后		未详	未详	2年 垂帘时间

资料来源：潘雨，《宋代太后垂帘听政研究》，辽宁大学硕士论文，2019年。

◆ 寇准的关键选择

最后，我们还是回到寇准身上。寇准这一生有缺点，做事有破绽，从终局看，他甚至是一个失败者。

1020 年，他被贬出京，一路走到大宋边陲的雷州才安顿下来。

1023 年，不知怎的，寇准突然想起一件事：当年宋太宗得到过一块犀牛角，做了两条腰带，其中一条给了寇准。寇准请人专门跑到洛阳取回了这条腰带。几日后，他沐浴更衣，穿上朝服，系上这条腰带，朝北面拜了拜，然后喊人铺床。上床之后，再也没有醒来。这一年，寇准 62 岁。

不过，寇准的故事并没有完结。他的家人扶着他的灵柩归葬洛阳时，一路上都有人祭奠他。有人祭奠时把挂了纸钱的竹子插在地里，一个月之后，枯死的竹子居然长出了竹笋。老百姓说这是寇准在天有灵，就给他造了庙，让他的在天之灵享受香火。就这样，他在民间的声望一浪高过一浪。

后来，寇准在民间传说中的形象越来越好，甚至和杨家将的故事掺和到一起，成了中国古代第一清官。

为什么历史选择性地遗忘、忽略了他的那些臭毛病，最后给了他这么高的评价，这么完美的背影呢？这是不是一种扭曲、一种不真实，甚至是不公正呢？这个现象如果从寇准自己的角度出发，其实很难解释。我们得从更高的、文明的角度来看寇准。

在文明的时空中，有两个寇准。

一个寇准活在自己的生命时间里，就拿眼前、当下或者这一辈子为时间坐标系。他应该怎么选？应该及时行乐，趋利避害，有酒就喝，有气就撒。事实上，寇准在很多生活细节上就是这么做的。

而另一个寇准的坐标系是千秋万代，也就是"文明时间"。这个时间坐标要求他作出只问对错，对其他成败利钝一概不计的道德选择。所以他在年近 60 时仍然要去开封蹚浑水，并且坚决不投靠刘皇后。因为按照帝制时代的道德标准，女主临朝并非好事，忠于男性君主才是士大夫的起码担当。

寇准按照这个标准做了选择，文明就给了他一份丰厚的回报，让他享有极高的、完全正面的评价，甚至让他名不副实地成了古今第一清官，而完全忽略

宋·欧阳修《集古录跋》卷（局部）

了他身上的那些毛病。寇准走对了关键一步，历史就原谅了他的所有错误。

其实，不止寇准如此。中国历史上的很多忠臣义士都并非完美无瑕之人，但他们也跟寇准一样，被历史选择性地遗忘了一些东西，又被历史选择性地记住了一些东西。这牵涉到中国文化传统里的一种独特的真实观：为了真善美，可以隐藏真实，牺牲真实；再往前一步，就是制造真实。

这个洞察来自赵冬梅教授的一次讲座，她举了一个例子。范仲淹去世后，他的儿子范纯仁请了欧阳修来写范仲淹神道碑的碑铭。欧阳修明知范仲淹生前和吕夷简关系不好，却硬是在碑铭里杜撰了一个情节，说范吕二位最后握手言和了。范纯仁自然不乐意，就把这二十几个字删掉了。可欧阳修也不愿意改，原封不动地把原文收进了自己的文集里。

其实，欧阳修和范仲淹的关系很好，他为什么要虚构这样一个结局呢？一方面，欧阳修觉得像范仲淹这样的大人物，神道碑的内容应当顾及"国家天下公议"，要体现大人物的历史担当和真善美。另一方面，欧阳修需要塑造一个和谐的士大夫政治氛围。不管这两人生前关系有多差，人都已经走了，难道还要把恩怨继续下去吗？他们应该和解，也必须和解。也就是说，欧阳修用那二十几个字塑造出了一个符合天下公议的、符合士大夫政治的范仲淹。这时，真实的范仲淹就得为这个被制造的、加了滤镜的范仲淹让路。

欧阳修为什么非得这样做？可以说这是出于"礼教"。

提起"礼教"二字，我们总觉得是腐朽的糟粕。但放宽视野，礼教是古人的文明共识。马小红教授的著作《礼与法》里有这么一段话："礼教的普及不分

贫富，不分贵贱，它是人们心目中永恒的、正义的'法则'……在中国古代社会中……礼教造就了顺民，也造就了清官与明君，这便是礼教的威力所在。"

礼教不是谁压迫谁的，它针对所有人，也塑造所有人，包括士大夫和皇帝。它带来压迫，也带来一种普遍的束缚，甚至给每个生命都带来确定性。

首先，人生的重要选择有非常清晰的是非标准。就算这些是非标准不符合我们今天的观念，但在中华文明史上那个标准始终是清晰的。其次，在选择的关头，不管你当时遭遇了什么，只要时间足够长，历史会给出公允的结果。所谓"史笔如刀"，所谓"孔子成《春秋》，而乱臣贼子惧"，这些不是虚言恫吓，而是一个人的现实行动在时光尽头一定会遭遇的。一个忠臣义士即使惨烈殉国，用不了多少年一定会被平反昭雪、名留青史。有了这两项确定性，生活在这个文明里的人就可以更好地安顿自己的人生。

寇准活着时就算浑身上下都是毛病，但只要在大节上、在几个最重要的选择上拿得住、把得稳，那么在人生的终点，文明共识会还给他一个说得圆、立得住的公正结果。

寇准的故事并不结束在归葬洛阳，他真正的结局要到去世 11 年后才到来。

那个时候，刘太后也去世了，宋仁宗亲政。当年的皇太子当然记得捍卫他的寇准。于是，宋仁宗立刻恢复了寇准的官职和封号，还亲手给寇准的神道碑题了两个字"旌忠"，旌旗飘扬，忠心耿耿。在宋仁宗心里，寇准的忠诚像一杆大旗，在历史的长风中猎猎飘扬。

参考文献

［宋］李焘，《续资治通鉴长编》，中华书局，1995年。

［元］脱脱等，《宋史》，中华书局，1985年。

［宋］范仲淹，《范仲淹全集》，中华书局，2020年。

［宋］欧阳修，《欧阳修全集》，中华书局，2001年。

［宋］王辟之、欧阳修，《渑水燕谈录》，中华书局，1997年。

［宋］曾巩，王瑞来校证，《隆平集校证》，中华书局，2012年。

［宋］叶梦得，《避暑录话》，山东人民出版社，2018年。

马小红，《礼与法》，北京大学出版社，2017年。

赵冬梅，《千秋是非话寇准》，电子工业出版社，2012年。

张维玲，《从天书时代到古文运动：北宋前期的政治过程》，上海古籍出版社，2023年。

何冠环，《宋初朋党与太平兴国三年进士》，中西书局，2018年。

王晓波，《寇准年谱》，巴蜀书社，1995年。

吴铮强，《寇准谋废东宫考》，《隋唐辽宋金元史论丛》，2021年第11辑。

吴铮强，《被掩盖的宋代宫斗：我们对历史的认识，还在"盗梦空间"的第几层梦境？》，《南方周末》，2024年。

常志峰，《从天禧到天圣：北宋真仁之际的朝局与权力关系》，西北大学硕士论文，2018年。

王瑞来，《"狸猫换太子"传说的虚与实——后真宗时代：宋代士大夫政治下的权力博弈》，《文史哲》，2016年第2期。

张其凡、刘广丰，《寇准、丁谓之争与宋真宗朝后期政治》，《暨南史学》，2007年第5辑。

1021 年

经历过，解决过

1021年的世界

01 亨利二世远征意大利
● 南欧

神圣罗马帝国皇帝亨利二世应教皇本笃八世之请，带兵远征意大利，对抗拜占庭军队，并获得胜利。

▲ 亨利二世由本笃八世加冕为神圣罗马帝国皇帝

03 马哈茂德远征克什米尔未果
● 中亚

1014年，马哈茂德在进军克什米尔时遭到克什米尔王公的强烈抵抗，马哈茂德的军队历经千辛万苦才得以脱身。1021年，马哈茂德再次远征克什米尔，未果。而这一次战败，迫使马哈茂德放弃了征服克什米尔地区的计划。

02 亨利二世出席奎德林堡新建修道院的祝圣仪式
● 中欧

奎德林堡（今德国中部城市）曾为神圣罗马帝国中心之一，但它在亨利二世统治时期丧失了显赫地位。11世纪初，亨利二世开始对奎德林堡采取一定的安抚政策，包括1021年出席奎德林堡新建修道院的祝圣仪式等。

▶ 《奎德林堡编年史》中的一页

05 源赖光逝世
● 东亚

源赖光（948年—1021年），日本平安时代武将，以骁勇著称。传说他带领麾下的"赖光四天王"征伐了酒吞童子和土蜘蛛。

▲ 〔日〕歌川国芳《源赖光公馆土蜘蛛妖怪图》
这幅画描绘了源赖光住宅中由土蜘蛛引发的怪异场景。画面中，右侧是土蜘蛛，旁边是源赖光，而"赖光四天王"围绕棋盘，左右各两人。

04 拉合尔古堡始建
● 南亚

1021年，拉合尔（今巴基斯坦东部城市）始建一处泥筑堡垒，这个堡垒最初被作为军事要塞，后成为拉合尔古堡的前身。

拉合尔古堡始建于11世纪，在13—15世纪被莫卧儿王朝多次重建，后来逐渐成为皇家宫苑。1981年，拉合尔古堡因体现了辉煌的莫卧儿王朝文化，被评为"世界文化遗产"。

拉合尔古堡 ▶

1021年的中国

01 辽圣宗奉玉玺于中京

辽圣宗命人将象征正统的传国玉玺存放于中京,反映出契丹人对于中国传统政治文化中正统观念的看重。

02 辽与大食联姻

大食(即喀喇汗王朝)向辽请婚,辽将可老公主出嫁。

03 耶律宗真被册封为太子

耶律宗真(1016年—1055年)即辽兴宗,辽圣宗长子。1021年被册封为皇太子,1031年即位。

耶律宗真在位期间,迫使北宋增纳岁币银、绢各10万。又出兵攻西夏,迫使西夏议和称藩。他虽有求治之举,但建树无多,辽的国势由盛转衰。

他于1040年遣使北宋,送给宋仁宗的礼品中有他亲笔绘制的《千角鹿图》,不过此画并未传世。

有学者认为,《丹枫呦鹿图》与《秋林群鹿图》有可能是1040年耶律宗真遣使呈宋仁宗的五幅《千角鹿图》中的两幅。

04 王安石出生

王安石(1021年—1086年),字介甫,号半山,北宋政治家、文学家。庆历年间进士。106_年为参知政事,次年拜相,陆续_出均输、青苗等新法,史称"王_石变法"。为"唐宋八大家"_一,今有《临川先生文集》《王_公文集》等传世。

《丹枫呦鹿图》

《秋林群鹿图》

宋·王安石手迹《行书楞严经旨要》（局部）

解决问题的高手丁谓
为何背负骂名

1020年，我们送走了寇准；1021年，我们来关注寇准的对手——丁谓。

对丁谓的评价，历来都是比较负面的。他活着时，就被称作"五鬼"之一；死后，正史给了他"奸邪"二字。不过，这两个词前面都有一些限定词，比如"时谓之""世皆指为"，意思是"这可都是别人说的"。

> 王钦若、丁谓、夏竦，世皆指为奸邪。　　——《宋史》

这种评价看起来有点不太正式，历史上有没有对丁谓的正式评价呢？这正是奇怪之处，历史好像有点回避给这个人做正式的评价。

中国历史通常会通过几个方法来对一个人做正式的盖棺论定。

第一个是谥号。这是朝廷对大臣一生的官方评价。比如，寇准谥号是"忠愍"，既肯定了他的忠诚，又表达了对他的怜悯——因为他最后是被贬出汴京，在边陲之地老死的。再比如，秦桧的谥号是"缪丑"，又错又丑陋，很符合他奸臣的形象。那丁谓的谥号呢？压根没有。他去世之后，朝廷只是给了些赏赐。

> 居光州，卒。诏赐钱十万、绢百匹。　　——《宋史》

第二个是神道碑，它会记载一个人的生平事迹。一般来说，只能给五品以上的官员立这个碑，也带有官方盖棺论定的意思。那丁谓的神道碑是怎么写的呢？他也没有神道碑。

这是怎么回事？要知道，中国的史学传统是以人物评价为中心的。一个人的忠奸善恶、是非成败，总得给个结论。但是，面对这个阶段根本绕不过去的丁谓，我们的历史好像有点难于下笔，有点顾左右而言他。

接下来，我们就怀揣着这个疑问，来看看丁谓真实的一生。

北宋碑志文的撰写类型

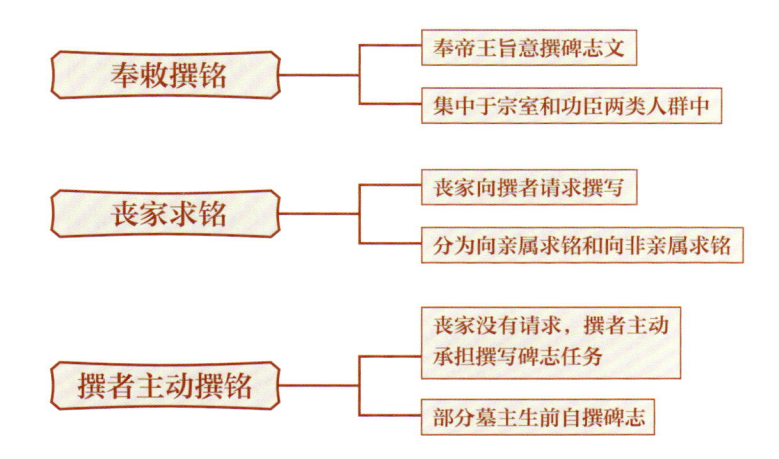

- 奉敕撰铭
  - 奉帝王旨意撰碑志文
  - 集中于宗室和功臣两类人群中
- 丧家求铭
  - 丧家向撰者请求撰写
  - 分为向亲属求铭和向非亲属求铭
- 撰者主动撰铭
  - 丧家没有请求,撰者主动承担撰写碑志任务
  - 部分墓主生前自撰碑志

◆ 一个"天才"样本

你若是细看丁谓的资料,可能会和我一样,最先被这个人的智力惊艳到。这种惊艳可不是因为他是神童、能背诗、会写文章——古代普通的聪明人都这样,而是因为丁谓的聪明实在有些不普通。

举个例子。丁谓早年在夔州(今重庆奉节一带)当地方官。当地少数民族经常发动叛乱,抢钱抢物,还绑架了不少老百姓。

有一次,宋真宗亲自审问惹事的少数民族酋长,问他们为什么要惹事。酋长们说:"我们就是小老百姓,并非真想造反,只是迫于生计。"宋真宗一听,也没什么办法,反而赏了他们一些金银财宝,放了回去。

你看,这些人真的是为生计所迫,以至于连皇帝都没办法。有句话叫"救急不救穷",贫困的背后一定有着深层次的结构性困境。是什么呢?第一,夔州多是山区,少数民族经济困难,只能靠造反抢东西。第二,还是因为是山区,军粮运输困难,军队自然无力镇压叛乱。第三,军队镇压不了,每遇造反,朝廷只能招安,造反的人尝到了甜头,难免下次还这样做。由此形成了恶性循环。

现在，这个问题摆在了地方官丁谓的面前，他能怎么解决呢？

丁谓发现，当地少数民族最缺的物资不是粮食，而是盐。粮食可以种，但盐必须从外面运进去，可难就难在运输上。丁谓就在山里划了一条路，路上每隔 30 里设立一个站点。朝廷先费点力气把盐投放到站点，然后当地少数民族就可以拿着自家的粮食到各个站点去换盐。

这样一来，一方面，百姓有了盐，生计问题得到了缓解，造反的动机就弱了；另一方面，就算有人造反，军粮的问题解决了，军队就可以进去镇压了。说得再直白一点，这是当地老百姓用自己的粮食来供养可能要去镇压他们的军队。一手给好处，一手加压力，一个死扣就这么被解开了。

丁谓治理夔州的政策

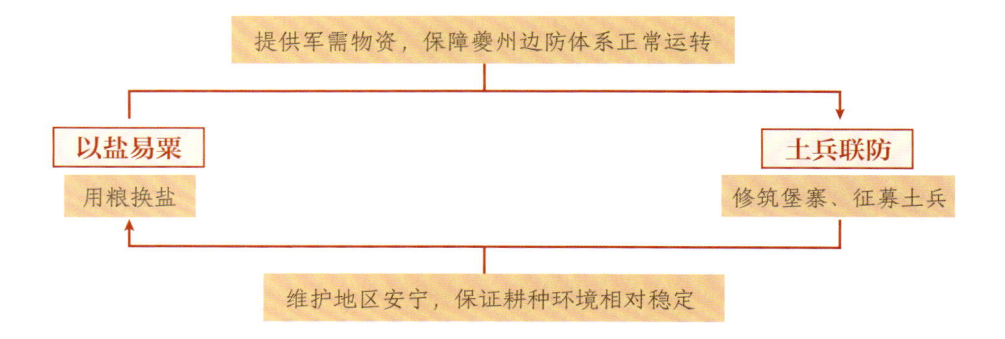

```
                提供军需物资，保障夔州边防体系正常运转
           ┌──────────────────────────────────────┐
           ↓                                      ↓
      ┌─────────┐                            ┌─────────┐
      │ 以盐易粟 │                            │ 土兵联防 │
      └─────────┘                            └─────────┘
        用粮换盐                              修筑堡寨、征募土兵
           ↑                                      ↑
           └──────────────────────────────────────┘
                维护地区安宁，保证耕种环境相对稳定
```

丁谓这一招高在哪里呢？他不是见招拆招，而是具备系统思维，通过重新组合系统内部的要素来解决问题。

再举个例子。泰山封禅，得一大群人浩浩荡荡地从开封走到泰安，其中包含军队。宋真宗担心粮草不够，丁谓就算了一笔账："随行军队不到 10 万人，每天要 2500 石大米。在每个地方最多停留三天，也就是 7500 石。如果让地方政府提供 7500 石大米，不会对他们造成什么负担。"

> 晋公曰："随驾兵士大约不过十万人，每日请口食米二升半，一日只给支米二千五百石。或遇驻跸处所，不过三日，只支得米七千五百石。何处州县无七千五百石斛斗？" ——《丁晋公谈录》

宋真宗听了很高兴，但他还真是心细，又问："光吃大米还不够，面食怎么解决呢？"

这里需要交代一个背景。米是用来收税的，所以各地政府都有储备，但其他副食品可都在老百姓家里。朝廷如果要用，地方政府只能跑到老百姓家里买，那样会很容易变成搜刮、扰民。若是从开封带上面食、酒肉，运输压力又太大了。

丁谓又想了个办法："我们既欢迎各地老百姓来看封禅的队伍，又欢迎老百姓沿途进奉些点心、酒肉。但我们不白拿，让当地政府做好统计，等回程路上，我们双倍价钱返还。"

> 又问："只与二升半米，亦须与他些面食。"曰："臣欲省司行文字，告示沿路所经州军。必恐有公用钱，州军及应文武臣僚、州县官、僧道、百姓有进蒸糊者，仰先具州县官位姓名、蒸糊数目申来，待凭进呈，破系省钱，支与一倍价钱回赐。仍大驾往东封日进蒸糊，回日并许进酒肉。"　　——《丁晋公谈录》

这可是个一举三得的方案。第一，皇帝封禅泰山本就是为了夸耀太平盛世，让老百姓沿途观礼能更好地实现这一政治目标。第二，老百姓名义上是捐赠食品物资，但其实是朝廷出钱购买。朝廷虽然付双倍价钱，但就地筹集比从开封带过去的运输费用要节省很多。第三，老百姓把家里的普通食品捐献给皇帝，不仅能获得荣耀，还能得到双倍赏钱，这也能收买民心。你看，这又是一个用重构系统要素的方法解决问题的漂亮案例。

看完这两个案例，你有没有这样的感觉：丁谓身上好像有一种远超那个时代的思维方式，一种现代社会才有的思维方式。他好像生活在系统之外，对系统内各个要素间的结构以及可能的组合方式洞若观火。

再举个例子，你来感受一下丁谓的这种思维方式。有一次，君臣一起喝酒，宋真宗突然问："这个酒不错，哪儿买的？多少钱？"有人做了回答。宋真宗又问："那唐代的酒卖多少钱？"这时候，谁都答不上来，只有丁谓说："唐朝的酒是30钱一升。"宋真宗问他是怎么知道的，丁谓说："杜甫有首诗说的是'速来就饮一斗酒，恰有三百青铜钱'，一斗酒300钱，那一升就是30钱。"

我第一次看到这个故事时，觉得有点匪夷所思。要知道，过了900多年以后，梁启超、陈寅恪这些近代大学者才开启了一个了不起的史学研究方法，叫"诗史互证"，就是用杜甫、白居易等人的诗去考察古代生活的细节，比如物价、餐饮、交通等。而丁谓早就这么做了，可真是超时代的天才。

即使在今天，有这种跨界思维能力的人也并不多见。在古人眼里，这更是神乎其技。当时的人看到丁谓，往往有一种感觉——他处理任何事情都举重若轻、毫不费力。但是，为什么最后大家都说这个人"奸"呢？

◆ 天才如何变"奸人"

丁谓被认为"奸邪"，原因大致有几个方面。

第一，丁谓鼓动皇帝天书封禅、修玉清昭应宫，劳民伤财。

可是，当时明明是皇帝要搞封禅、修道观，一个职能部门的官员迎合皇帝，就算奸臣吗？连宰相都跑前跑后地张罗这些封建迷信之事，为什么非得苛责丁谓呢？劳民伤财又怎么能算在丁谓头上呢？真要算，宋真宗应该是第一责任人啊。

而且，东封西祀、大建道观这些事情，如果不是丁谓执掌财权和工程，恐怕浪费的民脂民膏远不止这些。连司马光都认可丁谓的工作能力：宋真宗搞这么多面子工程，国家财政还绰绰有余，多亏是用了专业的人才。

> 是以先帝屡行大礼，东封西祀，广修宫观，而财用有余者，用人专而任之久故也。　　——《续资治通鉴长编》

第二，丁谓迫害寇准。

两派政治力量相争，手段狠辣实属正常，而且是寇准先下的手。寇准跑去跟宋真宗告状，说丁谓不是好人，不能让他辅佐皇太子。

那丁谓有没有说寇准的坏话呢？史料上没有记载。而且，丁谓很有名的一个特点就是从不说人坏话。

史料里有这么一条记录。有一天宋真宗问丁谓觉得冯拯怎么样，丁谓说：

"他是个一心为国家好的人。"宋真宗半天不吱声。等丁谓走后,宋真宗跟人说:"丁谓是不知道,那个冯拯在我这儿说了多少他丁谓的坏话。"这人回说:"丁谓不仅不在皇上面前说人坏话,他在同事面前也从来不说别人的不是。"

> 忽一日,真宗问冯拯如何,晋公奏曰:"冯拯在中书、密院十年,却并无是非,实亦公心于国家。"真宗良久不答,又奏,复不答,遂退。寻问掌武曰:"丁某每来朕前保持冯拯,不知冯拯屡来破除伊。"掌武奏曰:"丁某不独于上前不言人非,于臣处亦未尝言人之非。" ——《丁晋公谈录》

第三,丁谓投靠了刘皇后。

在当时的人看来,攀附女主好像有些"政治不正确"。但是,刘皇后成了刘太后之后,敢在朝堂上跟她硬刚、屡次惹她不高兴的人也是丁谓。比如,宋真宗遗诏所书让刘太后掌权,是丁谓坚持在遗诏上加了一个"权"字,就是权且、暂时的意思。再比如,刘太后找借口要换地方上早朝,丁谓严防死守朝廷的规制,就是不肯。连看不惯丁谓的人都酸溜溜地说:"他自己要当周公,就让我们这些人当王莽、董卓。"这至少说明,丁谓在提防刘太后这件事上,做得一点不比其他正统士大夫差。

而且,丁谓最后就是被刘太后找了一个鸡毛蒜皮的理由,先判了斩首,又从轻处理,最后发配到海南岛的崖州去的。所谓攀附刘太后的指责,还能成立吗?

总之,评价丁谓"奸邪"的原因不过以上三个方面。但是细琢磨起来,这三点无论在事实上还是逻辑上都有些站不住脚。

如果说丁谓是奸邪,那扳倒丁谓的人不就是忠良吗?我们就来看看这个过程,衡量一下其中的是非对错。

扳倒丁谓的人叫王曾,就是那个连中三元的王曾。一开始,王曾在丁谓面前表现得很顺从。他常常跟丁谓念叨,自己姐姐一直发愁她孩子的出路,丁谓就建议他直接跟刘太后求情。

这里再补充一下背景信息。当时宋真宗刚去世,刘太后权力极大,大臣们都想单独向刘太后汇报。前文分析过,信息就是权力。在这种情况下,能跟刘太后私聊就是权力。当时的大臣要想见刘太后,都要通过丁谓这一关。

回到王曾的这件家事上,丁谓催了好几次:"你好好跟太后讲讲你家里的困难，她老人家一句话不就解决了吗？"王曾每次都说："我家里这点儿破事，也不光彩，哪好意思去麻烦太后呢？"终于有一天，丁谓急了："你现在就去跟太后讲，我在这儿等你消息。"

丁谓主动让王曾和刘太后单独见面，居然是出于热心肠，想帮王曾解决家事。可王曾进去后说了什么呢？他在刘太后面前狠狠告了丁谓一状，劝刘太后把丁谓拿下。

紧接着，刘太后和王曾就找了个由头，用丁谓擅自挪动宋真宗皇陵，要灭皇家风水这一套，把丁谓发配到崖州做了个芝麻官，可以说是直接贬到了天涯海角。

过了几百年，王夫之在《宋论》里讨论过这件事。王夫之认为，王曾如果用丁谓那些真正的错误扳倒他，比如支持皇帝东封西祀、大兴土木、陷害寇准等，那是好样儿的。可是用挪动宋真宗陵墓这种莫须有的事来陷害丁谓，算得上君子之道吗？

> 呜呼！此小人陷君子之术，而奈何其效之邪？舍其兴淫祀、营土木、陷寇准、擅除授、毒民病国、妒贤党奸之大罪，使不得昭著于两观；而以诞妄亡实之疑案，杀不当杀者，以致谓于羽山之殛；则孰得曰曾所为者，君子之道哉？　——《宋论》

看到这里，你有没有糊涂呢？丁谓到底是不是"奸邪"？王曾这样的正统士大夫为什么一定要和他死磕到底呢？

◆ 丁谓的命运悲剧

其实，王曾透露过丁谓被正统士大夫视为"奸邪"的原因。

就在丁谓去世的消息传出后，王曾说了一番话："丁谓这个人，智力深不可测。他都被贬到海南岛了，还可以用计策让自己回来。他要是不死，过几年，朝廷未必不再起用他。如果再用他，那真是天下不幸！我这可不是幸灾乐祸，但我还是为他这个时候死了感到庆幸。"

> "斯人智数不可测,在海外犹用诈得还。若不死,数年未必不复用。斯人复用,则天下之不幸可胜道哉!吾非幸其死也。" ——《续资治通鉴长编》

王曾的话里提到了一件事,丁谓被贬到海南岛还能再回来,这是怎么做到的呢?要知道,当时天下可没人敢和丁谓打交道。

当时,丁谓虽在崖州,但他的家人还在洛阳,他就写了一封家书。但他并没有直接寄回家,而是寄给了西京留守,也就是洛阳的主管官员,托他转递给自己家人。丁谓嘱咐送信的人要一直等到西京留守和很多官员在一起的时候,再当众把这封信给他。想想看,西京留守和丁谓关系再好,当众收到这么一封信,他也不敢瞒着朝廷。于是,他就把这封家书交了上去。宋仁宗一看,这封信写得那叫一个深明大义。丁谓不仅做了自我批评,还对国家感恩戴德,甚至劝说家人千万不要怪国家。宋仁宗就感动了,把丁谓从崖州迁到了雷州。这一番操作,足见丁谓有多会揣摩人心。

把这件事和王曾的那段感慨连起来看,你就能明白,不是丁谓有什么大错,而是他的智力实在太高,做事风格又无所不用其极,没有底线,或者说,大家并不知道他的底线在哪里。这样的人当然危险,必须被扳倒。

这就好比我们今天的 AI(人工智能),如果 AI 的能力强大到远超人类的理解能力,AI 又没有道德观念,人类找不到约束 AI 的方法,那对待它最好的方法,当然就是拔插头。

超级聪明,价值观和道德观与众不同,十分危险——这些可能就是当时的士大夫们对丁谓的感觉。那丁谓的道德观、价值观有多特殊呢?我再举两个例子。

丁谓刚当上参知政事时,有人去祝贺他。丁谓说:"祝贺什么呢?我不过就是皇上扔骰子扔出来的。"丁谓观察事情的眼神很冷峻,什么感恩戴德、喜出望外,人本该有的情绪,他一概没有。

还有一次,丁谓说:"历来忠臣孝子都是官方通过史书塑造出来的道德模范,不值得信。"前文讲过,丁谓能从杜甫的诗里发现唐代的物价,说明他对中国历史有着相当强大的洞察力。他觉得唐诗里那些鸡零狗碎的生活细节是真的，但史书里记载的忠臣孝子是假的。

丁谓如果活在今天，我们也许会忍不住赞叹这个人很酷。可是，他活在北宋，活在一个儒家礼法和传统观念非常强大的社会里，他的价值观这么虚浮，让周围人怎么去预判他的行为呢？既然预判不了，他又那么聪明、强大，人们只好把他当成将要失控的 AI，直接拔了插头。

有句话叫"能力越大，责任越大"，面对丁谓这个例子，你会发现，不是一个人能力越大，大家就必然放心交付那么大的责任给他。他必须同时在道德上和周围的普通人对齐，在价值观上向普通人靠拢，让周围的普通人可以预判他的行动。否则，人们就只能齐心合力地把他当成一个高度不确定、存在高度风险的因素清除掉。

回到1021年，丁谓正权倾朝野。但是到了下一年，他就被王曾和刘太后联手发配到崖州了。被贬之后，丁谓又活了16年。这16年，他是怎么过的呢？

丁谓到崖州后，教当地老百姓做瓦工。他建了两座小楼，一座办公用，一座自己住。每天在楼上焚香读书，每天写一首诗。后来，丁谓回到内陆，退休后搬到了今天河南的光州。他天天穿着普通老百姓的衣服，在山里看农民采茶，泯然众人。

临终前半个月，丁谓就在佛堂里静坐念经，不吃饭，衣服穿得整整齐齐。头脑清楚地交代了后事，然后就走了。

这真是一个强大又独立的生命。去世以后，没有墓志铭，没有谥号，只在历史里留下了耐人寻味的"奸邪"二字。

谥号

宋代宰辅谥号分析

宋代宰辅获谥数据

共 470 位宰辅
284 位被赐谥号
得谥率 60.43%

未得谥号原因

政治因素
- 触犯皇室利益　如丁谓
- 受到政敌打压　如梁焘
- 战争期间为官不礼　如白时中

非政治因素
- 不够获谥资格　如李昌龄
- 未向朝廷请谥　如范质

宋代宰辅被追加谥号、改谥号、剥夺谥号的情况

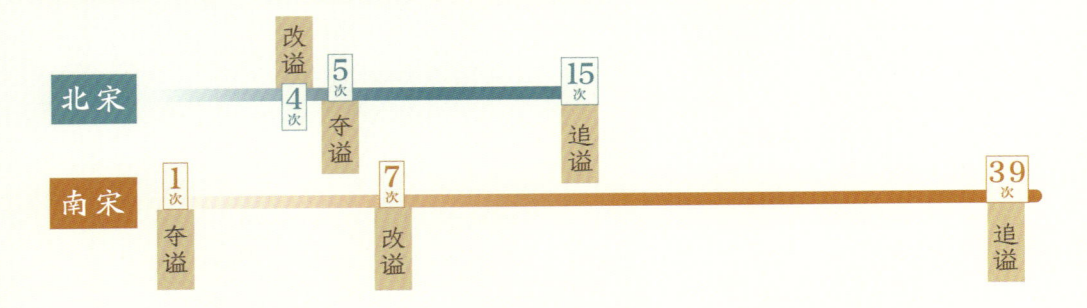

北宋：改谥 4 次；夺谥 5 次；追谥 15 次

南宋：夺谥 1 次；改谥 7 次；追谥 39 次

资料来源：张玥，《宋代宰辅谥号分析》，河南大学硕士论文，2019年。

参考文献

［宋］李焘，《续资治通鉴长编》，中华书局，1995 年。

［元］脱脱等，《宋史》，中华书局，1985 年。

［宋］吕中，张其凡、白晓霞整理，《类编皇朝大事记讲义·类编皇朝中兴大事记讲义》，上海人民出版社，2014 年。

［宋］潘汝士、夷门君玉、刘延世、孔平仲、杨倩描、徐立群点校，《丁晋公谈录（外三种）》，中华书局，2012 年。

［宋］晁公武，《郡斋读书志校正》，上海古籍出版社，2011 年。

［宋］司马光，《涑水记闻》，中华书局，2017 年。

［宋］王曾，《王文正公笔录》，中华书局，2017 年。

［宋］岳珂、王铚，《桯史·默记》，上海古籍出版社，2012 年。

［宋］王应麟，《困学纪闻》，上海古籍出版社，2008 年。

［宋］王素、王巩，《王文正公遗事·清虚杂著三编》，中华书局，2017 年。

［宋］王君玉，《国老谈苑》，商务印书馆，1985 年。

［宋］释文莹，《湘山野录·续录·玉壶清话》，中华书局，1997 年。

［宋］邵伯温，《邵氏闻见录》，中华书局，1983 年。

［明］李贽，《藏书》，商务印书馆，2020 年。

［清］王夫之，《宋论》，中华书局，1964 年。

［日］池泽滋子，《丁谓研究》，巴蜀书社，1998 年。

张亦冰，《北宋三司财务行政体制研究》，社会科学文献出版社，2023 年。

王瑞来，《君臣：士大夫政治下的权力场》，四川人民出版社，2019 年。

仝相卿，《北宋墓志碑铭撰写研究》，中国社会科学出版社，2019 年。

张其凡，《宋代人物论稿》，上海人民出版社，2009 年。

张玥，《宋代宰辅谥号研究》，河南大学硕士论文，2019 年。

胡瀞晖，《〈两朝国史〉"是丁谓"问题探析——兼说丁谓形象的演变》，《中国传记评论》，2023 年第 4 辑。

裴艾琳，《夷夏一体：丁谓经略夔州与宋初羁縻统治的转型》，《南京师大学报（社会科学版）》，2023 年第 2 期。

顾宏义，《谁增"权"字：宋仁宗继位初年丁谓、王曾政争发覆》，《中山大学学报（社会科学版）》，2023 年第 63 卷第 4 期。

1022 年

经 历 过， 解 决 过

1022年的世界

01

瓦斯普拉坎王国主动归附拜占庭帝国
● 西亚

在拜占庭帝国皇帝巴西尔二世的威慑下,亚美尼亚的瓦斯普拉坎王国主动归附。

▶ 奥拉夫·舍特科农下令铸造的硬币

03

瑞典国王奥拉夫·舍特科农去世
● 北欧

奥拉夫·舍特科农(约980年—1022年)是瑞典历史上第一位信仰基督教的国王,也是瑞典首位铸造硬币的国王。在他去世后,其子阿农德·雅各布继位。

02

哈罗德二世出生
● 西欧

哈罗德二世(约1022年—1066年)是英格兰盎格鲁—撒克逊时期威塞克斯王朝的最后一位君主,于1066年加冕。

▲ 哈罗德二世将王冠戴于头上

▶ 《宇宙图》描绘了摩尼教的创世神话、宇宙观与世界观

05

焚烧13位"异端"信徒
● 西欧

法国卡佩王朝国王罗贝尔二世下令在奥尔良焚毙了摩尼教派的13位"异端"信徒,这件事成为使用酷刑处置所谓"异端"的开始。

04

塞利根施塔特公会议召开
● 中欧

在塞利根施塔特(在今德国东南部)公会议上,教会对违规截留什一税的行为进行了批判,但这并不能阻止世俗贵族为了大规模聚集土地资产而进行的违规经济活动。

1022年的中国

01 宋真宗驾崩

宋真宗赵恒驾崩,在位26年,享年54岁。葬于永定陵。

▲ 永定陵

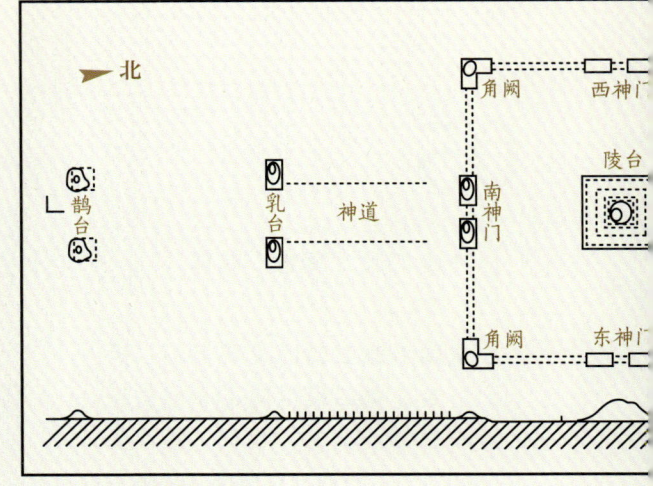

▲ 永定陵上宫平面复原图

02 北宋刘太后乘舆定名为"大安辇"

礼仪院根据刘太后的授意,将她的乘舆(皇帝或诸侯所用车舆)定名为"大安辇",出入鸣鞭、仪卫的规格与皇帝无异。

03 高丽与宋断交

高丽"复行契丹年号",与宋断交。与此同时,辽与高丽的关系恢复到以前的主属国状态。

04 《后汉书》合刊

北宋推出《后汉书》合刊本,将李贤注的范晔《后汉书》与刘昭注的司马彪《续汉书》"八志"合为一书,成为今本,流传至今。

资料来源：河南省文物考古研究所，《北宋皇陵》，中州古籍出版社，1997年。

05

北宋修撰《真宗实录》

《真宗实录》于1022年开始修撰，直至1024年书成，共150卷。

《后汉书》南宋绍兴刊本

《宋实录》14朝卷数

《宋实录》是宋代官修的编年体史书，记录了从宋太祖到宋理宗共14朝的史事。

《太祖实录》	50 卷
《太宗实录》	80 卷
《真宗实录》	150 卷
《仁宗实录》	200 卷
《英宗实录》	30 卷

《神宗实录》

墨本	朱墨本	元符本
200 卷	300 卷	200 卷

《哲宗实录》

哲宗前实录	哲宗后实录	重修哲宗实录
100 卷	94 卷	150 卷

《徽宗实录》

汤思退监修版	李焘监修版
150 卷	200 卷

《钦宗实录》	40 卷
《高宗实录》	500 卷
《孝宗实录》	500 卷
《光宗实录》	100 卷
《宁宗实录》	499 卷
《理宗实录》	190 卷（初稿）

宋真宗，品格比能力更可贵

1022 年，朝廷宣布改年号为"乾兴"。"乾"指皇帝，"兴"是振作之意，"乾兴"就是希望天子能再振乾纲，也就是希望病重的宋真宗能够恢复健康。

其实，宋真宗心里应该很清楚，他的病已经到了最后关头。

2 月 16 日，宋真宗第一次让 12 岁的皇太子代替自己去祭拜宋太宗。一方面是他的身体已经不允许出宫做这么大的祭祀了，另一方面可能是想让宋太宗的在天之灵看看自己的好孙儿。

到了 3 月 5 日，宋真宗下了一道命令，要求大臣们在奏章中把自己已经用了三年的尊号"体元御极感天尊道应真宝运文德武功上圣钦明仁孝皇帝"去掉，改为简简单单的"应天尊道钦明仁孝"。这是把原来尊号中那些过甚其词的、有道教色彩的字眼去掉了，回到了儒家圣君的价值观上。人到了最后时刻，没有那么多妄念了，要追求自己真正能够得着的历史定位了。

3 月 9 日，宋真宗又给朝中的几位重臣加封了爵位。这可能是期待他们将来能激发天良，支持皇太子。

3 月 19 日，宋真宗最后一次接见宰相，交代后事。这时他已经说不出话了，宰相们向他做了最后的效忠保证，他只能点点头。

4 天之后，宋真宗驾崩，在位 26 年，享年 54 岁。

1022 年，我们就来送别宋真宗，认真看看大宋第三任皇帝留下的背影。

◆ 宋真宗的背影

宋真宗在历史上的存在感并不强，评价也不高。原因无非两点：一是封禅泰山、大建道观跟儒家的主流价值相悖，二是他签订的澶渊之盟在现代人看来不过是花钱买和平。无论用古今哪种价值观来衡量他，好像都存在硬伤。但我

皇帝

宋真宗小传

宋真宗

庙号：**真宗**

赵恒（本名赵德昌）

生卒年份	968年—1022年
在位时间	997年—1022年
谥号	应符稽古神功让德文明武定章圣元孝皇帝
陵墓	永定陵（今河南巩义蔡庄北）

年号

- 咸平（998年—1003年）
- 景德（1004年—1007年）
- 大中祥符（1008年—1016年）
- 天禧（1017年—1021年）
- 乾兴（1022年）

为政举措

- 将盐铁、度支、户部合并为一使，即三司使
- 与辽签订"澶渊之盟"
- 举行封禅大典
- 发展科举制度
- 沿袭"祖宗之法"

宋真宗像

们不能用这种简单的结论来送别他，我更在意的是，古人为什么那么做，以及他们的做法在我们文明的底座上积累了什么。

对于宋真宗，我觉得他至少做对了一件事：认清了自己所处这个阶段国家面对的首要挑战。

时代不同，皇帝面对的挑战是不一样的。最起码，一个王朝开局的前三代君主要解决的问题就各不相同。

第一代君主的首要任务是打天下。这个阶段，结果大于过程，什么手段好用就用什么。但是，解决问题的手段很快就会变成要解决的问题，第一代君主往往会留下很多衍生问题。比如，朱元璋为了巩固边疆，用分封的方式让儿子们做藩王，结果藩王给后代带来了大麻烦。

那宋太祖赵匡胤留下了什么难题呢？一个是军事上最难啃的骨头——北汉和幽云十六州的问题，留给了宋太宗；另一个是，北宋没有完成从军事体制向文治国家的转变，这个超级难题也留给了宋太宗。

等第二代君主把这些问题都解决得七七八八了，国家的治理体系才有机会得到完善，这正是第三代君主的挑战。这一棒的表现直接关系到一个朝代能不能活得长久，而宋真宗刚好处于这个位置。

宋真宗面临的首要挑战具体是什么呢？不是辽的军事威胁，也不是对国内各个新征服地区的整合，而是北宋没了宋太祖、宋太宗那样的君主，以后也不会有了。

宋太祖赵匡胤本质上是个军人，有雄才大略，有人格魅力。宋太宗赵光义虽然多了些文人气息，但本质上还是个武人，两次北伐幽云十六州都是他御驾亲征的。虽然最终失败了，但他真上过战场，真受过箭伤。这两位都算开国皇帝，身上都有些创业家的特质。

那宋真宗呢？他是那种典型的"生于深宫之中，长于妇人之手"的皇帝，论魅力比不上宋太祖，论精力比不上宋太宗。说白了，普通孩子一个。

但这不是宋真宗本人的责任，这就是现实。而且从他开始，北宋的每一任皇帝都是在宫廷里培养出来的。这意味着什么？意味着皇帝不再有军事统帅出身的权威，不再有"同袍"和"旧部"，也不会有从底层奋斗起来的经历，他们的所有权威都只来自头顶的皇冠和座下的龙椅。看起来皇位本身越来越巩固了，但坐上皇位的皇帝却越来越弱势。

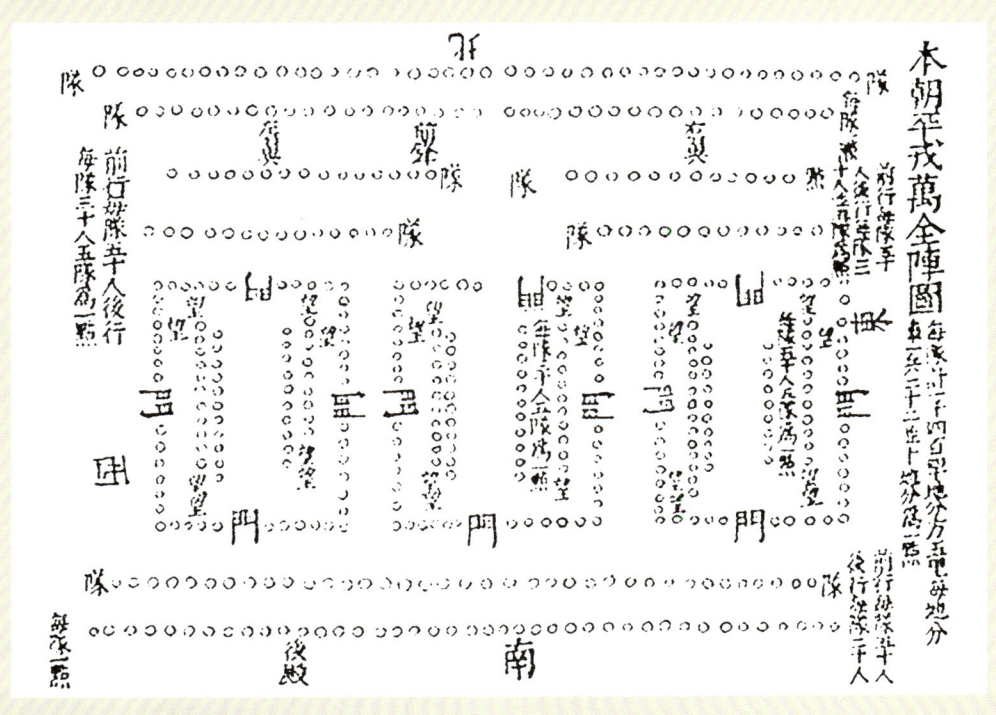

宋太宗所作《平戎万全阵图》

据记载，该阵以步兵方阵为核心，前后左右四部骑兵为辅助。

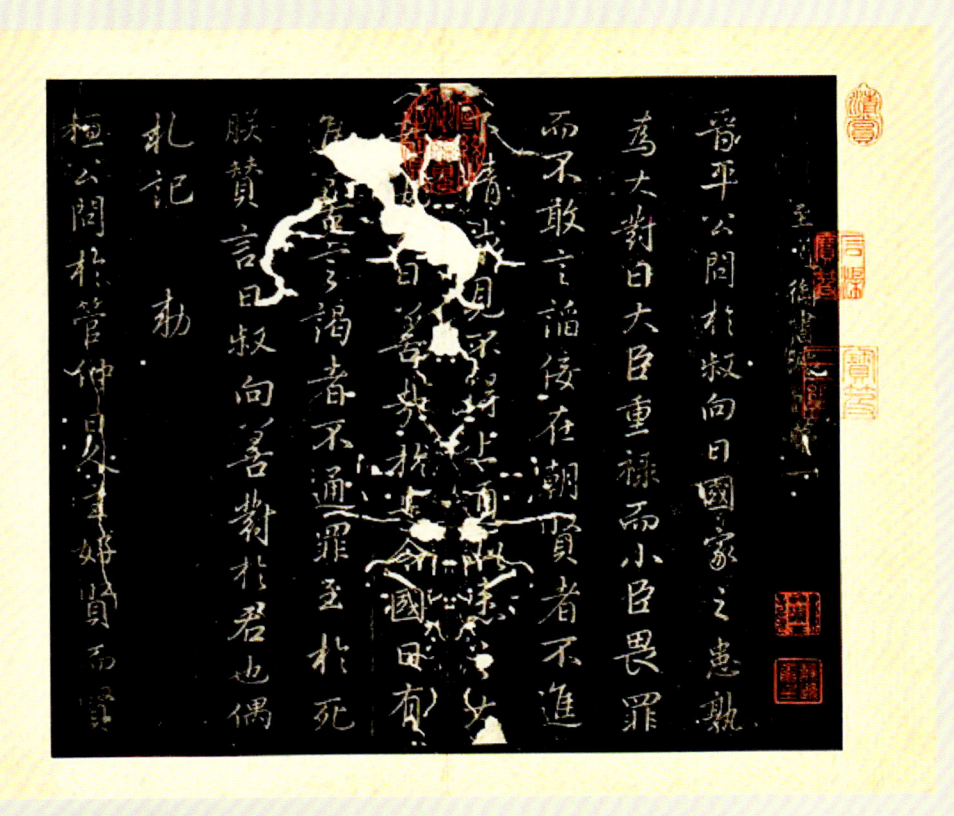

宋太宗《至道御书法帖》（局部）

宋真宗是怎么回应这个挑战的呢？我看了那么多史料，感受比较深的有三条。

第一条，用好宰相。既然自身能力不够，那就和不同特点的宰相搭配组合，以应对各式问题。

他刚登基时经验不足，威望也不够，那就选用老宰相吕端和他的老师李沆。等到辽军压境时，就启用有决断力的寇准，同时搭配老臣毕士安为寇准撑住大局。澶渊之盟签订后，国家安定了，需要专心发展，那就任用心思细密的行政高手王旦。整个过程里，他始终在用宰相的特质来弥补自身欠缺之处。

第二条，强调祖宗之法。

什么是祖宗之法？邓小南教授的总结很透彻："宋人心目中的'祖宗之法'，是一动态积累而成、核心精神明确稳定而涉及面宽泛的综合体。它既包括治理国家的基本方略，也包括统治者应该循守的治事态度；既包括贯彻维系制约精神的规矩设施，也包括不同层次的具体章程。"

宋朝讲究祖宗之法就是从宋真宗开始的。这是一个很高明的策略：既然我个人权威不够高，那我就借用前人的权威。宋太祖、宋太宗定下来的政治框架，我不动，以后的皇帝也不许动。但宋真宗可以往大的框架里加自己的政策，这对后世儿孙来说也是祖宗之法。这样一来，既保证了政治策略的一致性、延续性和连贯性，也给了宋真宗本人相当大的自由度和创造空间。

前两条是借力使力的打法，宋真宗自己有没有做什么呢？这就是第三条，专注打造自己的新型权威。比如，他在后宫里专心写文章来教化臣民。宋真宗一生的著述非常多，他曾经一次性从宫中搬出722卷作品，让大臣们刻板印刷。722卷是什么概念？要知道，司马光的《资治通鉴》也就不到300卷。

宋真宗还特别在意原创性。据欧阳修记载，有一次杨亿在翰林院值夜班，突然接到宋真宗的召见。宋真宗又是赐茶，又是问东问西，磨蹭了好半天，才拿出几箱子文稿，说："你认得我的笔迹吧？你看看，这些文章可都是我自己写的，并非让臣下代笔的。"这可把杨亿吓坏了，他在外面吹牛说皇帝的文章都是自己代笔的，宋真宗这是要敲打敲打他。

大年在学士院，忽夜召见于一小阁，深在禁中。既见，赐茶，从容顾问。久之，出文稿数箧，以示大年云："卿识朕书迹乎？皆朕自起草，

未尝命臣下代作也。"大年惶恐，不知所对，顿首再拜而出，乃知必为人所谮矣。————《归田录》

其实，宋真宗搞神道设教那一套，从某种程度上来说也是为了建立个人的权威：皇权不够，神权来凑。虽然这种做法是他一生的败笔，无从辩解，但是这从侧面证明了宋真宗策略的一贯性：他非常清楚自己面对的首要挑战，就是要弥补自己能力不足、权威不足的问题。他在这条路上当然做错了很多事，但是从来没有偏离过大方向。

宋真宗这一辈子，从年轻时候起就知道自己的弱点，也知道弥补的策略。策略既定，就终其一生地坚决执行。这让我想起教育家陶行知先生写的一首诗，其中有这么几句："人生天地间，各自有禀赋，为一大事来，做一大事去。"能有这样的一辈子，已经是一份很难得的善果了。

◆ 宋真宗的执念

看起来，宋真宗能够坚决地按既定策略往前推进，应该是个挺倔强的人，其实不然。他的性格里有一种"化骨绵掌"似的东西，他并非靠倔强，而是靠韧性来一步步地接近自己的目标。

在那么多关于他的史料中，我几乎没有读到过他发怒的样子。如果臣下和他争执起来，往往是他当场让步。但是，对于那些他真心想办之事，过不了多久，他又会卷土重来、旧事重提。最典型的例子，就是他为刘皇后的谋划。

根据《宋史》的记载，刘氏祖上是山西太原人，后来举家迁到了四川。她的爷爷是后晋、后汉时期的禁军将领，她父亲是北宋的禁军将领。

章献明肃刘皇后，其先家太原，后徙益州，为华阳人。祖延庆，在晋、汉间为右骁卫大将军；父通，虎捷都指挥使、嘉州刺史，从征太原，道卒。后，通第二女也。————《宋史》

但是，元人在修《宋史》时，对很多事实的考证不太讲究。就刘皇后的这一段家世，后来的史学家看出了很多漏洞。比如，前面刚介绍完刘皇后的家世，下一段就说刘皇后没有宗族，前后矛盾得很。倒不是元人有意造假，而是因为修书太匆忙，不管不顾地把宋代的官方材料抄了进来，而这些材料有些是被有意篡改了的。

其实，用不着后世的历史学家捉虫，同时代的很多人都知道刘氏的底细。她家世寒微，是个孤女，出生后被寄养在外祖父家。少年时起，她流落街头，成了一名摇拨浪鼓卖艺的人。后来嫁给了一个叫龚美的银匠。龚美把她带到京城开封后，转卖给了当时还是皇子的宋真宗。

现在你能明白官方为什么要篡改刘氏的家世了。不仅出身寒微，还是有夫之妇，这样的人成了大宋的皇后、太后，甚至是最高话事人，确实很挑战当时社会的价值观。

这段故事要是编排到现在的影视剧里，肯定会变成一个"大女主爽文"：一个贫家女子偶遇太子，通过一系列宫斗升级打怪，最后执掌天下。但是，更符合历史原貌的情节应该是这样的：宋真宗遇到了自己一生看重的女子，冲破重重阻力，使尽浑身解数，几十年如一日地谋划，成功地把出身寒微的刘氏托举成皇后；而刘氏没有辜负他，在宋真宗身故后，一边照顾小皇帝，一边垂帘听政、主持大局。

接下来，我们就一桩一件地看看，宋真宗为她做了些什么。

起初，宋真宗想直接封刘氏为贵妃，但李沆坚决不同意。正面强攻不行，宋真宗就一直等到1004年，在李沆去世前夕把刘氏册封为"美人"。因为美人的等级非常低，李沆便没有反对。

宋真宗还为刘氏办了很重要的一件事：把她的前夫龚美改姓刘，让龚美摇身一变成了刘氏的兄弟刘美。这件事的重要性在于，刘氏不仅不再是没有来历之人，也不再是改嫁的有夫之妇了。

到了1007年，皇后郭氏去世，宋真宗又动了册立刘氏为皇后的念头，但是遭到了王旦、寇准、向敏中等一众大臣的反对。那就继续铺垫，还在刘氏的家世出身上做文章。

转过年，1008年，朝廷突然给刘氏的父亲赠了个官职。其实，官职本身不重要，关键是给刘氏编造了一个父亲，顺便把妈妈、爷爷都编了出来。

到了 1009 年，宋真宗把刘氏从美人提升为修仪。等到 1012 年，宋真宗又把刘氏从修仪提升为德妃。到这一年年末，宋真宗判断时机差不多成熟了，终于册立刘氏为后。

宋代后宫等级

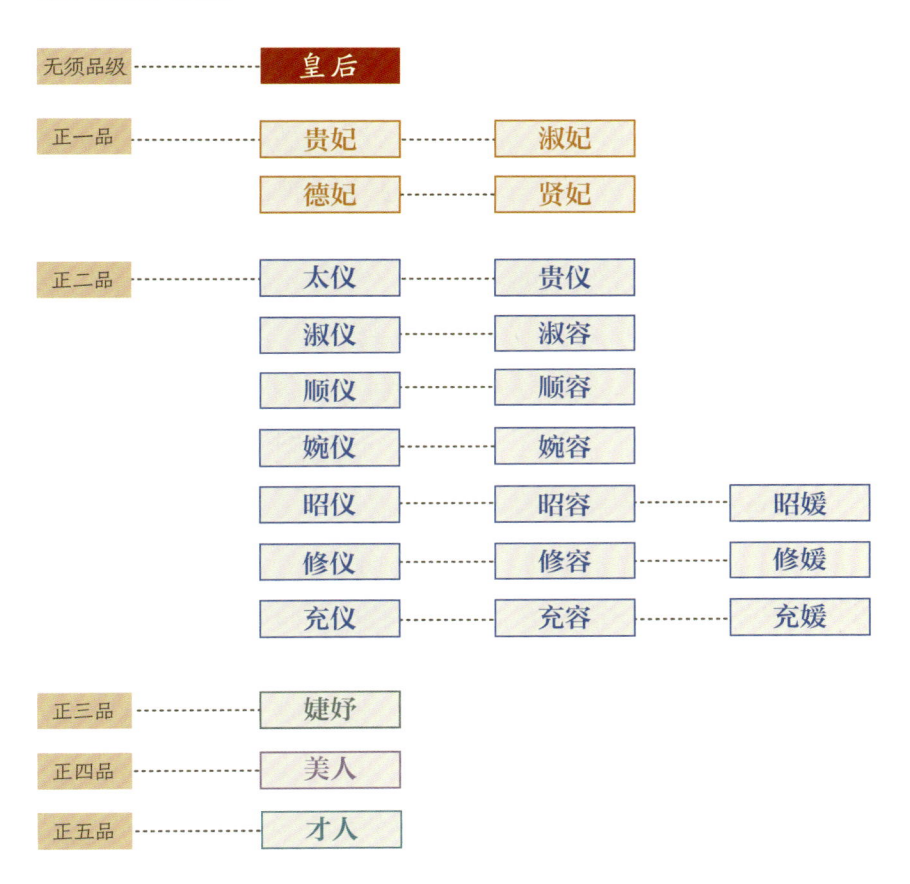

无须品级	皇后		
正一品	贵妃	淑妃	
	德妃	贤妃	
正二品	太仪	贵仪	
	淑仪	淑容	
	顺仪	顺容	
	婉仪	婉容	
	昭仪	昭容	昭媛
	修仪	修容	修媛
	充仪	充容	充媛
正三品	婕妤		
正四品	美人		
正五品	才人		

其实直到这个时候，刘氏封后的阻力还是很大。当时，宋真宗下旨要杨亿来写册立皇后的制书，但杨亿就是不答应，除非刘氏"请三代"，就是让刘氏把自己往上的三代人都是做什么的交代清楚。这是什么意思？这是杨亿在抗议刘氏伪造履历啊！

所以，为刘皇后伪造履历之事还有续集。到了 1018 年，朝廷突然要重新安葬刘皇后的父亲刘通。这是要通过官方主持的重大仪式再次确认刘氏的显赫宗族，造假也要造得板上钉钉。

节日

宋真宗宣扬迷信活动而创设的节日

天贶节
时间
六月六日

创设原因
庆祝天书下降泰山

庆祝方式
同天祯节

先天节
时间
七月一日

创设原因
庆祝圣祖赵玄朗降临

庆祝方式
休假7天
令天下以延寿带、续命缕、保生酒相互馈送
其余同天庆节

降圣节
时间
十月二十四日

创设原因
庆祝圣祖赵玄朗降临延恩殿

庆祝方式
同先天节

天庆节
时间
一月三日

创设原因
庆祝天书首次降临

庆祝方式
休假5天
建道场设醮，断屠宰、刑罚
士庶特令宴乐
京师燃灯

天祯节
时间
四月一日

创设原因
庆祝天书下降功德阁

庆祝方式
建道场设醮
京师断屠宰、刑罚
百官行香上清宫

这还没完,宋真宗不仅要立刘氏为后,与此同时,还要巩固她的位置,给她一个儿子。

后宫里有个李氏生下了一个男婴。宋真宗二话不说就把孩子变成了刘氏的儿子,让刘氏负责养育,这就是后来的宋仁宗。那宋仁宗的亲生母亲李氏呢?宋真宗压根就不承认这个妃子,什么名分都没给。这件事后来在民间传来传去,变成了"狸猫换太子"的故事。

要知道,这个儿子的归属非常关键。后来刘氏之所以能垂帘听政,最关键的是两个条件:一,她是宋真宗的皇后,先帝正妻;二,母凭子贵,宋仁宗年龄太小,需要母亲的保护和帮助,刘太后才有了代替儿子处理天子事务的合法性。

通过这整个过程,我们可以看出宋真宗性格的一个侧面:认定一件事,就持之以恒地努力。他不用强,但是也不退缩,遇到阻力就歇一会儿,换个姿势继续前进,直到达成目标。

◆ 宋真宗的品格

通过前面的内容,我们可以总结出宋真宗个性上的优点:一旦确定了目标就持之以恒,日拱一卒。但他同时有个"坏习惯",就是为了目标不惜造假。为了政治目标,在天书问题上造假;为了私人目标,在刘皇后的身份问题上造假。而且他是瞒天过海几十年,始终如一搞造假。这一点不符合任何时代的道德标准,没有任何可辩解的余地。

但是,写了这么多关于宋真宗的故事,看了那么多关于他的史料,我得很不好意思地承认一件事:我对这个人有感情了。我知道他身上那可贵的、温暖的一面,而这温暖的一面为皇帝这个抽象的身份注入了一丝新的东西。

皇帝该怎么做,有标准答案吗?并没有。是一代代的、形形色色、活生生的人坐到了那个位置上,每个人都被儒家的圣君理想牵引,也都被祖宗家法和现实条件限制,更被自己人性中的善恶念头影响,最后才变成了史书中记载的皇帝。每个人人格中的闪光点——如果有的话,也都会或多或少地留在这个座位上，对后来者投射影响。

总体来说，宋真宗是按照儒家的圣君标准来要求自己的。关于他的史料里有很多体恤民间疾苦、虚心纳谏的故事，不过，这些并不特殊，很多皇帝都能做到。倒是有几个特别的故事，我想跟你一起品一品。

有一次，朝廷要给一位将领封官，有关部门报上来的方案是让他"领严州刺史"，但是宋真宗不同意。他给出的理由是："这个将领平时性格很严肃，管理部下也好用严刑峻法。你们要封他为严州刺史，他难免会多心，觉得朝廷在讽刺他。"

> 辛丑，以西上阁门使孙全照为东上阁门使，领英州刺史。全照形短，精悍知兵，以严毅整众，然性刚使气，专任刑丝，中书初进拟严州，
> 上曰："全照深刻，常虑人以严察谤己，今授此州，似涉讥诮。"乃改命焉。　——《续资治通鉴长编》

皇帝每天大大小小有那么多事要处理，可宋真宗不仅能注意到这个细节，还能够设身处地体察别人的心理活动，并且愿意关照这样的心理活动，可见他有能体察他人的同理心。要知道，这一点对皇帝来说太难得了。皇帝是高居在所有人之上的角色，从来都是别人探察皇帝的心思，皇帝有什么必要体察别人的想法？但是宋真宗做到了。

还有个例子，它虽然不太符合我们现代人的价值观，但值得玩味。

有一位叫马翰的军官向朝廷报告说，开封城里有一伙贼，他愿意亲自出马捉贼归案。宋真宗立刻跟宰相们说："当年我做开封府尹时，就听说这个马翰用捉贼的名义搞出了三桩祸害。第一害，他天天喊着要捉贼，城里的富户都怕他搞敲诈，便经常贿赂他。第二害，他确实能捉到贼，也会上报赃款，但他上报的数额往往只够判处盗贼死刑，剩下的全部被他独吞了。此外，他豢养了十几个无赖，到处搞侦查、扰民，这是第三害。不过，他干的这些事还没有败露，现在先别罢免他。只是以后在开封城里抓贼之事，让开封府去做，别让马翰掺和。"

> 庚戌，皇城司言亲从第二指挥使马翰称在京有髑贼，愿自绛逐收捕。
> 上谓辅臣曰："朕尹京日，闻翰以绛贼为名，乃有三害：都市豪民惧其

> 纠察，常厚赂之，一也。每获贼赃，量以当死之数送官，余悉入，已且戒军巡吏不令穷究，二也。常畜无赖十余辈，俾之侦察，其扰人不下于翰，三也。顾其事未彰败，不欲去之。自今捕贼止委开封府，勿使翰复预其事。"   ——《续资治通鉴长编》

这个故事里值得玩味的地方特别多。

首先，首都有盗贼，皇帝的第一反应应该是除恶务尽。但是宋真宗很清楚，只要朝廷急着捉贼，就会有人利用这一点谋私利。他对事情的两面性洞若观火，十分理解现实世界的复杂性。

其次，明知有人贪赃枉法，难道不该捉人判罪吗？但宋真宗认为此事还没有暴露，也就是还没有真凭实据，就先不要动他。但这里很可能暗藏了一层意思：宋真宗公开提及此事，是希望有人把话传到马翰耳中。如果马翰能及时收手，未尝不是给人一个改过自新的机会。

宋真宗的这种做法，我们未必同意。但是，他作为当时最有权力的人，做事不图简单、直接、痛快，而是能从各个角度体察他人、谅解他人。既有洞察力能看穿别人的"小九九"，又愿意与人为善，这样的特征集于皇帝身上，实在太难得了。

大宋的皇帝形形色色、各有缺点，但是有一条一以贯之的特征，就是他们身上的戾气都不重。他们手握最大的暴力机器，但是在具体施政的过程中，对暴力是能不用就不用。

看着宋真宗的背影，我特别想对他说："你这辈子挺棒的！别的不说，就看你在即位诏书里写的那两句话——延宗社之鸿休，召天地之和气，你是想通过感召天地之间的和善之气，来延续大宋这份基业。你这一任，确实把大宋召天地之和气的执政风格又往后延续了20多年，为下一个时代的圣贤气象做好了准备。"

参考文献

［宋］李焘，《续资治通鉴长编》，中华书局，1995 年。

［元］脱脱等，《宋史》，中华书局，1985 年。

［宋］王曾，《王文正公笔录》，中华书局，2017 年。

［宋］张舜民，《画墁录》，中华书局，1991 年。

［宋］王称，吴洪泽笺证，《东都事略笺证》，上海古籍出版社，2023 年。

司义祖整理，《宋大诏令集》，中华书局，1962 年。

丁传靖，《宋人轶事汇编》，中华书局，1981 年。

刘静贞，《皇帝和他们的权力：北宋前期》，稻香出版社，1996 年。

张邦炜，《宋代婚姻家族史论》，人民出版社，2003 年。

邓小南，《祖宗之法：北宋前期政治述略》，生活·读书·新知三联书店，2006 年。

王瑞来，《宰相故事：士大夫政治下的权力场》，中华书局，2010 年。

杜乐，《宋真宗朝中后期的"神圣运动"研究——以"天书"和玉皇、圣祖崇拜为切入点》，北京大学硕士论文，2011 年。

刘静贞，《权威的象征——宋真宗大中祥符时代（1008—1016）探析》，《东吴文史学报》，1989 年。

刘静贞，《从皇后干政到太后摄政——北宋真仁之际女主政治权力试探》，《中国妇女史论集续集》，稻香出版社，1991 年。

燕永成，《试论刘太后与宋真宗朝史的编修》，《史林》，2010 年第 3 期。

王瑞来，《"狸猫换太子"传说的虚与实——后真宗时代：宋代士大夫政治下的权力博弈》，《文史哲》，2016 年第 2 期。

顾宏义，《谁增"权"字：宋仁宗继位初年丁谓、王曾政争发覆》，《中山大学学报（社会科学版）》，2023 年第 63 卷第 4 期。

1023 年

经历过，解决过

1023年的世界

01 克努特命人安葬坎特伯雷大主教
● 西欧

丹麦和英格兰国王克努特安排人将坎特伯雷大主教圣埃尔夫赫亚的遗体从圣保罗大教堂恭敬地移走,并极为庄严地将其运送到坎特伯雷。克努特此举的意图是弥补此前入侵英格兰时的暴行带来的伤害,并借此弥合英格兰和丹麦臣民之间的分歧。

03 阿方索五世与乌拉卡缔结婚约
● 南欧

莱昂国王阿方索五世与桑乔三世的妹妹乌拉卡缔结婚约。乌拉卡为阿方索的第二任妻子。

> 阿方索五世(994年—1028年)年仅5岁时便继承了莱昂王国的王位,被称为"高贵的阿方索"。奥利瓦男修道院院长称呼他为"西班牙皇帝"。

02 科隆大主教担任"图书馆长"
● 中欧

教皇本笃八世任命科隆大主教皮尔格林为"图书馆长",这一职位实际承担的是教廷主管的职务。1037年,这两个职位被教皇本笃九世合二为一。

▲ 教皇本笃九世

1023年的中国

▲ 寇准像

01 寇准去世

寇准（961年—1023年），华州下邽（今陕西渭南）人。与白居易、张仁愿并称"渭南三贤"。

03 农安辽塔始建

农安辽塔位于吉林长春农安，是辽代佛教盛行时期留下来的历史遗迹，为研究当时的佛教文化、建筑艺术、瓷器工艺等提供了宝贵的资料。

▶ 农安辽塔

02 北宋颁布贴射法

贴射法是北宋茶叶专卖法的一种。始于992年，于1023年由三司使李谘进一步完善推行。具体办法是：茶商向官府贴纳官买官卖应得的净利后，官府发给贴纳凭证，茶商持凭证直接向园户购茶、贩茶。这个做法保障了官府应得的茶利，又减少了官府买卖茶叶支出的费用。但该法仅施行两年，便于1025年取消。

独掌大权的刘太后为何没变成"武则天"

宋真宗去世后,大宋的当家人就换成了宋仁宗,以及在他背后垂帘听政的刘太后。

虽然刘太后在民间传说"狸猫换太子"里被定位成坏人角色,但在真实历史上,她的名声其实很不错。司马光对她的评价是:一,保护好了皇帝;二,给天下立了规矩;三,任用贤臣,屏退小人;四,宫内宫外都镇得住场子。归结为一句话就是:为老赵家立了大功。

> "章献明肃皇太后保护圣躬,纲纪四方,进贤退奸,镇抚中外,于赵氏实有大功。" ——《上皇太后疏》

其实,前文已经多次从各种侧面提到了刘太后。我看史料时有一个强烈的感觉,她在政治舞台上正式亮相的动作太漂亮了,漂亮得让多少男性政治家黯然失色。

1023年,我们就来认识下刘太后。

◆ 女主的"破绽"

1022年3月23日,宋真宗驾崩,朝廷的重要大臣都来了,所有人都在号啕大哭。结果刘太后先说了话:"以后有的是时间哭,咱们先把眼前的事情处理好。"然后就神色正常地和大臣们商议起事情来。

> 明肃曰:"有日哭在,且听处分。" ——《续资治通鉴长编》

刘太后画像

我们如果身处现场，应该能够感受到一种微妙的东西突然冒头了——刘太后的权威。权威不仅来自公开的地位，还来自某个时刻某个人突然展现出来的"领导力"——能定义当前大家要做的事。1000多年前的刘太后在这一刻，既因为先帝皇后、如今太后的身份，拿到了公开的权力，也因为她说的这句"有日哭在，且听处分"获得了隐性的权威。而且，在权力转移的时刻，能马上意识到自己新身份的人其实不多。当年的刘太后瞬间就做到了，这就是政治家的素质。

这可以算是刘太后亮相政坛的第一个动作，那第二个动作是什么呢？处死了她最信任的宦官雷允恭。

宋真宗去世，很多宦官都去陵寝上忙活。据说把宋真宗的墓穴稍微移动一点点，就可以让后世的皇帝多子多孙。但是因为担心挖出石头和地下水——那是非常不吉利的事，便没有换墓穴。那为什么不勘察清楚呢？因为来不及，办丧事都是有固定期限的。可雷允恭大包大揽地向刘太后承诺，自己能把一切搞定。结果，新的墓穴既挖出了石头，又挖出了地下水。

刘太后就派人就地在陵寝上审问雷允恭。雷允恭说要亲自拿着设计图面见刘太后解释，可是哪会给他机会？当场审出了他贪污的证据，就地杖杀了。

这不是刘太后最亲近、最宠爱的宦官吗？怎么连当面解释的机会都不给？其实，刘太后就是要借雷允恭向所有人传递一个信号：不要以为谁离我近，我就偏心谁，我是天下的太后，我替皇帝掌权，天子无私。

刘太后亮相的第三个动作，是借着雷允恭之事顺手拿下宰相丁谓。

有人向刘太后告状，说擅自动宋真宗墓穴之事是丁谓伙同雷允恭干的，刘太后便立刻决定要杀了丁谓。但是有人劝阻说新皇刚即位，诛杀大臣太不合适，刘太后因而仅贬黜丁谓。

若要罢免时任宰相的丁谓，按制度需要让翰林学士来写"制书"。可是，因为太着急了，当时直接就让当天值班的次等秘书来写。写完后立刻在朝堂上张榜公布，昭告天下，逼得丁谓马上就得收拾行李走人。

这件事在满朝大臣眼里看来是什么意思？就四个字：太后无党。

刘太后上场之后的这几个亮相动作，明确地告诉了天下人：太后无畏，太后无私，太后无党，太后就是今后的当家人。

虽然刘太后这一系列行为厉害到没有破绽，但她的身份、她的合法性始终是一个尴尬的问题。这种尴尬来自中国皇权政治和儒家思想的逻辑错位。皇权首先是一种男权至上的权力，最高权力无疑要在男性继承人之间传递。但是，当一位女性成为母亲时，按照儒家"孝道"，她可以压过男人。

民间家庭是可以兼容这种错位的。对外，一家之主是男人；对内，如果老母亲健在，她就是家里的话事人。《红楼梦》里的贾母就是这种情况。可皇家情况要复杂得多。如果皇帝是成年人，那就跟民间家庭一样，在外朝，皇帝最大，在宫里，太后最大。如果皇帝还是个孩子呢？1023年的宋仁宗就是这种情况。

按照孝道，在宫廷里，母亲的地位要高于儿子，这很正常。可到了朝廷，因为皇帝还小，只能靠母亲代为掌权，此时女性权力最大，这就和皇权的男性属性冲突了。

虽然皇帝长大后，太后就会还政于皇帝，但所有人心里都有两个担心：第

日本学者冈安勇对中国古代"称臣"制度的研究

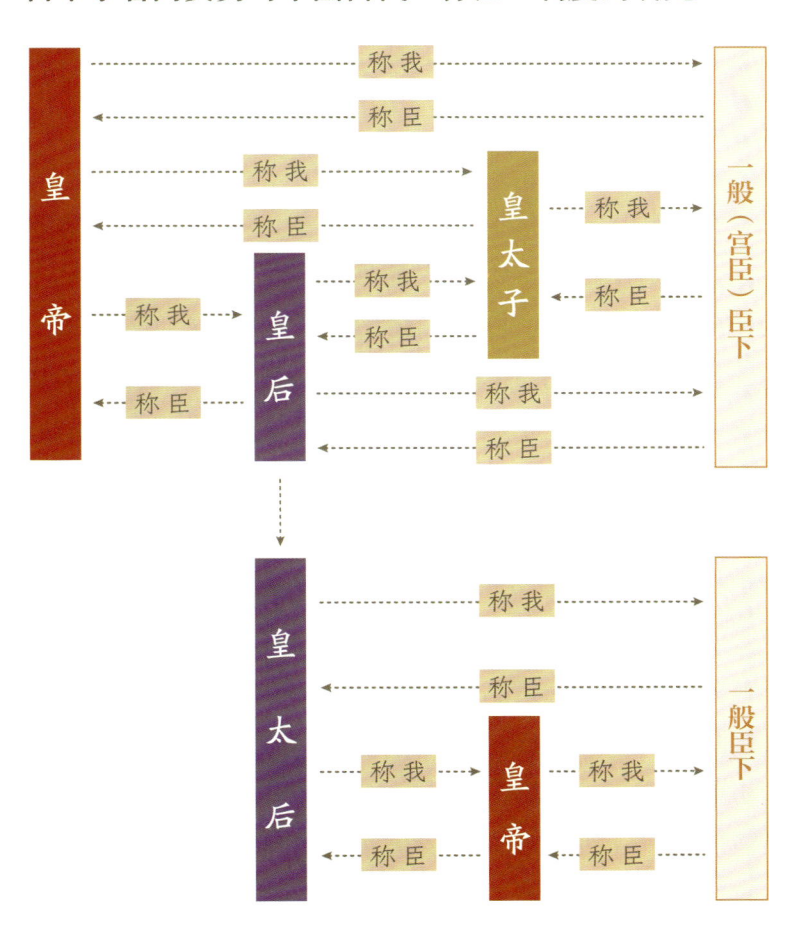

一，如果太后自己要当皇帝，怎么办？第二，如果太后重用娘家人，导致外戚专权，怎么办？毕竟，唐武则天和汉王莽就是两个活生生的先例。对于这两个担忧，宋朝交出的答卷很不错。

很多人可能有一个误解，觉得这种皇帝年幼、太后掌权的局面是特殊情况，比较少见。实际上，据统计，在2000多年的皇权历史中，大约1/4的时段都是女主掌权或男女共同执政。执政的太后共计32位，执政时长加起来有500年之久。仅宋朝就有9位太后临朝听政，而宋朝一共才18位皇帝。其中执政时间最长的太后就是刘太后，长达11年。

这11年可以说上上下下都非常满意。既没有出汉王莽那样的人，也没有出唐武则天那样的事。问题是，宋朝是怎么做到的呢？

◆ "王莽漏洞"

对于外戚问题——我称之为"王莽漏洞"，宋朝是怎么防范的呢？

太后掌权，往往有一个本能的冲动，就是信任自己的娘家人，也就是外戚。那为什么外戚一旦掌权，往往会酿成祸患呢？因为外戚的权力只生长在太后一人身上，太后一旦把权力交还给皇帝，或者太后一死，外戚的权力基础马上就不存在了。所以，外戚在失去权力之前往往会拼死一搏，这对皇权威胁极大。

有人统计过，西汉有20家外戚，最后没被灭族的只有4家，而东汉的众多外戚中只有3家保全了，可见情况有多惨烈。可叹的是，最后西汉还是毁在了外戚王莽手里。看起来，外戚集团就像某种病毒，一旦找到了入侵的口子——也就是太后——就会不断输入病毒，并且不摧毁宿主不罢休。这个时候，太后本人其实就是一匹特洛伊木马，只负责把城外的兵运进来，最后她连自己的命运也掌控不了。

历史上就有一个名场面。汉元帝的皇后王政君让王氏家族成了外戚，王家人就通过她这个口子不断地往汉室皇权输入"病毒"，一代代地往权力核心拱，最后培养出了谋权篡位的王莽。整个过程都是在王政君有意无意的帮助下完成的。最后王莽派人去找王政君要传国玉玺，老太太愣是把玉玺拿出来往地上一砸，也不愿意交出去。你看，外戚专权这个政治逻辑一旦启动，最后所有人都没有好下场，包括太后在内。

为什么宋朝有那么多太后掌权，但是偏偏没有外戚之祸呢？

原因之一是，宋朝太后的身后没有很大的家族势力。但是，很多人都没有注意到一个问题，宋朝本身就是外戚篡权起家的。

赵匡胤还是后周将领时，深受后周皇室的信任。他便借由这重信任，给弟弟赵光义攀了门好亲戚，成为后周的外戚。在陈桥兵变发生之前，站在当时掌权的后周太后的角度看：赵匡胤是我妹夫的哥哥，是我的娘家人，当然放心。陈桥兵变后，赵匡胤带兵回京夺权，太后答应得那么痛快，其中难免也有出于关照一家人的考量。

事实上，宋朝一直善待这位后周太后。她去世后，宋太宗以皇后之礼给她风光大葬，除了因为她是前朝皇后，其实还有一层原因：她是宋太宗的大姨子。

有了这么一段历史渊源，大宋皇帝能不介意外戚篡权吗？

其实，防范外戚的方法很简单：可以享受荣华富贵，但是不可以掌权。比如宋朝规定，外戚不能当文官，最多只能当武官。在宋代官场上，文武之间其实是云泥之别。宋仁宗后来还规定外戚不能当宰相，也不能当枢密使。

此外，宋朝防范外戚还有很多办法。比如，外戚不能当皇帝的侍从官。目的是把这种人跟皇帝隔离开，以免得到皇帝的信任。再比如，外戚不许和宫里的女眷见面，不许和大臣们有过于密切的来往等。总之，要在外戚跟权力核心之间建起一道看不见的"空气墙"。

宋代外戚任用制度

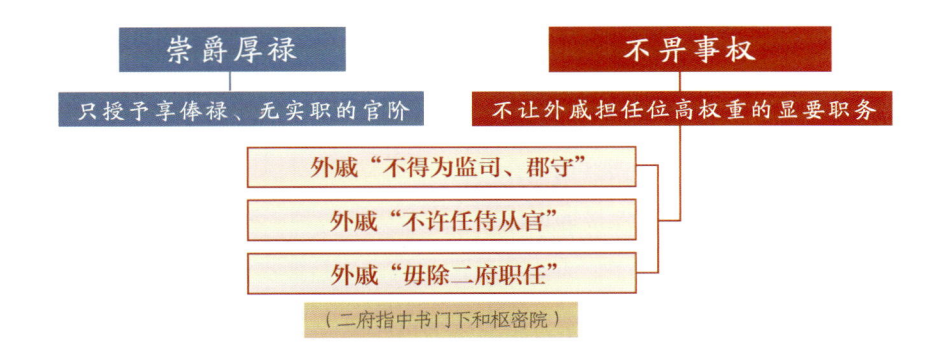

崇爵厚禄
只授予享俸禄、无实职的官阶

不畀事权
不让外戚担任位高权重的显要职务
- 外戚"不得为监司、郡守"
- 外戚"不许任侍从官"
- 外戚"毋除二府职任"
（二府指中书门下和枢密院）

◆ "武则天漏洞"

"王莽漏洞"防住了，女主政治还有一个更大的漏洞，可以称之为"武则天漏洞"：万一哪天掌权的太后不愿意交出权力，怎么办？

要知道，皇权是一种绝对排他的权力，最高统治者就是说一不二的存在。给外戚立规矩可以，但是怎么给最高统治者立规矩呢？他本身就是规矩。

这就是刘太后这段历史的价值了。刘太后是宋朝第一位掌权的太后，论性格和政治才能，她是最突出的，论执政时间，她是最长的。她甚至和武则天一样，都是皇帝丈夫长期生病，做皇后的时候就已经参与到最高政治决策里来了。所以，如果她想当武则天，机会是最大的。

不过，从垂帘听政到女王称帝，这中间有很多规矩。比如，太后要不要把自己的生日定为节日？要不要以太后的名义派使者出使契丹？太后和皇帝同时出现时，用什么礼节？太后可以一步步地往前试探，士大夫们也会一层层地拼命抵挡。

当时有人建议为刘氏立宗庙，意思是要让太后这一族和赵家天子这一族分庭抗礼。刘太后把奏书拿出来问群臣，结果没人敢吱声，只有一位叫鲁宗道的官员站出来大声说："不可！"

> 时有上言请立刘氏七庙者，太后以问辅臣，众不敢对，宗道乃曰："不可。"
> ——《续资治通鉴长编》

但是换个场合，刘太后又把这份奏疏往地上一扔，说了句十分硬气的话："少来！我不做这种对不起祖宗的事情。"

> 先是，小臣方仲弓上书，请依武后故事，立刘氏庙，而程琳亦献《武后临朝图》，后掷其书于地曰："吾不作此负祖宗事。" ——《宋史》

这就是政治博弈的复杂之处。刘太后和士大夫们都在采取"切香肠"的方法，既在一点点地接近目标，又在今天切一片、明天切一片地互相试探底线。

再举一个例子。垂帘听政的太后确实是最高权力的拥有者，但是具体怎么拥有权力呢？这里面就有很多文章可以做了。

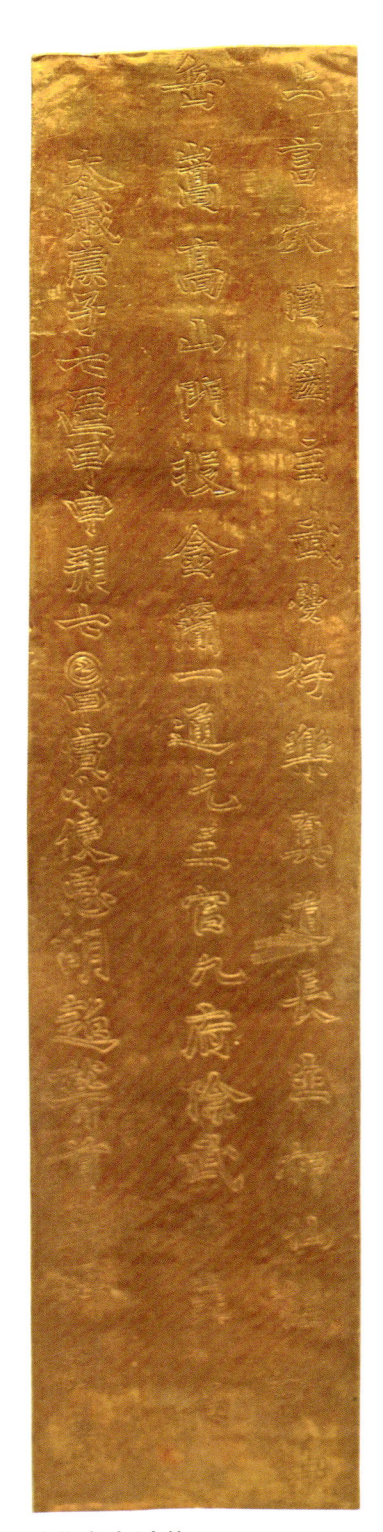

唐代武则天金简

刘太后刚上台的时候，两位宰相——王曾和丁谓分别拿出的太后听政方案就很不一样。

王曾建议采用和东汉时差不多的方式：太后和皇帝每五天上一次朝，皇帝在左，太后在右，面前挂个帘子，处理政务。

而丁谓建议的方案是：皇帝每个月初一、十五两天召见大臣；太后则分两种情况，若是大事，太后和皇帝一起见宰相班子，讨论决定，若是小事，就让宦官把宰相的处理意见报进去，太后签字就行。

这两个方案有什么区别呢？

第一，如果按照王曾的方案，太后和皇帝五天才见一次大臣，能讨论出什么呢？太后虽然有最后决定权，但是时间被限制住，权力也就被限制住了。权力的天平就会偏向宰相群体。但如果按照丁谓的方案，太后和皇帝可以随时召见宰相群体，那太后的权力就大多了。

第二，丁谓方案里的大事、小事要如何区分？当然是由太后决定。这就意味着太后想管什么就可以管什么，不想管什么就可以甩锅给宰相。

第三，丁谓划分出大事、小事不同的处理方式，给太后留了非常大的空间。如果太后不想让皇帝知道某些事，或者不愿意当着皇帝的面讨论某些事，就可以说这是小事，然后独立操作。长此以往，太后的权力就会越来越大，为将来归政皇帝制造了障碍。

第四，丁谓的方案里加入了宦官这个角色。这可能是丁谓给自己留下了一个操纵朝政的空间——方便他跟宦官勾结。

这两个听政方案从短期看没什么区别，但时间一长，差之毫厘失之千里，就会被放大成完全不同的政治后果。

好在，11年走下来，大家担心的那最后一步最终没有发生，这是士大夫的胜利。而且，这会确立一个政治先例。刘太后能力那么强、时机那么好，都没能做到的事情，后来有野心的人可能也就算了。

那士大夫们是怎么守住底线的？宋朝是怎么给太后膨胀的权力欲踩刹车的呢？这就要提到宋朝的一个基本执政方略——"事为之防，曲为之制"，就是对任何可能的风险都准备了防范的办法，对任何现实的隐患都设置了制约的机制。

钱穆先生在《中国历代政治得失》里写道："在我们要讲的汉、唐、宋、明、清五个朝代里，宋朝是最贫最弱的一环。专从政治制度上看来，也是最没有建树的一环。"要论政治制度的创造性，宋朝确实很弱；但要论补漏洞的功夫，宋朝的本事可是数一数二的。

宋朝是从五代乱世中崛起的，之前的汉唐也留下了很多教训。所以，宋朝君臣一直在殚精竭虑地修补这些漏洞，把亡羊补牢的精神发挥到了极致。

不过，在现实世界中，从来没有什么只有收益、没有代价的好办法。补上了一个漏洞，在看不见的地方一定又会出现一个新的缺口。解决一个问题的手段会成为下一个要解决的问题，这是宋朝历史最让人深思的地方。

比如，"事为之防，曲为之制"同时意味着，对于存在风险可能性的地方，权当风险已经发生了去预防。由此产生的推论就是：如果看见一个人带了犯罪工具，就断定他会犯罪，所以必须提前遏止。这样合理吗？

宋朝的人还真没觉得这有什么不合理的。皇亲、外戚、宦官、军队作乱、地方造反，所有内乱，宋朝都用"事为之防，曲为之制"防住了。但是他们可能意识不到，同样也是因为这八个字，在金兵南下的时候，因为对地方武装的防范过严，以至中央禁军一垮，就再无还手之力，国家很快就濒临死亡。

这就是我们穿越回历史时空，伴随古人步伐往前走的强烈感受：面对难题，没什么办法可以一劳永逸；应对挑战，历史永远是一场无限游戏。

参考文献

［宋］李焘，《续资治通鉴长编》，中华书局，1995 年。
［元］脱脱等，《宋史》，中华书局，1985 年。
［清］徐松，《宋会要辑稿》，中华书局，1957 年。
司义祖整理，《宋大诏令集》，中华书局，1962 年。
［宋］范晔，《后汉书》，中华书局，2000 年。
［清］赵翼，《廿二史札记》，凤凰出版社，2008 年。
中华书局编，《清实录》，中华书局，2008 年。
［清］梁章钜，《浪跡三谈·续谈·三谈》，中华书局，1997 年。
［汉］班固，《汉书》，中华书局，1962 年。
王化雨，《面圣：宋代奏对活动研究》，生活·读书·新知三联书店，2019 年。
吴铮强，《官家的心事：宋朝宫廷政治三百年》，上海人民出版社，2023 年。
刘云军，《隐秘的女皇：北宋刘娥与士大夫共治天下》，天地出版社，2022 年。
张邦炜，《宋代皇亲与政治：解读赵宋王朝"家天下"的政治内核》，郑州大学出版社，2021 年。
米莉，《帝制中国的女主与政治：关于女性统治的合法性探析》，中国社会科学出版社，2019 年。
周佳，《北宋中央日常政务运行研究》，中华书局，2015 年。
邓小南，《祖宗之法：北宋前期政治述略》，生活·读书·新知三联书店，2014 年。
刘静贞，《皇帝和他们的权力：北宋前期》，稻香出版社，1996 年。
〔英〕崔瑞德、〔美〕史乐民编，宋燕鹏等译，《剑桥中国宋代史（上卷）：907—1279 年》，中国社会科学出版社，2020 年。
刘静贞，《社会文化理念的政治运作——宋代母/后的政治权力与位置试探》，《宋史研究论文集》，河南大学出版社，2014 年。
刘静贞，《从皇后干政到太后摄政——北宋真仁之际女主政治权力试探》，《中国妇女史论集续集》，稻香出版社，1991 年。
赵冬梅，《"先帝皇后"与"今上生母"：试论北宋政治文化中的皇太后》，《10—13 世纪中国文化的碰撞与融合》，上海人民出版社，2006 年。
杨联陞，《中国历史上的女主》，《哈佛亚洲研究学报》，1960 年第 23 期。

1024 年

经 历 过 ， 解 决 过

1024年的世界

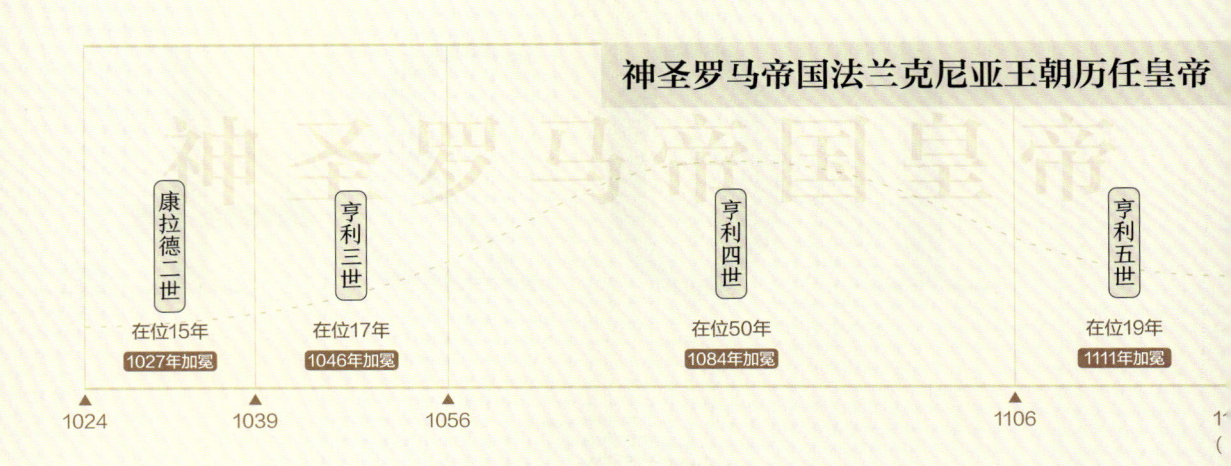

神圣罗马帝国法兰克尼亚王朝历任皇帝

康拉德二世	亨利三世	亨利四世	亨利五世
在位15年	在位17年	在位50年	在位19年
1027年加冕	1046年加冕	1084年加冕	1111年加冕
1024	1039	1056	1106

01 康拉德二世当选为德意志国王
● 中欧

由于神圣罗马帝国皇帝亨利二世去世后没有任何男性继承人,神圣罗马帝国萨克森王朝结束。康拉德二世(约990年—1039年)于1024年被选举为德意志国王,并被册封为查理大帝的继承人,法兰克尼亚王朝(又称"萨利安王朝")由此开始。三年后,他被正式加冕为神圣罗马帝国皇帝。

02 帕维亚爆发起义
● 南欧

在神圣罗马帝国皇位空置期间,意大利的大领主们对皇位的继承问题产生重大分歧,处于神圣罗马帝国控制下的意大利王国的首都帕维亚爆发了起义。在起义中,王宫被摧毁,管理人员遭到了驱散。

03 挪威颁布第一部国家立法
● 北欧

奥拉夫二世颁布宗教法典,该法典被认为是挪威第一部国家立法。

1024年的中国

01 西夏李德明筑省嵬城

李德明筑省嵬城,用以控驭蕃族,屏蔽兴州。

> 省嵬城遗址在今宁夏石嘴山市郊,现存残垣约600米,方形,夯土筑。1965年至1966年宁夏博物馆对城址进行了试掘,出土有西夏文物、唐宋货币等。

02 柳永第四次科举落第

此前,柳永分别于1009年、1015年、1018年三次参加科举,均落第。1024年这一次科举失利后,柳永愤而离京。后于1034年中进士。

> 柳永(约987年—约1053年),初名三变。北宋词人,婉约派代表人物。代表作有《雨霖铃·寒蝉凄切》。

▶ 明·眭明永《书柳永词句轴》所书为柳永《雨霖铃》词下半阕中的一句『杨柳岸,晓风残月』。不过,眭明永写成了『杨柳外,晓风残月』。

《雨霖铃》 柳永

寒蝉凄切,对长亭晚,骤雨初歇。
都门帐饮无绪,留恋处,兰舟催发。
执手相看泪眼,竟无语凝噎。
念去去,千里烟波,暮霭沉沉楚天阔。
多情自古伤离别,更那堪、冷落清秋节!
今宵酒醒何处?杨柳岸,晓风残月。
此去经年,应是良辰好景虚设。
便纵有千种风情,更与何人说?

纸币为何诞生在中国宋代

读中国历史，我经常会有这样的感慨：很多当时人无比尊崇、无比珍惜的东西，随着时间这把残酷的进化剪刀一剪，就烟消云散了；而当时的人可能并不在意的东西，随着时间流逝，越加光芒四射。

比如，四大发明中有两项——指南针、活字印刷术，都是在宋代发明的。其实另一项——火药在军事上的应用，也是在宋代突飞猛进的。但是当时的人并没有意识到这些创造的重要性，往往只是在某本书的某行字里一带而过。

还有一项创造虽然没能列入四大发明，但是从今天的视角来看，它的意义一点也不比四大发明小，那就是纸币——交子。

交子的发明是一个漫长的过程，但是如果非要定一个交子诞生的年份，那就是 1024 年。这可是世界上最早的纸币，比欧洲纸币要早 600 多年。

中国人为什么能比欧洲人早 600 多年发明纸币呢？当时中国具备的发明纸币的条件都有什么呢？搞清楚这些条件，又会对我们理解"创新"带来哪些启发呢？

◆ 纸币为什么最早出现在中国

我们除了为祖先的创造力感到自豪外，还得意识到：中国能够早欧洲 600 多年发明纸币，是因为两种文明遇到的挑战不一样。

欧洲很早就有发达的商业，大宗货物通常使用贵金属——金、银来交易，但这会带来两个大麻烦。

第一个麻烦是，老百姓日常生活用的零钱怎么办？欧洲因为长期处于分裂状态，各个诸侯、贵族、领主只能在自己的领地内发行各种各样的小零钱。这就会带来币值混乱、货币不足的问题。但好在欧洲是分裂的，零钱的问题再严

货币

宋代五种主要纸币

北宋

- **1024年** 官交子发行
- **交子**
- **1109年** 交子被正式作废

元《楮币谱》所载第七十界至七十三界钱引图式

钱引

- **1107年** 改交子为钱引，但纸币仍用"交子"之名
- **1109年** 纸币正式改名为"钱引"

北宋末南宋初 关子出现于北宋末至南宋初

南宋

- **1160年** 私营会子收归官营
- **1161年** 会子的印造发行权收归中央

- **1166年** 淮交印发
- 通行于两淮地区
- **淮交**
- **1220年** 淮交发行最后一界，后逐渐衰亡

- **1254年** "钱引"被"会子"取代

会子

行在会子库钞版

- **1279年** 会子随南宋灭亡而停用

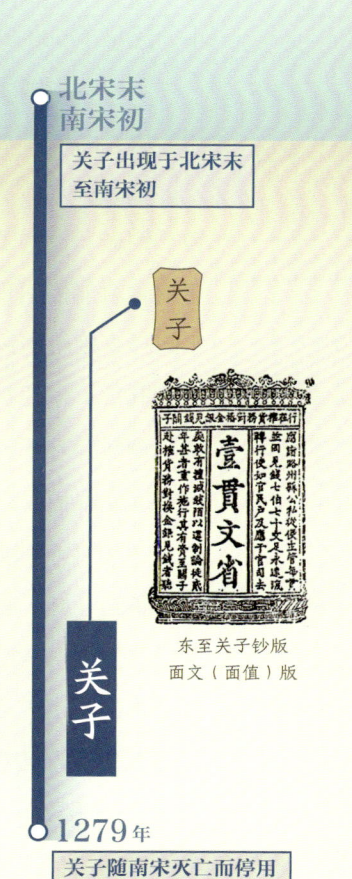

关子

东至关子钞版 面文（面值）版

- **1279年** 关子随南宋灭亡而停用

注
界：古代纸币的流通期限，一般为两年或三年，到期更换。

重,也是局部问题,不会大规模蔓延。

第二个麻烦就严重多了,它是全局性问题。

因为欧洲是分裂的,各地都有各地的金银币,每种金银币的大小、重量、纯度都不同,要怎么交易呢?于是就出现了专业搞兑换的人,也就是早期的银行家。随着兑换、还款、借贷的业务越来越多,银行就搞出了各种票据,这就是欧洲纸币的前身。1661年,瑞典斯德哥尔摩银行发行了欧洲最早的纸币。也就是说,欧洲的纸币是从银行基础上发育出来的。

而中国从秦开始就完成了大一统,货币系统也早早被统一,不会出现欧洲货币兑换的难题,自然就没能演化出银行系统。此外,古代中国一直重农抑商,没有欧洲那么频繁的交易需求。既然如此,为什么是中国率先发明了纸币,还早了600多年呢?

其实,中国之所以会发明纸币,是因为铜钱系统出了大问题——铜钱不够用,历史上称之为"钱荒"。

钱荒的原因有很多种。首先,铜除了铸币,本身还有实用功能,能做铜镜、铜壶、铜钩子等。假设你是做铜器的作坊主,去哪儿进原料呢?直接推一车粮食就能换回现成的铜钱。只要铜钱熔化、做成铜器后能够盈利,那百姓肯定选择直接用铜钱当原料,连采购铜原料的物流费都省了。

其次,铜钱具备保值的功能。粮食会腐烂,铜钱可不会。民间的财富都被换成铜钱存着了,市场上流通的铜钱自然就少了。比如史书记载,唐代地方上的节度使囤积在京城的钱,少的都有50万贯。

2010年,陕西一所中学校门口在施工时挖出了一个大洞,里面是满满的铜钱,重达4吨,据报道是南宋时期的窖藏。古人没有银行,如果想储存财富,最好的方法就是挖个坑把钱埋了。

再次,宗教活动也消耗了大量的铜。东汉之后,佛教在中国日益兴盛。百姓怎么证明自己对菩萨的信仰很虔诚呢?当然是把值钱的东西献给菩萨,有金子就献金子,金子不够就献铜器。铜像、铜铃、铜钟,有多少献多少。

中国历代灭佛并非仅仅因为宗教信仰的冲突,还有一个很重要的原因是皇帝看中了寺庙里的铜。历史上有一个说法叫"毁佛钱",就是用熔化佛像的铜铸造的钱币,会昌开元通宝就是唐武宗"会昌灭佛"后铸造的。

最后，大宋周边的政权往往也都用大宋造的钱，毕竟大宋的铸造水平高，铜钱都是足斤足两的。但是这会进一步稀释大宋市面上流通的铜钱数量。

分析了这么多，我们再切换到皇帝的视角看一下：朝廷开采、冶炼铜矿，足斤足两地往市场上投放铜钱，为的就是让老百姓有钱可用，让天下货物流通，结果，藏的藏，埋的埋，供的供，漏的漏，排水管比进水管都要粗，这个买卖也太赔了！

那么，朝廷能不能把铜钱的面值提高，用 10 块钱的铜做出面值 20 块钱的货币，节省铜的用量呢？用现代人的说法，凭空增加的币值叫作铸币税。这么做，不光能解决钱荒的问题，朝廷还能凭空多一笔税收。三国时期的刘备就这样操作过，他在四川发行过"直百五铢"钱，一枚五铢钱就当 100 枚，以一换百。

但是，这条路根本行不通。一方面，老百姓不接受，他们不愿意用这样的钱。另一方面，民间私铸货币的人会给这种做法踩刹车。

想一下，如果朝廷宣布一枚铜钱上面只要写上价值 100 枚，就真可以当 100 枚来用，你会怎么做？你会把家里的铜锅、铜镜、铜钟全部熔了来铸钱，或者干脆把市面上能搜罗到的铜钱都熔化了来铸这种更值钱的钱。毕竟，一转手就是 100 倍的利润，朝廷再有严刑峻法也拦不住。所以，这种做法虽然能暂时解决钱荒，但受益更多的是那些民间私铸钱币的人。

只要用铜钱，中国古代的大一统帝国就会面临一种左右为难的问题：让铜钱面值和铜的实际价值等值的话，朝廷就会面临一个无底洞，最终背上沉重的财政负担；让铜钱面值和铜的实际价值不等值的话，就会造成恶性通货膨胀，便宜了盗铸货币的非法之徒。

不知道历史上有没有皇帝做过这样的梦：如果有一种货币用很低的成本就能生产出来，要多少有多少，朝廷不仅想让它值多少它就能值多少，还可以通过发行这种货币低成本地收一把税，而且老百姓还愿意用，那就太完美了！

这是什么？这不就是纸币交子吗？

所以，交子的发明可不是奇思妙想，而是被挥之不去的钱荒逼出来的。但奇怪的是，面值被凭空标大的铜钱，民间百姓都不接受，为什么一张纸就能被市场接受呢？

◆ 交子为什么出现在北宋

其实，古时的人一直在寻找铜币的替代方案。汉武帝用过白鹿皮做钱币，北魏时甚至用过布片做钱币。但是，这些替代方案都不理想。

一个原因是，布匹和绸缎的实用性更强。比如天一冷，大家都需要布，布就涨价了。货币最重要的特性是币值稳定，而布匹的价值波动太大，并不适合做货币。

还有一个原因是，布匹的分割性不好。

你可以想象一个场景，我用一匹布跟你买东西，你还得找给我半匹，那只好分割。分割在技术上不难，但是咱俩一人拿一半，谁都受了损失，因为两个半匹布的价值远远不如一整匹布。而金属货币无论怎么分割，依然能够重新熔化结合在一起。价值既不减损，也不灭失，所以马克思说"金银天然不是货币，但货币天然是金银"。

为什么到了北宋，找到了纸币这个解决方案呢？

最容易理解的一个原因是，印刷术到北宋时成熟了，有了彩色套印这种复杂的技术，纸币的防伪问题可以解决了。

更深层的一个原因是，唐宋时期中国的经济发展有了一些很微妙的变化，其中一个就是老百姓养成了喝茶的习惯。这个习惯表面上看不起眼，但是一个普遍的消费习惯一旦养成，爆发出来的经济能量大得惊人。

茶叶在哪里生长？南方。喝茶的人呢？遍布全国。茶叶要从南方生产区运输到全国，尤其是北方，这就改变了中国大宗商品的流向。原来的大宗商品主要是官营的盐和铁。现在大宗商品不仅多了茶，还包括绢、米，这五品都是普通人生产、普通人消费，整个市场的交易主体就变了。大量分散的、普通的小农被卷入市场，对货币的需求量激增。

唐代，铜钱不够用，出现了"钱荒"；到了北宋，市场规模暴涨，钱就更不够用了。

这可不是北宋朝廷不努力，而是市场规模扩张得太快。实际上，北宋制造铜钱的数量非常惊人，是汉唐的数倍至数十倍。即使如此，北宋货币还是不够用。发明纸币，在当时就是一个不得已的替代办法。

北宋铜钱铸造额

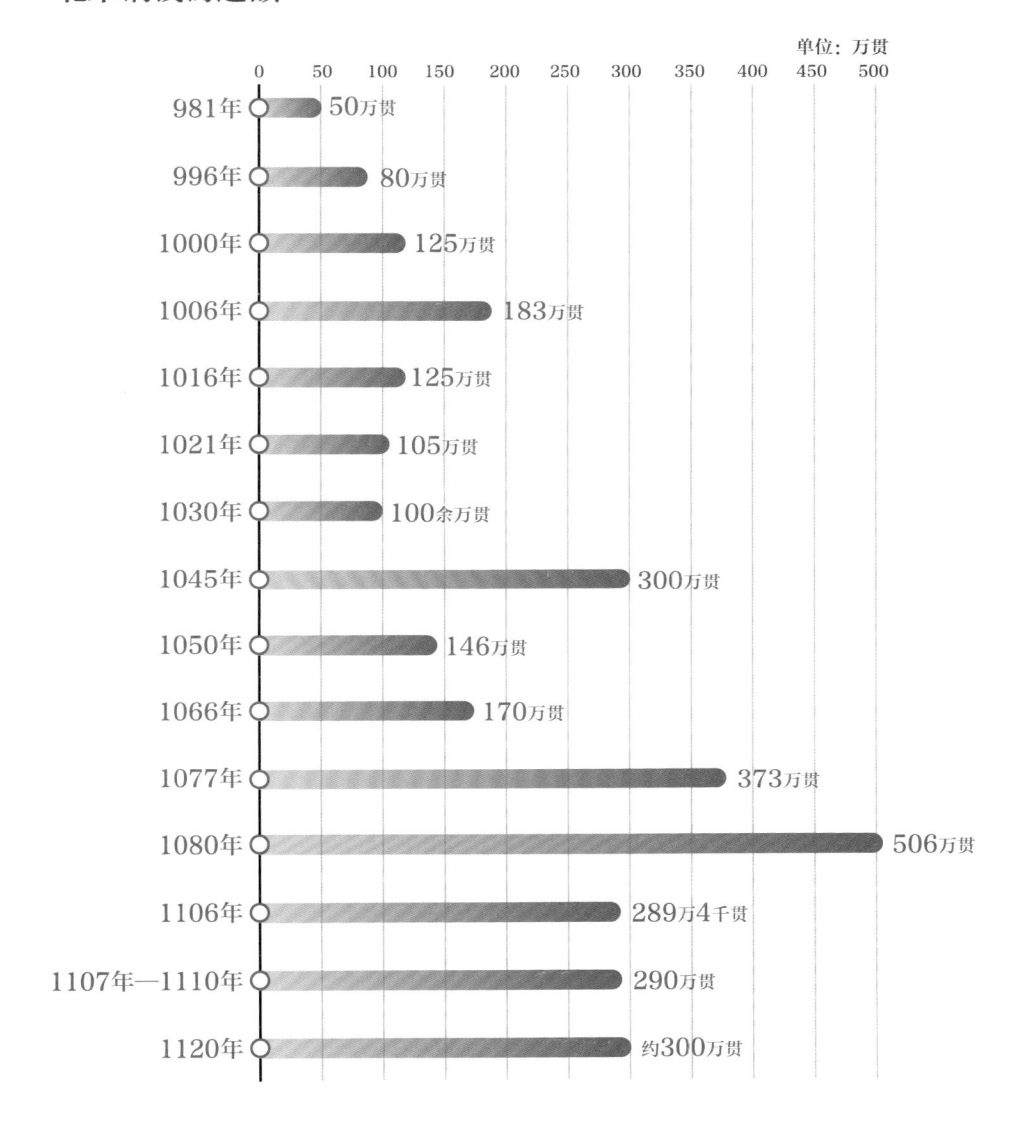

单位：万贯

年份	铸造额
981年	50万贯
996年	80万贯
1000年	125万贯
1006年	183万贯
1016年	125万贯
1021年	105万贯
1030年	100余万贯
1045年	300万贯
1050年	146万贯
1066年	170万贯
1077年	373万贯
1080年	506万贯
1106年	289万4千贯
1107年—1110年	290万贯
1120年	约300万贯

当然，我们还可以往深再看一层：为什么纸币出现在北宋？

原因在于，北宋的社会治理能力是前代不可同日而语的。

最早尝试发行交子这种纸币的，其实是四川成都民间的一些商人，他们发行的纸币叫"私交子"。简单地说，就是存款人把沉重的钱存在商人这里，商人用纸给存款人开个票据，证明存款人的钱在商人这里。然后，存款人用票据就可以买东西了。

这当然很方便，但是有一个关键问题，这些民间商人很快就发现：我不需要傻乎乎地把存款人的钱全部放在手里，只要留一些钱周转就行了，剩下的可以挪到别的地方用。但是，一旦挪用的钱投资失败，或者突然出现存款人集中兑换，马上就会发生金融危机。所以私交子很快就引发了大量的诉讼。

这个时候，如果你是地方官，该怎么办呢？既然惹麻烦了，就把交子禁了。实际上，刚开始地方官就是这么干的。

但是，也有地方官站出来说："交子废了，民间贸易还是不方便，官方应该专门设一个交子机构发行交子，禁止民间再发行交子。"最后，各方达成一致，改私交子为官交子。这件事就发生在1024年的1月，也因此，交子的诞生年份被定为1024年。

> 田、若谷议废交子不复用，则贸易非便。但请官为置务，禁民私造。又诏梓州路提点刑狱官与田、若谷共议。田等议如前。戊午，诏从其请，始置益州交子务。　　——《续资治通鉴长编》

我自己读这段史料时有一个感受：一个地方官看到某一项创新惹了乱子，没有一禁了之，而是愿意把这颗烫手山芋接过来，说服朝廷设立一个常设机构，想办法、立规矩、负责任、担风险，用官员的身份把原来商人做的事再做一遍，而且还要做得更好，这份担当真的是很了不起。

再回顾一下整个过程：朝廷有鼓励创新的心胸，地方官有敢于担责的勇气和一定的资源，这些因素因缘际会凑到了一起，交子这样的创新才有可能诞生。如果不是在国势蒸蒸日上的北宋，那简直不敢想。

◆ 交子为什么出现在四川

为什么交子这个创新出现在四川呢？

这个原因就更复杂了，归根到底，还是因为和全国其他地方相比，四川的商业更发达，货币更不够用。在这个阶段，四川地区的商税已经占全国总额的

货币

交子务及官营交子的发行情况

交子务的人员构成

监官	掌典	贴书	印匠	雕匠	铸匠	杂役
1+1人（1078年增加一人）	10人	69人	81人	6人	6人	12人

官营交子的发行量

- **第1界—第35界** 1024年—1091年 每界125万6340贯
- **第36界—第37界** 1093年—1095年 每界140万6340贯
- **第38界—第39界** 1097年—1099年 每界188万6340贯
- **第40界** 1101年 接近300万贯
- **第41界** 1103年 1500余万贯
- **第42界** 1105年 2600万贯

官营交子的面额

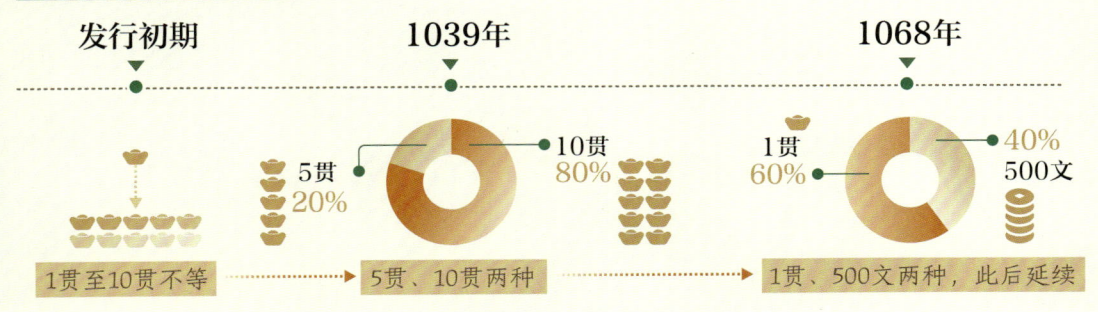

- **发行初期**：1贯至10贯不等
- **1039年**：5贯、10贯两种（5贯 20%、10贯 80%）
- **1068年**：1贯、500文两种，此后延续（1贯 60%、500文 40%）

资料来源：王申、王喆伟，《交子：世界金融史的中国贡献》，中信出版集团，2024年。

近30%，是妥妥的经济高度发达地区。但与此同时，四川地区的货币情况非常糟糕。

前文讲过，北宋初年，赵家天子一门心思要把四川的财富搬到开封来。不仅要搬走金银财宝、绫罗绸缎、布匹粮食，还要把铜钱也拿走。可是，铜钱都被搬走了，四川用什么货币呢？用铁铸成的钱。

铁钱带来的问题，一个想得到，一个想不到。想得到的是，太不方便了。同样一贯钱，铜钱重四斤半，铁钱重六斤半。更重要的是，铁的价值远远不如铜，铁钱只有铜钱购买力的1/10。如果你在当时的成都想买一匹两贯钱的绢，得挑着13斤重的铁钱去买。这还是在平原地区，就更不用提四川山区的交易有多难了。这样一来，四川作为一个经济发达地区基本就被孤立了。在这种情况下，纸币率先在成都诞生就不奇怪了。

宋·郭熙《寒林蜀道图》（局部）
蜀道对于四川地区的经济贸易活动起到了重要的作用。

铁钱还带来了一个意想不到的后果。看起来，铜和铁都是金属，只是价值有高低。但其实，铁和铜的本质完全不一样——铁很容易生锈腐蚀，而铜的化学性质稳定得多。在老百姓看来，铜钱是一种可以长期储存的货币，而铁钱跟纸差不多，非常容易腐烂。所以，用惯了铁钱的四川人没觉得用纸做的钱有什么大不了的，反正都不好储存。

除此之外，交子诞生在四川还有一些非常偶然的原因。举个例子，当时朝廷里的最高决策人刘太后就是四川人。她虽然十几岁就离开了家乡，但是想必对当时四川用铁钱不太方便的情况有所耳闻。几十年之后，她看到如此富有创意的纸币，可能更愿给这个创新性举措发展的机会，也愿意承担创新失败的风险。这种闪念之间的倾向性，对于一项创新来说，是至关重要的。

这样看来，人类的第一张纸币交子诞生在北宋，诞生在四川成都，既是大势所趋，又是情境所迫，既是水到渠成，又有点运气使然。

这可能是人类历史上所有伟大的创新举措要经历的常态吧：上天准备好了所有条件，等到万事俱备，最后挑出一个幸运儿踢出临门一脚。

◆ 创新需要什么条件

我们这代人，生下来就处于信用货币的环境里，手里拿着一张纸，甚至用手机里的一张二维码就能买东西。回头看1000多年前的"交子"，我还是会为它感到惊叹。

如果说我在一家熟悉的铺子存了钱，铺子老板给我开了一张凭条，因为我俩是熟人，常年打交道，我相信这张纸就等于相信背后的人——这种信任还是很好达成的，靠人际网络的反复博弈就行。但是交子就没有这么简单了。它是脱离了具体人、具体场景的货币，是一种非常抽象的东西。这就不能只靠我自己信了，我得相信所有人都信。要达成这种规模的信任，难度可太大了。

交子能在1024年诞生，且平稳运行了80余年，绝不只是因为那一代人的聪明才智，更是中国社会此前1000多年的痛苦摸索，缓慢的条件积累，反复的创新试错，最后在那个时间、地点开了花。

什么是创新？创新不只是创新者灵光闪现的瞬间，也不只是看得见、摸得着的智力成果，更是一个漫长且痛苦的过程。它最早的种子就是人类社会的那些需要解决的问题，这些问题一方面不断召唤各种各样的解决方案，一方面不断积累各种各样的基础条件，等到时机成熟，在一个最适合的时间、地点，一个最有准备的人戴上了这顶创新的桂冠。

就像有人问，船是谁造的？有两个答案。一个答案是，船是造船师傅造的；还有一个答案是，船是大海造的。因为所有不符合大海要求的船都沉没了。大海就在那里默默地等，看着造船师傅辛苦地工作，然后接受那些符合心意的船，让它们存活下来。

创新的过程，也是如此。

参考文献

［宋］李焘，《续资治通鉴长编》，中华书局，1995年。
［后晋］刘昫等，《旧唐书》，中华书局，1975年。
［宋］周行己，《浮沚集》，中国书店，2018年。
吴乐旻，《富种起源：人类是怎么变富的》，中信出版集团，2023年。
彭信威，《中国货币史》，中国人民大学出版社，2020年。
王申、王喆伟，《交子：世界金融史的中国贡献》，中信出版集团，2024年。
〔日〕黑田明伸，何平译，《货币制度的世界史》，中国人民大学出版社，2007年。
何平，《纸币发行千年纪念：世界历史上纸币的理论与实践——2022年第19届世界经济史大会小组专题研讨纪要》，《中国钱币》，2023年第1期。
管汉晖，《宋元纸币流通及其在世界货币史上的地位：兼论中西方货币史演变路径的差异》，《经济资料译丛》，2016年第3期。
包伟民，《试论宋代纸币的性质及其历史地位》，《中国经济史研究》，1995年第3期。
林文勋，《北宋四川商税问题考释》，《中国社会经济史研究》，1990年第1期。

1025 年

经 历 过， 解 决 过

1025年的世界

01 君士坦丁八世成为拜占庭帝国唯一皇帝
● 南欧

君士坦丁八世（960年—1028年）是巴西尔二世的弟弟，在962年被封为共治皇帝。巴西尔二世于1025年去世后，君士坦丁八世成为拜占庭帝国唯一的皇帝。

▲ 体现巴西尔二世（左）与君士坦丁八世（右）共治的金币

▲ 印有伊本·西拿画像的邮票

03 伊本·西拿完成《医典》
● 中亚

《医典》是一部医学百科全书，不仅包含大量医学知识，而且具有系统的逻辑性。在此后的五六百年间，欧洲的许多医学院都把《医典》作为教材使用。

伊本·西拿（980年—1037年），拉丁名"阿维森纳"，阿拉伯医学家、哲学家、自然科学家。他在东方被尊为"卓越的智者"，在西方则被誉为"最伟大的医生""世界医学之父"。

02 波列斯瓦夫一世被加冕为波兰国王
● 中欧

神圣罗马帝国皇帝亨利二世生前一直反对波兰大公波列斯瓦夫一世加冕，由于前者于1024年去世，波列斯瓦夫一世于1025年被加冕为第一位波兰国王。自此，波兰的地位由公国上升为王国。

▲ 波兰画家扬·马泰伊科描绘的波列斯瓦夫一世加冕的场景

1025年的中国

01 辽圣宗驻跸"南京"

南京道,辽代设置。938年,辽升幽州为幽都府,建为南京(为辽"五京"之一)。

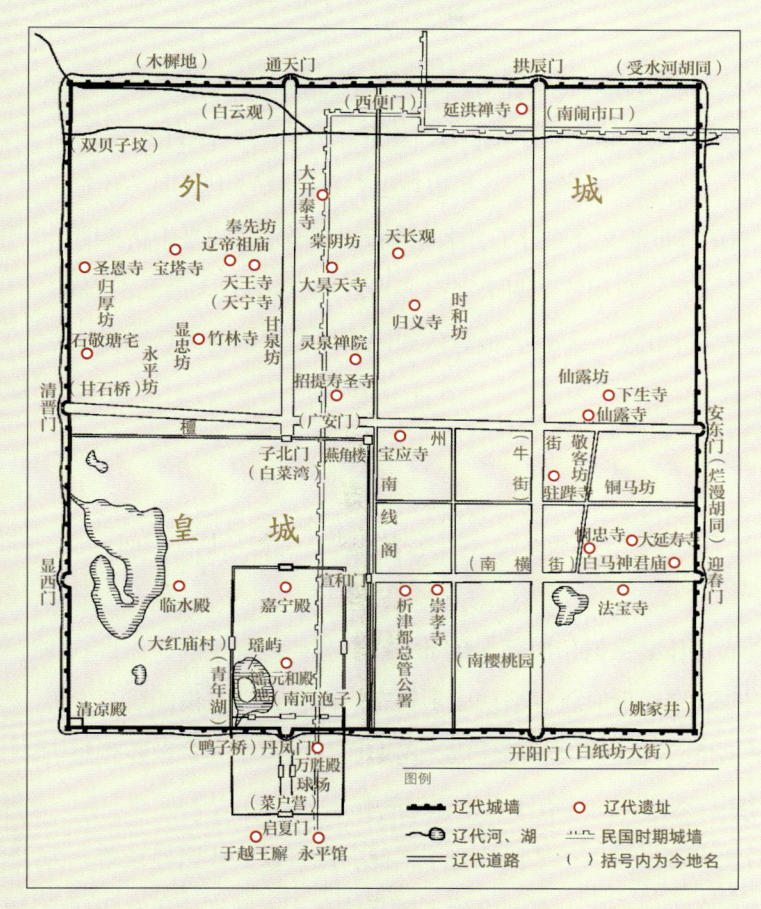

▶ 辽南京城复原示意图

资料来源:于杰、于光度,《金中都》,北京出版社,1989年。

02 广济寺三大士殿建成

广济寺位于今天津宝坻,三大士殿始建于1005年,于1025年完工。

梁思成曾经盛赞这栋建筑的"彻上露明造"做法:"在三大士殿全部结构中,无论殿内殿外的斗栱和梁架……没有一块木头不含有结构的机能和意义的。在殿内抬头看上面的梁架,就像看一张X光线照片,内部的骨干一目了然,这是三大士殿最善最美处。"

▲ 广济寺三大士殿

03 晏殊升任枢密副使

晏殊(991年—1055年),字同叔。北宋政治家、文学家。景德初以神童召试,赐同进士出身,1043年任宰相兼枢密使。

其作品多表现诗酒生活和悠闲情致,《浣溪沙》中"无可奈何花落去,似曾相识燕归来"二句,传诵颇广。

世家为什么不愿意跟皇家联姻

1025 年，大权独揽的刘太后有一桩不大不小的烦心事。她单独召见了时任开封府临时知府的刘烨："我知道你们家是名门望族，我想看看你们家的家谱，有可能咱俩是同宗。"要知道，刘烨的家族可以往上一直追溯 12 代，每一代都是官宦之家。而刘太后的身世前文介绍过了，出身寒微，甚至可以说是来路不明。

刘烨听了这个要求后，只回答了两个字："不敢。"之后，刘太后几次询问，刘烨假装晕倒，才被放了出去。不过，他竟然如此不识抬举，刘太后就把他贬职到洛阳当知府了。

> 烨尝权发遣开封府事，独召见，太后问曰："知卿名族，欲一见卿家谱，恐与吾同宗也"。曰："不敢。"他日数问之，无以对，因为风眩，仆而出，乃免。 ——《续资治通鉴长编》

刘太后并非真要看什么家谱，而是在暗示刘烨：我们俩都姓刘，你得认我这个同宗。其实，宋真宗在世时就想给刘太后认一门同宗，只是没能成功，不得已才瞎编了一个家世。现在刘太后已经成为国家实际的当家人，她还是想尝试找个姓刘的名门望族认亲，这才有了看家谱这一出。

可是，此时的北宋已经是一个平民社会了，此前的世家大族已经衰落，为什么刘太后还是这么在乎家世呢？而刘烨除了道德感高、不撒谎，还有什么顾虑才坚决不答应此事呢？

◆ 士族社会的终结

要理解刘太后为什么如此在乎家世，我们必须先理解北宋之前的士族社会到底是怎么回事。

一提到魏晋南北朝时期的世家大族，很多人都会觉得这是一股和皇权相抗衡的力量，因为这些世家大族掌握了大量的土地、钱财和人口，拥有雄厚的实力。不过，这个理解有点简单化了。士族再有钱，能比得上国库吗？士族有再多的家丁，能打得过朝廷正规军吗？

其实，世家大族的权力根源不完全来自经济、军事这些"硬实力"，更重要的是"软实力"。这是一个文化现象，或者叫"声望现象"。

最开始，世家大族们真正能够垄断的东西只有知识。东汉、魏晋南北朝时，书籍非常昂贵，能够读书、研究学问的主要是世家大族。但是，世家大族并非把天下的书籍都攥在自己手里，不让别人看。他们之所以能垄断知识，是因为"知识传承"这件事在家族内部更简单有效，而且在代际之间发生正反馈，并不断强化。

1995年，美国社会学研究者提出了"3000万词汇现象"。调查发现，出生在贫困家庭的孩子长到4岁时，和出生在富裕、有文化人士家庭的孩子相比，会少听到3000万个英语单词。反映到孩子的智商上，前者的平均智商是79，后者则是117。父母跟孩子说话的水平会影响孩子的知识水准、文化水准，甚至是智商差异。可见，知识文化的传承在家族之间是有马太效应的。

除此之外，还有放大效应。皇帝要治理国家，必须任用识文断字的官员，这些官员刚开始只能来自世家大族。时间一长，这些家族之间就形成了彼此信任、彼此关照、彼此推荐的社会网络。你照顾我儿子，我推荐你侄子。这种循环一旦形成，力量就太可怕了。

再进一步，还有更高一级的放大效应，那就是社会声望。

一个人怎样才能提高自己的社会声望？只有一个办法，就是和高声望的"东西"站在一起。比如，上名校、加入高端圈子、出入高端场合、和名人合影、穿着讲究……我把这个规律称为"声望算法"。

这个算法的结果，就是社会声望资源的自我强化、自我巩固。比如，北大、清华历史悠久、英才辈出，自然有更多优秀的学生渴望加入这个集体，于是，北大、清华的学生就更加优秀，更多的名师、捐款、学术资源涌入这里。时间越长，北大、清华的声望越高。当然，反过来看，北大、清华有很高的门槛，不是什么人都可以蹭它们的声望，北大、清华的学生也会非常自觉地维护这个集体的纯洁性。

当年的世家大族由时间积累出来的声望，不会让等闲人物去蹭，比如和他们通婚。维护自身群体的纯洁性，是声望算法的必然结果。

当时的士族甚至都不愿意与皇族通婚。大唐的第 15 任皇帝唐文宗想把两位公主嫁给士族，竟然没人愿意。唐文宗就对宰相说了一句很沮丧的话："我老李家做了 200 多年天子，还不如崔家和卢家吗？"

> 开成初，文宗欲以真源、临真二公主降士族，谓宰相曰："民间脩婚姻，不计官品而上阀阅。我家二百年天子，顾不及崔、卢耶？" ——《新唐书》

那反过来，皇族娶士族的女儿行不行呢？唐文宗想物色一位太子妃，看中了荥阳郑氏，结果荥阳郑氏一脉的大臣没一个愿意的。唐文宗又跟宰相抱怨："我们李家也是几百年的衣冠望族，怎么大家都不愿意和我结亲呢？"

> 文宗为庄恪太子选妃，朝臣家子女悉令进名，中外为之不安。上知之，谓宰臣曰："朕欲为太子求汝郑门衣冠子女为新妇，扶出来田舍翰翰地，如闻朝臣皆不愿与朕作亲情，何也？朕是数百年衣冠，无何神尧打朕家事罗诃去。"遂罢其选。 ——《唐语林》

唐代统治阶层出身情况

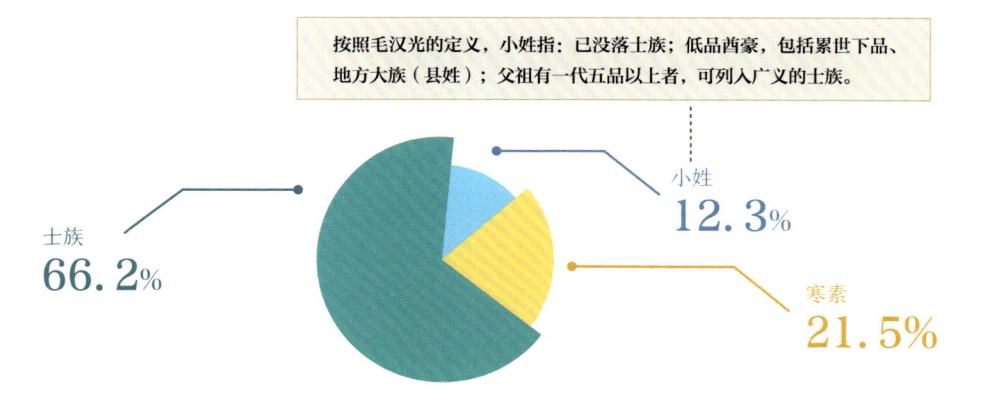

按照毛汉光的定义，小姓指：已没落士族；低品酋豪，包括累世下品、地方大族（县姓）；父祖有一代五品以上者，可列入广义的士族。

士族 66.2%
小姓 12.3%
寒素 21.5%

数据来源：毛汉光，《中国中古社会史论》，北京科学技术出版社，2024 年。

世家大族

"五姓四十四子"禁婚家

五姓	七望	十家 共四十四子
"五姓"为唐"山东士族"中的世家大族	因李氏、崔氏各有二望，又称"七望"	"五姓"又分"十家四十四子"，由于被唐高宗下令禁止互相通婚，因此得名"禁婚家"

李
- 陇西李氏 —— 李宝之六子（即六个儿子）
- 赵郡李氏 —— 李楷之四子

王
- 太原王氏 —— 王琼之四子

郑
- 荥阳郑氏 —— 郑温之三子

崔
- 博陵崔氏 —— 崔懿之八子
- 清河崔氏
  - 崔宗伯之二子
  - 崔元孙之二子

卢
- 范阳卢氏
  - 卢子迁之四子
  - 卢辅之六子
  - 卢溥诸子

注：禁婚家确知四十人，另四人不详。

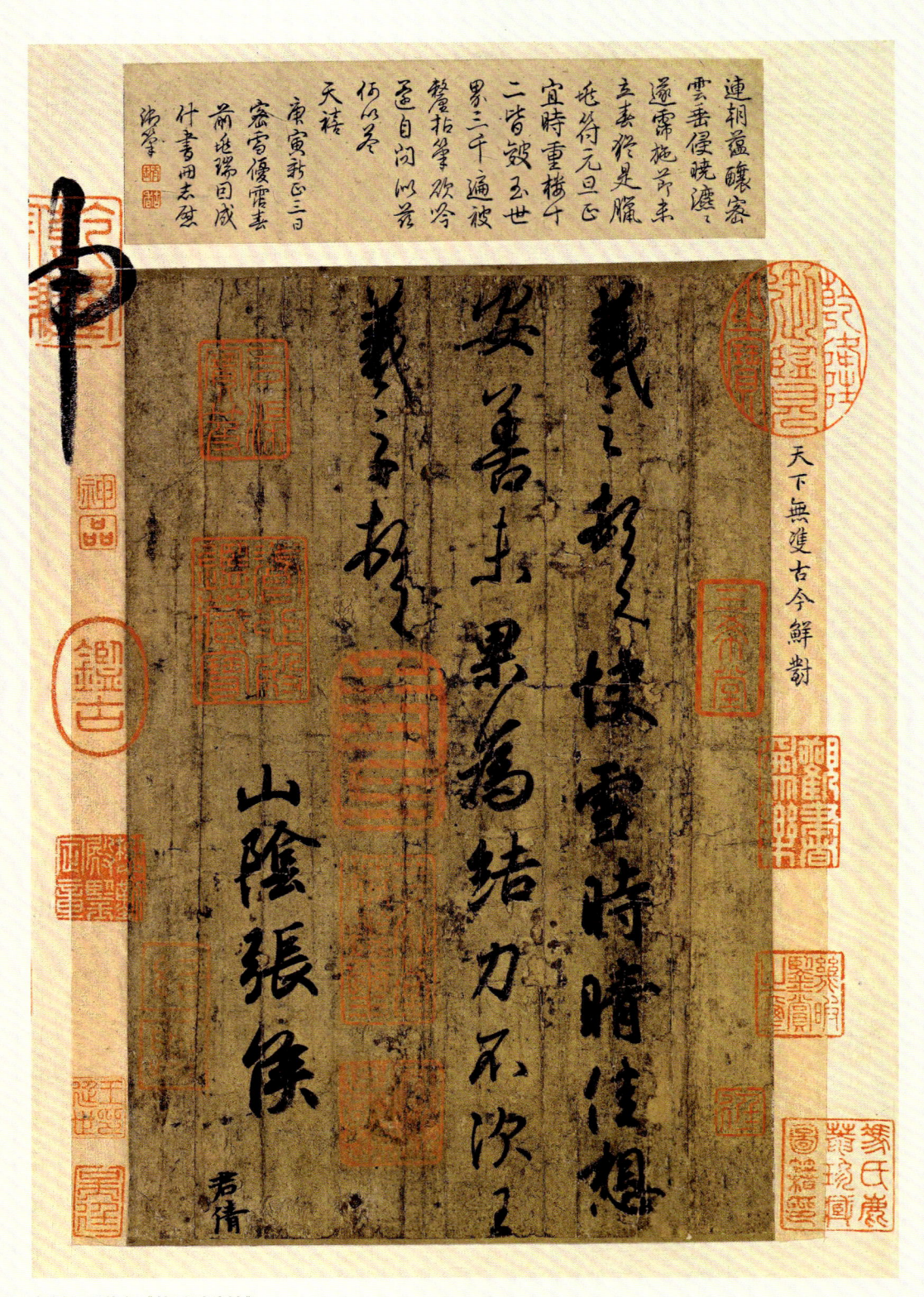

东晋·王羲之《快雪时晴帖》

"书圣"王羲之出身于东晋世家大族琅琊王氏。除王羲之外,琅琊王氏凡在历史中有记载名字的,名字几乎都带有"之"字。据统计,王羲之同辈中名字含"之"字的有 12 人,子侄辈中名字含"之"字的有 22 人。

难道士族真的太自以为是了，连皇家都看不上吗？我觉得，不是"看不起"，而是"惹不起"和"犯不上"。

如果你是一个世家大族的一员，祖祖辈辈在某个地方经营了上千年，家里世世代代都是大官，你会怎么看现在的皇帝？皇帝当然强大，但是皇帝的家族才多少年？不过两三百年，和你的家族比起来差太远了。在你看来，你们家族才是"铁打的营盘"，皇帝家那是"流水的兵"。你们家要是跟这一任皇族结上了亲，万一很快风水轮流转到下一个朝代，你不就成上一任皇族的派系了吗？那还能有好果子吃？这就是看问题的时间尺度不一样带来的结果。

从更深一层看，在普通老百姓的视角里，成为皇帝的女婿或儿媳妇自然很光荣，但是门阀世家的荣耀感最先来自自己的家世。

有一个词叫"阀阅之家"。"阀""阅"是士族家大门口立的两根杆子。左边的杆子叫"阀"，上面写的是自家立过的功劳，这是一个成就概念；右边的杆子叫"阅"，上面写的是自家积累的资历，这是一个时间概念。

"阀阅之家"代表着这个家族不仅立了很多功劳，还经历了漫长的时间，这才是士族荣耀感的来源。他们怎么会把跟皇族通婚当成无上荣耀呢？

那这些世家大族是怎么和皇权抗衡的呢？严格来说，并不是抗衡，而是驯化。皇帝任用世家大族的人当官员，这些人又有文化、又有社会网络、又有声望，对皇帝来说用起来十分方便。而且，除此之外，社会上也没什么人可用、可选。所以，世家大族对皇权来说相当于一种"成瘾品"，用了就离不了，而且没有别的选项。这才是世家大族"绑架"皇权的真正原因，并非二者真的势均力敌、可以抗衡。

到这里，你自然能想到，为什么到了唐代后期，世家大族必然会衰败了。比较浅层的原因是，唐代末年的黄巢起义在肉体上把士族差不多消灭了，强行斩断了很多士族在时间上的连续性。更深层的原因是技术。宋代印刷术的普及让知识传播的成本急剧下降，平民百姓都读得起书了，士族对知识的垄断就被打破了。

更重要的还有科举制。它激励了所有人，尤其是士族之外的平民拼命读书学习，进一步打破了士族对知识的垄断。同时，科举制意味着社会上的声望来源只有一个，那就是皇权。这是从声望的源头铲掉了世家大族的根基。

所以，到了宋代，千年世家大族已经烟消云散，中国社会终于不可逆转地进入了平民社会，所谓"旧时王谢堂前燕"，不得不"飞入寻常百姓家"了。

◆ 世家灭而宗族生

看完世家大族的形成与终结，我们再回到刘太后认同宗一事上。其实，刘烨的家世只能往前追溯到约500年前的北齐，再往前，这支刘姓人家是匈奴的后裔。这和唐代"五姓十家"那些真正的名门望族相比，差得可太远了。但即便如此，刘太后还夸他们家是名门望族。更过分的是，宋真宗活着的时候也希望替刘太后找一个家族，认个同宗。宋真宗找的人叫刘综，刘综不过是宋太宗时期的进士，他们家只是平民，没有其他背景，但他也不答应。

为什么小有门第的刘烨和平民出身的刘综都敢拒绝皇权的实际拥有者呢？为什么宋代的普通人家都染上了世家大族的毛病呢？这是因为，世家大族虽然没落了，但是姓氏的作用不仅没有变弱，反而被强化了。姓氏成为中国社会再次整合的一个要素。

想象一下，如果你是北宋时期的高官，特别希望自己的家族能够延续现在的社会地位，就像魏晋南北朝时的世家大族一样，你会怎么做？

因为前文分析过的士族社会自我强化的因素都不存在了，那么，你最有可能想到的方式就是强强联合，通过婚姻来巩固家族的地位。比如，北宋第一位宰相范质的孙子娶了宋真宗朝宰相王旦的三女儿，王旦的大女儿又嫁给了宋仁宗朝的副宰相韩亿，韩亿的孙子娶了宋神宗朝大臣吴充的侄女，吴充之子又娶了王安石的女儿，王安石又是蔡京弟弟的岳父，蔡京的曾孙女嫁给了南宋宰相周必大的堂兄周必端。

但是，高官士大夫要想保持这样的婚姻链条，拼的可不仅是血缘和门第，更要拼投资眼光。比如，王旦把女儿嫁给韩亿时，韩亿刚中进士，不仅没有家世可言，还是一名带着孩子的鳏夫。但王旦力排众议，做主把女儿嫁了过去。后来韩亿非常争气，做到了参知政事。要知道，韩亿并不是他那一科的状元，王旦要从那么多中榜的进士里挑女婿，这个女婿的仕途还能一帆风顺，其实是个玄学，谁也保证不了不走眼。所以，通过婚姻维系家族的那根链条，其实细若游丝，飘飘摇摇。

那还能怎么办呢？最终的解法还是在家族内部。一个家族必须一代又一代艰苦卓绝地抱团努力，集中资源，培养出中进士的读书人，而中进士的读书人又反过来对家族肩负重任，提携子侄，维持家族的社会存在度。用今天的话来说，读书考取功名相当于创业，整个家族集中资源当少数读书人的风险投资人。读书人一旦中进士，当了官，就相当于创业成功，他们就要拿出收益来回报投资人，再进行下一轮投资。

宗族可不只是一堆亲戚、一本族谱那么简单，宋代的宗族已经不分贵贱，不是只有高门大姓才能给子弟带来荣耀，每一个宗族都在庇护自己的子孙，奋力托举自家的读书人，每一个宗族都要在残酷的科举竞争中支持自家的种子选手赢得比赛，每一个侥幸脱颖而出的读书人也都准备回报自己的宗族。

宗族是生死相依的共同体，怎么能造假？怎么能容忍一个外人进来打乱序列？就算她贵为太后也不行。更何况，就算刘烨答应了，他也无法说服族人。而且，宋代外戚的仕途发展很受限，刘烨大概也不愿意蹚浑水。

从世家到宗族，中国社会完成了一次巨大的变革，中华文明从此进入一个新时期。再也没有什么高门大姓了，每一个中国人都是头上顶着自己的姓氏，心里装着自己的宗族，参加全社会的合作和竞争。上限，是争取人生胜利，为的是光宗耀祖；下限，也要力争传宗接代，以图未来有机会再次来过。每个人都不是为自己活、为当下活，而是为了前人或后人而活。每个中国人都命悬一线，把自己活成了由血脉连接着的漫长链条的一环。

中华文明史此后的很多悲壮的故事，其实都是由此而来。

宋代宗族庶民化演进

规模	由宗族演变为家族	观念	由"阀阅门第"转向"尊祖睦族"
	设家长管理家族事务		官僚取士不问家世
	兴置义庄田产		家族婚姻不问阀阅
	建立家族法规		士大夫交游不限士庶

资料来源：罗炳良，《宗法制度与宋代社会》，《北方工业大学学报》，1992年第4期。

参考文献

［宋］李焘，《续资治通鉴长编》，中华书局，1995年。
［元］脱脱等，《宋史》，中华书局，1985年。
［晋］陈寿，《三国志》，中华书局，2011年。
［唐］房玄龄，《晋书》，中华书局，1996年。
［唐］郑处诲、裴庭裕，《明皇杂录·东观奏记》，中华书局，1994年。
［唐］张固，《大唐传载（外三种）》，中华书局，2019年。
［后晋］刘昫等，《旧唐书》，中华书局，1975年。
［宋］王钦若等，《册府元龟》，中华书局，2003年。
［宋］司马光，《传家集》，吉林出版集团，2005年。
［宋］苏舜钦，《苏舜钦集》，上海古籍出版社，2011年。
［宋］王明清，戴建国、赵龙整理，《玉照新志》，收录于上海师范大学古籍整理研究所编《全宋笔记》第六编第二册，大象出版社，2020年。
［宋］欧阳修、宋祁，《新唐书》，中华书局，1975年。
［宋］王谠，周勋初注解，《唐语林校证》，中华书局，2023年。
［明］蒋一葵，《尧山堂外纪（外一种）》，中华书局，2019年。
［清］毕沅，《续资治通鉴》，中华书局，1999年。
［春秋］孔子，《论语》，中华书局，2006年。
毛汉光，《中国中古社会史论》，北京科学技术出版社，2024年。
赵冬梅，《法度与人心：帝制时代人与制度的互动》，中信出版集团，2021年。
赵冬梅，《宽容与执拗：迂夫司马光和北宋政治》，中信出版集团，2024年。
韦乐，《〈西厢记〉评点研究（清代卷）》，社会科学文献出版社，2015年。
吴宗国，《中古社会变迁与隋唐史研究》，中华书局，2019年。
〔美〕谭凯，胡耀飞、谢宇荣译，《中古中国门阀大族的消亡》，社会科学文献出版社，2017年。
〔美〕柏文莉，刘云军译，《权力关系：宋代中国的家族、地位与国家》，江苏人民出版社，2023年。
〔日〕宫崎市定，王丹译，《九品官人法研究：科举前史》，大象出版社，2020年。
〔美〕许烺光，王燕彬译，《祖荫下》，九州出版社，2023年。
施由明，《宋代宗族观念的庶民化与宗族的形成——以江西地域宗族为例》，《南昌大学学报（人文社会科学版）》，2022年第53卷第4期。
王善军，《宋代的宗族祭祀与祖先崇拜》，《世界宗教研究》，1999年第3期。

1026 年

经 历 过 ， 解 决 过

1026年的世界

◀ 康拉德二世

01 康拉德二世加冕为意大利国王
● 南欧

康拉德二世于1024年成为德意志国王，1026年在米兰加冕为意大利国王。

03 诺曼底公爵理查二世去世
● 西欧

理查二世（约963年—1026年）于996年继承了诺曼底公爵之位，之后成为法国卡佩王朝的坚定支持者，帮助罗贝尔二世合并勃艮第公国。

▲ 理查二世

02 克努特粉碎了挪威对丹麦的偷袭
● 北欧

由于克努特长期滞留在英格兰，不回丹麦处理政事，挪威国王奥拉夫二世联合阿农德·雅各布偷袭了丹麦本土。克努特最终粉碎了这次偷袭，并且反攻挪威本土。

宋代贡举科目沿革示意图

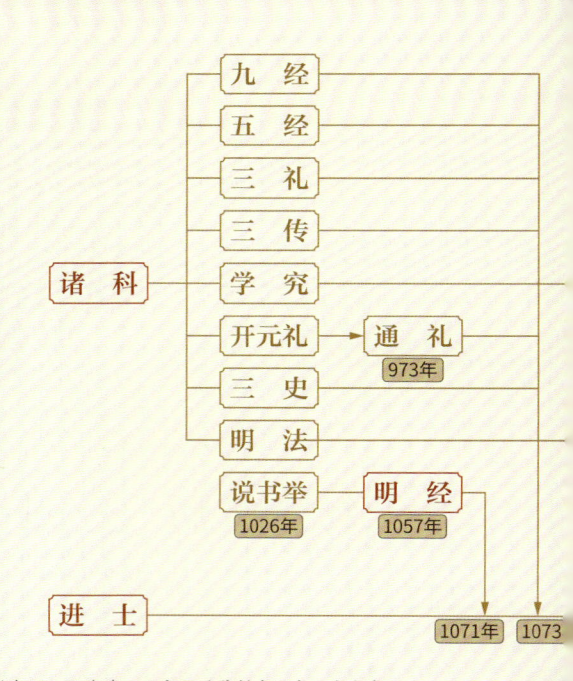

诸科：九经、五经、三礼、三传、学究、开元礼 → 通礼（973年）、三史、明法、说书举（1026年） → 明经（1057年）

进士 1071年　1073

资料来源：张希清，《中国科举制度通史·宋代卷》，上海人民出版社，2015年。

1026年的中国

01 范仲淹重修捍海堰

捍海堰为唐代李承主持修筑，后因年代久远逐渐坍塌，以致海潮倒灌，内涝难排，民不聊生。范仲淹出任西溪盐官时提议重修捍海堰，并最终主持了这项工程。完工后，该堰被称为"范公堤"。

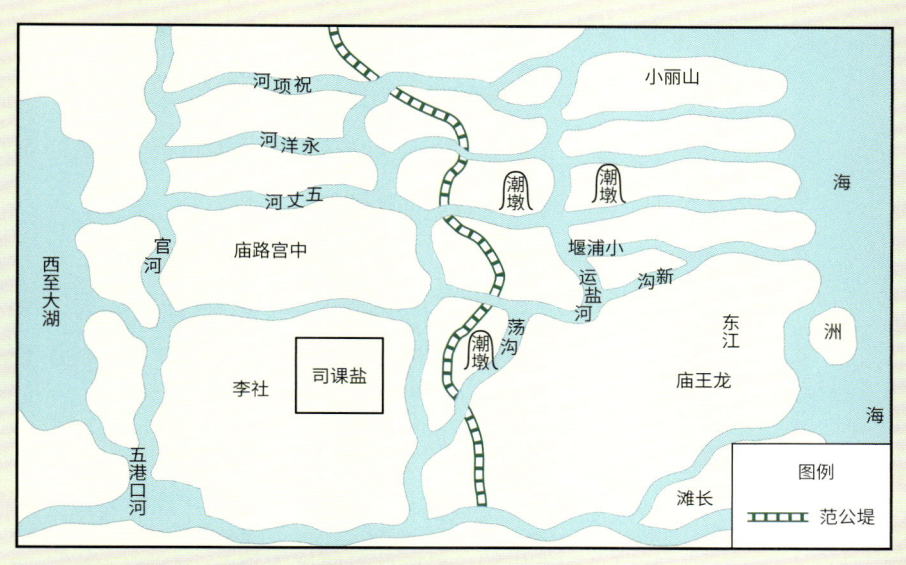

▲ 明嘉靖《两淮盐法志》中的莞渎场图（重绘）明确标绘了"范公堤"

02 北宋设置"说书举"

北宋科举考试设置"说书举"（又称"说书科"）："诏礼部贡院，举人有能通三经者，量试讲说（即进行'口试'）。特以名闻，当议甄擢之。"此制于1057年被废除。

经明行修（1086年）→ 废罢（1094年）

八行（1107年）→ 废罢（1121年）

旧应诸科（1073年）→ 1094年

通礼（1091年）

新科明法（1073年）→ 1094年 ⋯⋯ 新科明法（1141年）→ 废罢（1146年）

经律（1091(?)年）

经义兼诗赋进士 / 经义进士 → 1164年 → 诗赋进士 / 经义进士
1138年—1143年
1145年—1156年
1161年—1279年

茶叶是如何成为大宋印钞机的

1026年，朝廷集中处理了一批官员。参知政事吕夷简和鲁宗道被各罚一个月俸禄，前任权三司使（国家财政主要负责人）被降职处理，还有一批负责审计的基层官员直接被发配到沙门岛。

要知道，发配沙门岛基本等同于被判死刑。一是，大宋律令规定，即使国家大赦天下，沙门岛上的犯人也不能被赦免。二是，沙门岛上一年大概只有不到200人的口粮，但每年至少发配过去300人，粮食不够吃怎么办？那就随便指定一个人扔到海里。

这是发生了什么事情呢？不仅宰相被扣薪，前任财政主管被降职，基层官员甚至直接被流放到沙门岛，永世不得生还。简单来说，这是三年前的一次茶法改革中发生的一件财政舞弊案所致。

看到"茶法"两个字，你可能会感到奇怪：小小的茶叶，怎么还有"法"，甚至还能引发这么大的案子？我们就带着这个问题穿越回1026年，看看这片小小的茶叶是怎么卷起那么大的风暴的。

◆ 新的财富流

茶最初只在南方流行，直到唐玄宗开元天宝年间，喝茶这个习惯才传到了北方。当时中国有43个州产茶，到了宋代，这个数量增加到97个州，翻了一倍多。而且，从宋代开始流行一句话，叫"柴米油盐酱醋茶"，也就是"开门七件事"。这说明到了宋代，茶已经不再是上层社会的奢侈品了，而是民间普遍流行的一种饮料。

不过，饮料和饮料还是很不一样的。在茶叶兴起之前，中国民间流行一种饮料叫"浆"，是用粮食发酵的，口感微微酸甜。把浆和茶做一个简单的对比，你就能看出本质的差异了。

首先,浆没有成瘾性。丰年粮食产量高的时候百姓会多喝点,或者家境好的人会多喝点,反之就喝得少。但茶里含有咖啡碱,对人的中枢神经具有刺激性,长期喝会造成一定的成瘾性。这会导致两种饮料的消耗量存在巨大差异。

其次,浆是粮食做的,家家户户都能自给自足。而茶叶是经济作物,需要专门的土地、种植、制作工艺,这就牵涉到社会分工和复杂的交易。

最后,浆是粮食发酵的,在古代的保鲜技术下,注定是一种在地生产、在地消费的饮料。茶的生产和消费却可以分离。虽然茶的主要产地在南方,但人们喝茶用的是干茶叶。干茶叶被压缩成团茶、饼茶后,便于储存、运输,开水一泡就能"满血复活"。这种特性能让喝茶的人遍布天南地北。这就又牵涉到物流了。

宋·张择端《清明上河图》(局部)
画卷中这一部分描绘了百姓赶集时饮茶歇息的景象。

民间普遍饮用、消耗量巨大，且需要复杂的交易和远途物流，这都让跟茶有关的市场规模变得十分巨大。不仅商人盯上了这个低买高卖的赚钱机会，朝廷更是"螳螂捕蝉，黄雀在后"。

在朝廷眼里，茶叶的广泛流行等于国家突然出现了一股财富流。这股财富流有三大特点：第一，规模巨大，毕竟全国人民都在喝茶；第二，稳定且持续增长，因为茶叶具有成瘾性；第三，便于截流征税，因为茶叶从生产、流通再到消费的整条产业链路径十分清晰。但问题是，朝廷怎样才能从千万家种茶人、喝茶人手里收到钱呢？

最开始朝廷的想法很简单，和盐、铁一样搞专卖，垄断茶叶交易，但是这种方式行不通。为什么？因为盐和铁都是集中生产、分散销售的，朝廷只要把产地控制起来，就可以控制住整条产业链。可茶的生产、加工和销售都是分散的。茶是漫山遍野地长，采茶、炒茶的小农也是分散的，流转空间比盐和铁要大得多。在当时的技术条件下，朝廷怎么可能控制住呢？

那朝廷不管生产、只管销售，行得通吗？也不行。

如果朝廷规定茶叶只能卖给官府，那一定会有茶叶贩子偷偷找茶农说："你就卖给我十斤，天不知地不知。"这家十斤，那家十斤，总量也不小。

而且，官府做生意一定是效率低、成本高、态度差，茶农必然倾向于把好茶卖给茶叶贩子。最后的结果就是，朝廷手里囤积了一大批质量差、价格贵的茶叶，销售不出去。

朝廷就不能严令禁止茶叶的私下买卖吗？其实，在唐、宋，私下买卖茶叶即使会被判死刑，依然屡禁不止，因为这是市场规律。即使朝廷严防死守，管制的成本也还是太过高昂。朝廷染指茶叶本就是为了钱，如果最后入不敷出，又何苦呢？

总之，围绕这个问题，北宋不断尝试各种解决办法，一会儿在这里做实验，一会儿在那里搞改革。经常改着改着就搞出一笔烂账，开篇提到的那件官员被流放沙门岛的大案子就是其中之一。直到北宋末年，蔡京主持了茶法改革，北宋的茶法才算成熟，并一直沿用到南宋。

茶法

蔡京茶法改革

第一次茶法改革

1102年

- **政府**：设置茶事官司，收购茶叶
- **茶场**：
  - 被限定每年产茶量
  - 禁止与茶商私下交易
  - 仅可将少量茶叶申请"短引"，在附近州郡出售
- **茶商**：
  - 缴纳金银缗钱或粮草，换得"钞引"
  - 凭"钞引"到茶场取得茶叶及"长引"
  - 贩卖茶叶后需缴纳商税

第二次茶法改革

1105年

- **政府**：废除各州县所置茶场
- **茶商**：
  - 到产茶州县或京师申请"长引"或"短引"，然后直接向园户购买茶叶
  - 接受官府检查、缴纳商税后可卖茶

第三次茶法改革
又称"政和茶法"

1112年

- **政府**：
  - 太府寺印造茶引
  - 都茶务为唯一卖引机构
- **茶园**：
  - 于所在州县登记，才可与茶商交易
  - 不得随意抬高或降低茶叶质量等级与价格
- **茶商**：
  - 按照茶引规定，到指定茶园买茶，指定处卖茶
  - 贩茶后，按规定期限至都茶务"对簿销落"

资料来源：杨小敏，《论蔡京茶法的特点和影响》，《暨南学报（哲学社会科学版）》，2009年第4期。

◆ 大宋的印钞机

宋徽宗政和年间，仅茶叶一项一年就可以为朝廷创收400万缗。《宋史》中有一句话是"国家养兵之费全借茶盐之利"，也就是说，国家养兵的费用全都出自茶、盐给朝廷挣的钱。

能有这样的成绩，当然是长期制度建设及反复试错的结果。接下来，我就带你了解一下其中一项发明，让你粗略地感受下，一片小小的茶叶是怎么成为朝廷的"印钞机"的。

这项发明叫"茶引"，你可以将其理解为购货凭证或专卖凭证，只要商人把规定的钱交给朝廷相关部门，就能拿到这张凭证，然后在指定的数量和范围内做茶叶生意。

这项发明为什么了不起？因为它意味着朝廷终于想清楚了自己能垄断的究竟是什么——既不是生产，也不是流通，而是合法性的许可。这就相当于民间的力量来到朝廷的土地上淘金，朝廷不管理金子，只是坐在门口卖进场的门票和淘金用的铲子。

那茶叶商人会作弊吗？会，但是动力没那么强。因为商业一旦达到一定规模，商人就要综合评估收益与风险，为了一点利益就得罪朝廷，最后鸡飞蛋打，并不划算。

茶引制度其实是利用贪婪人性的一根利益杠杆。商人想发财，朝廷就给他们发财的机会，但是这个机会得用钱买。买到手后，商人究竟能不能淘到金子，那就不是朝廷的责任了。这看起来像什么？赌场。人们都是为了赢钱进的赌场，但是长期来看，最后赢钱最多的不是赌神，而是赌场老板。这个设计思路关键在于"诱"字。欧阳修说过，政府"不惜其利而诱大商"，大商"不惜其利而诱贩夫"，这个良性的利益体系才得以搭建起来。

而且，茶引让朝廷拥有了一个类似于西方"债券"的金融工具，可以把未来的钱挪到今天来用。

假设朝廷准备对西夏用兵，军费支出暴涨，这笔费用能靠紧急向民间收税来获得吗？肯定不行，一是来不及，二是会带来剧烈的动荡。但是利用茶引，就可以瞬间获得大量财富。这是怎么做到的？

宋·钱选《卢仝烹茶图》

大宋的茶引分长引、中引和短引，分别代表不同的时间期限。茶叶商人不仅今年要做茶买卖，明年、后年、大后年也得做，那他们想不想提前缴费，拿到许可证？反正茶山、茶场在这里，大宋的消费力在这里，朝廷的信用在这里，商人们还有什么不放心的？商人要实在犹豫，朝廷还可以给费用打折。只要有人买单，这不就等于把未来的钱调过来集中在今年使用吗？那军费就不用愁了。

茶引还引发了一项创新，叫"入中法"。简单说就是，朝廷一旦在某个地方需要用某种物资，就可以让全国的商人把相应数量的物资运送过去，换取一定量的茶引。以前，要把全国的物资集中投放到指定地点是一项巨大的工程，采购、运输、管理的费用高得惊人。但是现在商人的积极性被发财机会调动起来了，朝廷只要一声令下，就可以实现物资的转运，而且指哪儿打哪儿，整个过程简直就像施魔法。

以上都是茶引给朝廷带来的好处，接下来我们换个视角，替商人担心一下：他们花钱买了许可证，真就能发大财，把钱赚回来吗？

宋徽宗写过一篇《大观茶论》，大意是："大宋可是喝茶的好时代，人民安居乐业，天下好茶迭出，就连制茶的工艺、品茶的门道都远超前代。无论达官显贵，还是平头老百姓，人人都爱喝茶。"

> 本朝之兴，岁修建溪之贡，龙团凤饼，名冠天下，而壑源之品，亦自此而盛。延及于今，百废俱兴，海内晏然，垂拱密勿，幸致无为。缙绅之士，韦布之流，沐浴膏泽，熏陶德化，盛以雅尚相推，从事茗饮，故近岁以来，采择之精，制作之工，品第之胜，烹点之妙，莫不盛造其极。　　——《大观茶论》

宋代不仅流行喝茶，还流行斗茶。斗茶可不是比谁的茶叶更名贵，而是从用什么水到水煮到什么程度，再到喝茶的器具，打出来的茶沫的图案等，一项项综合比拼。也就是说，喝茶不仅要喝出文化，还要喝出仪式感。

买了茶引的商人最有动力花样百出地搞营销，再加上文人推波助澜，喝茶就变成了蒸蒸日上的大市场，商人们还用担心自己不会赚得盆满钵满吗？

◆ 大宋的茶战略

茶叶除了给大宋朝廷和茶商送去滚滚财富，它还能成为对外的战略物资。道理很简单：大宋的敌人也要喝茶，可茶叶的产地在大宋，那么大宋自然可以随时拿捏敌人。所谓战略物资，不就是这么回事吗？

史料记载了一个故事。唐德宗时期，一位使者出使吐蕃，正在自己的帐篷里煮茶喝，吐蕃的赞普（国王）看见后询问使者在做什么。使者告诉赞普这是在煮茶，赞普便说："我也有茶！"然后就命人拿来了寿州茶、舒州茶、顾渚茶、蕲门茶、昌明茶、邕湖茶——全是"尖儿货"。

> 常鲁公使西蕃，烹茶帐中，赞普问曰："此为何物？"鲁公曰："涤烦疗渴，所谓茶也。"赞普曰："我此亦有。"遂命出之，以指曰："此寿州者，此舒州者，此顾渚者，此蕲门者，此昌明者，此邕湖者。"　　——《唐国史补》

这个故事说明，茶叶在唐代就已经传到了吐蕃，只是吐蕃人并没有养成喝茶的习惯，单纯把茶叶当成奢侈品、收藏品。但到了宋代，无论藏区的吐蕃、北边的辽还是西北的西夏，都开始流行喝茶了，甚至到了嗜茶如命的程度。毕竟，茶具有成瘾性。

那周边的政权用什么跟大宋交换茶叶呢？从中原王朝的角度来看，最好的交换品是马，毕竟大宋缺少培育战马的场域。但是周边政权对这种交换十分恼火：自己买的不过是些树叶子，不仅对国家竞争力没有任何帮助，还越喝越上瘾；而交出去的马可是军事物资，实实在在地帮大宋强化了和自己对抗的军事实力。这笔账怎么算得过来呢？

那不做这笔买卖不行吗？不行。这些政权的经济对外部的依赖性太强了。

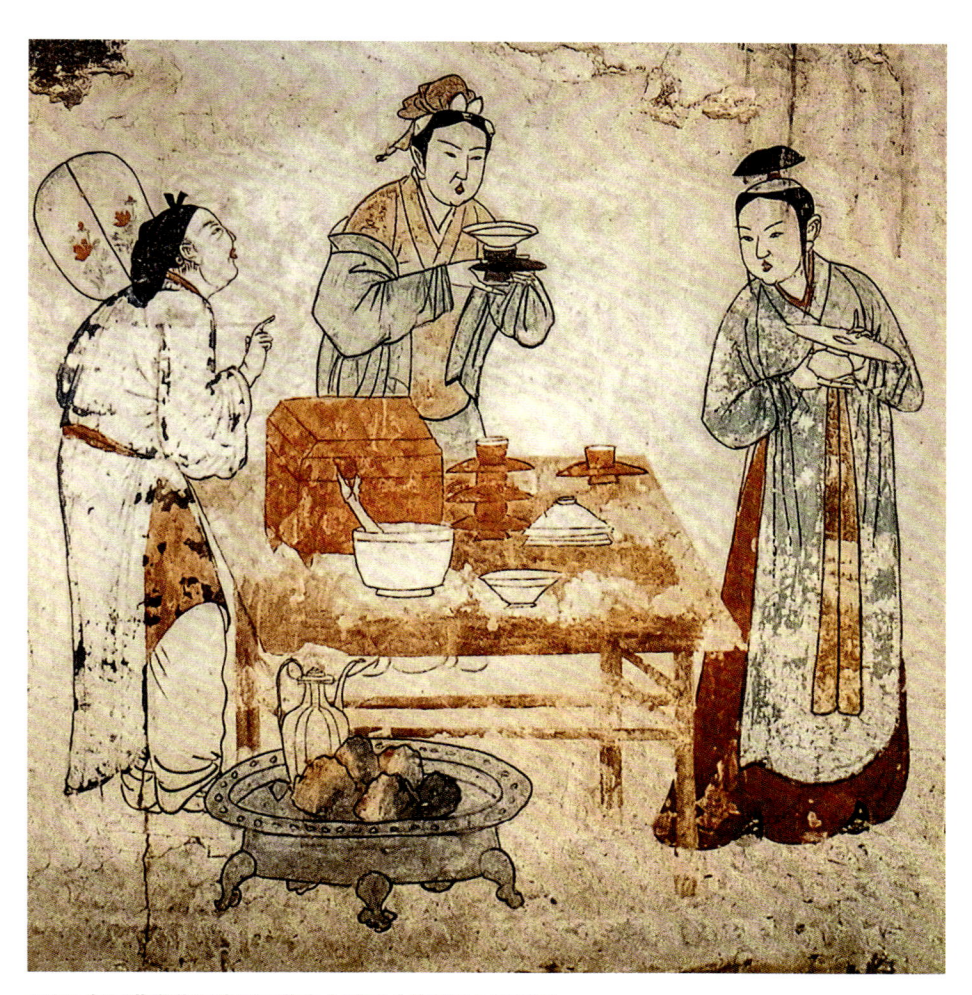

1993年河北宣化辽张匡正墓出土壁画《备茶图》（局部）

以西夏为例。宋夏开战后，大宋马上发动贸易制裁，不卖茶叶，也不要马匹了。结果，西夏物价飞涨，据说一匹布涨到了上百钱的价格，一匹绢接近一万钱，西夏陷入了巨大的经济危机。这件事看起来有些蹊跷：茶叶一断，怎么会引发其他物资的价格上涨？

对西夏来说，茶叶已经不是饮料那么简单了，它在很大程度上起到了货币的作用。比如，西夏和周边的吐蕃部落做生意，用几斤茶叶就能换一头活羊。茶叶一断，等于西夏的货币体系崩溃了。等到1044年宋夏议和之时，西夏一口气向大宋要了2万斤茶叶才缓过来。

你看，只要西夏还需要茶叶，哪怕它的军事实力再强大，在这种国力的综合博弈中也始终是弱势的、被动的一方。因为茶叶，大宋还发展出一种国家战略，叫"以茶治边"，也叫"以茶羁縻"。

契丹人饮茶的茶叶来源

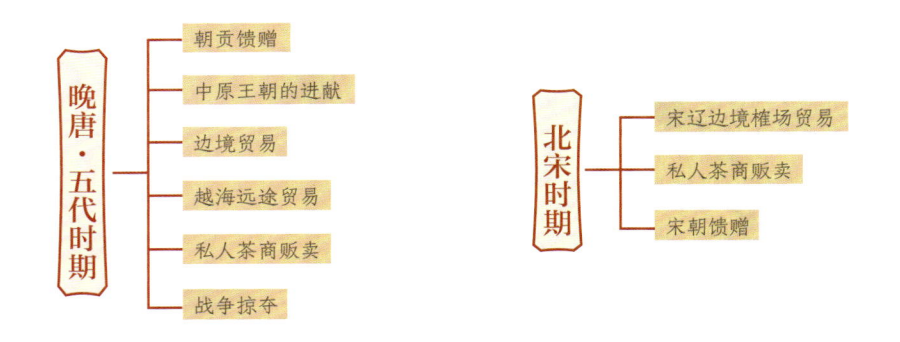

晚唐·五代时期：
- 朝贡馈赠
- 中原王朝的进献
- 边境贸易
- 越海远途贸易
- 私人茶商贩卖
- 战争掠夺

北宋时期：
- 宋辽边境榷场贸易
- 私人茶商贩卖
- 宋朝馈赠

◆ 人是万物的尺度

一片小小的茶叶，对内，成为能收能放的财政工具，对外，又是国际关系中的霹雳手段。朝廷印几张茶引，就能让天下商人全国性地调动物资，趋之若鹜；朝廷切断或放开对周边政权的茶叶供应，就能左右外交局势。茶叶凭什么具有这么大的力量？

这就牵涉人类文明的一个特点：它时时刻刻都对外部资源保持积极的开放性，而且能不断和外部资源形成新的牢固的共生关系。

这个特点可不能归结为简单的一句"人会利用工具"。所谓"人会利用工具"，是从人的角度出发的，好像世界万物都只是人类的工具箱，我们拿起某项工具来使用，达到目的后就可以放下了。事实并非如此。

真实情况是，人类偶遇了某个外部因素，因为某种特别的机缘与之形成了合作关系，并由此获得了更强大的生存能力。反过来，这些外部因素会让人类文明系统发生不可逆转的改变，并从此留在人类文明的生存系统中。

茶叶正是如此。最开始，茶叶只是一种无关紧要的植物，但是一旦它深深嵌入人类文明内部，居然能够帮助人类完成一些原来意想不到的任务。比如，成为国家征税的税柄，成为发行金融债券的信用，成为国际博弈的工具。再叠加上成瘾性，茶叶就再也不会离开人类的生存系统了。

其实，很多东西都具有这样的特性，比如汽车、电脑、手机。有一部名为《汽车联想》的电影，描述的就是外星人视角下的地球。外星人向总部报告说，地球上只有一种叫汽车的生物，而汽车的燃料叫人类。人类上车，车就能动；人类下车，车就停了。你看，汽车已经不是人类文明的身外之物，它就是人类的一部分。

不过，你不用因此觉得人类很可悲，好像被一个个外部因素驯化，最终控制不了自己的命运。归根结底，人类还是万物的尺度。

尤瓦尔·赫拉利在《人类简史》里提出了一个有趣的洞察：一个物种是否成功，不在于它的个体是否幸福，而在于它在地球上复制了多少基因。比如鸡，作为个体，它们从生到死几乎都是为人类的餐桌服务的；但是，如果从基因复制的数量看，这个物种非常成功。甚至有一种说法是，人类移民火星时，如果只允许带一种动物的话，那一定是鸡，因为鸡的繁殖速度快、生长期短，是最稳定、最高效的蛋白质来源。

人类当然离不开鸡，但鸡的价值最终还是取决于对人类的有用程度。一个物种，只有对人类有价值，才能获得物种意义上的成功。这才是人类文明最值得骄傲的地方：一路滚滚向前，一路开放包容，一路裹挟进众多的合作伙伴，但是最终，只有人类才是衡量一切价值的标准，人类才是万物的尺度。

参考文献

［元］脱脱等，《宋史》，中华书局，1985年。
［宋］李焘，《续资治通鉴长编》，中华书局，1995年。
［宋］苏轼，《东坡志林》，中华书局，1981年。
［宋］包拯，《包拯集编年校补》，黄山书社，1989年。
［唐］李肇，《唐国史补校注》，中华书局，2021年。
［唐］封演，《封氏闻见记校注》，中华书局，2008年。
宋时磊，《唐代茶史研究》，中国社会科学出版社，2017年。
黄纯艳，《中国财政通史：宋辽西夏金元财政史》，湖南人民出版社，2013年。
赵国栋，《茶叶与西藏：文化、历史与社会》，西藏人民出版社，2015年。
李华瑞，《宋夏关系史》，中国人民大学出版社，2010年。
李晓，《宋代茶叶经济研究》，中国政法大学出版社，2008年。
史金波，《西夏社会》，上海人民出版社，2007年。
孙洪升，《唐宋茶业经济》，社会科学文献出版社，2001年。
王晓燕，《官营茶马贸易研究》，民族出版社，2004年。
魏明孔，《西北民族贸易研究：以茶马互市为中心》，中国藏学出版社，2003年。
黄纯艳，《宋代茶法研究》，云南大学出版社，2002年。
缪坤和，《宋代信用票据研究》，云南大学出版社，2002年。
贾大泉、陈一石，《四川茶叶史》，巴蜀书社，1989年。
〔加〕贝剑铭，朱慧颖译，《茶在中国：一部宗教与文化史》，中国工人出版社，2019年。
〔法〕费尔南·布罗代尔，顾良、施康强译，《十五至十八世纪的物质文明、经济和资本主义》，商务印书馆，2017年。
〔日〕川北稔，赵可译，《一粒砂糖里的世界史》，南海出版公司，2018年。
〔英〕艾伦·麦克法兰、艾丽斯·麦克法兰，扈喜林译，周重林校，《绿色黄金：茶叶帝国》，社会科学文献出版社，2016年。
〔英〕罗伊·莫克塞姆，毕小青译，《茶：嗜好、开拓与帝国》，生活·读书·新知三联书店，2015年。
〔美〕威廉·乌克斯，侬佳、刘涛、姜海蒂译，《茶叶全书》，东方出版社，2011年。
刘志扬，《茶及饮茶习俗向北方民族地区和青藏高原的传播》，《西北民族研究》，2024年第1期。
张锦鹏、冯全镇，《从需求侧和供给侧看北宋"以茶治边"的经济逻辑》，《河北师范大学学报（哲学社会科学版）》，2023年第46卷第6期。
王立霞，《茶文化视域下的夏宋关系》，《农业考古》，2013年第5期。
刘春燕，《宋代的茶叶"交引"和"茶引"》，《中国经济史研究》，2012年第1期。
王洪军、胡玉涵，《契丹族人的饮茶、茶事与政治》，《饮食文化研究》，2006年第2期。
黄纯艳，《北宋西北沿边的入中》，《厦门大学学报（哲学社会科学版）》，1998年第1期。
李一雯，《试论宋辽的茶叶贸易》，吉林大学硕士论文，2007年。

1027 年

经 历 过 ， 解 决 过

1027年的世界

01 康拉德二世加冕为神圣罗马帝国皇帝
● 南欧

虽然康拉德二世早在1024年就已成为实际上的神圣罗马帝国皇帝,但他推迟了加冕仪式的举办时间,直到1027年才在罗马完成加冕。

▲ 神圣罗马帝国的皇冠

03 希沙姆三世成为科尔多瓦哈里发国家的统治者
● 南欧

希沙姆三世(约973年—1036年)成为科尔多瓦哈里发国家的统治者,他是最后一个拥有科尔多瓦哈里发头衔的人。

02 法国卡佩王朝再次出现双王共治
● 西欧

罗贝尔二世原本和长子于格二世共治法国,但后者于1025年(一说为1026年)意外去世。1027年,罗贝尔二世加冕次子亨利一世为王,卡佩王朝再次出现了父子二人共治王国的局面。

▲ 亨利一世

1027年的中国

01 北宋建成天台埽

1019年,黄河在北宋京西路滑州(今河南滑县一带)决口,水灾波及32个州。1027年,朝廷命人前去堵塞滑州黄河决口,并出资50万贯购买所需物资。工程顺利完工后,被堵塞的滑州黄河决口堤坝被命名为天台埽。

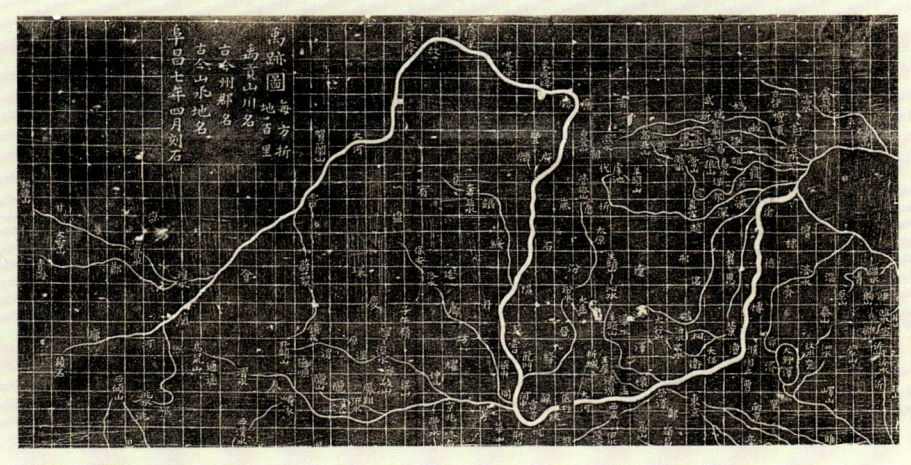

▲《禹跡图》中的黄河

03 藏历采用时轮历纪年

时轮历是根据《时轮经》发展出的一种纪年方法,以"饶迥"纪年,60年为一周期。1027年开始的60年,是藏历第一个"饶迥",往后顺推。

02 制造针灸腧穴铜人像

北宋医官王惟一编写《铜人腧穴针灸图经》,并在医官院主持监制铜质人体模型,其上刻有经脉腧穴,以供教授与学习辨认腧穴。自此之后,各代均会制造针灸铜人像。

明代针灸铜人像 ▶

游牧文明真的比农耕文明落后吗

1027年距离澶渊之盟的签订已经过去了22年，宋辽之间已经维系了22年的和平。不过，平静和睦的表象之下暗藏风雷，至少在宋这边，做任何一个决策都要考虑一下：如果辽翻脸了怎么办？做任何一个动作都要暗戳戳地强调一下：我才是正统，而你是蛮夷。虽然辽远在千里之外，但它始终是大宋朝堂上巨大的、不能忽视的、暗含风险的存在。

不过，从某些方面来看，大宋对这个对手又好像毫不在意。比如，刘子健先生在《宋史测度》里做了考证：宋代不仅不重视契丹语的学习，甚至会贬谪学习契丹语的官员，因为这种做法丢了大宋的脸。

这可太离谱了。两大政权对垒，激烈的军事对抗随时可能发生，其中一方居然把自己眼睛蒙上，不想了解对方的情况，这简直是拿国运当儿戏。

为什么大宋会有这种心态？这是因为在宋人眼里，辽的文明等级比自己低，经济、文化等各个方面都不如自己，不值得了解。就连辽在军事上的强大，在宋人眼中都只不过是因为他们更野蛮。这就好比一个书生遇到一个粗人，书生虽然打不过粗人，却看不起粗人。

可是，北方的游牧文明真的不开化吗？这会不会只是大宋的一种偏见呢？

趁着这一年天下太平无事，我们把目光从中原农耕区的大宋移开，去北方草原上吹吹风、透透气，看看中华文明必不可少的组成部分——游牧文明到底是怎么一回事。

◆ 游牧原始吗

如果以农耕文明的视角看待游牧文明，会存在很多误解和偏见。

第一个误解是下意识地觉得游牧出现得比农耕更早，因为更原始，自然更落后。其实不然，游牧出现的时间不仅比农耕晚，而且它是在农耕基础上发展出来的。这是怎么一回事呢？

我们先回到源头思考一件事：一万年前的第一批农民究竟是怎么出现的？我见过一种解释：农业不是被人类发明的，而是被上天恩赐的。农业出现的第一推动力不是某个聪明人突然想通了某个道理，而是那些从事狩猎采集的人类祖先突然发现野地里长着一大片稻子或麦子，他们自然地收割粮食，解决温饱。慢慢地人类发现，把吃不完的籽种到地里也能产出粮食，从此踏入了面朝黄土背朝天的农耕生活。

随着人口增长，当有一天这片土地种满了粮食却不够吃时，怎么办？只好分出一拨人，给他们一些粮食做种子，让他们另外找个地方养活自己——农耕文明伟大的扩展过程自此开始。中华农耕文明从渭河、汾河几条很有限的河谷地区走出来，渐渐地向外扩散。

但这些远走他乡的祖先并非只有继续农耕这一条路可走。公元前 7500 年—前 6000 年，人类开始饲养牲畜，这得益于定居的农耕生活有了剩余的食物。到了公元前 2000 年—前 1000 年，有一拨人离家出走时选择不要种子，只要牲口——这就是去草原上讨生活的游牧民族。归根结底，农耕和游牧，中原和草原，不过是当年分家的兄弟。

但是请注意，选择游牧的兄弟想要去草原生活，需要的技术条件非常高。

一是得有马。在古代，人只有骑着马才可以控制一大群牛羊。其实，不考虑战争的话，马对农耕生活的用处并不大，因为论力气，马不如牛；搞运输，马不如驴。马唯一的优点是跑得快。因此，人类驯化马要比驯化驴晚了 1000 年，是距今 6000 年前完成驯化的。

二是得掌握金属冶炼技术。能用金属制造武器，游牧民族才能打猎、保护牲畜，以及防止他人掠夺财物。刚好，当时的人已经掌握了青铜冶炼技术，游牧民族可以用青铜制作马具、匕首等。

有了马和青铜工具，游牧民族的兄弟终于可以单过了。刚开始，在中国北方，农耕和游牧两种生活状态其实没有明显的界线，但是渐渐地，以长城（接近于 400 毫米等降水量线）为界，游牧民族逐渐转移到界线以北生活，农耕民族则完整占据了界线以南。

这一点引发了人们对游牧文明的第二个误解：农耕民族占据了气候温暖、

降水量大的好地方，游牧民族被赶到了苦寒之地。

为什么说这也是误解呢？我们来看下世界地图：整个欧亚大陆中央偏北的地方有一大条欧亚草原带，从欧洲的多瑙河下游一直延伸到中国东北的大兴安岭。如果你有一支马队，从大兴安岭出发一路向西，沿途都是草场，随处都是熟悉的风景、气候、生活方式，你可以痛痛快快地一直跑到欧洲。但你如果换

① 苔原森林游牧
② 中亚山地游牧
③ 青藏高原游牧
④ 蒙古草原游牧
⑤ 西亚山地草原游牧
⑥ 阿拉伯沙漠游牧

欧亚大陆草原带示意图

个方向,从北向南,从今天的北京周边去往杭州一带,那可就难多了!不仅有黄河、淮河、长江、钱塘江等一条条大河拦在路上,而且沿路的气候、植被会不断变化,你要一边走一边应对完全陌生的挑战。

请问,如果你是当年想要摆脱农耕生活的游牧民族,你会选择去哪儿生活?当然是北方,欧亚大陆的北方草原带才是游牧民族命中注定的生存空间。

而且，一旦一些大型动物被驯化成功，比如骆驼等，草原就更为诱人了。因为这些动物可以作为草原上的运输工具，甚至可以和人类并肩作战，让狩猎的效率更高。这个时候，游牧生活就正式诞生了。

因此，不是有了草原才有了游牧，而是游牧的人当初选择了北方的草原。这个因果关系，是不是跟我们通常想象的不太一样？

◆ 游牧简单吗

破除了游牧比农耕诞生得早、游牧民族是被农耕民族赶去北方的误解后，我们再来看第三个常见的误解：两种生活形态各自演化了一段时间后，游牧文明比农耕文明的发展水平低。

如果非要以文字为标准来衡量文明水平的话，可能确实如此。毕竟，中原地区的传世典籍非常丰富，不仅数量多，还有很强的连续性；草原地区等到唐代及以后才出现了突厥文、契丹文、西夏文、女真文等文字，传世的文献非常少。

但是，这种比较方式不公平。农耕文明需要文字，因为它需要非常复杂的组织结构，也就是官僚制。官僚制需要通过发达的文字技术来塑造共识、传递命令、沟通信息。而游牧生活的底色是逐水草而居，不需要那么高的组织水平，对文字的需求自然也不强烈。

如果换种比较方式来衡量两种生活形态的知识含量，游牧可完全不输农耕。

农耕民族的命根子是土地，游牧民族的命根子是牲畜。土地是死的，牲畜是活的。一头牲畜，从选种、阉割、分群到交配、接生、治病，每个环节都需要大量变动不居的知识。而且，游牧民族要管理的可不仅是个体的牲畜。马、牛、羊都是群居动物，怎么利用好头羊、头牛以及动物群落里的关系来管理它们，这些可都是精巧的技术活儿。

此外，如何使用牲畜也需要大量的知识。要知道，古代游牧者放牧可不是为了吃肉，牲畜的本质是充当了把草转换成乳制品、皮、毛、粪等的转换器。那么，怎么挤奶、怎么做奶制品、怎么鞣制皮革、怎么剪毛、怎么收集牛粪做燃料，这些复杂操作背后的知识含量当然不会低。

这些还不是全部。游牧民族在饲养牲畜时，还要注意品种的搭配。比如养羊，需要绵羊和山羊都养一些，因为绵羊不太移动，只会就着一片草地啃食，只有在绵羊群里混一些山羊，让山羊领着绵羊缓缓移动，才能避免过度伤害草场。再比如，牲畜吃草的顺序是先让牛、马吃，再让羊吃，这是为什么？因为牛、马吃草的位置比较高，等它们吃过草后，羊还可以吃底下的；但若是反过来，羊会直接连草根都啃光，牛、马就没草可吃了。

以上只是原地放牧会涉及的情况。游牧民族一旦"游"起来，又需要新的知识。游牧民族移动的目的一般分为两种：一种是趋利，趋近水和草；另一种是避害，躲避灾害。

趋利就不多解释了，至于草原上的灾害，那可太多了，主要分为白灾、黑灾、黄灾三种。白灾就是雪灾，只要地面积雪厚度超过15厘米，牲畜就吃不到草了，会直接饿死。黑灾则是降雪不足导致的，因为冬天草原的饮用水主要来自降雪，无雪等于无水，牲畜也会死。黄灾指的是沙尘暴，这会导致牧草枯死，牛羊挨饿，最后还是会引发牲畜大片死亡。除此之外，还有鼠灾、狼灾，等等。

游牧民族要想作出正确的决策，做到趋利避害，靠的可不是农耕文化重视的固有经验的传承，而是要掌握动态的信息。无论是天气变化、草场情况、各家人转场的位置，还是牲口的病害、人员来往情况、周围野兽的活动情况，游牧者统统都要了解。

我看过一份资料，一位牧民的活动范围是以200千米为半径的，在这样大的区域内，哪里有草场、哪里有水源，牧民都需要了解得很清楚。而一位农民的生活范围是多大呢？社会学家曹锦清研究浙北农村时得出了一个结论：一般农民的婚配范围不超过5千米。半径200千米和半径5千米，两个圆的面积相差1600倍，你觉得游牧者和农耕者，谁的信息探查能力更强？

更进一步，游牧者的这种信息掌控能力让他们天然扮演起了技术传播者的角色。比如，西亚的冶铁、小麦种植和马车技术都是先传入北方草原，再从北方草原传入中原的。

看了这么多，你应该不再觉得游牧生活和农耕生活的文明水平相差很大了吧？

心理学者梅若李·亚当斯说过："文明不同，是因为隐含的问题不同。"农耕文明的隐含问题是：怎样才能把水源引到身边？而游牧文明的隐含问题是：怎样才能找到水源？问题不一样，答案当然不一样。更重要的是，问题不一样，我们很难把他们各自的答案放在一起，强行分出高低优劣。

欧亚草原"突厥-蒙古族系"牧民的四种游牧模式

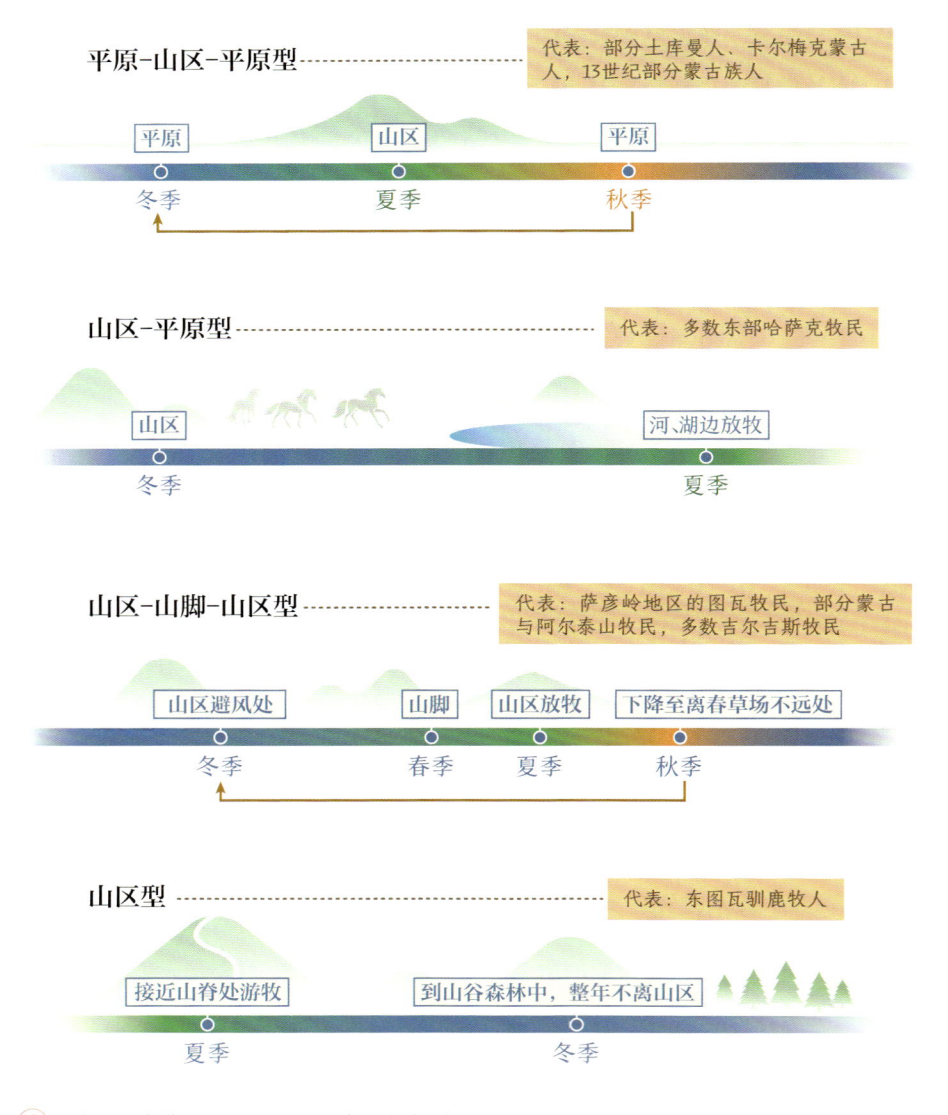

平原-山区-平原型
代表：部分土库曼人、卡尔梅克蒙古人，13世纪部分蒙古族人

平原	山区	平原
冬季	夏季	秋季

山区-平原型
代表：多数东部哈萨克牧民

山区	河、湖边放牧
冬季	夏季

山区-山脚-山区型
代表：萨彦岭地区的图瓦牧民，部分蒙古与阿尔泰山牧民，多数吉尔吉斯牧民

山区避风处	山脚	山区放牧	下降至离春草场不远处
冬季	春季	夏季	秋季

山区型
代表：东图瓦驯鹿牧人

接近山脊处游牧	到山谷森林中，整年不离山区
夏季	冬季

注 根据俄罗斯学者谢维扬·魏因施泰因的划分制作。

◆ 游牧野蛮吗

最后一个常见的对游牧文化的误解是：游牧者更野蛮。毕竟，历史上，北方的游牧民族动辄越过长城，挥师南下，对农耕民族烧杀抢掠。更过分的是，即使与中原政权和亲，他们还是会来骚扰中原边境。

而这种差异，又来自游牧文化自身的特点。

中原的农耕民族很早就形成了一整套井井有条的规矩，所谓"君君臣臣父父子子"，每个人在社会中都有自己的位置，每个位置上的人在每个场景下都有明确的行为规范。这是因为家家户户的生计都被捆绑在固定的耕地上，农民跑不了，国家征税的成本又很低，能用强大的中央财政来供养庞大的官僚机构，形成自上而下的秩序。

但是这一套在草原上行不通。家家户户都在移动，天地那么大，国家找谁收税呢？没有税收，就养不起官僚体系，国家对老百姓的控制力就弱。比如西汉时的和亲政策，虽然缓和了汉匈关系，但匈奴还是时不时侵扰汉边，这并非匈奴单于出尔反尔，而是匈奴的组织结构决定了单于约束不住所有的匈奴部族。和亲最多可以避免匈奴一时的大举进犯，但时不时的局部骚扰无法杜绝。

不过，游牧民族发展出了另外一套秩序。他们为了捍卫这套秩序，甚至制定了相当残酷的规矩。

历史学家罗新在《黑毡上的北魏皇帝》中提到了一个非常奇怪的风俗。北方游牧民族在选择首领新可汗时，会先由重要的大臣用一块黑色的毛毡抬着，按照太阳运行的方向（即顺时针方向）旋转9次。每转一次，新可汗都要接受大臣们的叩拜。然后，新可汗会被扶到马背上，大臣们用一条丝巾勒住新可汗的脖子直到他快断气，接着问他要做多少年可汗。这个时候，新可汗被勒得头昏脑胀、神志不清，迷迷糊糊地说出一个数字。大臣们就记下来，将来以作验证。如果新可汗到了这个时间还活着，他就会被杀掉，这是对他的惩罚。

为什么会有这样的风俗？因为草原上大大小小的部落谁也不服谁，凭什么这个人可以做可汗？不过，这个人在濒临窒息状态下说出的话，相当于老天爷通过他的嘴在发话，那各部落就要遵守这个旨意。但是，时间一到，这个人就必须让出位置来。

兴衰

中原王朝主要朝代及草原游牧王朝

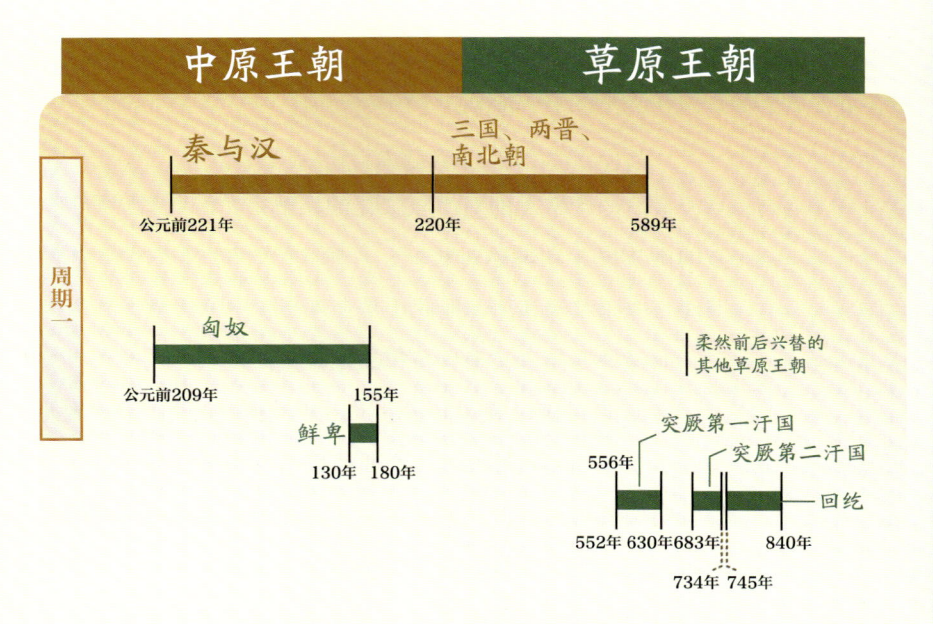

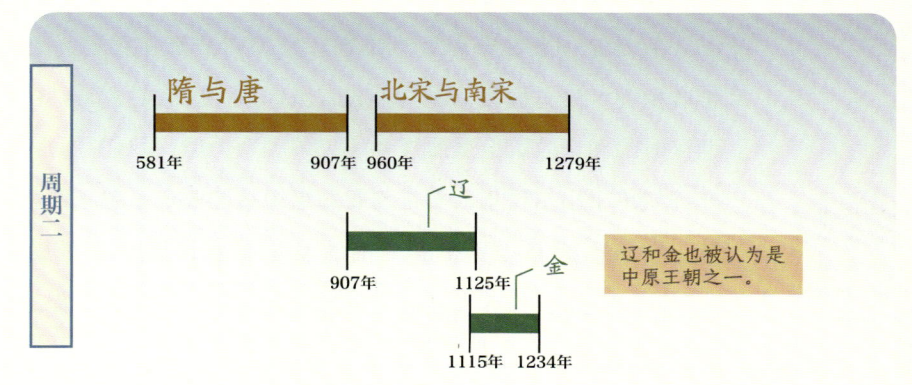

中原王朝 | **草原王朝**

周期一

- 秦与汉：公元前221年 — 220年
- 三国、两晋、南北朝：220年 — 589年
- 匈奴：公元前209年 — 155年
- 鲜卑：130年 — 180年

柔然前后兴替的其他草原王朝：
- 556年 — 突厥第一汗国（552年 — 630年）
- 突厥第二汗国（683年 — 734年 / 745年）
- 回纥（840年）

周期二

- 隋与唐：581年 — 907年
- 北宋与南宋：960年 — 1279年
- 辽：907年 — 1125年
- 金：1115年 — 1234年

辽和金也被认为是中原王朝之一。

周期三

- 元：1206年 — 1368年
- 明：1368年 — 1644年
- 清：1616年 — 1911年

瓦剌
鞑靼
准噶尔

经济学家冀朝鼎将中国古代分为三大循环周期，分别是：（1）秦、汉为首次统一与和平时期，三国、两晋、南北朝是首次分裂与争战时期；（2）隋、唐是第二次统一与和平时期，五代、宋、辽、金是第二次分裂与争战时期；（3）元、明、清是第三次统一与和平时期。

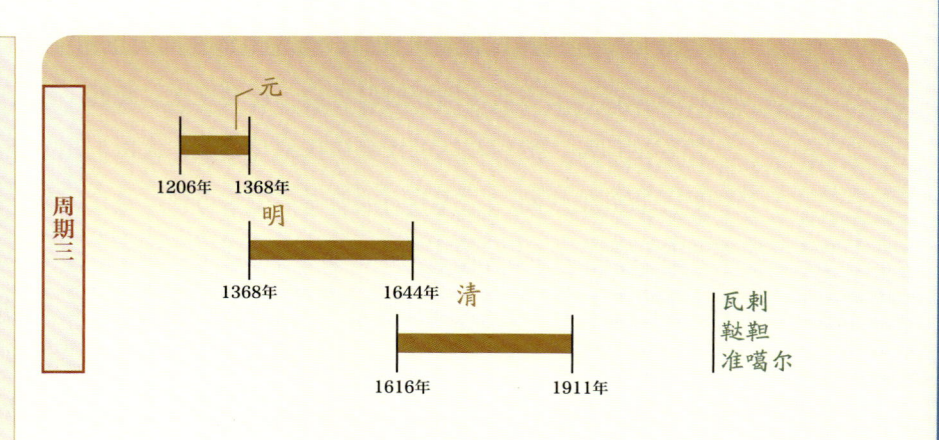

罗新老师甚至由此做了一个非常大胆的推测：大辽的开国皇帝耶律阿保机就是这么死的。

当然，这只是一个学术猜想。透过这件事，我想说明的是：草原游牧社会自有它的一套规矩，这套规矩和农耕社会不一样，它不是靠庞大的官僚体系、有力的中央财政、强悍的社会管制能力自上而下建立起来的；草原的规矩源自一种超越性的力量，源自每个人的内心，是一套淳朴的、本真的规矩体系。

草原游牧文明不仅不比农耕文明落后，反而是一种有着独特生存、生活逻辑的文明形态。它精悍、活泼、淳朴，和农耕文明的柔弱、沉静、精细互为镜像，成为中华文明重要的组成部分。

著名历史学家陈寅恪先生说过一句话："盖取塞外野蛮精悍之血，注入中原文化颓废之躯，旧染既除，新机重启，扩大恢张，遂能别创空前之世局。"

这也是中华文明可贵的地方，它涵盖了多种文明形态，不仅有江南的小桥流水、中原的慷慨悲歌，也有草原、大漠、雪域的苍天大地。有了如此丰富的内在组合，每当我们的文明在遭遇危机的时候，总会有再次激活它的资源。汉时的匈奴，魏晋南北朝时期的鲜卑，隋唐时期的突厥，宋时的契丹、女真和蒙古，一次次地把塞外的漫天大雪卷到中原王朝的庭前阶下，让中华文明重新抖擞振作。

参考文献

[宋]李焘,《续资治通鉴长编》,中华书局,1995年。
[元]脱脱等,《宋史》,中华书局,1985年。
[汉]司马迁,《史记》,中华书局,1982年。
[元]脱脱等,《辽史》,中华书局,1974年。
[清]厉鹗,孔祥军、张剑点校,《辽史拾遗》,浙江古籍出版社,2019年。
郑也夫,《文明是副产品》,中信出版社,2015年。
陈寅恪,《金明馆丛稿二编》,上海古籍出版社,2020年。
王明珂,《华夏边缘:历史记忆与族群认同》,上海人民出版社,2020年。
罗新,《黑毡上的北魏皇帝:修订本》,上海三联书店,2022年。
〔美〕刘子健,《宋史测度》,中华书局,2024年。
〔美〕拉铁摩尔,唐晓峰译,《中国的亚洲内陆边疆》,江苏人民出版社,2005年。
〔美〕狄宇宙,贺严、高书文译,《古代中国与其强邻:东亚历史上游牧力量的兴起》,中国社会科学出版社,2010年。
〔美〕托马斯·巴菲尔德,袁剑译,《危险的边疆:游牧帝国与中国》,江苏人民出版社,2011年。
维舟,《游牧生活对历史的影响》,《民族史》专栏文章,2018年。

1028 年

经历过，解决过

1028年的世界

01 克努特统治挪威
● 西欧、北欧

克努特进攻挪威，击败了奥拉夫二世。自此，克努特成为英格兰、丹麦和挪威的共同君主。他建立了疆域包括今丹麦、挪威、英格兰、苏格兰大部和瑞典南部的北海帝国，被尊称为"大帝"。

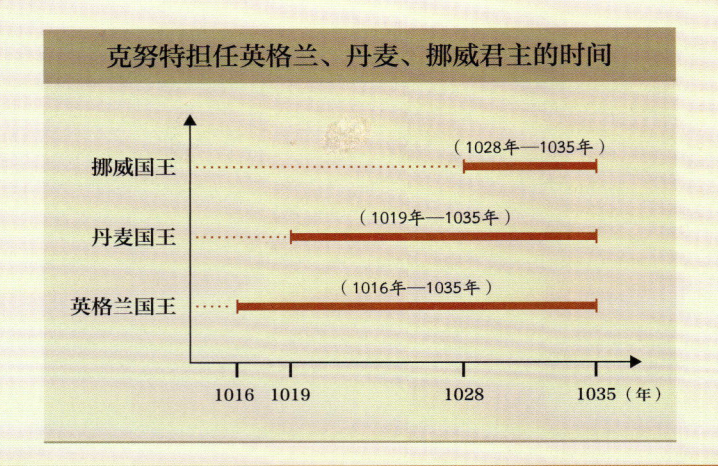

克努特担任英格兰、丹麦、挪威君主的时间

- 挪威国王（1028年—1035年）
- 丹麦国王（1019年—1035年）
- 英格兰国王（1016年—1035年）

03 李公蕴去世，引发三王之乱
● 东南亚

越南李朝开国君主李公蕴驾崩，太子李佛玛奉诏即位。东征、翊圣、武德三王意欲谋反，最终被李佛玛平定。

02 藤原道长去世
● 东亚

藤原道长（966年—1028年），日本平安时代的公卿、权臣，可以看作当时日本朝廷中最有影响力的人物。

藤原道长撰写的日记《御堂关白记》，成为研究日本平安时代政治、经济、社会、文化的重要资料。

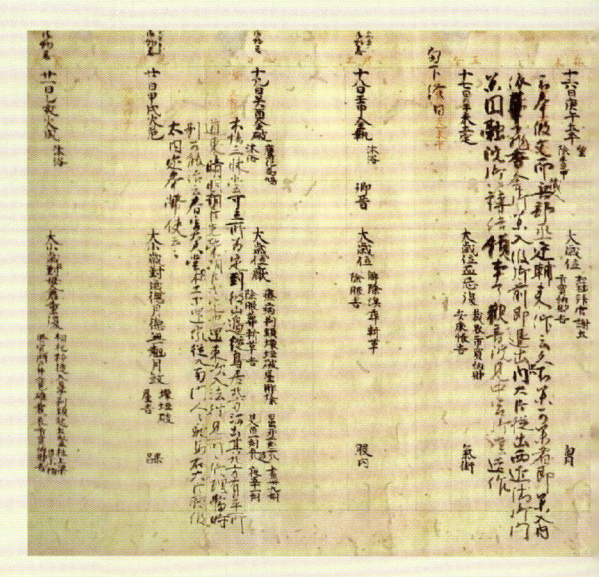

▲ 藤原道长手书日记《御堂关白记》片段

1028年的中国

01 北宋宰相张知白去世

张知白(956年—1028年),字用晦。1016年任御史中丞,拜参知政事,1025年拜相。《宋史》评价张知白为"贤相",司马光则尊称他为"大贤"。他卒于任上,宋仁宗赠其太傅、中书令,谥号"文节"。

▲ 张知白像

02 西夏李元昊攻陷甘州

1026年,李德明本欲联合辽攻取甘州(今甘肃张掖),因辽部属阻卜诸酋叛乱,未能成功。1028年,李元昊一举攻克甘州,甘州回鹘政权灭亡,李元昊也因此被立为太子。自此,党项人占据了整个河西走廊,势力范围扩展到玉门关。

▲ 玉门关遗址

做隐士真的是躺平吗

1028年，我们来关注一位中国历史上著名的"平头老百姓"，他在这一年去世了。

他是谁呢？就是有"梅妻鹤子"美誉的林逋。据说他把梅花当成妻子，把养的仙鹤当成儿子，流传下了一段佳话。

林逋既是诗人，也是大宋时期最著名的隐士。对于他，人们总有各式各样的溢美之辞，官员羡慕他，文人佩服他。他在这一年去世，连皇帝宋仁宗都表彰他，给了他"和靖先生"的谥号。在古代，皇帝通常只会给官员发谥号，一个平头老百姓居然能受到这样的殊荣，不仅罕见，还很奇怪。

要知道，林逋的身份是隐士，有才能但不为官，明摆着和皇权不合作。皇帝对这样的人最多持宽容的态度，不去计较，而宋仁宗对林逋竟然采用了一种表彰的态度。林逋到底有什么独特之处？他背后的隐士文化究竟又是怎么一回事呢？

◆ 隐士林逋

林逋是浙江宁波人，隐居在杭州。他做隐士的方式很是特别。

首先，他隐居在西湖里唯一的一座天然岛屿上，这座岛叫孤山。听起来那里应该很适合隐士居住吧？但我第一次去孤山时压根没意识到那是一座岛——一座西泠桥，一条白堤，把孤山和西湖边的陆地连得紧紧的，都不用坐船，溜达着就能到达孤山。也就是说，孤山虽然在地理上是个岛，但和陆地紧紧相连、四通八达；名字里虽然有个"孤"字，但实际上热热闹闹、熙熙攘攘。难道，北宋时的孤山和西湖没有今天这么热闹吗？

其实，连接孤山和陆地的白堤至少在唐代就存在了，因为"白堤"的

"白"字是纪念唐代诗人白居易的。毕竟白居易写过"乱花渐欲迷人眼,浅草才能没马蹄。最爱湖东行不足,绿杨阴里白沙堤",这说明孤山在唐代时就很有名气了。

白居易还有几句诗:"三年闲闷在余杭,曾为梅花醉几场。伍相庙边繁似雪,孤山园里丽如妆。"意思是他在杭州待的三年又闲又闷,经常跑到孤山的梅花树下喝酒。由此我们可以推测,在唐代,孤山就是杭州赏梅花的胜地,怎么可能僻静呢?

这样看,《宋史》里夸奖林逋20年没有踏足过城市,好像并没有什么了不起的,因为他直接就住在热闹的风景区里。这是不是和我们通常理解的隐士作风不太一样?

其次,林逋虽然没有儿子,但他把哥哥的儿子带在身边,悉心教育。这个名为林宥的孩子后来还考中了进士——且慢,林逋自己不做官,但是精心培养出了一个考中进士的侄子,这件事又很不一般。为什么呢?

要知道,备考进士和一般人出于兴趣读书可是两回事。参加科举需要专门的能力和长时间的训练,一个隐士怎么会有这种本事呢?这个家庭日常传递给孩子的价值观到底是什么样的呢?是云淡风轻、不慕名利的隐士风格,还是鼓励孩子吃寒窗苦、做人上人的进士风格?这二者有没有冲突呢?

更进一步看,林逋和皇帝、官场的关系其实非常深。一方面,宋真宗和宋仁宗这对父子经常主动派人去看望林逋,送粮食、送绸缎。另一方面,林逋本身对于当时的政治并没有那么疏远。

《宋史》里记载了两件事。第一件事,是林逋见到一位进士,立刻评价说:"这个人将来是个当宰相的料!"后来果然被他言中。这种眼光,应该是对官场很了解的人才会有的。而且,林逋说这句话时的口气是将此当作好事的,这也和隐士的形象相去甚远。

> 逋尝客临江,时李谘方举进士,未有知者,逋谓人曰:"此公辅器也。"
> 及逋卒,谘适罢三司使为州守,为素服,与其门人临七日,葬之,刻遗句内圹中。　　——《宋史》

第二件事,是林逋临死前写过一句诗,"茂陵他日求遗稿,犹喜曾无封禅书"。意思是,我死之后,如果皇帝派人来搜集我的遗作,我可没有那种讨好

宋·马远（传）《林和靖梅花图》

林逋（967年—1028年），字君复，隐居钱塘（今浙江杭州）。宋仁宗赐他谥号"和靖先生"。

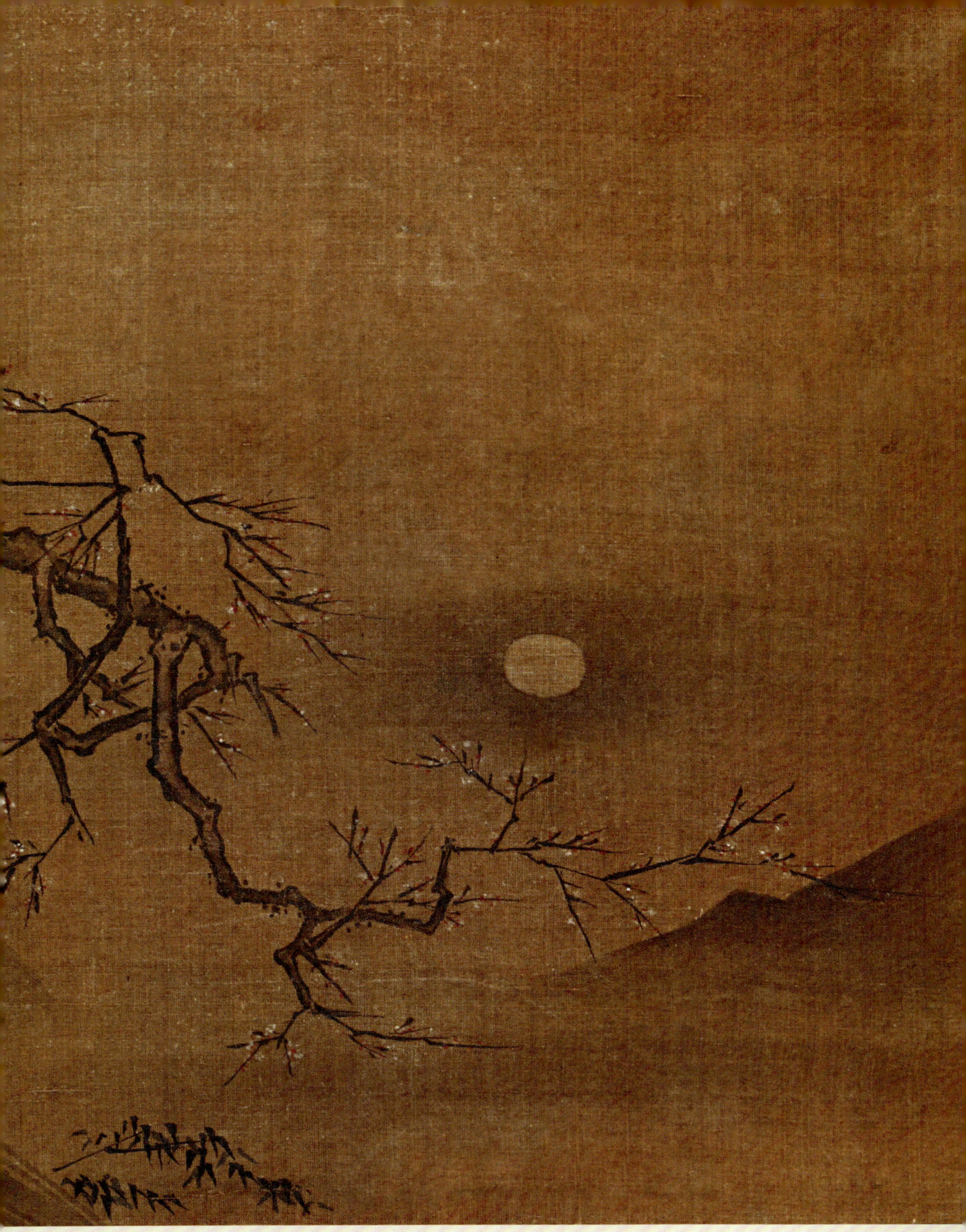

皇帝、劝皇帝封禅的文字。这句诗的精神内核当然是很骄傲的，但同样很政治化。我们细琢磨一下：一个隐士，临终时刻想的居然是皇帝要派人来搜集自己的诗文，这是一个隐士该有的样子吗？

至此，简单概括一下林逋的生活状态：不当官，不成家，平时主要做一些种梅花、写诗文的风雅之事；社交圈子里有很多官员朋友，经济上偶尔靠皇帝的资助；他自己不参加科举，但是能辅导孩子参加科举；他并不当官，但是对于朝廷里的事既熟悉，又关注。这就是大宋，甚至是整个中国古代最著名的隐士林逋的生活。

这样概括可丝毫没有贬低林逋的意思，只是他的生活状态透露了一件事：隐士这个传统到了宋代发生了很大的变化，和我们一般的理解已经不太一样了。

◆ 从对抗到逃逸

中华文化中原本的隐士应该是什么样子的？当然是对于政治充满了对抗性的态度。比如传说中尧舜时代的隐士许由，尧征召他去做官，他觉得这话听起

南京西善桥南朝墓砖印壁画《竹林七贤与荣启期》拓片
荣启期为春秋时期隐士，竹林七贤则为魏晋时期7位著名隐士——嵇康、阮籍、山涛、向秀、刘伶、阮咸、王戎的合称。

来特别不舒服，于是跑到河边洗耳朵。他的一位朋友正牵着一头小牛在河边喝水，对他说："你要是躲到深山老林里当隐士，人家找得到你吗？还是你太招摇过市，太在乎名声了。你在这里洗耳朵，把我这小牛喝的水也弄脏了！"说完就把小牛牵到上游去了。

再比如伯夷、叔齐。他们反对周武王伐纣，反对无效后，就跑到首阳山隐居去了。周武王灭商后，为了表示对于周朝统治的不认可，两个人坚决不吃周朝土地上长出来的粮食，最后生生饿死了。

到了后来的皇权时代，隐士的这种态度自然引发了激烈的矛盾冲突。比如魏晋时期，司马昭反复劝竹林七贤中的嵇康出来当官，嵇康就是不答应，司马昭会怎么想——嵇康的社会声望那么高，对自己又摆出坚决不合作的姿态，我司马家还想篡位当皇帝，这让我怎么收服天下人心？那就只能灭了嵇康。

当然，隐士和皇权之间的关系不见得非要搞到如此紧张，但在魏晋时期，做隐士的代价还是很大的。比如陶渊明"不为五斗米折腰"，因而生活得很困顿。

那为什么到了大宋，朝廷对隐士的态度突然好起来了呢？原因大概有几个方面。

首先，隐士对朝廷的对抗态度没有之前那么激烈了。不为官不再是一种政治姿态，而是一种价值追求——我只是不愿意追名逐利，并非不认同政权和皇帝。

其次，皇权渐渐发展出一套解释系统，可以兼容隐士的存在。孔老夫子说

过"天下有道则现,无道则隐",那么,皇帝要证明天下有道,最简单的方法就是让所有隐士都出来工作,所谓"野无遗贤"。因此,只要皇帝一遍遍地礼贤下士,一次次地敦请隐士出山,那就意味着天下走在良性发展的道路上。皇帝和隐士一拉一扯一客气,既证明你是隐居的高人,又证明我是有道的明君,大家各得其所。

大宋不仅对林逋保持这种态度,对于林逋之前的种放和他之后的邵雍也是如此,反复邀请他们出来做官,他们也都是反复推辞,最后成就了一段段佳话。

当然,隐士文化之所以没落,皇权和隐士的矛盾之所以缓和,更为重要的原因是贵族社会的终结和科举制度的崛起。

贵族社会的终结为什么会导致隐士文化没落。你想一下,一个老农民如果不去做官,会成为隐士吗?当然不会,他还是个老农民。成为隐士的前提是,这个人应该当官,但是没有当。比如,嵇康是曹操的曾孙女婿,陶渊明是东晋名将陶侃的后人,他们都是有来头的人,出来做官是常态,不做官才是奇怪,所以才能成为隐士。

而豪族社会在唐宋之时终结了。与此同时,科举制度崛起,平头老百姓要做官都得通过科举考试。一个人不做官,其他人难免会认为:这个人是不是水平太差,考不中科举呢?那他凭什么能做隐士呢?

前文多次讲到了宋代科举制的发展,你大概想不到,它竟然还给隐士的存在来了个釜底抽薪。

到了宋代,尤其是宋真宗和林逋身处的这个阶段,科举制进一步成熟。是否出来做官,从人生选择彻底变成了能力测试。就算你是真不想,在旁人看来,你也只是在掩盖自己的不能和不会,吃不着葡萄说葡萄酸。这就把中国几千年隐逸传统中的骄傲感摧毁殆尽了。

这种时候做隐士其实很尴尬。比如比林逋岁数大一些的种放,他一会儿跳出来做官,一会儿又要归隐,反复横跳几次之后,声名狼藉。有人公开讽刺他,最后还是宋真宗站出来维护种放:"他私下里给我提了很多有用的建议,只是我没有告诉你们罢了。"

> 尝曲宴令群臣赋诗,杜镐以素不属辞,诵《北山移文》以讥之。上尝语近臣曰:"放为朕言事甚众,但外廷无知者。"因出所上《时议》十三篇。　　——《宋史》

你看，这个时期的隐士，在无所不在的皇权笼罩下，在科举制的釜底抽薪下，既没有独立的政治姿态，也没有独立的社会角色，再想做出隐士的姿态就太难了。

蒋星煜在《中国隐士与中国文化》里做了一个统计，正史里有记录的著名隐士共计218人，魏晋南北朝时期有39人，唐代有52人，宋代有56人。但明代只有13个人，因为在明代开国皇帝朱元璋发布的《大诰》里有一条"寰中士夫不为君用"罪。而到了清代，只剩下5个人。

到了这个地步，隐士文化彻底衰落，隐士和皇权的矛盾也彻底终结了。

正史记载的各朝代隐士数量统计

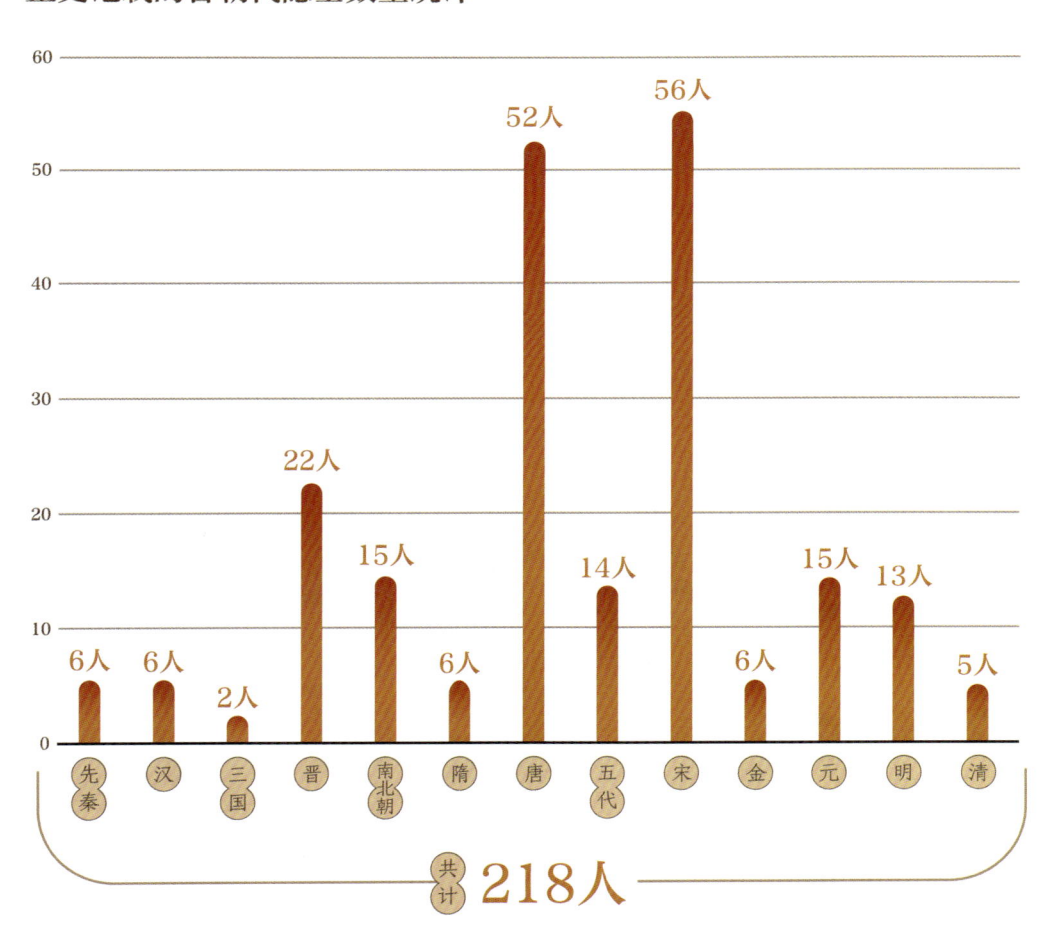

先秦	6人
汉	6人
三国	2人
晋	22人
南北朝	15人
隋	6人
唐	52人
五代	14人
宋	56人
金	6人
元	15人
明	13人
清	5人

共计 218人

数据来源：蒋星煜，《中国隐士与中国文化》，上海人民出版社，2009年。

◆ 隐士的勇猛精进

此时的隐士文化还碰到了另一重麻烦，就是和儒家主流文化之间的冲突。

隐士，毕竟也是"士"。什么叫"士"？简单来说，就是怀抱着超越性的理念去积极影响世界的人。"士不可以不弘毅，任重而道远""天行健，君子以自强不息"，这些都是中华文化对精英分子的基本要求。可隐士不当官、不作为，还怎么承担起这份君子的责任呢？其实，这可能是对隐士文化最大的误解。

我们来做一个思想试验：当所有人都蝇营狗苟想当官的时候，突然有一个人作出了完全不同的选择，你说这个人是选择了没担当、更轻松的活法，还是作出了一个更勇敢、更艰难的决定？答案当然是后者。随大流是最不费劲的事，不从流俗、一意孤行反而需要巨大的心力才能做到。伯夷、叔齐、阮籍、嵇康执着的，就是这种不服从的姿态。

陶渊明天天喝酒写诗，是在表达什么态度？陶渊明并不反对，也不对抗什么，他就是愿意和一切人们喜欢的东西隔上一层。比如他写道："少无适俗韵，性本爱丘山。误落尘网中，一去三十年。羁鸟恋旧林，池鱼思故渊。"有学者把陶渊明的这种状态称作"边境状态"，热闹是你们的，我就在旁边待着。维持这种疏离的状态，容易吗？不容易。这也需要巨大的努力才能实现，是另一

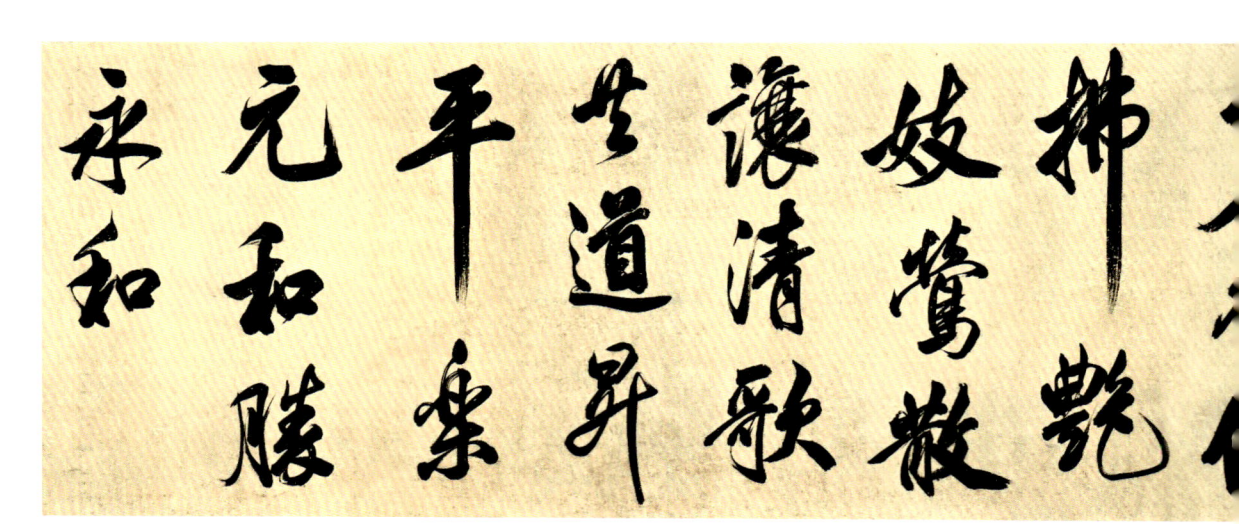

宋·米芾所书白居易诗作《上巳日恩赐曲江宴会即事》（局部）

个维度上的执着。

再举一个著名的例子：白居易。在中国古代的隐士传统中，有一句话叫"小隐隐于野，大隐隐于朝"。白居易对此的态度是：荒郊野外太冷落了，朝廷里又太喧嚣了，小隐、大隐都不合适，我来发明一个"中隐"吧！名义上在外担个闲职，人却在家中躺平，工资每月照发。日子不忙不闲，还不会饿肚子。

我第一次听到这种说法时，鼻子都气歪了。这是既要享受隐士的好处，又不想受隐士的罪，太没节操了。但是后来我细细了解了白居易的生平才知道，他晚年不仅没有躺平，而且在一刻不停地操办一件大事。

白居易晚年在洛阳住了17年，实现了他口中的"中隐"。一边薪水丰厚，一边并没闲来无事。那时他已经年过半百了，儿子和弟弟都死了，自己的身体也在一点点垮掉，他还在意什么呢？在意自己的作品。

白居易觉得自己没了儿子，写过的大大小小的三千来篇诗文恐怕传不下去了，整个人被笼罩在一种巨大的恐惧中。于是，他编订了自己的诗集，一共15卷，又抄了5套，一套留在庐山东林寺，一套留在苏州南禅院，一套留在洛阳圣善寺，剩下的两套分别留给了侄子龟郎和外孙谈阁童。

做了这些后，白居易还是不够放心，他在托付每一套诗集时都写了诗，表面是表达感谢，但是多少有一些昭告天下的意思。

这套操作的结果如何？白居易成为唐代留下诗文最多的作者。李白留下

来的诗不到1000首，杜甫有1500首，杜牧只有400首。而白居易自己编订的3000首诗，几乎全部被完整地保留到今天，这简直是个奇迹。

透过白居易这个故事，我想说的是，无论一个人选择大隐、小隐还是中隐，只要他走了一条少有人走的路，那他一定是有自己执着的目标。他一定腾挪出了巨大的心力，在自己的隐秘世界里向那个目标勇猛精进，只是我们旁人看不到而已。从这个角度来看，这样的人还是积极行动的"士"，是影响他人、影响世界的"君子"。

从宋代开始，中国进入了全民科举时代，朝廷最大程度地统一了全民的努力方向——有钱就该读书，读书就该参加科举，中了科举就应该去当官。以至于很少有人注意到，人生还可以有其他的目标，走到别处去。

这也是我们看中国的隐士应有的视角。他们不一定在政治上多正确、在道德上更具优越感，他们不过是找到了一个不同于普罗大众的努力方向而已。

无论林逋、白居易，还是伯夷、叔齐、嵇康、阮籍，他们都走了一条少有人走的路，奔着一个当时少有人能理解的目标，活出了一种前所未有的人生可能性，他们都是我心中的伟大"隐士"。你我如果能做到，也可以成为某种意义上的隐士。

有一个故事讲的是，信徒问神父："祈祷时可以抽烟吗？"神父瞪了他一眼说："不可以。"信徒换了一种问法："那抽烟时可以祈祷吗？"神父赞赏地说："可以。"这个故事本来是用来嘲笑那些古板之人的，祈祷时抽烟和抽烟时祈祷明明是一回事——不，当然不是一回事。

人这一辈子，活的就是一个方向感。你在做一件神圣的事情时允许自己小小地堕落一下，和你在做一件堕落的事情时心里仰望一下神圣的所在，在本质上是不一样的，因为二者的方向不一样。正如"放下屠刀，立地成佛"和"一开始拜佛，后来却拿起了屠刀"，看起来罪恶的总量似乎一样，但人生的方向是不一样的。

我们每个人都在自己选定的道路上爬行或飞奔，能走多远，我们自己说了不算。我们唯一说了算的，就是那条路通往的方向。

参考文献

［宋］李焘，《续资治通鉴长编》，中华书局，1995年。
［元］脱脱等，《宋史》，中华书局，1985年。
［清］古吴墨浪子，《西湖佳话》，上海古籍出版社，1980年。
刘奕，《诚与真：陶渊明考论》，上海古籍出版社，2023年。
胡翼鹏，《中国隐士：身份构建与社会影响》，社会科学文献出版社，2011年。
王小兰，《宋代隐逸文人群体研究》，中国社会科学出版社，2013年。
张宏杰，《千年悖论》，重庆出版社，2018年。
苏力，《大国宪制》，北京大学出版社，2018年。
韩兆琦，《中国古代的隐士》，商务印书馆，2015年。
张立伟，《归去来兮》，生活·读书·新知三联书店，1995年。
蒋星煜，《中国隐士与中国文化》，上海人民出版社，2009年。
〔澳〕文青云，徐克谦译，《岩穴之士：中国早期隐逸传统》，山东画报出版社，2009年。
徐国荣、杨晓岚，《身体书写与白居易"中隐"思想的形成》，《暨南学报（哲学社会科学版）》，2024年第46卷第3期。
耿慧慧，《论两宋文人对林逋形象的认识》，上海外国语大学硕士论文，2023年。
江湄，《中国史学的"隐逸"书写——读〈史记·伯夷列传〉》，《读书》，2020第1期。
刘小琴，《宋代隐士研究》，南京大学硕士论文，2014年。

1029 年

经 历 过 ， 解 决 过

1029年的世界

01 马哈茂德远征波斯
● 中亚

马哈茂德在此次远征中占领了雷伊,将当地长官关进监狱,并把所有掠夺到的财富运回伽色尼王朝。

03 高丽献哀王太后去世
● 东亚

献哀王太后(964年—1029年),高丽景宗之妻,高丽穆宗之母。因在穆宗朝居千秋殿摄政,故通称"千秋太后"。

02 数学家凯拉吉去世
● 西亚

凯拉吉(约953年—约1029年),波斯数学家、工程师,在巴格达创立了一个影响力极大的代数学派。他在著作《发赫里》中给高次幂及其倒数下了定义,并列出了求高次幂的积的规则。

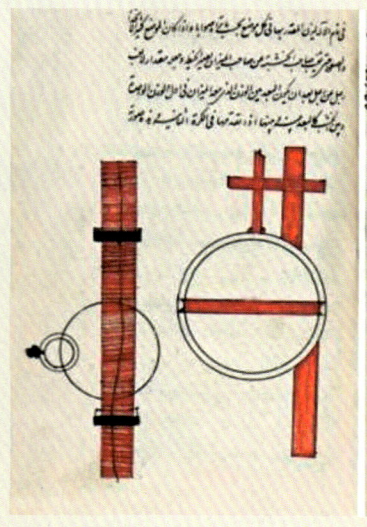

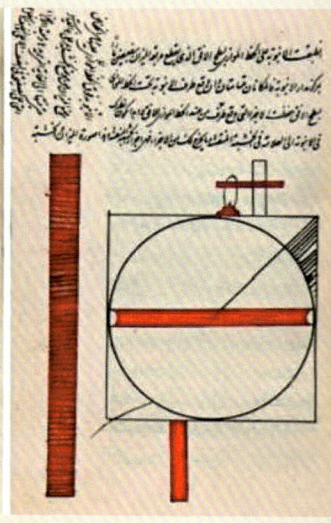

▲ 凯拉吉著作《隐藏的水域》中的图表

1029年的中国

01 大延琳建立兴辽国

926年，渤海国为契丹所灭。1029年，渤海国遗民因不堪忍受辽的严苛统治，在大延琳的统领下起义反抗，囚辽东京留守、驸马都尉萧孝先及南阳公主，杀户部使韩绍勋等，建立兴辽国。但兴辽国政权仅存在了一年就被辽军攻陷，大延琳被擒。

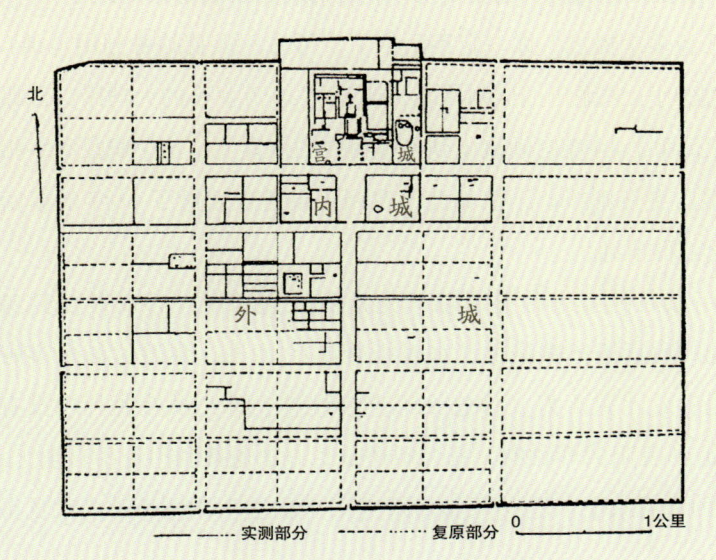

渤海国建立于698年，是一个以粟末靺鞨为主体、结合靺鞨诸部及其他各民族的地方政权。渤海国的政治、经济和文化制度都深受唐朝的影响，其上京龙泉府就是效法了唐长安城的规制建造的。

◀ 渤海国上京龙泉府城平面图
资料来源：《黑龙江省志·卷五十三·文物志》，黑龙江人民出版社，1994年。

02 北宋副宰相鲁宗道去世

鲁宗道（966年—1029年），字贯之。1017年，担任谏官右正言，素有"鲁直"之称。1022年拜参知政事。鲁宗道因刚正敢言，受到贵戚、大臣的忌惮，被称为"鱼头参政"。

▲ 鲁宗道像

为什么不能做单维生存者

1029 年，大宋朝廷发生了一起耸人听闻的人事变动。刘太后不仅撵走了宰相王曾，还撤换了枢密使曹利用，也就是说，朝廷的两大首脑都被更换了。

王曾在前文已经多次提过，你一定不陌生了，可另一大首脑曹利用是谁？他就是签订澶渊之盟时大宋派出的谈判代表，谈下了 30 万岁币的大功臣。自那之后，他一路升职，用了 14 年时间就坐到了枢密使的位置上。这个职位和宰相平级，还可以直接向皇帝汇报。不仅如此，曹利用更是连续做了 11 年的枢密使，这在整个宋代都很罕见。

不过，曹利用最后的下场很是凄惨，先是被贬到随州，后来被贬到房州。送他去贬谪地的宦官杨怀敏路过江水时指着说："大人，你看这江水多好啊！"话外之意是：江水这么好，你怎么不直接跳进去呀？虽然曹利用没有理会他，但最后走到襄阳的驿站时，杨怀敏还是想办法逼曹利用上吊自杀了。《宋史》写曹利用的最后八个字是："死非其罪，天下冤之。"说明天下人都觉得他死得冤。

功劳那么大、资格那么老的曹利用究竟犯了什么大罪，不仅接连被贬，甚至最后还被逼得自尽呢？我们就借着曹利用的这桩案子，来看看大宋的一个独特制度。

◆ 曹利用的臭脾气

曹利用能够在官场出人头地，多亏了 20 多年前的那场宋辽大战。可是，澶渊之盟的签订不能完全归功于曹利用，明明是寇准有言在先，逼得他死咬住 30 万岁币的上限。

但这是我们后人的视角。在当时的宋人看来，辽人可是和禽兽差不多的番邦夷狄，万一他们不遵守"两国交兵不斩来使"这套规矩呢？因此，曹利用只要敢去谈判，这份胆量就是难得的。另外，30万岁币虽然是寇准下的命令，但是领导事前划定谈判底线是一回事，真的在谈判桌上把协议签下来又是另外一回事，曹利用如果没有真本事是万万做不到的。而且，立功归立功，曹利用要想在官场上一路升职成为大宋最高军政首长（枢密使），免不了需要经过各种各样的考验。

如此厉害的一个人，为什么被罢官，还被逼死了呢？简单来说，就是曹利用的侄子酒后穿了一身黄衣服，让几个老百姓管他叫"万岁"，犯了造反之罪，牵连到了曹利用。

可侄子之罪，跟曹利用有何关系？看起来曹利用有些冤，甚至这件事都未必是真的。史料里有一个记载，曹利用的侄子有个小妾要跟大太太争宠，后来被打发出去改嫁了。但是侄子旧情难忘，经常去小妾家厮混。小妾的正牌丈夫就设了一个圈套，趁侄子又来家里厮混之际，自己直接趴在地上大呼"万岁"。

看到这里，你可能满头问号：这种做法就能害人？没错，在皇权时代，这就是最便捷的陷害方式，中招的人可是有口难辩。20多年前，寇准就遭遇过一次。有一天，他在大街上骑马，突然有个疯子跑过来在马前对他大喊"万岁"，导致他直接被贬出京城。

曹利用的侄子先是因为这件事被处死了，之后朝廷派出官员彻查此事，得出的结论是，此事是曹利用指使的，他有造反之心。但是，史料中记录的蛛丝马迹透露了真相。

起初，刘太后身边有个宦官经常贪得无厌地要赏赐，刘太后就让曹利用找这个宦官谈谈。可曹利用脾气一上来，直接命人把宦官的头巾和腰带都扒了，羞辱了半天。没过多久，就发生了大呼"万岁"一事，朝廷派去调查此事的人里就有这个刚被曹利用羞辱过的宦官。所以，这桩案子背后有多少罗织罪名的成分，你自己去想吧！

其实，你可能想到了，这整盘棋背后的那只手应该是刘太后。她先找理由让曹利用羞辱宦官，再安排这个宦官去调查和曹利用有关的案子，最后一定能拿到一份捏造罪名的报告。

问题是，刘太后为什么要整治曹利用呢？原因大致有两点。

第一点，无论曹利用还是王曾，甚至包括丁谓在内，他们都是宋真宗留下的朝臣。他们因为资格老、底子硬，对垂帘听政的刘太后多少都有点不买账。或者说，刘太后心里多少对宋真宗留下的重臣有一丝忌惮。如果她想大权独揽，当然要想办法请走这些老资格的人。

第二点，曹利用的性格存在一些问题。他当年敢单枪匹马去辽人那里谈判，当然有一腔血气之勇，但若是驾驭不好这份勇气，很容易和周围人产生矛盾。曹利用几乎和所有重要的同僚都闹过矛盾，比如寇准、王曾、鲁宗道，他们都说曹利用为人比较骄横。

举个例子。宋代的皇帝和大臣们有一个"团建"活动，叫"赏花钓鱼宴"，就是君臣一起赏花钓鱼、赋诗唱和。虽说君臣同乐，礼仪上没那么讲究，但基本的规矩还是有的。比如，皇帝没钓上鱼的话，大臣的钓竿即使有鱼咬钩，他们也不能举竿子。再比如，捞鱼的纱网，大臣用的是白网，皇帝用的是红网。

有一次"团建"，宋真宗先钓到鱼了，不一会儿就有个官员也钓上鱼了，刚想要举竿，旁边的随从赶紧说："曹大人还没钓上鱼呢，你可不能举竿。"等到曹利用钓上鱼后，随从居然用红网来捞鱼。虽然这些事不是曹利用主动安排的，但他身边的随从竟然当着皇帝的面都敢搞这种小动作，这些事看在有心人的眼里，会怎么想？传出去，皇帝会怎么想？

曹利用这种大大咧咧的状态，不仅宋真宗在的时候如此，到了刘太后当家时依然不改。

刘太后经常会答应给身边的宦官、请托来的人一些好处，但是，宫里批出来的条子还得外面的大臣给操办。遇到这种事，曹利用就仗着自己资格老、功劳大，拦着不给办，因此得罪了不少刘太后身边的人。这些人会想方设法地陷害曹利用。比如，曹利用在刘太后面前说话时经常不自觉地做一些小动作，比如用手指敲腰带。宦官们就说："当年先帝在的时候，他敢这样吗？"这可是在暗示曹利用看不起刘太后，你琢磨琢磨这话有多阴毒！

> 利用奏事帘前，或以指爪击带鞓，左右指以示太后曰："利用在先帝时，何敢尔耶？"太后领之。　　——《续资治通鉴长编》

俗话说，不怕贼偷，就怕贼惦记。刘太后身边有这么一群人天天说曹利用的坏话，他能落得什么好下场呢？至于最后被宦官逼得自尽，其中有没有刘太后的授意，就无人知晓了。

宋·赵佶《文会图》

画幅右上端有宋徽宗赵佶亲笔题写的诗句：儒林华国古今同，吟咏飞毫醒醉中。多士作新知入彀，画图犹喜见文雄。画面表现的应该是由皇帝主持、大臣们参加的赋诗宴。

到此，你心里可能产生了两个疑问：第一，曹利用这样的愣头青放到宫廷剧里一般都活不过第二集，他怎么还能攀爬到大宋官场的最上层呢？第二，刘太后如果是为了政治斗争，剥夺曹利用的权力就够了，何必非要把曹利用逼死呢？

对于这两个问题，单纯从政治斗争或曹利用性格的角度来分析就不够了，我们还得往深看一层，才能找到答案。

◆ 尴尬的"武选官"

曹利用的出身涉及宋历史上一个独特的概念，叫"武选官"。

通常而言，官员无非分为文官、武官两大类，最多再加上宦官和胥吏，也就四类。武选官是什么类型的官员呢？赵冬梅教授有一本书叫《文武之间》，书名就揭示了武选官的实质——一种介于文官和武将之间的官员。

武选官的由来非常复杂，在此只能简单勾勒个轮廓。

安史之乱后，唐代的皇帝认为满朝文武大臣都靠不住，只能靠自己身边的人——宦官。他们能力虽未必够强，但起码是自己人。于是，从禁卫军到宫廷的日常事务渐渐都交由宦官管理。但由于不是正式职务，只能算临时差遣，他们往往就被封为"××使"。

刚开始，这些"××使"只管宫廷内的事情，比如衣食住行、宫廷保安、园林打理之类的。渐渐地，这些人的职权开始往宫外扩展，从马匹购置、兵器制造到各种为皇帝挣钱的买卖、接待外国使者等事务，出现了大大小小几百种"××使"。

枢密使也是其中之一，它最开始是一种由宦官担任的通信员。但因为这个职务靠近皇帝、深受皇帝信任，枢密使的权力变得越来越大，甚至凌驾于外朝宰相之上。再经过五代乱世，到了北宋，枢密使直接演化成了管理军事的最高官员。

那武选官是怎么出现的呢？唐末朱温诛杀了大批宦官，结束了唐中期以来

宋代前三朝枢密院长贰（正副职）中武选官出身统计

宋太祖朝
- 枢密院长贰共 8 人
- 武选官出身 6 人

宋太宗朝
- 新任命枢密院长贰共 17 人
- 武选官出身 6 人

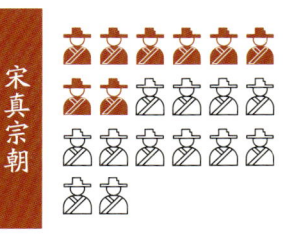

宋真宗朝
- 新任命枢密院长贰共 20 人
- 武选官出身 8 人

资料来源：赵冬梅，《试论宋代的閤门官员》，《中国史研究》，2004 年第 4 期。

长期专权的宦官势力，这些"××使"就得另谋人选。选谁呢？当然还得由皇帝信任的人来担任。五代时期的皇帝通常是地方上的藩镇、军阀出身，他们最信任的人就是身边的弟兄、随从、幕僚。而这些人，就是宋代武选官的前身。

这些人的身份很有意思。一方面，他们做的是唐代宦官留下来的事情，但在生理上并不是宦官；另一方面，他们跟朝廷里的文臣士大夫又不太一样，后者是凭科举的成绩、凭本事一步步走上来的，而这些人唯一凭借的就是皇帝的私人信任。因此，他们做的事情特别杂，打探信息、执行密令、外交出使、联系藩镇，甚至带兵打仗。总之，他们就是"皇帝的砖"，哪里需要往哪里搬。其实，武选官的名字里虽然有个"武"字，但他们做的事情往往和军事没什么关系。

在宋代，武选官还被开发出了一些别的用处。比如，武选官有独立的系统、独立的晋升通道。官员、功臣的子弟如果考不中科举，可以把武选官当作一条额外的出路。于是，武选官的数量越来越多，到北宋末年居然膨胀到了 2 万多人。

再比如，武选官可以作为一道隔绝文官和武官的缓冲地带。宋代重文轻武，从军队里成长起来的军官在士兵中往往很有号召力，而皇帝无论如何都不会对这些军官放心。所以，宋代的军官甚至都算不上是官，只是平时管管训练，打仗时带队冲锋，战场上的指挥权往往握在武选官手里。武选官毕竟是官僚，平时并不在军营里和士兵朝夕相处，不容易变成威胁朝廷的军阀。这就形成了一个特殊的格局：文官高高在上，军官地位低下，武选官则成了夹心层。

赵冬梅教授给武选官下了一个简洁的定义——"陛下家臣"。他们虽然跟皇帝的关系十分亲近，但只是皇帝家的奴才，地位并不尊贵，也就是"亲而不尊"。

宋代武选官的职能类型

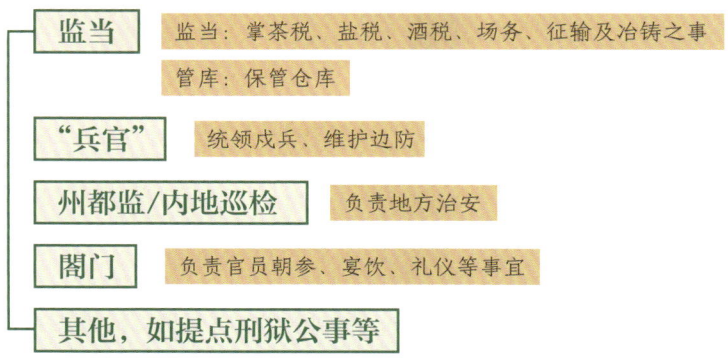

- 监当
  - 监当：掌茶税、盐税、酒税、场务、征输及冶铸之事
  - 管库：保管仓库
- "兵官" 统领戍兵、维护边防
- 州都监/内地巡检 负责地方治安
- 阁门 负责官员朝参、宴饮、礼仪等事宜
- 其他，如提点刑狱公事等

资料来源：赵冬梅，《文武之间》，北京大学出版社，2010年。

那武选官制度跟曹利用之死有什么关系呢？前文说过，他就是武选官出身的。早年间，他的职务是"走马承受"，就是公开的特务，替皇帝紧盯各种情况，随时打小报告。无论他后来官位升得多高，武选官的底色始终没变，他还是皇帝的家臣。他的权力与地位只有一个基础，就是皇帝本人的信任。

我们可以想象一下，在1029年襄阳的一个驿站里，当几个宦官凶神恶煞地围着曹利用，说刘太后不信任他了，甚至厌恶他，劝他死了算了。对一个武选官来说，那确实就是天塌了。上吊的绳子已经准备好了，把头套进去就一了百了，这个决定确实没有那么难做。

◆ 曹利用的忠诚红利

虽然曹利用的悲剧跟武选官的出身有关，但你可能还是认为，他的性格起了更大的决定因素。那我们就要进一步追问：曹利用为什么会是这样的性格？

曹利用的性格确实有些莽撞。但如果没有这种莽撞，他未必会受到宋真宗那么大的信任，以至于能上升到那么高的位置。

1004年，宋真宗要找一个能出使大辽的人，枢密院推荐了曹利用。宋真宗接见时问他："你家是哪里的？"曹利用说了一句答非所问的话："我身为臣子，能为皇帝去死，是一件很荣幸的事，管什么家不家的！"

> 上问家所在，利用曰："臣尽节，得死为幸，岂顾家为？"——《宋朝事实类苑》

要知道，在皇帝看来，曹利用这种慷慨激昂、不管不顾、急着表忠心的性格就是胆气与忠诚啊！在当时的情境下，还有什么比这一点更重要吗？所以宋真宗决定用他。

曹利用对于澶渊之盟的签订虽然有功，但宋真宗论功行赏就行了，断不会因为这一点就提拔他当枢密使。归根结底，还是因为此后的十多年间，曹利用不断巩固了皇帝对他的信任。凭什么？就凭他一根筋、认死理、敢于表忠心的莽撞性格。

有一次，曹利用拿自己和另一位宰相李迪做比较："如果仅凭在纸上写几个字就被皇帝赏识，那我确实不如李迪。如果说要赤手空拳，连命都不要地去跟敌人谈判，李迪可不如我。"由此可见，曹利用对于自己的优势十分清楚，就是听皇帝的话，敢不顾一切地为皇帝效忠。

还有一次，寇准逼曹利用喝酒，曹利用就是不喝。寇准就恼了："你不过一介武夫，怎么敢不喝我劝的酒？"曹利用也恼了："皇帝把我提拔进枢密院，你却说我是一介武夫，那明天咱们去问问皇上，我到底是不是一介武夫！"曹利用还很清楚，自己武选官的出身没法和进士出身的文官相比，但是自己有皇帝罩着，这是他当官唯一的底气。所以，他才敢和寇准、王曾、鲁宗道这些同僚翻脸。

一个人如果在一个环境里是以忠诚著称的，那他在性格上多少就会有些不管不顾。他越莽撞，越是把周围的人都得罪光，主人就越知道他离不开自己，也不会背叛自己，自然就对他越放心，他也就越能享受到忠诚带来的红利。

可以说，曹利用如果不是这样的性格，恐怕都当不上枢密使。他的一生并非性格悲剧，而是生存方式的悲剧。

把曹利用的生存方式扩大到武选官这个群体上，这些人其实是所谓的"单维生存者",他们存在的社会根基只有皇帝的信任。这一点是他们和这个世界唯一的纽带,而这根纽带细若游丝,说断就断。

在古代的皇权时代,一个人依附在另一个人身上生存是很常见的。但是,同样在这个时代,从进化的角度讲,通过科举来当官是一种更具优势的生存方式,士大夫群体和社会之间的纽带更丰富、更多元,他们是"多维生存者"。

一个科举进士,有同学、有老师、有同年、有座主,他不仅是皇帝的臣子,还是孔夫子的学生、家族的希望、家乡的骄傲、老百姓眼里的文曲星。天地靠他立心,生民靠他立命,往圣靠他继绝学,万世靠他开太平。支撑他生命的是一个庞大而复杂的价值网络。皇帝是否对他宠爱不会绝对影响他对自己的评价,甚至皇帝对他的态度是被他的价值网络反制的。

比如宰相王曾,虽然他也在这一年被贬职,但他是连中三元的状元,是科举史上的奇迹,是公认的儒臣领袖。即使得罪了刘太后、丢了官又怎样?刘太后对他有所顾忌,不会追加迫害。王曾靠自己的士林声望,随时可以东山再起。

英国法学家亨利·梅因在《古代法》中有一个著名的判断:所有进步社会的运动,都是一个"从身份到契约"的运动。什么是身份?身份就是人不可改变的依附关系,我是谁的儿子、谁的臣子、谁的附庸,我自己改不了,这是我和世界的固定纽带。什么是契约?就是社会允许我通过自由意志和他人结成关系,来创设自己的社会地位和人生价值。

从这个角度看,科举制度下的进士、文官、士大夫其实是带有一些现代色彩的,他们生活在一种可以主动创设的命运之中。

这个话题并不玄虚。今天入职一家公司的年轻人,眼前摆的还是这样两条晋升之路:一条是建立在老板、领导赏识和信任的基础上,另一条是建立在更独立的能力、更优质的社会关系、更鲜明的专业特长、更良好的客户关系上。前者,是公司的忠臣;后者,是业务的销冠。该怎么选,并不是一道人人都会做的选择题。

参考文献

［宋］李焘，《续资治通鉴长编》，中华书局，1995年。

［元］脱脱等，《宋史》，中华书局，1985年。

［汉］班固，《汉书》，中华书局，1962年。

［宋］王明清，《挥麈录》，中华书局，1961年。

［宋］江少虞，《宋朝事实类苑》，上海古籍出版社，1981年。

［宋］司马光，《涑水记闻》，中华书局，2017年。

［宋］司马光，《资治通鉴》，中华书局，2011年。

［宋］王铚，《默记》，收录于上海师范大学古籍整理研究所编《全宋笔记》第四编第三册，大象出版社，2020年。

赵冬梅，《文武之间》，北京大学出版社，2010年。

何冠环，《北宋武将研究》，中华书局，2003年。

王赓武，《五代时期北方中国的权力结构》，中西书局，2014年。

［英］梅因，沈景一译，《古代法》，商务印书馆，1959年。

［英］崔瑞德、［美］史乐民编，宋燕鹏等译，《剑桥中国宋代史（上卷）：907—1279年》，中国社会科学出版社，2020年。

赵冬梅，《从方镇牧伯到武臣阶秩——唐宋职位符号品位化的个案研究》，《文史哲》，2010年第5期。

赵冬梅，《试论宋代的阁门官员》，《中国史研究》2004年第4期。

［日］平田茂树，《宋代政治史研究的新视野——以科举社会的"人际网络"为线索》，《史学月刊》，2014年3月。

白英、贾瑞雪、杨娇娇，《权力网络：精英网络如何影响中国战争和政治》，《经济学季刊》，2022年第138卷。

责任编辑：苏文师　周怡君　赵　迪　高红玉
复　　审：周秀芳
终　　审：陈　宇
特约策划：李　倩　赵　杰　巩择楷　樊慧慧
　　　　　姜伊威　陈舒意
策划编辑：战　轶　白丽丽　师丽媛
营销编辑：王　瑶　吴　思
地图编绘：薛忍生
版式设计：周怡君　方　芳
封面设计：唐　旭
实习编辑：朱芮琳　崔雪琦　张家睿